2. Vers und Strophe:

a. Der Vers (< lat. versus = Umkehr, von vertere = wenden) ist die Gedichtzeile, die durch ihre metrische bzw. rhythmische Struktur (durch Akzent, Pausen, Klang, Tempo, Reim etc.) gekennzeichnet ist.

Glaube stehet still erhoben — Vers — a
Überm nächt'gen Wellenklang, — b
Lieset in den Sternen droben — a
Fromm des Schiffleins sichern Gang. — b
[...] — Strophe

(a b a b: Kreuzreim)

(J. von Eichendorff: *Der Pilot*)

b. Die Strophe (< gr. strephein = wenden) ist im Griechischen der während der Tanzbewegung des Chores vorgetragene Abschnitt des Gesangs. Heute ist die Strophe die Zusammenfassung von Versen zu einer Versgruppe, die eine metrisch-klangliche und thematische Einheit bilden.

3. Der Reim von Vers (= Gedichtzeile) und Strophe (= Versgruppe):

– Der *Endreim* (< mhd. rîm = Vers) ist der Gleichklang von Wörtern vom letzten betonten Vokal ab. Er kommt vor allem als *Paarreim* (aabb), *Haufenreim* (aaaabbbb), *Kreuzreim* (abab), *umarmender Reim* (abba), *Schweifreim* (aabccb) und *Kehrreim* (als Wiederholung eines Verses oder einer Versgruppe am Schluss der Strophe) vor.

Aufgestanden ist er, welcher lange schlief, a
Aufgestanden unten aus Gewölben tief. a
In der Dämmrung steht er, groß und unerkannt, b
Und den Mond zerdrückt er in der schwarzen Hand. b
[...]

(Georg Heym: *Der Krieg*)

– Die *Kadenz* (< lat. cadere = fallen) bezeichnet die metrische Form des Versschlusses:

- einsilbige (= männliche oder stumpfe) Kadenz:
  x́ x́
  Land – Wand
- zweisilbige (= weibliche oder klingende) Kadenz:
  x́ x x́ x
  trennen – kennen
- dreisilbige (= reiche oder gleitende) Kadenz:
  x x́ x x x́ x
  Koquetten – Toiletten

Mit jammervollem Blicke, a
Von tausend Sorgen schwer, b
Hink ich an meiner Krücke a
In weiter Welt umher. b
[...]

(C. F. D. Schubart: *Der Bettelsoldat*)

– Der *Anfangsreim* ist der Reim der ersten Wörter zweier aufeinanderfolgender Verse.

Was Ross und Hund und du verschlingst,
Das Brot, du Fürst, ist mein. [...]

(G.A. Bürger: *Der Bauer. An seinen durchlauchtigen Tyrannen*)

– Der *Schlagreim* ist der Reim zweier in einem Vers aufeinanderfolgender Wörter.

In das Dunkel dieser *alten, kalten* [...]

(M. Kaléko: *Nennen wir es „Frühlingslied“*)

– Der *Binnenreim* ist der Reim des Versendes mit einem Wort des Versinnern.

In jeder *Stadt* und in jedem *Land*, [...]

(Ton Steine Scherben: *Keine Macht für niemand*)

W0295003

Blickfeld Deutsch 6

herausgegeben von Wolfgang Aleker
Kirsten Krebsbach

erarbeitet von Wolfgang Aleker
Sabine Bentrop
Cornelia Groganz
Stephanie Heckel
Frank Heckel
Hendrik Hiss
Simone Kennerknecht
Kirsten Krebsbach
Elfriede Kuntz
Ingun Maertz
Martin Schnarr
Matthias Stober

Schöningh

Blickfeld Deutsch wurde begründet von
Peter Mettenleiter und Stephan Knöbl.

www.schoeningh-schulbuch.de
Schöningh Verlag, Jühenplatz 1–3, 33098 Paderborn

Druck 5 4 3 2 1 / Jahr 2013 12 11 10 09
Die letzte Zahl bezeichnet das Jahr dieses Druckes.

Illustrationen: Matthias Berghahn, Bielefeld
Umschlaggestaltung: Yvonne Junge-Illies/INNOVA, Borchen
Foto: Caspar David Friedrich: Die Lebensstufen, Museum der bildenden Künste, Leipzig
Druck und Bindung: westermann druck GmbH, Braunschweig

ISBN 978-3-14-028875-0

Inhalts-verzeichnis

Erstes Kapitel:
Wohin des Weges?

Projektkapitel:
Das Praktikum „eindrücklich“ mitgestalten

Zweites Kapitel: Tatort Literatur

Drittes Kapitel: Fabrizierte Wirklichkeit

Viertes Kapitel: Wir nicht!

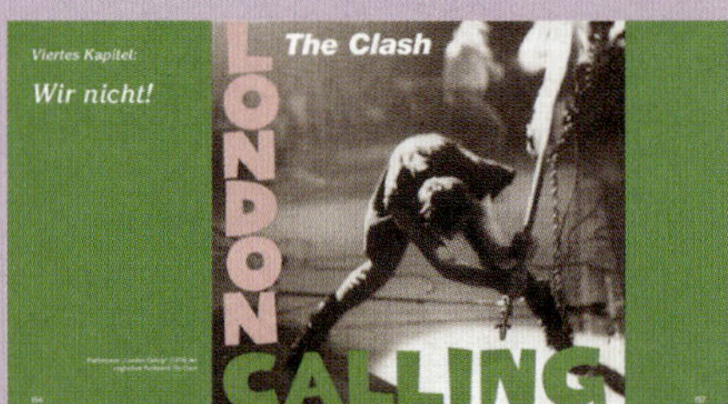

Fünftes Kapitel:
Die Welt der Medien

Sechstes Kapitel:
Macht-Spiele

Erstes Kapitel:

Wohin des Weges?

Tim Eitel (* 1971): Abend

1. Sammelt Redensarten und Sprichwörter, in denen das Substantiv „Weg“ nicht in seiner ursprünglichen Bedeutung (schmale, meist nicht asphaltierte Verkehrsbahn, für Fußgänger angelegt) verwendet wird.

2. Die Fotos kann man als Metaphern von Lebenswegen betrachten.

a) Skizziert mögliche Lebenswege, die den jeweiligen Fotos entsprechen.

b) Versucht eine Bewertung dieser „Wege“.

3. Bringt Fotos mit oder skizziert Bilder, die zeigen, wie ihr euch euren beruflichen und persönlichen Lebensweg vorstellt.

4. *Sackgasse, Promenade, Steg, ...* Sammelt Bezeichnungen für Wege und deutet sie als Weg-Metaphern. Verwendet dabei zur Veranschaulichung Beispiele.

L Bildliche Sprache (1): Die Metapher

Metapher nennt man einen sprachlichen Ausdruck, bei dem ein Wort oder eine Wortgruppe aus seinem ursprünglichen Bedeutungszusammenhang in einen anderen übertragen wird.
Beispiel: *Das Gesundheitswesen steht auf dem Prüfstand.*
Ein Prüfstand ist ursprünglich ein Gerät oder eine Vorrichtung, mit dem ein technischer Gegenstand auf seine Eigenschaften und Tauglichkeit hin geprüft werden kann.
Metaphern sind keineswegs nur der Poesie zuzuordnen, sondern sie sind Bestandteil der Sprache schlechthin. Sie ermöglichen es, uns Dinge vorzustellen bzw. zu veranschaulichen, und beeinflussen unser Denken und Handeln.
Wenn Metaphern nicht mehr als solche bewusst sind (*Stuhlbein, Fuß des Berges*), werden sie als **verblasste Metaphern** bezeichnet.

I. Aufbruch ins Leben

1. „Nahtstellen des Lebens“ – Schreibend über Lebenswege nachdenken

1 Straßen, Wege, Pfade

a

b

c

d

L steht für **Lexikon** und bietet wichtige Informationen zu Inhalten des Faches Deutsch.

M steht für **Methoden**, die neu eingeführt oder erweitert werden. Die Ausführungen sind zusätzlich gelb unterlegt.

S steht für **Schreiben** und enthält Hinweise zum Verfassen von Aufsätzen. Die Ausführungen dazu sind grün unterlegt.

Unter allen Texten befindet sich ein Hinweis auf das Entstehungsjahr (e) oder Veröffentlichungsjahr (v).

2 Pascal Mercier (*1944): Nachtzug nach Lissabon [Auszug] – Federleicht und bleischwer –

Der Text ist dem Roman *Nachtzug nach Lissabon* (2004) von Pascal Mercier entnommen und gibt die Erinnerungen eines (fiktiven) portugiesischen Schriftstellers an seinen letzten Schultag wieder.

Am letzten Tag der Abschlussprüfung hatten wir alle hinter unseren Bänken gestanden, die Schulmützen auf dem Kopf, es konnte aussehen, als hätten wir Habtachtstellung eingenommen. Gemessenen Schritts ging Senhor Cortês vom einen zum anderen, verkündete mit seiner üblichen strengen Miene die Gesamtzensur und händigte uns mit geradem Blick das Zeugnis aus. Freudlos und bleich nahm mein strebsamer Banknachbar das seine entgegen und hielt es in den gefalteten Händen wie eine Bibel. Kichernd ließ der Klassenletzte, der braun gebrannte Liebling der Mädchen, das seine zu Boden fallen, als sei es ein Stück Abfall. Dann traten wir hinaus in die Mittagshitze eines Julitages. Was konnte, was sollte man mit all der Zeit anfangen, die nun vor uns lag, offen und ungeformt, federleicht in ihrer Freiheit und bleischwer in ihrer Ungewissheit?
Weder vorher noch nachher habe ich etwas erlebt, das mir so schlagend und nachdrücklich wie die nun folgende Szene vor Augen geführt hätte, wie verschieden die Menschen sind. Der Klassenletzte nahm als Erster seine Mütze ab, drehte sich mit Schwung um die eigene Achse und warf sie über den Zaun des Schulhofs in den benachbarten Teich, wo sie sich langsam vollsog und schließlich unter den Seerosen verschwand. Drei, vier andere folgten seinem Beispiel, und die eine Mütze blieb auf dem Zaun hängen. Mein Banknachbar rückte daraufhin seine Mütze zurecht, ängstlich und indigniert, es war nicht auszumachen, welche Empfindung in ihm überwog. Was würde er morgen früh machen, wenn es keinen Grund mehr gab, die Mütze aufzusetzen? Am eindrücklichsten jedoch war mir, was ich in der schattigen Ecke des Hofs beobachten konnte. Halb versteckt hinter einem staubigen Strauch versuchte einer, seine Mütze in der Schultasche zu verstauen. Einfach hineinstopfen mochte er sie nicht, das gaben die zögerlichen Bewegungen unmissverständlich zu erkennen. Er probierte dieses und jenes, um sie schonend unterzubringen; am Ende schaffte er Raum, indem er einige Bücher herausnahm, die er nun ratlos und unbe-

L **Das Symbol**

„Ein Wort oder ein Bild ist symbolisch, wenn es mehr enthält, als was man auf den ersten Blick erkennen kann." (C. G. Jung)
Erinnert euch:
Ein Symbol ist ein Gegenstand oder ein Vorgang, der über sich selbst hinaus auf etwas Höheres, Abstraktes verweist. So ist traditionell der Anker, der einem Schiff Halt bietet, ein Symbol der Hoffnung und der Ring, der weder Anfang noch Ende hat, ein Symbol der Treue.

1. a) Stellt die Szene (ab Z. 15) pantomimisch dar. Achtet dabei nicht nur auf die Gestik, sondern auch auf Mimik und Körperhaltung.
b) Beschreibt die Gefühle, die dabei zum Ausdruck gebracht werden.

2. Erklärt die symbolische Bedeutung, die die Mütze bzw. der Umgang mit ihr für die Schüler hat.

3. Benennt und erklärt die symbolische Bedeutung folgender Kleidungsstücke und Accessoires: Mantel, Hut, Stock.

4. Am Abend reflektiert der Ich-Erzähler beim Schreiben in sein Tagebuch die Ereignisse des Tages. Dabei beantwortet er die Frage Marias ausführlicher und ehrlicher, als er es vermutlich im Gespräch getan hat. Schreibe diesen Tagebucheintrag.

5. Gib die Gedanken wieder, die dem Klassenletzten, dem strebsamen Banknachbarn, dem Kameraden in der schattigen Ecke und dem Ich-Erzähler durch den Kopf gehen, während sie mit ihren Mützen hantieren.

holfen unter den Arm klemmte. Als er sich umwandte und in die Runde blickte, konnte man in seinen Augen die Hoffnung lesen, es möge ihn bei seinem verschämten Tun niemand beobachtet haben, und auch eine letzte, durch Erfahrung verwischte Spur des kindlichen Gedankens, man könne durch Abwenden des Blicks unsichtbar werden.

Noch heute kann ich spüren, wie ich meine eigene verschwitzte Mütze in den Händen drehte, in die eine Richtung, dann in die andere. Ich saß auf dem warmen Moos der Eingangstreppe und dachte an den gebieterischen Wunsch meines Vaters, ich möge Arzt werden – einer also, der es vermöchte, Menschen wie ihn von den Schmerzen zu erlösen. Ich liebte ihn für sein Vertrauen und verfluchte ihn der erdrückenden Last wegen, die er mir mit seinem anrührenden Wunsch aufbürdete. Inzwischen waren die Schülerinnen aus der Mädchenschule herübergekommen. „Bist du froh, dass es vorbei ist?“, fragte Maria João und setzte sich neben mich. Sie musterte mich. „Oder bist du am Ende traurig darüber?“ (v 2004)

6. Bearbeite eine der folgenden Aufgaben:

a) Der Ich-Erzähler verbringt schlaflose Nächte, weil ihn der Wunsch des Vaters, Arzt zu werden, belastet. Schreibe in Form eines inneren Monologs die Gedanken nieder, die ihm durch den Kopf gehen, und lasse ihn eine Lösung finden.

oder

b) Der Ich-Erzähler spricht mit seinem besten Freund über die Erwartungen des Vaters. Schreibe diesen Dialog nieder, in dem der Ich-Erzähler zu einer Lösung gelangt.

Gestaltendes Schreiben

Erinnert euch: Gestaltende Schreibaufgaben sollen dazu anregen, sich mit einem Text intensiver zu befassen und ihn so besser zu verstehen. Häufig geschieht das durch das Ausfüllen von **Leerstellen**. Bevor man eine Leerstelle im Text füllt, z. B. die Gedanken einer Person im **inneren Monolog**, im **Tagebucheintrag**, im **Brief** oder im **Dialog** mit anderen wiedergibt, muss man den Text sorgfältig lesen. Folgende Leitfragen können dabei helfen:

- Was erfahre ich im Originaltext über die Person (Charakter, Situation, Befindlichkeit)?
- Was würde ich denken und fühlen, wenn ich mich an ihrer Stelle befände?

Wenn ein Dialogpartner gewählt wird, der im Text nicht vorkommt, ist es wichtig, diese Person so anzulegen, dass ein ergiebiger Dialog entsteht, der zum gründlichen Nachdenken und zur Lösungsfindung beiträgt.

3 Sebastian Lühn (*1979): Ra(s)tlos [Auszug]

Sebastian Lühn schrieb während seines Zivildienstes seine Erfahrungen über den „Schwebezustand an der Schwelle zum Erwachsensein“ (Klappentext) nieder. Eigentlich hatte er den Text nur für sich selbst geschrieben. Beiläufig erzählte er einer Bekannten davon. Diese lieh sich das Buch aus und schickte es anonym an einen Verlag. Im Frühjahr 2001 erschien die Erzählung *Ra(s)tlos*.

Der absehbare Abschied vom bisher gelebten Leben war an sich nicht das große Problem. Naja, eigentlich schon auch, aber noch unerträglicher war dieser verkrampfte Umgang mit dem Zukunftsgedanken. Die Zukunft war so unsicher. Vor mir lag ein riesiger Scherbenhaufen aus Träumen, Wünschen und Ängsten, Ängsten, Ängsten. Ein schier unüberwindlicher Berg. Hilfe suchende ironische Fragen an den lieben Gott, wann denn endlich mein überragendes Schauspieltalent entdeckt würde und wann ich meine große Karriere starten könne. Dann die ängstliche Alternativfrage, ob mein Talent so überragend vielleicht gar nicht war. Meine wirklich großen Träume, stellte ich erschrocken fest, standen immer im direkten Zusammenhang mit finanzieller Unabhängigkeit. Ich habe schon immer Menschen bewundert, die etwas erreicht, die ihre Ziele verwirklicht haben und so unabhängig leben können, wie sie wollen. Sie haben Geld en masse und sind frei von vielen alltäglichen Zwängen und Vorschriften. Es wurde meine Maxime[1], mein Kredo[2], auch so zu werden, und ich nahm sie mir zum Vorbild. Damals war ich noch überzeugt, der wahre Sinn des Lebens bestehe darin, das möglichst Beste aus seinem Dasein herauszuholen, Erfolg zu haben und aufgrund dessen das Leben in vollen Zügen genießen zu können, den kategorischen Imperativ[3] und andere obligatorisch-gute Dinge natürlich nicht zu vergessen. Arbeit und andere Pflichten störten dieses Bild nur. Wohl deswegen gehörte für mich zu einem wahrhaft glücklichen Leben immer viel Geld. Wirklich materialistisch eingestellt war ich aber nicht. Heute denke ich etwas anders darüber, von der Grundidee bin ich aber noch immer felsenfest überzeugt. Das Hauptprogramm lautet also: Wie fange ich es an, dieses Prinzip möglichst schnell und einfach umzusetzen? Dabei ist die Angst, es nicht zu schaffen, immer größer als die, keine Lösung für dieses ethische Dilemma zu finden. Auf meinem Weg aus dem Brunnen hat mir zwar keiner die wirklich fette goldene Kugel mitgegeben, aber mit einer super Familie und tollen Freunden als Rückhalt besitze ich doch wenigstens ’ne goldene Murmel oder so. (v 2001)

M Inhalt und Form eines Textes aufeinander beziehen

Die Bedeutung eines literarischen Textes erschließt sich leichter, wenn man auffallende sprachlich-stilistische Merkmale auf den Inhalt bezieht. Bestimmte Wörter, die häufiger verwendet werden, können Aufschluss geben über die emotionale Befindlichkeit einer Person, z. B. Angst und Unsicherheit. Kontraste können auf eine innere Zerrissenheit deuten, Adjektive mit superlativischer Bedeutung (z. B. *unüberwindlich*) geben oft einen Hinweis auf eine extreme Gefühlslage, unvollständige Sätze auf Sprachnot oder Ratlosigkeit. Die sprachlich-stilistischen Beobachtungen am Text sind auch als Belege notwendig, um eine interpretatorische Aussage zu stützen.

1. Erklärt, warum der Erzähler erschrocken feststellt (Z. 10 f.), dass seine wirklich großen Träume mit finanzieller Unabhängigkeit verbunden sind.

2. Stellt zusammenhängend dar, warum der Abschied vom bisher gelebten Leben für ihn zum Problem wird.

3. Erklärt die Metapher vom „Weg aus dem Brunnen“ in Zeile 28.

4. Zeigt, wie sich die innere Situation des Erzählers auch in Sprache und Stil niederschlägt. Untersucht zu diesem Zweck den Wortschatz (z. B. Häufigkeit bestimmter Wörter, Dominanz bestimmter Wortfelder oder Wortarten Stilebene, Metaphern) sowie den Satzbau und bezieht die Beobachtungen auf den Inhalt des Textes. Legt dazu folgende Tabelle an und ergänzt sie:

Sprachl.-stilist. Besonderheiten →	**Bedeutung, Interpretation**
Mehrfache Wiederholung des Substantivs Angst (z. B. dreimal „Ängsten“ Z. 5) …	Ausdruck tiefer Existenzangst
Adjektive mit dem Präfix un- (z. B. „unerträglich“ Z. 2) …	
Adjektive mit superlativischer Bedeutung wie „riesig“ (Z. 4) …	
Gegensätze/ Kontraste (z. B. „Hilfe suchende ironische Fragen“ Z. 6) …	
Metaphern wie „Scherbenhaufen“, „Berg“ (Z. 4 f.) …	

---

1 die Maxime (< lat. maximum = das Größte): Grundsatz, Lebensregel
2 das Kredo (< lat. credo = ich glaube): Glaubensbekenntnis
3 kategorisch (< gr. kategoria = Grundaussage): unbedingt gültig; kategorischer Imperativ: (nach dem Philosophen Kant) unbedingt gültiges Pflichtgebot

4 Sibylle Mulot (*1950): Die Fabrikanten [Auszug] – Der Anruf –

Sibylle Mulot erzählt in ihrem Roman *Die Fabrikanten – Roman einer Familie* den teils erfundenen, teils historisch belegten Aufstieg und Niedergang einer Fabrikantenfamilie. Lis Kahn und ihr Zwillingsbruder Ladislaus sind die Nachkommen einer traditionsreichen Holz- und Papierdynastie im Schwarzwald, die erst die Flößerei und später der Holzhandel zu Wohlstand gebracht haben. Die junge Frau hat nach dem Abitur zunächst eine Ausbildung als Verlagsbuchhändlerin absolviert und dann in Hamburg Wirtschaftswissenschaft studiert. Nun steht sie vor dem Abschluss ihres Studiums. Im März des Jahres 1980 hält sie sich in den Semesterferien in Oslo auf, wo sie mit ihrer Freundin Emma und mit Christian aus Lübeck, einem jungen Rechtsanwalt, in den sie sich gerade erst verliebt hat und mit dem sie sich eine gemeinsame Zukunft vorstellen kann, ihren 25. Geburtstag feiern will. Auf der Rückfahrt von einer Einkaufstour halten Lis und Emma an, um ihren kurzen „wöchentlichen Freundlichkeitsanruf zu Hause" zu tätigen. Weil das Geldstück im Apparat klemmt, dauert das Gespräch länger als gewöhnlich.

Zuerst merkte ich es nicht. Meine Mutter war am Apparat. Fixiert auf mein Kurzzeit-Gespräch, legte ich mit der einzigen interessanten Neuigkeit los, die sich seit dem letzten Anruf ergeben hatte: dass ich jemanden aus Lübeck getroffen hatte, der sehr gut über die ehemaligen Kahn Werke, jetzt Pfister Werke, Bescheid wusste und der uns geraten hatte, Aktien abzustoßen. Dabei hatte ich die doppelte Freude, von demjenigen zu sprechen, in den ich mich verliebt hatte, und gleichzeitig den Boden vorzubereiten für das, was unausweichlich kommen musste: eine ernsthafte Beziehung der Tochter Kahn mit einem Passenden!

Die Sekunden liefen gegen Null. Ich fragte noch: „Wie geht es euch?"

Stille am anderen Ende.

Fünf, vier, drei ...

Sie zögert es hinaus, dachte ich. Gleich sagt sie: „Gut!", und wir werden technisch voneinander getrennt. Sie wird dann sofort gehen und es dem Vater erzählen. Ich sah sie im Geist mit dem großen Schlüsselbund im Haus herumwandern, leise an der Bürotür meines Vaters anklopfen ...

Zwei, eins, null.

Die Anzeige erlosch. Ich sah, wie in der Zwillingszelle Emma den Hörer ein wenig von sich weghielt. Und ich hörte meine Mutter weinen.

Emma sah mich, nachdem sie aufgelegt hatte, an, und ich drehte mich reflexartig um. Noch immer wartete ich auf das mechanische Zeichen für die Beendigung des Gesprächs, während ich auf die hohe Eibenhecke des Slottsparken[1] starrte. Ich überlegte vorsichtig, was dies bedeuten konnte. War jemand gestorben? Wer?

---

[1] Slottsparken: Schlosspark in Oslo

Inzwischen hatte Emma ihre Zelle verlassen und sah mich ungläubig an. Sie stellte sich dicht an die Glaswand und versuchte, mir pantomimisch klarzumachen, dass es sinnlos sei, der getrennten Leitung nachzuhorchen. Ich wandte mich um eine Vierteldrehung von ihr weg und zeigte ihr die kalte Schulter. Meine Mutter weinte so sehr, dass ich endlich fragte: „Mama, was ist denn los?“ Und da, genau da, hatte ich begriffen: Die Krone klemmte.
Heftiges Weinen am anderen Ende. Lange. Undeutliche Laute.
„Dein Vater ...“
Ein kalter Schreck durchfuhr mich. War etwa ... Ich vollzog eine weitere Vierteldrehung, weil Emma immer nachrückte, und fing an zu schreien: „Ist er tot?“
Schluchzen. Gurgelnder Widerspruch. Nein, nein ... Nicht tot.
Und dann brach es aus ihr heraus.
Emma hatte tief beunruhigt meine Vierteldrehungen verfolgt, war auf der anderen Seite herumgegangen und starrte mich wieder alarmiert durch die Glasscheibe an. Ich machte ihr ein verneinendes Zeichen, nein, nicht tot, falscher Alarm, und holte in einer Eingebung mein leeres Portemonnaie aus der Anoraktasche, ließ es aufgeklappt vor ihr baumeln, was sie nach einiger Zeit verstand. Oder nein, nicht verstand, sie dachte nämlich, ich wolle unbedingt mehr Münzen haben, und machte sich auf die Suche nach Passanten, die ihr einen Schein in Kronenstücke wechseln konnten.
Ich hatte meine Mutter noch nie so weinen hören. Während ich auf die Straße starrte, sah ich im Geist unsren Ufergarten in seiner frühlingshaften Schönheit aufsteigen und dachte: Niemals. Den kriegen sie nie. Und dann noch: Toll, dass wir hier gratis telefonieren.
Emma blieb lange Zeit weg. Aus Diskretion, wie ich dachte. Und die Leitung blieb offen. Ich hatte solches Mitleid mit meiner Mutter – aber sie fasste sich langsam wieder, wurde nach und nach zu meiner Erleichterung wieder die alte. Und berichtete.
Empört erzählte sie, „sie“ hätten gestern völlig stillos gewagt, Ladislaus[1] am Telefon zu beleidigen.
Wer – sie?
Die Bank natürlich! Sie ahmte Kerners Stimme nach.
„Sie, Herr Kaahn, mer hänn da e Probleem ...“
Es ging um die Kreditverlängerung[2]. Ladislaus hatte den Termin vollständig vergessen, die Kredite waren bisher automatisch verlängert worden. Aber nun lief die Frist ab. Mit diversen Verbindlichkeiten gegenüber dem Drucker und Papierlieferanten hatte er zusätzliche Schulden angehäuft und seit Monaten vergessen, die Raten zu bezahlen. Da musste jetzt etwas

---

1 Ladislaus: Hier ist nicht der Bruder, sondern der Vater gemeint.
2 der Kredit (< lat. creditum = das auf Treu und Glauben Anvertraute, Darlehen): Geldmittel, die die Bank einem Kunden für eine gewisse Zeit zur Verfügung stellt und die über einen längeren Zeitraum (in Raten) zurückgezahlt („getilgt“) werden. Für das Überlassen der Geldsumme zahlt der Kreditnehmer der Bank Zinsen.

L **Der Schlüsselroman**

Der Roman *Die Fabrikanten* von Sybille Mulot ist ein Schlüsselroman, d. h., dass er auf einer wahren Geschichte basiert, hier auf der einer Fabrikantenfamilie aus dem Schwarzwald. Im Schlüsselroman werden die wirklichen Begebenheiten und Personen verschlüsselt, z. B. die Namen der Personen und der Orte verändert. Auch enthält er neben wahren Anteilen fiktionale Elemente. Wer den Schlüssel zu einem solchen Roman kennt, also weiß, wer sich hinter den Figuren verbirgt, kann bei der Lektüre des Textes viel Spaß haben, weil er beim Lesen Dinge erfährt, die sonst nicht bekannt sind.

geschehen. Ladislaus hatte am Telefon sofort gebieterisch nach Holzer gefragt, mit dem er die Sache regeln wollte.

„Bedaure. Där isch im Ruheschtand. Sie werde's jetzt hauptsächlich mit miir ztuun habbe!“

Es sei Ladislaus richtiggehend kalt den Rücken hinuntergelaufen. Kerner wurde frech.

„Ihr Verlag da unn die Buchhandlung, die sinn hochdefizitär[1] …“

Ja, es war ein Jahr ohne Gewinn gewesen, mit unkalkulierbaren Einbrüchen. Das konnte doch passieren? Eine Überbrückung musste doch möglich sein?

„Bedaure, Herr Kahn: Unner denne Umschtänd könne mer net verlängere.“

Aber es handelte sich doch nur um eine Million, und alles wäre wieder flüssig?

„Jawollja!“, sagte Kerner. „Verkaufe Se halt ebbes! De Wald, oder's Haus. Sie hänn doch Wald? Ich seh grad, dass Sie in seehr weesentlichem Umfang noch Wald besitze.“

Ja, aber da lag ein Servitut[2] drauf: Die Großmutter hatte den Wald bis dreißig Jahre nach ihrem Tod gesperrt.

„Unn wann wär er früheschtens …? In drei Jahr erscht? Nee, bedaure. Die Kreditte, die sinn jetzt fällig, jetzt!“

Dann würde er eben woanders einen neuen Kredit beantragen, widersprach Ladislaus. Eine Umschuldung!

„Herr Kahn, Sie sinn jetzt fünf-e-fuffzig! Schlage Se sich die Umschuldung aussm Kopf! Was anners wär's, wenn Ihre Kinner … wie alt sinn die? Wenn die für Sie übernehme däte … Ihre Kinner müsse komme. D' ainzig Lösung! Oder Insolvenz[3]. Mer wäre gezwunge, des Haus einzuziehe.“

Hier fing die Mutter wieder an zu weinen.

„Bitte, komm! Dein Bruder ist schon verständigt!“

„Aber ja, Mama! Mach dir keine Sorgen! Ich versuche, morgen einen Flug nach Hamburg zu bekommen! Ich kann übermorgen Nachmittag bei euch sein.“

Meine Mutter war unendlich erleichtert. Vielleicht hätte sie es noch lieber gehabt, wenn ich noch am selben Abend gekommen wäre, irgendwie.

Mittlerweile tauchte Emma wieder auf. Sie winkte schon von Weitem, zog ihren Handschuh aus, griff in die Anoraktasche und holte eine Anzahl blanker Kronen heraus.

Ich öffnete die Zellentür.

„Danke, sehr liebenswürdig, aber das brauche ich gar nicht!“, sagte ich aufgekratzt. Leicht manisch, bescheinigte mir Emma später.

---

1 hochdefizitär (< lat. deficit = es fehlt): Ein Unternehmen, das weniger erwirtschaftet, als es Ausgaben hat, ist defizitär.

2 das Servitut: hier: Nutzungsbeschränkung

3 die Insolvenz (< lat. solvere = Schuld, Lohn abzahlen): Zahlungsunfähigkeit, Bankrott einer Firma

Der Katz'sche Garten 2008, im Text (Z. 48) der Garten der Familie Kahn

1. a) Beschreibt die wirtschaftliche Situation, in der sich die Familie befindet.

b) Charakterisiert die Stimmung, in der sich Lis befindet, als sie von der Situation des väterlichen Betriebes erfährt.

c) Erklärt, wie das Familienunternehmen gerettet werden soll.

2. Stellt dar, mit welchen Mitteln die Mutter ihre Tochter dazu bringen will, in ihrem Sinne zu handeln. Gebt die entsprechenden Zeilen an.

3. Wird Lis die Firma retten? Stellt auf der Grundlage des Textes Vermutungen an.

4. Nach ihrer Rückkehr vom Einkauf fragt Emma nach, was es mit dem Bankrott des Vaters auf sich habe. Es entwickelt sich ein Streitgespräch über Lis' Zukunft. Schreibt oder spielt dieses Gespräch.

Ich sagte: „Mein Vater ist bankrott. Aber willst du vielleicht jemanden in Amerika anrufen? Oder in Australien?“
Jetzt verstand sie den Zusammenhang. „Dein Telefon war kaputt?“ Versuchen wir es noch mal!“
Emma hatte tatsächlich eine Freundin in den Staaten und rief dort an. Wir suchten in unseren Adressbüchern die Nummern von alten Schulkameraden und Studienkollegen heraus und telefonierten uns quer durch die Weltgeschichte. Die Dämmerung sank. Die Lichter und das permanente Brummen des Verkehrs drangen vom Drammensveien[1] herüber. Ich rief meine Tante Ingeborg in Schweden an. Erzählte ihr, dass wir das Plakat ihres Theaterstücks hier in Oslo hätten hängen sehen. Ich sagte: „Und mein Vater, dein lieber Bruder, ist bankrott!“ Sie darauf: „So?“ Sie fragte, wann ich endlich wieder mal nach Stockholm käme. Das letzte Mal sei vor zehn Jahren gewesen. (v 2005)

5. a) Untersuche die zeitliche Gestaltung des Textes und nenne jeweils ein Beispiel für Zeitdeckung, Zeitraffung und Zeitdehnung.
b) Versuche den unterschiedlichen Umgang mit der erzählten Zeit zu erklären: Warum findet sich in einem bestimmten Abschnitt Zeitdeckung, warum in einem anderen Zeitraffung oder Zeitdehnung?

6. „Sein Leben nach den Wünschen der Eltern gestalten? Das würde heute niemand tun!“ – Tauscht euch darüber aus.

Das Verhältnis von Erzählzeit und erzählter Zeit: Zeitraffung, Zeitdeckung, Zeitdehnung

Man nennt den Zeitraum, über den sich eine Geschichte erstreckt, die **erzählte Zeit**. Diese kann kurz sein, z. B. eine Stunde oder einen Tag umfassen, oder einen längeren Zeitraum darstellen, z. B. ein Menschenleben oder ein Zeitalter.
Unter **Erzählzeit** versteht man die Zeitspanne, die man zum Lesen oder Hören des Textes braucht. Da das Lesetempo der Menschen unterschiedlich ist, bezieht man die Erzählzeit auch auf den räumlichen Umfang (Zeilen, Seiten) eines Textes.

- **Zeitraffung:** Der Erzähler gibt Ereignisse, die sich über einen längeren Zeitraum erstrecken, mehr oder weniger stark gerafft wieder. So kann er auf wenigen Seiten die Kindheit und Jugend eines Menschen darstellen.
- **Zeitdehnung:** Eher selten kommt es vor, dass die Erzählzeit länger ist als die erzählte Zeit. Das ist z. B. der Fall, wenn die Gedanken, die jemandem in wenigen Sekunden durch den Kopf gehen, in einem verhältnismäßig langen Abschnitt wiedergegeben werden.
- **Zeitdeckung:** Häufiger fallen Erzählzeit und erzählte Zeit zusammen, sind also gleich lang. Ein typisches Beispiel sind Dialoge, in denen die Worte der Figuren in direkter Rede ungekürzt wiedergegeben werden.

Bei der Analyse der Zeitstruktur ist es ergiebig, wenn man vergleicht, wie in unterschiedlichen Abschnitten eines Textes mit der erzählten Zeit umgegangen wird.

[1] Drammensveien: eine Straße in Oslo

5 Familienunternehmen Kahn vor dem Konkurs

Karlsruhe – Das traditionsreiche Familienunternehmen Kahn wird vermutlich bald Konkurs anmelden. Da ein Teil des Firmenimperiums in der letzten Zeit sehr stark von der Baubranche mit ihrer rückläufigen Konjunktur abhängig war, musste man sich bereits von der Holzindustrie trennen. Nachdem auch die Verlagsgeschäfte nachgelassen haben, kann das Unternehmen seinen Zins- und Tilgungsverpflichtungen gegenüber der Sparkasse nicht mehr nachkommen.

Die Bank * deshalb, wie berichtet wird, keinen weiteren Kredit gewähren. In der Stadt geht das Gerücht, dass es noch Hoffnung *. Bank und Firma *, eine Lösung zu finden. Die beiden Kinder des Firmenchefs * die Kredite. Der Sohn * ins EDV-Geschäft * und * sich mit seinen Bilanzen sehen lassen. Die Tochter * kurz vor dem Studienabschluss. Sie * in Oslo *. Der Bürgermeister der Stadt bedauert die Situation. Er erklärte, er * auf die Bereitschaft der einzelnen Familienmitglieder, zur Rettung beizutragen. In einer Zeit, in der sich die Welt in kürzester Zeit * , * es darauf an, flexibel zu sein. Traditionsreiche Familienunternehmen * auf Bewährtem auf, * und * aber immer auch neue Wege. Deutschland * seine Familienunternehmen wegen ihrer Leistungsbereitschaft und ihrer Innovationsfähigkeit. Und dafür * Familienunternehmen erhalten bleiben.

7. Stellt euch vor, die Presse erfährt von den Schwierigkeiten der Firma. Schreibt den zweiten Abschnitt des Berichts ab und setzt die richtigen Konjunktivformen der folgenden Verben ein: *wollen, geben, sich bemühen, übernehmen, einsteigen (Der Sohn ist bereits ins EDV-Geschäft eingestiegen!), können, stehen, sich aufhalten, hoffen, verändern, kommen, bauen, finden, beschreiten, brauchen, müssen.*

Der Konjunktiv der indirekten Rede auf einen Blick

Erinnert euch:

- Normalerweise steht der **Konjunktiv I**.
  Beispiel: *Man sagt, die Bank werde bald Konkurs anmelden.*
- Ist die Form des Konjunktivs I nicht vom Indikativ Präsens zu unterscheiden, steht der **Konjunktiv II**.
  Beispiel: *Man sagt, viele Mitarbeiter (müssen) müssten um ihren Arbeitsplatz bangen.*
- Ist dieser mit dem Indikativ Präteritum identisch (a) oder klingen die Konjunktiv-II-Formen ungewohnt (b), kann man auch **würde-Formen** verwenden.
  Beispiel: (a) *Man sagt, die Geschäfte gingen schlecht/würden schlecht gehen.*
  (b) *Man hört, die Kahns verlören ihren ganzen Besitz/würden ihren ganzen Besitz verlieren.*

6 Jakob Hein (*1971): Mein erstes T-Shirt [Auszug] – So wurde mein Berufsziel Psychiater –

Eigentlich wollte ich Komiker werden. Schon mit sechs Jahren konnte ich alles von Otto Waalkes auswendig, was mal im Radio oder Fernsehen gelaufen war. Statt Haribo und Matchbox wünschte ich mir das Otto-Buch,

das ich dann auswendig lernte. Allerdings war es sehr schlecht gebunden, so eher wie ein Schreibblock und wenn man die Seiten richtig aufblätterte, hatte man sie schon in der Hand. Ich konnte damals kaum glauben, dass Otto seinen Lesern so etwas zumutet. Ich war mir sogar sicher, dass er gar nicht wusste, wie schlecht die Bücher gebunden waren. Wenn er so ein Ding in die Hand bekommen hätte, dann wäre er wahrscheinlich total ausgeflippt, hätte dem Buchbinder das Ding um die Ohren gehauen und geschrien: „Ich verlange für meine Fans, besonders Jakob, ein ordentlich gebundenes Buch“. So malte ich mir das alles aus. Als er dann einmal im Osten zu Gast war, nutzte ich die Beziehungen meiner Mutter und ließ mir sein Autogramm ins Buch machen. Er soll es mit völlig unbewegter Miene eingeschrieben haben, obwohl manche Seiten schon fast herausfielen. Eine Eintrittskarte bekam ich trotz meiner Mutter nicht, die waren wie üblich an Leute gegangen, die das gesamte westliche System auch mit seinen Stars und allem total ablehnten.
Ich übte dafür, Otto zu werden. Nach einer sehr erfolgreichen Zeit als jüngster Otto-Imitator der DDR reifte in mir die Erkenntnis, dass es in diesem Schweinesystem nichts werden würde. Denn trotz mehrerer erfolgreicher Auftritte in diversen Ferienlagern und „Fest der jungen Talente“-Shows wurde ich nicht entdeckt.
Andrea Springer, meine pferdezähnige Banknachbarin, konnte gut Handball spielen und wurde sofort an die Kinder- und Jugendsportschule geholt. Ich räumte die Urkunden für gute Leistungen beim „Fest der jungen Talente“ säckeweise ein, und trotzdem interessierte sich kein Schwein für mich. In meiner Kinderbibliothek gab es Schallplatten von DDR-Komikern, aber die waren alle dreißig Jahre alt. Wahrscheinlich wurde diese Kunst als aussterbendes Überbleibsel betrachtet, denn in der richtigen sozialistischen Gesellschaft muss man sowieso den ganzen Tag wegen seines übervollen Glückes lachen, ohne dass es etwas gibt, *über* das man lachen kann. Also änderte ich meinen Berufswunsch von Komiker in Schauspieler. Das war erst mal eine solide Grundausbildung, später konnte ich immer noch Komiker werden. Meine Eltern kannten außerdem viele Schauspieler, diese wirkten auf mich immer ausgelassen und fröhlich, konnten schlaue Geschichten erzählen und waren gut angezogen.
Zu meinem Erstaunen führten meine Eltern ein eindringliches Gespräch mit mir, in dem sie mir verboten, den Beruf des Schauspielers anzustreben. Sie gebrauchten drastische Worte und erwähnten beiläufig, vor meinem ersten Auftritt meine Füße in Beton gießen und mich dann in die Spree werfen zu wollen. Finanzielle oder andere Unterstützung war von ihnen nicht zu erhoffen. Sie schleppten mich in Theaterkantinen, um mir schwer trinkende, unglückliche Schauspieler zu zeigen. Ihre Schauspielerfreunde luden sie nur noch einzeln ein und zwangen sie, statt Anekdoten von den Schattenseiten der Schauspielerei zu erzählen. Einer berichtete, wie er in Abwesenheit einen kleinen amerikanischen Schauspielpreis bekommen hatte. Als er es seinen engsten Kollegen erzählte, hatten diese

***Jakob Hein**, Sohn des Schriftstellers Christoph Hein, wurde 1971 in Leipzig geboren. Er lebt als Arzt mit seiner Frau und seinen beiden Söhnen in Berlin. Der Roman „Mein erstes T-Shirt“ ist sein Erstlingswerk.*

einen Gesichtsausdruck bekommen, wie er ihn sich immer bei Menschen auf dem elektrischen Stuhl beim Einschalten des Stroms vorstellte.
Der stete Tropfen höhlte den Stein, ich distanzierte mich vor meinen Eltern von meinem Berufswunsch. Ich verkündete, Regisseur werden zu wollen, denn ich hatte mitbekommen, dass man als Regisseur auch viel schauspielern darf und einem die Schauspieler weiterhin die lustigsten Anekdoten und Schnurren erzählten. Aber dieser Wunsch war halbherzig, folglich war in meinem Herzen ein Zimmer frei. Dieses bezog die Verliebtheit in Person von Inken Mäder. Sie war zwei Jahre älter als ich, also unglaublich reifer, trotzdem waren wir befreundet. Inken wollte Ärztin werden und das wollte ich natürlich auch. Damals war ich zwölf. Ich stellte mir vor, gemeinsam mit ihr Medizin zu studieren, mit achtzehn eine gemeinsame Praxis aufzumachen und dann gemeinsam alt zu werden. Mein neuer Studienwunsch erhöhte meinen Status bei Inken. Ich erzählte ihr, dass ich Psychiater werden wolle, denn damals wurde viel von Freud und Hypnose und so geredet. Ich war begeistert, dass man es lernen konnte, die Gedanken anderer Menschen zu lesen. Inken unterstützte mich in meinem Ansinnen und schenkte mir zu meinem dreizehnten Geburtstag das Buch „Die psychiatrische Untersuchung“. Die Tatsache, dass sie zu meiner Geburtstagsfeier kam, versetzte mich in einen Zustand ekstatischen Glücks. Hätte sie mir die Bibel geschenkt, hätte ich wahrscheinlich probiert, Papst zu werden. So wurde mein Berufsziel Psychiater. (v 2003)

1. Die „Berufsfindung“ des Ich-Erzählers findet in der ehemaligen DDR statt. Sammelt Textstellen, die das erkennen lassen.

2. Erklärt, warum der Ich-Erzähler nicht Komiker, Schauspieler oder Regisseur wird, sondern Psychiater.

3. a) Zeigt an Beispielen eurer Wahl, dass der Ich-Erzähler seinen beruflichen Werdegang auch deshalb schildert, um die Zustände in der ehemaligen DDR ironisch-kritisch darzustellen.
b) Benennt die Mittel der Ironie, die er dabei verwendet.

4. Zeigt an mehreren Textstellen, dass der Erzähler aus der Perspektive eines Kindes schreibt, und erklärt die Wirkung, die dadurch entsteht.

Die satirische Darstellungsweise

In allen literarischen Gattungen und Formen (Roman, Erzählung, Gedicht, Drama usw.) können uns satirische Darstellungsweisen begegnen. Charakteristisch ist der ironische Grundton, der den Text durchzieht und Leser bzw. Zuhörer dazu anregt, über das dargestellte (Fehl-)Verhalten, den dargestellten (Miss-)Stand oder die kritisch gesehene Person zu lächeln oder (schadenfroh) zu lachen.
Mittel satirischer Darstellung sind:

- **Ironie** (< gr.: Verstellung). Diese bezieht sich auf Aussagen, die das Gegenteil von dem meinen, was sie sagen, z. B. „[...] die waren, wie üblich, an Leute gegangen, die das gesamte westliche System [...] total ablehnten.“ (Z. 16 f.);
- **Übertreibung**, z. B.: „Ich [...] räumte die Urkunden [...] säckeweise ein [...]“ (Z. 26 f.);
- **unangemessene Vergleiche**, z. B. „pferdezähnige Banknachbarin“ (Z. 24).

Alle diese Mittel verfremden den Gegenstand und lassen ihn in einem ungewohnten Licht erscheinen. Der Ton der satirisch-kritischen Darstellung reicht von humor- und verständnisvoll bis scharf, bissig und gnadenlos. Einen Menschen oder eine Sache dem Spott preisgeben kann deshalb eine scharfe, gefürchtete Waffe sein.

7 Manfred Bofinger (1941 – 2006): „Eine gute Pointe muss eben sitzen!“

(v 1970)

5. Manfred Bofinger war einer der bekanntesten Grafiker der DDR. Beschreibe die Karikatur und interpretiere sie.

2. Lebensfahrt auf dem Meer der Welt – Einen Topos (er)kennen

1 Caspar David Friedrich (1774 – 1840): Die Lebensstufen

1. Fünf Menschen – fünf Schiffe:

a) Schau dir das Bild genau an und beschreibe, was du siehst.

b) Erkläre das Bild, indem du einen Zusammenhang zwischen den Menschen und den Schiffen herstellst.

2. Sprecht darüber, warum gerade das Schiff und die Fahrt auf dem Meer seit frühester Zeit zu Bildern des menschlichen Lebens geworden sind.

Der Topos

Unter Topos (Plural Topoi; < gr. topos = Ort, Gemeinplatz) versteht man ein festes Denk- und Ausdrucksschema, eine feste Vorstellung oder ein vorgeprägtes Bild oder Motiv. Bekannte Topoi sind z. B. *die böse Stiefmutter, die Lebensfahrt auf dem Meer der Welt* oder *die liebliche Landschaft*. Weitere Topoi sind das *Lob früherer Zeiten* („*Früher war alles besser!*“), *die Klage über die verderbte Jugend* und das Bild vom *Welttheater*.

3. Informiert euch in Lexika oder im Internet über den *locus amoenus* (lat. = lieblicher Ort), und das Bild vom *Welttheater*, häufig auch lateinisch *theatrum mundi* genannt.

2 Christoph Hönig: Das Schiff als Daseinsmetapher [Auszug]

Will man den Kurs, den die verschiedenen Lebensfahrten hier nehmen, im Überblick verfolgen, ist jeweils ein Blick auf die einzelnen Bildelemente des *Topos von der Lebensfahrt auf dem Meer der Welt* angezeigt.
Das **Meer** ist stets ein Bild der Welt: unüberschaubar, von trügerischer Glätte, aufgewühlt von Stürmen, den Schicksalsschlägen, voller verborgen lauernder **Klippen** und **Riffe**, den Fährnissen des Lebens. Das **Schiff** entspricht in seiner Körperlichkeit meist dem Leib des Menschen. Das **Segel** versinnbildlicht den Antrieb, das **Steuerruder** die Lenkung des Lebensschiffes. Der **Steuermann** ist das Ich, der Wille oder die Seele, der Geist, aber auch personifiziert – die Philosophie oder der Glaube. Seltener ist die Rede vom **Leitstern**, vom **Leuchtfeuer** oder vom **Kompass**, die der Orientierung dienen. [...] Doch da ist noch ein Bildelement auf irritierende Weise offen: Es ist **„die Hafenfrage“** (Benn ...). Gibt es für das Lebensschiff – wie für jedes Schiff – einen Bestimmungshafen? Wenn ja: Welches ist das Ziel der gefährlichen Fahrt durch das Weltmeer? (v 2000)

3 Gerrit Pompe (1655 – 1705): Schiffe in stürmischer See

4 Willem van de Velde (1633 – 1707): Schiffe auf ruhiger See im Abendlicht

5 Johann Wolfgang von Goethe (1749 – 1832):

a) Meeres Stille

Tiefe Stille herrscht im Wasser,
Ohne Regung ruht das Meer,
Und bekümmert sieht der Schiffer
Glatte Fläche ringsumher.
Keine Luft von keiner Seite!
Todesstille fürchterlich!
In der ungeheuern Weite
Reget keine Welle sich. (v 1796)

b) Glückliche Fahrt

Die Nebel zerreißen,
Der Himmel ist helle,
Und Äolus[1] löset
Das ängstliche Band.
Es säuseln die Winde,
Es rührt sich der Schiffer.
Geschwinde! Geschwinde!
Es teilt sich die Welle,
Es naht sich die Ferne;
Schon seh ich das Land! (v 1796)

4. *Das Steuer übergeben, das Ruder herumwerfen, aufkreuzen, Schiffbruch erleiden:* Sammelt weitere Redensarten aus der Seefahrt und erklärt sie mithilfe von Beispielen.

5. Vergleicht die beiden Gemälde „Schiffe auf ruhiger See“ und „Schiffe in stürmischer See“. Deutet sie im Sinne der Schiffsmetaphorik.

6. Interpretiere und vergleiche die beiden Gedichte von J. W. von Goethe.

Ein Bild beschreiben

Vorbereitung

- Schau dir das Bild genau an und versuche herauszufinden, worum es geht. Beachte den Titel.
- Notiere auf einem Blatt, was man im Hinter- und Vordergrund sieht und was die dargestellten Menschen denken, sagen oder fühlen könnten.
- Achte auf Licht und Farben und charakterisiere die Stimmung.
- Überlege, welcher Zusammenhang zwischen den einzelnen Bildelementen besteht.

Bildbeschreibung

- Beginne mit einem Übersichtssatz, der als Einleitung Auskunft gibt über den Künstler, die Art des Bildes, eventuell Größe und Bildtitel sowie das Thema und der zudem eine erste Vorstellung vom Bild als Ganzes und seiner Aussage vermittelt.
- Beschreibe das Bild in einer sinnvollen Reihenfolge und stelle einen Zusammenhang zwischen den einzelnen Teilen des Bildes her. Formuliere die mögliche Aussage des Künstlers und die Wirkung des Bildes auf den Betrachter. Verwende das Präsens.
- Hilfreich ist folgendes **Vokabular**:
  - *Das Gemälde/die Zeichnung/das Aquarell/der Druck usw. zeigt …*
  - *Im Vordergrund/Mittelgrund/Hintergrund …*
  - *Am oberen/unteren/rechten/linken Bildrand …*
  - *In der oberen/unteren/rechten/linken Bildhälfte …*
  - *Vogelperspektive/Froschperspektive/Normalperspektive …*

[1] Äolus: Sagengestalt, König der Winde

Das Meer ist unser Leben:

Kirchenschiff

- Stellt dar, welche Bildelemente das Topos von der Lebensfahrt auf dem Meer der Welt in den einzelnen Gedichten jeweils verwendet und welche Lebenserfahrungen damit zum Ausdruck gebracht werden.
- Bezieht weitere auffallende inhaltliche und sprachlich-stilistische Merkmale in die Interpretation ein.
- Drückt, wie die Schülerin aus der 11. Klasse, euer individuelles Lebensgefühl in eigenen Gedichten aus. Verwendet dabei Bildelemente des Seefahrtstopos.

Andreas Gryphius (1616 – 1664): An die Welt

Mein oft bestürmtes Schiff, der grimmen Winde Spiel,
Der frechen Wellen Ball, das schier die Flut getrennet,
Das über Klipp auf Klipp und Schaum und Sand gerennet,
Kommt vor der Zeit an Port[1], den meine Seele will.

Oft, wenn uns schwarze Nacht im Mittag überfiel,
Hat der geschwinde Blitz die Segel schier verbrennet.
Wie oft hab ich den Wind und Nord und Süd verkennet!
Wie schadhaft ist der Mast, Steuer-Ruder, Schwert[2] und Kiel!

Steig aus, du müder Geist! Steig aus! Wir sind am Lande.
Was graut dir vor dem Port? Itzt wirst du aller Bande
Und Angst und herber Pein und schwerer Schmerzen los.

Ade, verfluchte Welt: du See voll rauer Stürme!
Glück zu, mein Vaterland, das stete Ruh im Schirme
Und Schutz und Frieden hält, du ewig-lichtes Schloss!

(v 1643)

Joseph von Eichendorff (1788 – 1857): Der Pilot[3]

Glaube stehet still erhoben
Überm nächt'gen Wellenklang,
Lieset in den Sternen droben
Fromm des Schiffleins sichern Gang

Liebe schwellet sanft die Segel,
Dämmernd zwischen Tag und Nach
Schweifen Paradiesesvögel,
Ob der Morgen bald erwacht.
Morgen will sich kühn entzünden,
Nun wird's mir auf einmal kund:
Hoffnung wird die Heimat finden
Und den stillen Ankergrund.

(v 1837)

Horaz (65 – 8 v. Chr.): Der goldene Mittelweg

Richtiger wirst du leben, Licinius, wenn weder du ins offene Meer ständig steuerst noch, vor den Stürmen vorsichtig in Furcht, allzu sehr dich drängst an das tückische Ufer.

---

1 der Port (< lat. portus = Hafen, Mündung): veraltetes Fremdwort für Hafen
2 das Schwert: Platte, die durch einen Schlitz im Schiffsboden oder im Kiel abgesenkt werden kann und der Stabilisierung der Bootslage dient.
3 der Pilot: früher für Steuermann oder Lotse

Einem Topos nachgehen

„Dropping the Pilote", übersetzt mit „Der Lotse geht von Bord", ist der Titel dieser berühmten englischen Karikatur aus der satirischen Zeitschrift „Punch" zur Entlassung Bismarcks 1890.

Angelus Silesius (1624 – 1677): Die geistliche Schifffahrt

Die Welt ist meine See, der Schiffmann Gottes Geist,
Das Schiff mein Leib: die Seel ist's, die nach Hause reist. (v 1657)

Gottfried Benn (1886 – 1956): Die Hafenfrage

RADAR[1]

Ein Nebel wie auf See –
und meine Belle-etage[2]
fährt ohne Takelage[3]
von Quai zu Quai.

Sie findet keinen Ort,
daran das Tau zu schlingen,
denn neue Wellen bringen
sie wieder fort.

Wie weit sind Sund und Belt[4]
und schwer die Hafenfrage,
wenn, ohne Takelage,
noch Nebel fällt. (e um 1949)

Wolfgang Borchert (1921 – 1947): Der Leuchtturm

Ich möchte Leuchtturm sein
in Nacht und Wind,
für Dorsch und Stint
und jedes Boot –
und bin doch selbst:
Ein Schiff in Not (e zwischen 1940/45)

Die Fahrt nach nirgendwo

Dichter Nebel liegt auf dem Wasser,
Meine Augen nützen nichts,
Ständige Angst davor, wohin man fährt,
Ob man auf Grund läuft
Oder an einem Felsen zerschellt.
Die Ungewissheit, wohin der Wind
einen führt,
Der von allen Seiten kommt,
Doch die Nebel bleiben.

(e 2008 – Schülerarbeit)

---

1 der Radar: Abkürzung für Radio Detection and Ranging (etwa: Funk-Erkennung und Abstandsmessung)
2 die Belle-etage (eigentlich Beletage < frz. bel étage = schönes Stockwerk): das am aufwendigsten dekorierte Stockwerk, in der Regel der erste Stock in Vorderhaus eines Altbaus
3 die Takelage: Takelwerk, die Gesamtheit der Masten, Rahen, Bäume, Stengen, Segel und Tauwerk eines Schiffes
4 der Große und der Kleine Belt: Meerengen in der Ostsee. Sund ist ein Synonym für Meerenge.

II. Zwischen Nachfolge und Opposition

1. Unter schwierigen Bedingungen den eigenen Weg finden – Autobiografische Texte kritisch lesen

1 Ralph Giordano (*1923): „– da kommst du nicht heraus."

Man kann aus allem, aus jeder Situation, jeder Position, aus jedem Verhältnis „aussteigen", kann sagen: „Das will ich nicht mehr, damit habe ich weiterhin nichts zu tun, davon löse ich mich." Nur aus *einer* Bindung, aus *einer* Verstrickung, geht das nicht – aus Verwandtschaft! Sag hundertmal: „Du bist nicht mehr meine Mutter, meine Tochter, mein Sohn, mein – Vater!" Sag es, und du bleibst doch, was du warst und was du bist. Auch wenn du es nicht mehr sein willst, umsonst – da kommst du nicht heraus.

(v 1987)

1. a) Erläutert die Meinung Ralph Giordanos.
b) Setzt euch kritisch mit der Ansicht Giordanos auseinander.

M Einen literarischen Text durch die Analyse des Aufbaus erschließen

Es gibt unterschiedliche Zugänge zu einem Text. Manchmal finden sich interpretatorische **Hinweise in der Überschrift** oder an anderer Stelle im Text, z. B. wenn in einer Fabel am Anfang oder am Ende die Moral formuliert wird. Häufig aber bringt die Analyse des Aufbaus die Interpreten bei der Erschließung eines Textes weiter.
Man kann folgendermaßen vorgehen:

- den Text in **Erzählschritte** oder **Sinnabschnitte** gliedern,
- den Inhalt mithilfe von **Überschriften** oder Einzelsätzen festhalten,
- auffallende **inhaltliche und sprachliche Details** in jedem Erzählschritt festhalten.

Der Eintrag der Ergebnisse in eine Tabelle hilft, den Überblick über das Textganze zu behalten.

2 Peter Weiss (1916 – 1982): Abschied von den Eltern [Auszug]

In der lethargischen[1] Stunde zwischen zwei und drei lag ich auf dem Sofa im Wohnzimmer, die Hände unterm Kopf verschränkt, hinüberstarrend auf den Farbdruck an der Wand, der Hannibals[2] Grab darstellte. Unter einem graubraunen, wuchtigen, weit verzweigten Baum erhob sich ein Steinhaufen, und daneben stand ein alter Schäfer, sinnend auf seinen Stab gestützt, und vor ihm, im wilden, trockenen Gras, weidete die Herde der Schafe. Das Fenster zur Straße stand offen, draußen staubte weißes Sonnenlicht, vom Tennisplatz an der gegenüberliegenden Straßenseite tönten träge, dumpfe Ballschläge. Zuweilen summte dicht unterm Fenster ein Auto vorbei, oder eine Radglocke klingelte. Der Gedanke an die Stadt draußen belebte mich, ich sah die langen breiten Straßenzüge vor mir, die riesigen, von gebeugten, steinernen Sklaven getragenen Häuser, die Schlösser, Museen, Monumente und Türme, die Hochbahnen auf ihren Brücken und die unterirdischen Bahnen, mit ihrem Gedränge und ihren klappernden Reklameschildern. Schon wollte ich aufstehen, da stand meine Mutter vor mir, nie merkte ich, wie sie ins Zimmer kam, immer erschien sie plötzlich mitten im Zimmer, wie aus dem Boden emporgewachsen, den Raum mit ihrer Allmacht beherrschend. Hast du deine Aufgaben gemacht, fragte sie, und ich sank zurück in meine Müdigkeit. Noch einmal fragte sie, bist du schon fertig mit deinen Aufgaben. Aus meiner dumpfen Lage heraus antwortete ich, ich mache sie später. Sie aber rief, du machst sie jetzt. Ich mache sie nachher, sagte ich, in einem schwachen Versuch des Widerspruchs. Da hob sie, wie in einem Wappenschild, die Faust und rief ihren Wappenspruch: Ich dulde keinen Widerspruch. Dicht trat sie an mich heran, und ihre Worte fielen wie Steine auf mich herab, du musst büffeln und wieder büffeln, du hast noch ein paar Jahre, dann wirst du ins Leben hinaustreten, und dazu musst du etwas können, sonst gehst du zugrunde. Sie zog mich an meinen Schreibtisch zu den Schulbüchern. Du darfst mir keine Schande machen, sagte sie. Ich leide schlaflose Nächte deinetwegen, ich bin verantwortlich für dich, wenn du nichts kannst, dann fällt das auf mich zurück, leben heißt arbeiten, arbeiten und arbeiten und immer wieder arbeiten. Dann ließ sie mich allein. Neben mir auf einem Brett stand das Modell einer Stadt, das ich mir aus Papier und Zellophan, aus Drähten und Stäben erbaut hatte. Nach meinen zerstörerischen Spielen war dies der erste konstruktive Versuch. Es war eine Zukunftsstadt, eine utopische Metropole[3], doch sie war unvollendet, skeletthaft, ich wusste

***Peter Weiss** wurde 1916 in Nowawes (bei Berlin) geboren. Als Jude musste er 1934 emigrieren (England, Prag, Schweiz, Schweden). Er arbeitete als Filmregisseur und Maler, seit 1960 als freier Schriftsteller in Stockholm, wo er 1982 starb. Er schrieb eine stark autobiografisch geprägte Prosa („Abschied von den Eltern", 1961), Dramen, die an Bertolt Brecht orientiert waren, und dokumentarisch belegte Stücke („Die Ermittlung", 1965, über den Auschwitz-Prozess).*

2. Drückt das Verhältnis zwischen dem Jungen und seinen Eltern durch zwei Standbilder aus.

---

1 lethargisch, die Lethargie (< gr. lethe = das Vergessen und targia = Untätigkeit): schlafsüchtig, teilnahmslos, abgestumpft

2 Hannibal (247 – 183 v. Chr.): karthagischer Feldherr (aus Nordafrika), der im 2. Punischen Krieg über die Alpen nach Italien zog und die Römer 217 und 216 am Trasimenischen See und bei Cannae besiegte, 202 aber Scipio bei Zama unterlag

3 die Metropole (< gr. metropolis = Mutterstadt): Hauptstadt, Mittelpunkt, Knotenpunkt, Zentrum

3. Untersuche den Aufbau des Textes mithilfe des Methodenhinweises (S. 24) und ergänze folgende Tabelle:

Erzähl-schritt	**Über-schrift/ Satz**	**Was drückt der Text-abschnitt (vermutlich) aus?**
1. Die Tagträume des Jungen	Hannibals Grab	Junge flüchtet aus der Wirklichkeit, in der er sich nicht wohlfühlt, in Fantasieträumen; sehnt sich nach Spannung und Abwechslung in seinem Leben
…	…	…

4. a) Untersucht das Gespräch zwischen Mutter und Sohn bzw. Vater und Sohn sowie das Verhalten der jeweiligen Gesprächspartner und setzt euch kritisch damit auseinander. Berücksichtigt dabei die Faktoren, die für den Verlauf und das Ergebnis der Kommunikation bedeutsam sind. (Vgl. Sachinformation „Geglückte – missglückte Kommunikation".)

b) Schreibt den Text arbeitsteilig so um, dass er euren Vorstellungen von einer geglückten Kommunikation zwischen Mutter und Sohn bzw. Vater und Sohn entspricht.

5. Versetze dich in die Situation des Jungen und verfasse einen Tagebucheintrag, in dem dieser sich Gedanken macht über das Verhältnis zu seinen Eltern und über seine zukünftige Lebensgestaltung.

6. Stellt Vermutungen über den möglichen Fortgang der autobiografischen Erzählung an.

plötzlich, dass ich nicht daran weiterbauen würde, ich sah nur noch zerknittertes, leimdurchbröckeltes Papier, und alles war verbogen und zerbrechlich, man konnte es mit einem Atemzug umblasen. Ich musste nach anderen Mitteln des Ausdrucks suchen. Während ich über meinem Tagebuch brütete, öffnete sich die Tür, und mein Vater trat ein. Er sah mich am Schreibtisch hocken, bei irgendwelchen Beschäftigungen, an denen er nie teilhaben durfte, er sah, wie hastig etwas in der Schublade verschwand. Was treibst du denn da, fragte er. Ich mache meine Schulaufgaben, sagte ich. Ja, darüber wollte ich gern mit dir sprechen, sagte er. Eine peinliche Spannung trat ein, wie immer bei solchen Gesprächen. Du bist jetzt alt genug, sagte er, dass ich einmal mit dir über Berufsfragen sprechen muss. Wie denkst du dir eigentlich deine Zukunft. Ich konnte auf diese quälende Frage nichts antworten. Mit einer Stimme, die verständnisvoll sein wollte und die etwas von einem Gespräch von Mann zu Mann hatte, sagte er, ich schlage vor, dass du in die Handelsschule eintrittst und dann in mein Kontor[1] kommst. Ich murmelte etwas davon, dass ich erst noch die Schule absolvieren wollte, damit konnte ich immerhin Zeit gewinnen. Mein Vater sagte, jetzt mit wachsender Ungeduld, dazu scheinst du doch kaum zu taugen, ich glaube nicht, dass du begabt genug dazu bist, und zum Studieren fehlt dir jede Ausdauer, du gehörst ins praktische Berufsleben. Sein Gesicht war grau und vergrämt. Wenn man vom Leben sprach, musste man grau und vergrämt sein. Leben war Ernst, Mühe, Verantwortung. Mein Gesicht, das Gesicht eines Nichtskönners und Tagediebs, verzog sich zu einem verlegenen, stereotypen[2] Grinsen. Gekränkt sagte mein Vater, du brauchst gar nicht zu lachen, das Leben ist kein Spaß, es wird Zeit, dass du einmal wirklich arbeiten lernst. Vielleicht spürte er eine Regung von Zärtlichkeit für mich, doch als er meinen schiefen, feindlichen Blick sah, musste er sich hart machen und seinen festen Willen zeigen. Mit der flachen Hand schlug er auf den Tisch und rief, wenn dieses Schuljahr zu Ende ist, dann ist es Schluss mit den Träumereien, dann wirst du dich endlich der Realität des Daseins widmen. (v 1961)

Geglückte – missglückte Kommunikation

Ob die Kommunikation zwischen Menschen gelingt oder misslingt, hängt von zahlreichen Faktoren ab. Die wichtigsten sind

- die **Situation**, z. B. einladend, entspannt – unangenehm, angespannt,
- die **Beziehung zwischen den Kommunikationspartnern**, z. B. als Fremde –

[1] das Kontor (< frz. comptoir = Zahltisch): Büro, Geschäftszimmer, Handelsniederlassung

[2] stereotyp (< gr. stereos = starr, fest und typos = Abdruck): mit feststehender Schrift abgedruckt; feststehend, unveränderlich; bildhaft: ständig wiederkehrend, immer gleich, formelhaft

Freunde, Vorgesetzte – Untergebene, Gleichberechtigte; Beziehung geprägt von Vertrauen oder Misstrauen, Achtung oder Geringschätzung, Neid oder Wohlwollen,
- die **Erwartungen an den Partner** (sog. Partnerhypothese), ob z. B. freundlich oder streng, gebildet oder ungebildet,
- das **Thema**, ob z. B. für eine oder beide Personen schwierig oder vertraut, wichtig oder unwichtig,
- die **Sprache**, ob z. B. herablassend, herrisch, einfühlsam oder sachlich-neutral, und die **nonverbalen**, d. h. nichtsprachlichen **Signale** (Mimik, Gestik, Bewegung).

Von den genannten Faktoren hängt auch ab, ob die Kommunikation **symmetrisch** oder **asymmetrisch** verläuft:

- In der **symmetrischen Kommunikation** bemühen sich die Personen um Gleichberechtigung. Dies schlägt sich z. B. in einem ausgewogenen Verhältnis der Redeanteile nieder.
- In der **asymmetrischen Kommunikation** prägen Überlegenheit und Unterlegenheit der Partner den Ablauf und das Ergebnis. Dies führt oft zu größeren Redeanteilen der dominierenden Person.
- **Negative Signale der Körpersprache** sind vor der Brust verschränkte Arme und das Sitzen auf der äußersten Stuhlkante. Dies verrät Abwehr, Abweisung, Fluchtgedanken.
- **Verlegenheitsgesten** sind z. B. das Zupfen am Ohr, an den Barthaaren, das Anfassen der Nase, das Spielen mit den Haaren, das Nesteln an der Krawatte.
- **Positive Signale der Körpersprache** sind ein offener Blickkontakt, der auch die aufrechte Körperhaltung bedingt, ein freundliches Lächeln (kein übertriebenes Zähneblecken!), eine lebendige Mimik (keine verkrampfte Maskenstarre!) und das den Worten Nachdruck verleihende Spiel der Hände (kein aufgeregtes Gestikulieren).

3 Tagebucheinträge zu „Abschied von den Eltern“ [Auszüge aus Schülerbeispielen]

Schülerbeispiel 1 (Florian)
Anfang:

Ich will einen Versuch starten, endlich mal etwas Konstruktives zu probieren. Ich habe gerade erst die Sachen besorgt. Ich will eine Stadt bauen, die aber leider nur aus Papier und Zellophan, aus Drähten, Stäben und Träumen gemacht ist. Träume von einem Leben in der Stadt, das nicht nur, wie Vater sagt, aus Arbeit, Ernst, Mühe und Verantwortung besteht, sondern hauptsächlich aus Individualität. Jeder

Vergleicht und bewertet in Vierergruppen die zwei Schülerbeispiele. Arbeitet dabei nach dem Prinzip der „wachsenden Zahl“:

1. Phase – Einzelarbeit:
- Prüfe, ob Anfang und Schluss der beiden Schülerbeispiele jeweils zusammenpassen bzw. stimmig wirken.
- Analysiere beide Beispiele mithilfe der Checkliste (S. 29). Halte deine Beobachtungen schriftlich auf einer Kopie des Textes fest.

2. Phase – Partnerarbeit:

- Tauscht eure Ergebnisse zu zweit aus und haltet die wichtigsten Beobachtungen schriftlich fest.

3. Phase – Gruppenarbeit:

- Vergleicht abschließend eure Ergebnisse in einer Vierergruppe miteinander und einigt euch auf ein Gruppenergebnis.
- Notiert dieses auf einer Folie mit dem kopierten Text. (Randnotizen bzw. Unterstreichungen etc. im Text)

4. Phase – Plenum:

- Ein Mitglied jeder Gruppe stellt jeweils das Ergebnis mithilfe der Folie der Klasse vor.
- Im Anschluss an die Präsentationen der Vierergruppen kann mithilfe der nebeneinander aufgelegten Folien im Plenum ein Klassenergebnis erarbeitet werden.

Bewohner dieser Stadt sollte sich immer ausdrücken können, keiner dürfte ihm Grenzen setzen, die ihn in seiner seelischen Entfaltung hindern würden. Alle Menschen könnten selber entscheiden, was sie nun gerade machen wollten; dann wäre es auch meiner Mutter untersagt mir vorzuschreiben, wann und wie viel ich zu lernen hätte. Ich fange gleich an, so eine utopische Stadt zu bauen. [...]

Schluss:

[...] Natürlich soll ich unseren Familienbetrieb einmal weiterführen. So einen Wunsch kann ich verstehen, nur warum will der Vater das, wenn ich geistig nicht begabt bin? „Lerne endlich mal das wahre Leben kennen“ – wie immer. Individualität? Vergiss es, untergehen in der Masse! Willkommen im Leben der unbegrenzten Einschränkungen! Ansehen, das zählt, will meine Mutter doch auch nur. Sie sagt nicht: „Werde ein guter Mensch“, sondern „Mach mir keine Schande“, also: „Arbeite, verdiene Geld und bekomme Macht!“ Ich habe genug von ihnen und ihrer Einstellung, ich werde mich wohl von ihnen trennen müssen, um mich entfalten zu können, weiß nur noch nicht wie.

Schülerbeispiel 2 (Bernd)
Anfang:

Heute ist der 26. April. Vor etwa zwei Stunden ist mein Vater zu mir gekommen. Ich wollte ja eigentlich schon vorher schreiben, aber als er ins Zimmer trat, habe ich schnell alles weggeräumt. Er soll nicht erfahren, dass ich ein Tagebuch führe. Sie machen mir das Leben so schwer. In Wirklichkeit aber weiß ich, dass ich mir das Leben selbst schwer mache und sie mich nur darauf hinweisen. Ich glaube, es wird Zeit, einmal ernsthaft über meinen Lebensverlauf nachzudenken, obwohl ich das eigentlich immer vermeiden wollte. Aber es lässt sich wohl nicht länger hinauszögern. Mein Vater fragte mich vorhin, was ich vom Leben erwarte und was ich aus dem einen machen möchte. Ich muss ehrlich zugeben, ich weiß es nicht. Früher, da dachte ich immer, man geht so kurz mal zur Schule und macht dann irgendetwas, bei dem man in zwei Wochen so viel Geld verdient, dass man danach nur noch Spaß haben kann. [...]

Schluss:

[...] Und mit meinen Eltern darüber reden will ich nicht. Ich habe seit Jahren mit ihnen über keines meiner Probleme gesprochen. Wenn ich jemanden zum Sprechen brauchte, dann bin ich zu einem Freund gegangen. Nur haben wir dann meistens über ein, zwei Bierchen den Faden verloren und darüber geredet, dass wir mal eine Band gründen und tierisch reich werden. Das ist doch auch eine Art Planung, oder? Nur ist dies eben anders als die Planungen, die die Eltern durchführen, weil die Erwachsenen eben alles so genau und abgesichert und hundertprozentig machen müssen. Das ist mir halt zu stressig. Mein Motto ist: Es kommt alles, wie es eben kommt. Dabei weiß ich genau, dass die Erwachsenen es richtig machen. Ach, ich glaub', ich leg mich ein bisschen schlafen.

Eine gestaltende Interpretation in Form eines Tagebucheintrags schreiben (Checkliste)

a) Inhalt und Sprache

- Weisen die Ausführungen einen erkennbaren **Bezug zum Originaltext** auf?
- Stimmen die dargestellten Ereignisse und Situationen des Tagebucheintrags mit dem Originaltext überein bzw. passen die hinzugefügten Inhalte zum Originaltext? (**äußere Handlung**)
- Entsprechen die Überlegungen und Gefühle, die zum Ausdruck kommen, denen der Figur im Text? (**innere Handlung**)
- Passt die **Sprache des Ich-Erzählers** zu dem Bild, das im Text von ihm vermittelt wird?

b) Textartenspezifik: Tagebucheintrag

- Werden Erlebnisse, Gefühle und Reflexionen in der **Ich-Form** wiedergegeben?
- Werden die für die Figur im Originaltext **wichtigen Situationen und Ereignisse** aufgegriffen? Nutzt der Schreiber das Tagebuch als ein Mittel der **Selbstreflexion und Selbsterkenntnis** und setzt er sich reflektierend und wertend mit den Inhalten des Originaltextes auseinander? Artikuliert er nachvollziehbar z. B. seine Ängste, seine Hoffnungen und/oder seine Ziele? Zieht er Folgerungen aus seinen Überlegungen? Denkt er über mögliche Konsequenzen nach?
- Gelingt es ihm dabei auch, **Distanz** zu sich selbst und zu seiner Situation zu entwickeln und auch die **Perspektive anderer** einzunehmen? Entsteht ein in sich **stimmiger Gesamteindruck vom Schreiber** des Tagebucheintrags?

c) Sprachrichtigkeit

- Sind Satzbau und Ausdruck so, dass man den Text gut verstehen kann?
- Entspricht der Text den geltenden Normen der Rechtschreibung und Zeichensetzung?

Romy Schneider mit ihrer Tochter Sarah, 1981

1. Informiert euch über das Leben der Filmschauspielerin Romy Schneider und erklärt, warum das Interesse an ihrer Person immer noch sehr groß ist.

2. Lest Text 4 und erörtert, warum es Romy an diesem Abend noch nicht gelingt, sich durchzusetzen.

3. In autobiografischen Texten stehen erzählende Passagen (Narration[2]) neben reflektierenden. Bestimmt das Verhältnis zwischen Narration und Reflexion in Text 4 und erklärt es.

4. Arbeitet aus dem Text die Motive heraus, die Romy Schneider zum Schreiben des autobiografischen Berichts veranlasst haben. Achtet dabei auch auf die Stellung und die Häufigkeit des Personalpronomens „ich."

5. a) Erinnere dich an ein Ereignis, an dem du den Beginn deiner Loslösung vom Elternhaus festmachst. Erzähle und reflektiere diesen Moment, wie Romy Schneider, in einem autobiografischen Text.

b) Besprecht eure Ergebnisse.

4 Romy Schneider (1938 – 1982): Ich, Romy – Tagebuch eines Lebens [Auszug]

An diesem Abend kam er zur offenen Auseinandersetzung mit meiner Familie. In der Öffentlichkeit ist dieser Konflikt später leider in einer Weise hochgespielt und entstellt wiedergegeben worden, die eine Versöhnung fast unmöglich gemacht hätte. Ich bedauerte das. Leute, die keine Ahnung haben, wollten für mich Partei ergreifen und machten meine Familie schlecht.

Heute weiß ich, dass dieser Konflikt notwendigerweise zu dem „Loslösungsprozess" gehörte – und meine Familie weiß es auch. Ich akzeptiere die Familie, wie die Familie mich akzeptiert. So wie ich bin.

Nun, das erste Donnergrollen hatte sich während des Films *Monpti* bei meinem Flirt mit Horst Buchholz entladen. Damals hatte Daddy so dramatische Sätze hervorgebracht wie: „Wähle zwischen ihm und mir."

Aber ich konnte nicht wählen. Ich war viel zu dumm und jung und viel zu stark an die Familie gebunden. Ich konnte mir ein Leben außerhalb dieser Gemeinschaft überhaupt nicht mehr vorstellen. Ich wählte nicht. Ich kuschte, mehr oder weniger.

Jetzt in Brüssel kam also das zweite Donnergrollen, aber schon viel mächtiger.

Alain saß auf dem Ball am französischen Tisch, ich bei meinen Eltern am deutschen.

Alain[1] forderte mich zum Tanzen auf. Während des Tanzes bat er mich, doch an seinen Tisch zu kommen. Aber ich fühlte mich noch ganz als braves Töchterchen: Ich ließ mich von ihm zurück an den Tisch bringen.

Ich trank einen Schluck Champagner und dachte nach. Plötzlich begriff ich, dass die Bevormundung ein Ende haben müsse. Irgendetwas in mir revoltierte.

Ich stand auf und sagte: „Ich gehe jetzt rüber zu Alains Tisch, ich will da sitzen."

Hätte ich mit einem Feuerlöscher auf den Tisch gespritzt, die Reaktion hätte nicht schlimmer sein können. Empörung auf der ganzen Linie.

„Das kannst du unmöglich machen. Du gehörst hierher. Du kannst nicht zu einem Mann an den Tisch gehen. Was sollen die Leute denken."

An diesem Abend ließ ich mich wieder überreden. Es kriselte. Aber noch kam es nicht zum offenen Ausbruch. (v 1988)

---

1 Alain Delon: *1935 in Sceaux, Île-de-France, populärer französischer Filmschauspieler der 60er- und 70er-Jahre; von 1959 bis 1964 mit Romy Schneider liiert

2 die Narration (< lat. narrare = erzählen): Oberbegriff sowohl für Geschichten (Narration als Produkt) als auch für das Erzählen von Geschichten (Narration als Prozess)

5 Autobiografisches Schreiben: Zwischen Wahrheit und Erfindung [Zitate]

„Solange etwas ist, ist es nicht das, was es gewesen sein wird. Wenn etwas vorbei ist, ist man nicht mehr der, dem es passierte."

Martin Walser: *Ein springender Brunnen*, 1998

„Durch dieses Sprechen über sich selbst, klärt sich der Handelnde selbst auf, er lernt sich als einen Fremden im Spiegel beschauen. Zwei Personen werden aus ihm: der gehandelt hat und der seine Handlungen jetzt erzählt oder beschreibt."

J. G. Herder, um 1800

„Nicht was wir gelebt haben, ist das Leben, sondern das, was wir erinnern und wie wir es erinnern, um davon zu erzählen."

Gabriel Garcia Márquez: *Leben, um davon zu erzählen*, 2002

„Sich erinnern ist immer von Nutzen, man kann es kaum jung genug tun."

Klaus Mann: *Kind dieser Zeit*, 1932

„Auch wenn man das eigene Erleben nicht, wie im Roman, durch Erfindung bereichert, reduziert und verfremdet, wird es durch Erzählen verändert, es wird neu und anders, eben erzählbar gemacht. Das Zu-Erzählende wird vom Erzähler sozusagen gebändigt, er zwingt es in eine Form, die es vorher nicht hatte."

Günter de Bruyn: *Das erzählte Ich. Über Wahrheit und Dichtung in der Autobiografie*, 1995

„Und dann – das ist womöglich das Allertrügerischste – erfinden wir unsere Vergangenheit."

Doris Lessing: *Unter der Haut*, 1994

„Wir sehen unser Leben in jeder Phase unterschiedlich, wie beim Bergsteigen, wo sich die Landschaft mit jeder Wegbiegung verändert. Wenn ich dieses Buch mit dreißig geschrieben hätte, wäre es ein ziemlich aggressives Dokument geworden. Mit vierzig ein Aufschrei der Verzweiflung, voller Schuldgefühle. Jetzt blicke ich mit zunehmend distanzierter Neugier zurück auf das Kind, das Mädchen, die junge Frau."

Doris Lessing. *Unter der Haut*, 1994

6. Wähle eines der Zitate aus und erkläre es. Überlege dabei, welche Konsequenzen die Aussage für das Schreiben und das Lesen autobiografischer Schriften hat.

Klaus Mann *wurde als ältester Sohn des späteren Nobelpreisträgers für Literatur Thomas Mann und dessen Frau Katharina (geb. Pringsheim, genannt Katia) in München geboren. Im März 1933 emigrierte er nach Frankreich, später in die USA. Dort setzte er seine schriftstellerische Tätigkeit fort und agitierte außerdem in Essays, Zeitschriftenartikeln und öffentlichen Vorträgen gegen die Nationalsozialisten.*
1937 versuchte er erfolglos in Budapest und später in Zürich von seiner Drogensucht geheilt zu werden.
Mit der US-Armee, zu der er sich 1942 freiwillig gemeldet hatte, kam er am 2. Januar 1944 nach Nordafrika und später nach Italien. Seine Aufgabe war es, im Rahmen der psychologischen Kriegsführung gegen die Nazis Propagandatexte zu verfassen.
Nach seiner Entlassung aus der Armee im September 1945 lebte er abwechselnd in Europa und in den USA.
Am 21. Mai 1949 nahm er sich in Cannes das Leben.

1. Informiert euch über Thomas Mann und achtet dabei auf seine Beziehung zu seinen Kindern.

2. Text 6 ist ein Auszug aus Klaus Manns Autobiografie von 1932, als dieser noch ein junger Mann war.

a) Beschreibe, wie Klaus Mann auf seinen berühmten Vater reagiert.

b) Erläutere am Text, welche Funktion das Schreiben für Klaus Mann hatte.

6 Klaus Mann (1906–1949): Kind dieser Zeit [Auszug] – Im Schatten des berühmten Vaters –

Gerade damals, als ich intellektuell in vielem von meinem Vater abhängig war, versuchte ich heftig, das an mir herauszuarbeiten, was ich als ihm entgegengesetzt empfand. Während ich den „Zauberberg", der seinem Ende zuwuchs, Stück für Stück kennenlernte und alle seine früheren Werke wieder und wieder las, suchte ich mir klar zu werden, was ich jemals gegen den geschlossenen Block dieser Geisteshaltung würde zu stellen haben. Deshalb liebte ich es, das Katholische vor dem Protestantischen zu betonen; das Pathetische vor dem Ironischen; das Plastische vor dem Musikalischen; die „Vergottung des Leibes" vor der „Sympathie mit dem Abgrund" (das heißt: den Eros als Prinzip des Lebens, der Gestalt gegen den Eros als Verführer zum Nichts; den „Siebenten Ring" gegen den „Tod in Venedig"). Das Extravagante, Exzentrische, Anrüchige gegen das maßvoll Gehaltene; das irrational Trunkene gegen das von der Vernunft Gebändigte und Beherrschte. Während ich diese Gegensätze konstruierte und auch wirklich erlebte, war mir natürlich am Beifall keines Menschen wie an seinem gelegen. [...]
Je mehr ich mit Menschen – und vor allem mit Menschen der literarischen Sphäre – zusammenkam, desto deutlicher empfand ich das Schiefe und Gefährliche meiner Situation. (Übrigens ängstigte oder entsetzte es mich nicht, aber ich konnte nicht umhin, es festzustellen.) Es ist nicht zu leugnen, dass mein Name und der Ruhm meines Vaters, den man mitmeint, wenn man ihn denkt, mir den ersten Start erleichtert haben. Aber schon nach einem halben Jahr verwandelten sich diese scheinbaren Vorteile in Nachteile, die nur mit dem äußersten Lebensoptimismus überwindbar waren. Merkwürdigerweise übersieht man diesen immensen Nachteil geflissentlich, während man von dem ersten Vorteil groß Geschrei machte. Der Nachteil, dem kein anderer junger deutscher Autor ausgesetzt ist, besteht in der Voreingenommenheit, mit der man sich mir naht. Ich habe meine unvoreingenommenen Leser noch nicht gefunden. Nicht nur der Gehässige, auch der freundlich Gesinnte konstruiert zwischen dem, was ich schreibe, und dem väterlichen Werk instinktiv den Zusammenhang. Man beurteilt mich als *den Sohn*. Von Anfang an hätte ich versuchen können, mich dieser schwersten Belastung zu entledigen, indem ich unter einem Pseudonym veröffentlichte. Aber – sogar vorausgesetzt, solche Maske wäre zu wahren gewesen – ist es statthaft, um die bitterste Problematik des eigenen Lebens, die zugleich die höchste Verpflichtung ist, sich einfach herumzuschwindeln? (v 1932)

Die Autobiografie

Die Autobiografie (< gr. autos = selbst, bios = Leben, graphein = schreiben) ist eine Darstellung des eigenen Lebenslaufes im Rückblick. Die Formen autobiografischen Schreibens reichen von lockeren Tagebuchaufzeichnungen, authentischen Berichten, Briefen, Skizzen und Gedichten bis hin zu geschlossenen ausgearbeiteten Texten.
Charakteristisch ist der **Wechsel von Narration und Reflexion**: Einem Ereignis im Leben oder einzelnen Personen wird z. B. eine bestimmte Bedeutung für die Persönlichkeitsentwicklung und den Lebenslauf beigemessen.
Es ist ein Irrtum, zu glauben, die Autobiografie spiegele die Wirklichkeit und sei ein historisches Dokument, denn

- Ereignisse werden vom Gehirn selektiv gespeichert,
- Erinnerungen werden im Laufe eines Lebens immer wieder geprüft und neu bewertet,
- während des Erinnerungsprozesses wird je nach Interessens- und Bedürfnislage eine Auswahl an Erinnerungen getroffen.

Beim Schreiben verfügt der Schreibende zudem frei über das erinnerte Material. Er kann auswählen, bestimmte erinnerte Ereignisse ausführlich (**Zeitdehnung**) oder knapp (**Zeitraffung**) darstellen und sie reflektieren und bewerten. Autobiografisches Schreiben ist also in höchstem Maße subjektiv und kann zudem unterschiedliche **Funktionen** haben; z. B. kann es dazu dienen,

- Klarheit über sich selbst zu gewinnen (**Identitätsfindung**),
- seinem Leben einen Sinn zu geben (**Selbstdeutung**),
- sein Bild in der Öffentlichkeit zu beeinflussen bzw. zu korrigieren (**Rechtfertigung, Imagekorrektur**),
- mit Menschen und Institutionen abzurechnen (**Abrechnung, Schuldzuweisung**).

3. a) Schreibe die substantivierten Adjektive heraus, die im Text gehäuft vorkommen. Achte darauf, dass Begriff und Gegenbegriff (z. B. *das Katholische – das Protestantische*) gegenüberstehen.

b) Kläre mithilfe von Lexika, was jeweils gemeint sein könnte.

4. Recherchiert im Internet und informiert euch gegenseitig über das Schicksal von Kindern prominenter Eltern (z. B. *Stefan Beckenbauer, Maria Furtwängler, Simon Verhoeven, Gil Ofarim, Oliver Berben, die Kinder von Franz Josef Strauß ...*).

allerhand kurioses: knifflige fälle

die im folgenden geschilderten fälle haben sich tatsächlich ereignet, lediglich die namen der beteiligten sind geändert.

isolde aus dem bayerischen wald hatte einer selbst ernannten hexe ihr gesamtes erspartes, 1000 euro, als vorauszahlung gegeben, damit sie ihren ex behexe. der verflossene, der von seiner ehemaligen nichts mehr wissen wollte, sollte sich wieder neu für sie entflammen. nach einiger zeit ließ jedoch der „behexte“ immer noch kein zeichen von umkehr erkennen. isolde verlangte daraufhin ihr geld zurück. die „hexe“ weigerte sich, das honorar herauszugeben. das bayerische gericht war der meinung, dass die geschädigte recht habe: eine dienstleistung, die nicht erbracht werden kann, muss auch nicht bezahlt werden.

Tipps für die Groß- und Kleinschreibung I

In Verbindung mit den Verben *sein, bleiben* und *werden* sind bestimmte Substantive verblasst, d. h. sie sind in ihrer ursprünglichen Bedeutung nicht mehr präsent und werden deshalb kleingeschrieben: *recht sein, schuld sein, leid sein.* Zusammen mit anderen Verben, wie z. B. *behalten, bekommen, haben, tun,* empfindet man stärker deren Substantivcharakter und kann in Einzelfällen klein- oder großschreiben, also z. B. *Recht/recht haben.*

ein autofahrer haftet nicht, wenn durch das laute zuschlagen seiner autotür in unmittelbarer nähe eines hühnerstalls 143 hühner vor schreck sterben. mit einer solchen reaktion habe man im allgemeinen nicht zu rechnen.

zu bunt ausgefallen war einem vermieter die renovierung beim auszug aus der mietwohnung. statt zu langweiligem weiß griff der mieter beim renovieren der wohnung zu lila, türkis, rot und schwarz. als der vermieter sich weigerte, die wohnung so abzunehmen, erklärte der mieter, dass von weiß nichts im mietvertrag stehe. das berliner landgericht sah es jedoch anders: bei türkis, lila, schwarz und rot seien die allgemeinen geschmacksgrenzen eindeutig überschritten, schließlich wolle der vermieter seine wohnung problemlos weitervermieten, nicht nur an farbenblinde.

- Schreibe die Texte auf dieser Seite in richtiger Groß- und Kleinschreibung ab.
- Vermerke über dem Satz mit einem Bleistift, woran du die Substantivierungen erkannt hast (vgl. Tipps zur Rechtschreibung auf dieser Doppelseite) bzw. welche Regel du angewendet hast.

der groß- und kleinschreibung üben

„recht sein“ und „Recht haben“

„Es ist mir nicht RECHT, dass du noch so spät aus dem Hause gehen willst! Mir wird ANGST und BANGE beim Gedanken, dass du heute Nacht zu später Stunde noch unterwegs sein wirst!“
„Das ist ja wirklich KLASSE, dass ihr immer noch ANGST habt, wenn ich am Abend unterwegs bin. Ich bin es LEID, mich ZEIT meines Lebens bevormunden zu lassen. Ist es euch nicht RECHT, dass ich langsam meine eigenen Wege gehe?“
„Du hast ja RECHT, das mit der Bevormundung stimmt ja. Es macht mir halt ANGST, wenn du bei Dunkelheit unterwegs bist. Das verstehst du doch?“

- Schreibe das Gespräch ab und entscheide dich bei den Wörtern in Großbuchstaben für die Groß- oder Kleinschreibung.
- Überlegt euch zu zweit einen geeigneten Kontext und entwerft nach dem Beispiel „recht sein“ und „Recht haben“ einen eigenen Dialog. Schreibt ihn auf eine OHP-Folie und legt ihn der Klasse zur Lösung vor.

Die EINEN und die ANDERN ...

Wenn junge Menschen flügge werden, geraten die Eltern in Panik. Die MEISTEN Väter und Mütter wissen zwar, dass die Kinder sich irgendwann von den Eltern abnabeln, doch die WENIGSTEN können völlig gelassen damit umgehen. Am MEISTEN sorgen sich die Eltern, die ihren Kindern bis dahin wenig Freiraum für deren Entfaltung eingeräumt haben. Sie liegen MEISTENS die ganze Nacht wach in ihrem Bett, wenn ihre Kinder unterwegs sind. Ein PAAR Eltern machen sich NACHTS sogar auf die Suche nach ihren LIEBEN KLEINEN, und MANCHE tun ALLES, um ihre Kinder gar nicht erst in die Freiheit entlassen zu müssen.

Tipps für die Groß- und Kleinschreibung II

Kleinschreibung gilt bei:
a) **Pronomen**, auch wenn sie als Stellvertreter von Substantiven gebraucht werden, wie z. B.: *Da hat sich schon mancher gewundert. Wir sprachen über dies und das. Man muss den beiden helfen.*
b) Auch die folgenden **Zahladjektive** mit all ihren Flexionsformen schreibt man in der Regel klein: z. B. *viele, mehrere, die meisten, wenige, (der, die, das) eine, (der, die, das) andere ...*
c) **Superlative** mit **am** (*am schnellsten*) kann man nicht in *an dem* (*an dem schnellsten*) auflösen. Sie gehören zu den Flexionsformen des Adjektivs und werden deshalb immer kleingeschrieben.
d) Wenn der Schreibende ausdrücken will, dass das **Zahladjektiv substantivisch gebraucht** wird, kann er es auch großschreiben: *Die Meisten stimmten ihrer Meinung zu.*
e) **Adverbien**, die auf **-s** enden und von Substantiven abgeleitet werden (*nachts, abends, morgens, rechtens, willens*) werden kleingeschrieben.

- Schreibe den Text ab und entscheide dich bei den Wörtern in Großbuchstaben für die Groß- oder Kleinschreibung. Gib hinter jedem Satz die entsprechende Regel an oder formuliere sie aus, wenn sie in der Liste „Tipps ... II“ fehlt.
- Entwerft in Partnerarbeit einen eigenen Übungstext mit Pronomen, Zahladjektiven, Superlativen mit *am* und Adverbien, die von Substantiven abgeleitet werden und auf -s enden. Schreibt ihn auf eine OHP-Folie und legt ihn der Klasse zur Lösung vor.

***Niklas Frank** wurde 1939 in München als Sohn des nationalsozialistischen Politikers Hans Frank geboren. Sein Vater, als „Schlächter von Polen“ bekannt, war zwischen 1939 und 1945 als Generalgouverneur im besetzten Polen an zahlreichen Kriegsverbrechen beteiligt. Er wurde nach dem Krieg in Nürnberg als Kriegsverbrecher angeklagt, 1946 zum Tode verurteilt und gehängt. 1959, kurz nach dem 20. Geburtstag, starb Niklas Franks Mutter. Frank studierte Germanistik, Soziologie und Geschichte, wurde Journalist und 1979 Auslandsreporter beim deutschen Wochenmagazin „Stern“. Viele Jahre lang rekonstruierte er das Leben seines Vaters auf der Grundlage von Recherchen in aller Welt. 1987 veröffentlichte er sein Buch „Der Vater. Eine Abrechnung“.*

7 Niklas Frank (*1939): Der Vater. Eine Abrechnung [Auszug]

Deswegen zerr ich Dich raus aus dem Nichts, aus Deinem Kessel in der Hölle drunten, wo ich Dich seit meinen Kindheitstagen sehe, auf ewig garkochend im brodelnden Blut Eurer Opfer, Dein Fleisch hängt in Fetzen herab, und mit gebrochenem Genick rollt Dein Kopf haltlos auf Deinen Schultern.

Jahrelang habe ich Dich zusammengesucht, immer den gleichen Anfangssatz höflich servierend: „Ich bin der Sohn des in Nürnberg hingerichteten Generalgouverneurs von Polen, Hans Frank. Soweit ich weiß, waren Sie damals in Krakau als Leiter der ...“ Nicht alle waren bereit zu sprechen, einige prüften mich erst: „Wie hieß der Hund der Familie Frank?“ – Tommy – „Wie hieß der engste Mitarbeiter des Generalgouverneurs in Krakau?“ – Staatssekretär Bühler – „Wann verließ Ihr Herr Vater Krakau?“ – am 17. Januar 1945. Hatte ich die Prüfung bestanden, kam das Schlimmste: Sie fingen an, Dich und Dein Schicksal zu beklagen, mich ob meines verpfuschten Lebens zu bedauern, sich selbst auch ob der kurz genossenen Jahre im Dritten Reich, und ich musste mich bedaddeln lassen, ich konnte ja nicht gleich sagen, dass, soviel ich bis jetzt wüsste, Du ein rechter Arsch von einem Mann gewesen seist. Dann hätten die doch geschwiegen, vor Schreck das Hakenkreuz geschlagen.

Ich wollte alles über Dich erfahren. Ich war bereit, als Sohn Gnade vor Recht walten zu lassen. Doch je mehr ich über Dich erfuhr, je mehr ich las, je mehr mir gleichzeitig die neue Spießigkeit in Deutschland bewusst wurde, desto lebendiger wurdest Du mir und desto verhasster.

Ich lebe, verstehst Du, hörst Du mich, ich lebe! Und ich bin älter, als Du es werden konntest. Das wollte ich immer erreichen. Das habe ich mir schon als Kind geschworen. Auch wenn es nur eine Sekunde ist! Und erst danach, das schwor ich mir, lass ich die Sau raus, lass ich Dich Sau aus mir raus. Ich greif hinein in den Schmutzhaufen, den mir Dein Leben an Dokumenten, Briefen, Fotos, Zeugenaussagen hinterlassen hat, ich, immer auf der Suche nach Feigheiten Deines Seins.

Selten sprach Mutter nach Deinem Tode von Eurer großen Zeit. War sie ihr peinlich geworden? Nur zwei Geschichten gingen ihr gern von den Lippen, die eine vom galanten Herrn Hitler, neben dem sie in Bayreuth zu sitzen gekommen war, das Programm fiel ihr vom elendfruchtbaren Schoß, „und stell Dir vor, Adolf Hitler hat sich niedergebeugt, hat das Programm aufgehoben und mir statt dessen *seines* gegeben! So höflich war der Führer!“

Und die zweite hatte als Pointe die hinterfotzige Bemerkung eines Diplomaten, die Mutter allerdings – platthirnig, wie sie in diesen Dingen war – als echt nahm: François-Poncet, damals französischer Botschafter in Berlin, wandte sich bei irgendeinem Staatsessen, nachdem Mutter ihn als Tischdame vollgelabert hatte, zu Deiner Frau und sagte: „Madame, wie viel besser wäre es, wenn *Sie* Diplomatin geworden wären!“

1. Informiert euch genauer über Hans Frank, Niklas Franks Vater.

2. Lest Niklas Franks Text, sammelt spontan Reaktionen und sprecht darüber in der Klasse.

3. Beschreibe die Form, d. h. die sprachlichen und stilistischen Besonderheiten der Schreibweise, mit der Niklas Frank seiner Empörung und seiner Abscheu Ausdruck verleiht.

Natürlich sind das dürftige Erinnerungen an ein Leben, Vater, nie hat sie mir von ihrem Treiben in den Gettos von Warschau und Krakau erzählt, von ihren für die entrechteten Juden bedrohlichen Raffzügen. Was hat mich das bei Verwandten, Bekannten, ihren Freundinnen an Blumen und falschem Getue gekostet, bevor ich wenigstens ungefähr wusste, für wie viele Menschen die Franks Engel des Todes waren. Objekte berechtigten Hasses. (v 1987)

4. „Was der Sohn da macht, ist noch schlimmer als das, was der Vater gemacht hat!"

a) Erkläre, was der Autor eines Leserbriefs damit meint.

b) Setze dich in einem eigenen Leserbrief mit der Kritik an Niklas Frank auseinander.

Einen Leserbrief schreiben

Leserbriefe sind in der Regel schriftliche Stellungnahmen zu einem Zeitungsbeitrag. Sie drücken Zustimmung oder Widerspruch aus, führen Argumente an oder ergänzen und stellen richtig. Im **Einleitungssatz** sollte man einen Bezug zu Thema und Beitrag herstellen und versuchen, Interesse zu wecken. Im **Hauptteil** sollte dann die Kritik bzw. die eigene Meinung argumentativ vorgetragen werden.
Folgendes sollte man zudem beachten, wenn man seinen Leserbrief auch abgedruckt sehen möchte:

- nicht zu viel Zeit verstreichen lassen, bis man seine Meinung niederschreibt,
- knapp und kurz schreiben,
- den eigenen Standpunkt deutlich ausdrücken,
- Argumente vorbringen, die die eigene Meinung stützen,
- sachlich bleiben, aber auch humorvoll oder ironisch sein, ohne zu beleidigen oder zu verletzen,
- den Leserbrief unterschreiben, denn anonyme Briefe werden nicht abgedruckt.

8 Interview mit einem Leser von Niklas Franks Buch „Der Vater. Eine Abrechnung"

JOURNALIST: Niklas Franks Buch ist gewiss keine leichte Kost.

LESER: Das kann man wohl sagen. Einige Überwindung kostet es schon, das Buch von Anfang an bis zum Ende durchzulesen. Aber man muss auch Frank Niklas verstehen. Sein Vater zählt schließlich zu den größten Nazi-Monstern. Millionen Unschuldiger hat dieser Mensch auf dem Gewissen, damit muss sein Sohn leben.

JOURNALIST: Aber geht es nicht auch ohne diese Fäkalsprache, die eher zu einem pubertierenden Jugendlichen als zu einem erwachsenen Mann passt? Muss man sich das eigentlich antun?

LESER: Für das, was Hans Frank anderen Menschen angetan hat, gibt es keine Worte. Mit keiner Sprache der Welt kann man die Grausamkeiten

5. Gebt mit eigenen Worten die Argumente des Lesers wieder, mit denen er sich für das Buch von Frank Niklas ausspricht.

6. Viele Sätze im vorliegenden Interview weisen nicht die Grundstellung des deutschen Satzes mit dem Subjekt am Anfang auf.

Grundstellung des Satzglieder	Abweichung
Es kostet schon einige Überwindung, das Buch zu lesen ...	Einige Überwindung kostet es schon, das Buch zu lesen ...

Sucht weitere Beispiele im Text für das Abweichen von der Grundstellung und ordnet sie in die Tabelle ein.

7. Lest die jeweiligen Satzvarianten nacheinander laut vor und versucht herauszufinden, welche Wirkung die Umstellung der Satzglieder auf den Zuhörer (oder Leser) hat.

benennen, die im Namen Hans Franks in Polen begangen wurden. Eines sollten wir dabei nicht vergessen: In Millionen von jüdischen und polnischen Familien ist die Erinnerung an getötete Eltern, Brüder, Schwestern und Kinder noch lebendig. Dieser Tatsache müssen wir uns als Deutsche auch noch nach über 60 Jahren stellen.

Die rhetorisch-stilistischen Möglichkeiten der Satzgliedstellung

Der deutsche Satzbau ist, was die Stellung der einzelnen Satzglieder im Satz betrifft, relativ frei. In einem Satz sind z. B. unterschiedliche Abfolgen der Satzglieder möglich. Dabei unterscheidet man in der Regel drei **Felder**:

Vorfeld	Mittelfeld	Nachfeld
Das Buch	hat in Deutschland viele Freunde gefunden,	aber auch Kritiker.
Viele Freunde	hat das Buch vor allem in Deutschland gefunden,	aber auch Kritiker.
Vor allem in Deutschland	hat das Buch viele Freunde gefunden,	aber auch Kritiker.

Die Abfolge der Satzglieder ist jedoch nicht beliebig, sondern mit unterschiedlichen **Wirkungen** verbunden:

I. 1. Wenn man **Satzglieder besonders betonen** will, kann man sie aus der Grundstellung herausholen und ins **Vorfeld** setzen. Das ist vor allem der Fall bei einer **emotionalen Sprech- oder Schreibweise**. Die Wirkung entsteht dadurch, dass der Hörer oder Leser das Satzglied normalerweise an anderer Stelle erwartet.

2. Folgende Satzglieder stehen dagegen im Vorfeld, ohne dass sie dadurch betont werden:

- das Subjekt: *Niklas Frank hat sich gründlich mit dem Leben seines Vaters auseinandergesetzt.*
- Bindewörter wie *deshalb, daher, folglich*, die den folgenden Text an das Vorangehende anschließen: *Niklas Frank wollte die ganze Wahrheit wissen. Deshalb hat er sich gründlich mit dem Leben seines Vaters auseinandergesetzt.*

II. **Hervorgehoben** werden aber auch die Satzglieder, die im **Nachfeld** stehen. Das sind z. B.:

- nachgestellte Erläuterungen, die häufig mit *besonders, zum Beispiel, das heißt, vor allem* eingeleitet werden.

Sie interessiert sich für das Schicksal von Kindern berühmter Menschen, vor allem/besonders/z. B. für die Kinder der Nazi-Größen.

- Satzteile, die aus der Satzklammer ausgeklammert werden, weil diese sehr voll ist und dadurch das Verständnis des Satzes erschwert wird. *Niklas Frank war nicht auf eine solch emotionale und teilweise aggressive Reaktion der Leser gefasst.* (Satzklammer vom finiten bzw. konjugierten zum infiniten bzw. nichtkonjugierten Prädikatsteil) *Frank Niklas war nicht gefasst auf eine solch emotionale und teilweise aggressive Reaktion der Leser.* (Ausklammerung des präpositionalen Objekts, das dadurch stärker betont wird)

Grabstein August von Goethes

9 Schülerbeiträge aus schriftlichen Hausaufgaben

Ich habe mir früher nicht vorstellen können, dass man ein Leben lang darunter leidet, das Kind berühmter Eltern zu sein.

Die Kinder berühmter Eltern stehen unter einem gewaltigen Erwartungsdruck.

August von Goethe ist sein Leben lang nicht aus dem Schatten seines berühmten Dichter-Vaters herausgetreten.

Eltern müssen ihre Kinder zum rechten Zeitpunkt in die Freiheit entlassen!

Auf dem Grabstein ließ Goethe, ohne Augusts Namen zu nennen, die Inschrift „Goethe filius, patri antevertens", auf Deutsch „Goethe, der Sohn, dem Vater vorausgehend", anbringen.

8. a) Überlege, welche Satzglieder der Schüleräußerungen du persönlich besonders betonen würdest, und baue die Sätze entsprechend um. Besetze dabei gezielt das Vor- oder das Nachfeld. Wenn nötig, kannst du kurze Wörter wie *und zwar, besonders* usw. einfügen.

b) Stelle deine Lösungen in der Klasse vor und begründe deine Entscheidungen.

10 Martin Bormann: Leben gegen Schatten [Auszug]

Als Kind, als sein ältester Sohn, kann ich ihm als meinem Vater nur dankbar sein, denn meinen beiden Eltern verdanke ich mein Leben, ohne ihr Leben und ihre Liebe wäre ich nicht. Sie haben mein – und meiner Geschwister – Leben ermöglicht, gestaltet, im Rahmen des ihnen Möglichen gesichert. Sie haben, vor allem wohl die Mutter mit ihrem Wertebewusstsein, das bei beiden fundamental christlich geprägt, wenn auch sicher später überformt war, unser Wertebewusstsein geformt, immerhin so, dass wir Geschwister alle die Möglichkeit hatten, zu einem ungebrochenen

***Martin Bormann** wird 1930 in München als ältester Sohn von Martin Bormann, dem Sekretär Adolf Hitlers und Reichsleiter, geboren. Später lebt er mit seinen Eltern und den acht Geschwistern auf dem Obersalzberg, neben dem Berghof Hitlers. Hier verbringt der junge Martin Bormann seine Kinderjahre. Später wird er von den Eltern in eine Reichsschule der*

NSDAP am Starnberger See geschickt, wo er streng nationalsozialistisch und antikirchlich erzogen wird. Nach dem Zusammenbruch des Dritten Reichs verliert er den Kontakt zu seiner Familie. Später erfährt er, dass sein Vater verschollen und seine Mutter 1946 gestorben ist. 1947 lässt sich Martin Bormann katholisch taufen und wird Priester und Missionar. Erst in höherem Alter beginnt er, seine Lebensgeschichte aufzuarbeiten, und schreibt ein Buch mit dem Titel „Leben gegen Schatten".

1. Beschreibt mit eigenen Worten die Einstellung Martin Bormanns zu seinen Eltern und erklärt sie.

2. Schreibe einen Brief an Martin Bormann, in dem du dich zustimmend oder kritisch mit dessen Einstellung auseinandersetzt.

3. Stell dir vor, dass Niklas Frank und Martin Bormann sich zu einem Streitgespräch treffen. Zu Beginn versuchen Sie, die Gemeinsamkeiten ihres Schicksals zu betonen, gelangen dann aber bald zu unterschiedlichen Standpunkten. Wie könnte dieses Gespräch verlaufen? Schreibe den Dialog.

christlichen Wertebewusstsein zurückzufinden. Dafür schulden wir unseren Eltern Dank, den wir ihnen leider nie erweisen konnten.
Das „Vierte Gebot" des Dekalogs, der „Zehn Gebote", verpflichtet Kinder auch nur zu dieser Liebe und Ehrfurcht gegenüber den Eltern als Eltern, nicht als Funktionsträger in der Gesellschaft. Was unser Vater in seinen politischen Funktionen, außerhalb seines Vaterseins uns gegenüber, getan oder nicht getan hat, entzieht sich nicht nur weithin unserer Kenntnis, wir sind vor allem dafür nicht verantwortlich und nicht dafür verantwortlich zu machen. Kinder tragen oftmals an der Schuld ihrer Eltern, wenn denn da Schuld ist und den Kindern bewusst wird. Sie tragen die seelische Belastung der Trauer und Scham darüber, nicht aber Verantwortung dafür.
Ebenso geht es oft Eltern, wenn ihre Kinder schuldig werden, ohne dass sie, die Eltern, daran Schuld tragen, obgleich die Schuld der Kinder sicher eher Erziehungsfehlern der Eltern angelastet werden kann. Kinder sind aber kaum je moralisch verantwortlich zu machen für moralische Schuld ihrer Eltern. (v 1996)

2. „Mein Schreiben handelte von Dir" – Biografische Zugänge zu literarischen Texten bewerten

1 Franz Kafka (1883–1924): Der Aufbruch

Ich befahl mein Pferd aus dem Stall zu holen. Der Diener verstand mich nicht. Ich ging selbst in den Stall, sattelte mein Pferd und bestieg es. In der Ferne hörte ich eine Trompete blasen, ich fragte ihn, was das bedeute. Er wusste nichts und hatte nichts gehört. Beim Tore hielt er mich auf und fragte: „Wohin reitest du, Herr?" „Ich weiß es nicht", sagte ich, „nur weg von hier, nur weg von hier. Immerfort weg von hier, nur so kann ich mein Ziel erreichen." „Du kennst also dein Ziel?", fragte er. „Ja", antwortete ich, „ich sagte es doch: ‚Weg-von-hier', das ist mein Ziel." „Du hast keinen Essvorrat mit", sagte er. „Ich brauche keinen", sagte ich, „die Reise ist so lang, dass ich verhungern muss, wenn ich auf dem Weg nichts bekomme. Kein Essvorrat kann mich retten. Es ist ja zum Glück eine wahrhaft ungeheuere Reise." (e vermutlich 1922, v 1936)

2 Franz Kafka: Die Brücke

Ich war steif und kalt, ich war eine Brücke, über einem Abgrund lag ich. Diesseits waren die Fußspitzen, jenseits die Hände eingebohrt, in bröckelndem Lehm habe ich mich festgebissen. Die Schöße meines Rockes wehten zu meinen Seiten. In der Tiefe lärmte der eisige Forellenbach. Kein Tourist verirrte sich zu dieser unwegsamen Höhe, die Brücke war in den Karten noch nicht eingezeichnet. – So lag ich und wartete; ich musste warten. Ohne einzustürzen kann keine einmal errichtete Brücke aufhören, Brücke zu sein.

Einmal gegen Abend war es – war es der erste, war es der tausendste, ich weiß nicht, – meine Gedanken gingen immer in einem Wirrwarr und immer in der Runde. Gegen Abend im Sommer, dunkler rauschte der Bach, da hörte ich einen Mannesschritt! Zu mir, zu mir. – Strecke dich, Brücke, setze dich in Stand, geländerloser Balken, halte den dir Anvertrauten. Die Unsicherheit seines Schrittes gleiche unmerklich aus, schwankt er aber, dann gib dich zu erkennen und wie ein Berggott schleudere ihn ans Land.

Er kam, mit der Eisenspitze seines Stockes beklopfte er mich, dann hob er mit ihr meine Rockschöße und ordnete sie auf mir. In mein buschiges Haar fuhr er mit der Spitze und ließ sie, wahrscheinlich wild umherblickend, lange drin liegen. Dann aber – gerade träumte ich ihm nach über Berg und Tal – sprang er mit beiden Füßen mir mitten auf den Leib. Ich erschauerte in wildem Schmerz, gänzlich unwissend. Wer war es? Ein Kind? Ein Traum? Ein Wegelagerer? Ein Selbstmörder? Ein Versucher? Ein Vernichter? Und ich drehte mich um, ihn zu sehen.

Brücke dreht sich um! Ich war noch nicht umgedreht, da stürzte ich schon, ich stürzte, und schon war ich zerrissen und aufgespießt von den zugespitzten Kieseln, die mich immer so friedlich aus dem rasenden Wasser angestarrt hatten. (e vermutlich 1917, v 1931)

3 Franz Kafka: Kleine Fabel

„Ach“, sagte die Maus, „die Welt wird enger mit jedem Tag. Zuerst war sie so breit, dass ich Angst hatte, ich lief weiter und war glücklich, dass ich endlich rechts und links in der Ferne Mauern sah, aber diese langen Mauern eilen so schnell aufeinander zu, dass ich schon im letzten Zimmer bin, und dort im Winkel steht die Falle, in die ich laufe.“ – „Du musst nur die Laufrichtung ändern“, sagte die Katze und fraß sie. (e vermutlich 1920, v 1931)

4 Franz Kafka: Heimkehr

Ich bin zurückgekehrt, ich habe den Flur durchschritten und blicke mich um. Es ist meines Vaters alter Hof. Die Pfütze in der Mitte. Altes, unbrauchbares Gerät, ineinanderverfahren, verstellt den Weg zur Bodentreppe. Die Katze lauert auf dem Geländer. Ein zerrissenes Tuch, einmal im Spiel um eine Stange gewunden, hebt sich im Wind. Ich bin angekommen.

1. Von „verrückt, absurd“ bis „anregend, faszinierend“ reichen Schüleräußerungen zu Franz Kafkas Texten.

a) Lies die kurzen Prosatexte 1–4 und formuliere einen ersten Gesamteindruck:

- Inhalt?
- Lebensgefühl des Ich-Erzählers?
- dessen Verhältnis zu seinen Mitmenschen?

b) Begründe deinen Eindruck. Beziehe dich dabei auf mindestens drei Texte.

c) Wähle den Text aus, der dich spontan am meisten anspricht.

2. a) Bildet Arbeitsgruppen zu jedem Text.

b) Erschließt den von euch ausgewählten Text mithilfe der Placemat-Methode.

3. Tauscht euch darüber aus, ob die vier Texte von Kafka, die ihr gelesen habt, „Menschen tief innen aufzurühren“ vermögen.

Placemat für 4 Personen:

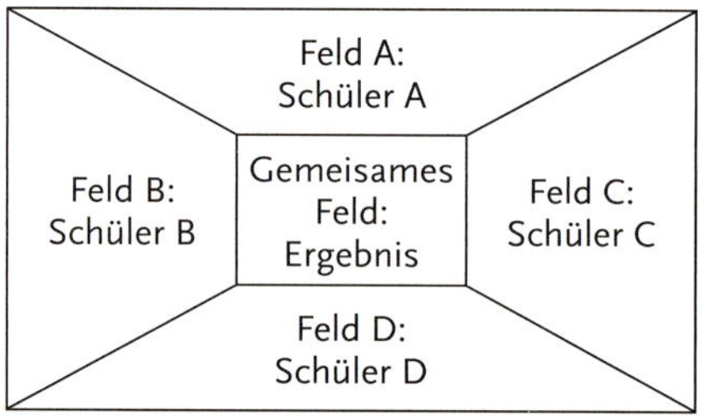

Wer wird mich empfangen? Wer wartet hinter der Tür der Küche? Rauch kommt aus dem Schornstein, der Kaffee zum Abendessen wird gekocht. Ist dir heimlich, fühlst du dich zu Hause? Ich weiß es nicht, ich bin sehr unsicher. Meines Vaters Haus ist es, aber kalt steht Stück neben Stück, als wäre jedes mit seinen eigenen Angelegenheiten beschäftigt, die ich teils vergessen habe, teils niemals kannte. Was kann ich ihnen nützen, was bin ich ihnen und sei ich auch des Vaters, des alten Landwirts Sohn. Und ich wage nicht, an der Küchentür zu klopfen, nur von der Ferne horche ich, nur von der Ferne horche ich stehend, nicht so, dass ich als Horcher überrascht werden könnte. Und weil ich von der Ferne horche, erhorche ich nichts, nur einen leichten Uhrenschlag höre ich oder glaube ihn vielleicht nur zu hören, herüber aus den Kindertagen. Was sonst in der Küche geschieht, ist das Geheimnis der dort Sitzenden, das sie vor mir wahren. Je länger man vor der Tür zögert, desto fremder wird man. Wie wäre es, wenn jetzt jemand die Tür öffnete und mich etwas fragte. Wäre ich dann nicht selbst wie einer, der sein Geheimnis wahren will.

(e vermutlich 1920, v 1936)

M Mit der Placemat-Methode einen literarischen Text erschließen

Mithilfe der Placemat-Methode (< engl. placemat = Platzdeckchen) kann sich eine Gruppe schnell und intensiv mit einem Thema oder einem Text vertraut machen.

Vorbereitung:

- Die Schülerinnen und Schüler setzen sich in Vierergruppen zusammen.
- Jede Gruppe erhält einen großen Bogen Papier (mindestens DIN A3). Auf dieses Papier wird eine Placemat aufgezeichnet, so dass jedes Gruppenmitglied im Außenbereich des Blattes ein eigenes Feld erhält. Entstehen bei der Gruppenbildung auch Dreier- oder Fünfer-Gruppen, muss man das Feld um das Rechteck entsprechend aufteilen.

Durchführung:

1. Arbeitsphase: Jedes Gruppenmitglied notiert in sein Schreibfeld in Stichworten seine Gedanken zur vorgegebenen Aufgabenstellung. Dabei tauschen sich die Teilnehmer nicht aus.

2. Arbeitsphase: Nach der Einzelarbeit wird die Placemat so gedreht, dass jeder den Beitrag des Nachbarn lesen kann. Während des Lesens signalisiert man Zustimmung mit Pluszeichen oder mit Wörtern, widerspricht mit Minuszeichen oder schriftlichen Kommentaren und ergänzt die vorliegenden Überlegungen durch Ideen, die einem beim Lesen der fremden Ausführungen kommen. Die Placemat wird so oft gedreht, bis jeder alle Texte gelesen hat. Dabei finden keine Gespräche untereinander statt.

3. Arbeitsphase: In dieser Phase tauschen sich die Gruppenmitglieder über ihre Notizen aus und einigen sich auf eine gemeinsame Lösung. Diese wird in das mittlere Feld eingetragen.
4. Arbeitsphase: Zum Schluss präsentiert jede Gruppe ihre Ergebnisse vor der Klasse. Gruppen mit der gleichen Aufgabenstellung können zuvor auch miteinander die Plätze tauschen und so Einblicke gewinnen in das Ergebnis der anderen. Für die Präsentation im Plenum können wahlweise Folien oder auch Wandplakate eingesetzt werden.

5 Heinrich Pleticha (*1924): Literaturlexikon – Stichwort: Kafka

Die Werke Franz Kafkas wirken auf die Leser oft rätselhaft, befremdlich und sogar verstörend. Um Licht ins Dunkel der Texte zu bringen und sie besser zu verstehen, ziehen viele Interpreten die Lebensgeschichte des Dichters heran. Die folgende Biografie ist einem Literaturlexikon für Jugendliche entnommen.

Franz Kafka

*3.7.1883 *in Prag* †3.6.1924 *in Kierling bei Wien*

„Ein Buch muss die Axt sein für das gefrorene Meer in uns", so schrieb der zwanzigjährige Franz Kafka in einem Brief – und er hat damit unbewusst sein „Programm", aber auch die Wirkung seines Werks genau bezeichnet. Denn seine Prosa vermag bis heute die Menschen tief innen aufzurühren. Wie erklärt sich eine solche Wirkung? Durch Kafkas Leben zieht sich wie ein roter Faden das Gefühl der Angst und die lähmende Vorstellung, von den anderen abgeschnitten zu sein. Das Gefühl der Ausweglosigkeit beherrscht auch sein Werk. Kafka hatte schon als Kind unter einem tyrannischen Vater zu leiden, der dem Jungen alle Entfaltungsmöglichkeiten verwehrte: Er war ein engstirniger Geschäftsmann, grob und ohne jedes Verständnis für den ganz anders gearteten sensiblen Sohn. Im *Brief an den Vater* schreibt Kafka: „Unverständlich war mir immer Deine vollständige Empfindungslosigkeit dafür, was für Leid und Schande Du mit Deinen Worten und Urteilen mir zufügen konntest."
Der Junge wurde an das Humanistische Gymnasium geschickt – auch dort litt er unter Kälte und Drill. Anschließend musste er Jura studieren, was ebenfalls nicht nach seinem Geschmack war. Kafka nahm zwar diese aufgezwungenen Pflichten auf sich, aber das Gefühl, gegen seine wahre Natur zu leben, verstärkte sich dadurch noch. Die Einengung seines Lebens zeigte sich auch darin, dass er zeitlebens nie von seiner Heimatstadt Prag loskam. Dort, in der Altstadt, war er aufgewachsen, und es ist eine Art Hassliebe, die ihn an diese kleine Welt kettete: „Dieses Mütterchen hat Krallen", schreibt er einmal. Dazu kommt, dass er, der Jude, zwar „jüdisch" erzogen wurde, aber den Glauben seiner Väter innerlich nicht mehr teilen

1. „Ein Buch muss die Axt sein für das gefrorene Meer in uns." (Franz Kafka) – Besprecht, wie ihr diese Metapher versteht.

2. Viele Menschen interessieren sich nicht nur für den Autor Franz Kafka, sondern auch für sein Leben.
a) Sucht in Bildbänden zu Kafka sowie in Lexika und im Internet nach Fotos und gestaltet damit eine Kafka-Bildergalerie. Verseht die Fotos mit Bildunterschriften.
b) Versucht eine Erklärung für das große Interesse an dem Menschen Franz Kafka zu finden.

3. Erstellt eine Mindmap, die die familiären und gesellschaftlichen Umstände darstellt, die sein Leben und sein Werk beeinflusst haben.

4. Stellt in einer Übersicht die familiären und gesellschaftlichen Umstände dar, durch die sich Kafka in seiner Entwicklung eingeschränkt sah.

5. Bei der Lektüre der Biografie Franz Kafkas drängen sich Parallelen zwischen Kafkas Leben und seinem Werk auf. Nennt einige dieser Parallelen.

konnte. Und schließlich war er auch als Angehöriger der deutschen Minderheit inmitten einer tschechischen Umgebung in seinen Entwicklungsmöglichkeiten von vornherein eingeschränkt. Einerseits versucht Kafka nun ständig, diese trennenden Mauern niederzureißen und sein Bedürfnis nach einem „normalen" Leben zu befriedigen. So schließt er seine Studien 1906 mit dem „Dr. jur." ab und tritt ein Jahr darauf eine Stelle bei einer Versicherungsgesellschaft an. Von 1912 an bemüht er sich um größere innere Festigkeit und sucht mehrfach, Bindungen zu Frauen einzugehen, aber den Verlobungen folgt stets nach kurzer Zeit die Trennung. Auf der anderen Seite flüchtet er geradezu in das Alleinsein, schottet sich regelrecht ab und lässt nur ganz wenige Freunde „an sich heran". Es ist wohl kein Zufall, dass er etwa um die gleiche Zeit, meist nachts, mit seinem „Gekritzel" beginnt, seinem eigentlichen Leben. Neben Tagebüchern entstehen jetzt rätselhafte (oft nur wenige Sätze lange) Skizzen und vieldeutige Erzählungen (Parabeln), die immer wieder zu neuen Interpretationen herausfordern. Eine seiner bekanntesten Geschichten trägt den Titel *Die Verwandlung* (1916); sie führt aus, wie ein junger Mann sich, als er „eines Morgens aus unruhigen Träumen erwachte", in ein „ungeheures Ungeziefer verwandelt" sieht. Seine Familie wendet sich immer mehr von diesem „missratenen Sohn" ab, der schließlich völlig verkümmert und jämmerlich zugrunde geht. Kafkas bekannteste Romane *Der Prozess* und *Das Schloss* verarbeiten ebenfalls menschliche Urerfahrungen wie Angst und Ausweglosigkeit. Beide Romanfragmente wurden 1925 und 1926 von dem Freund und Nachlassverwalter Max Brod entgegen Kafkas Wunsch posthum[1] veröffentlicht. Im *Prozess* wird Josef K. plötzlich, scheinbar grundlos, verhaftet, vor ein merkwürdiges Gericht gestellt und verurteilt. Was er auch unternimmt, um seine Unschuld zu beweisen, es hilft ihm nichts und verstrickt ihn nur noch tiefer. Am Schluss wird er „wie ein Hund" getötet. Im *Schloss*-Roman versucht der Landvermesser K. mit allen Mitteln, Zugang zu der ihn faszinierenden Welt des Schlosses zu finden; aber alle seine Bemühungen scheitern am undurchdringlichen Dickicht der Beamten und bürokratischer Instanzen. Auch dieser Roman sollte, so vermutet Brod, mit K.s Tod enden. Die ungeheuren Spannungen, die sich hier niedergeschlagen und denen der Mensch Kafka ausgesetzt war, haben wohl dazu beigetragen, dass seine ohnehin schwache Natur dem Zugriff der Tuberkulose hilflos preisgegeben war. Er erlag ihr 1924 in Kierling bei Wien. Auf dem Jüdischen Friedhof seiner Heimatstadt ist er begraben. – Kafka, der zu Lebzeiten nur wenige seiner Werke veröffentlichte, wurde erst nach dem Zweiten Weltkrieg berühmt. Heute zählt er zu den Großen der modernen deutschen, ja der Weltliteratur. Die Ängste unserer Zeit, die Ohnmacht des Menschen gegenüber unserer anonymen technischen Welt, überhaupt die Zweifel am Sinn des Lebens – sie hat dieser Autor wie kein zweiter hellseherisch artikuliert. (v 1992)

---

[1] posthum, auch postum (< lat. postumus = nachgeboren, zuletzt geboren): nach dem Tod des Verfassers erschienen

6 David Zane Mairowitz/Robert Crumb: Kafka – kurz und knapp [Auszug aus einem Comic]

Mit seinem Beruf konnte er zudem den Vater beschwichtigen, der jetzt andere Gründe finden musste, um den Sohn weiterhin als Taugenichts zu behandeln.
Tagsüber zu arbeiten hieß, nachts in der engen Wohnung zu schreiben, in der er noch immer zusammen mit den Eltern und drei Schwestern lebte. Aber wie konnte man sich dabei konzentrieren …

7 Franz Kafka: Brief an den Vater [Auszug]

Franz Kafka schrieb den Brief im November 1919, kurz nachdem die geplante Hochzeit mit Julie W. gescheitert war, weil das Paar keine Wohnung gefunden hatte. Da Kafka nicht fähig war, den Brief seinem Vater persönlich zu überreichen, überließ er das seiner Mutter. Doch diese hielt es für besser, den Brief nicht an den Empfänger weiterzugeben, und schickte ihn stattdessen zurück an den Absender.

6. a) Beschreibe die verschiedenen Elemente, mit denen der Comic über das Leben Franz Kafkas arbeitet.

b) Beurteile, inwiefern die Darstellungsweise zum Thema passt.

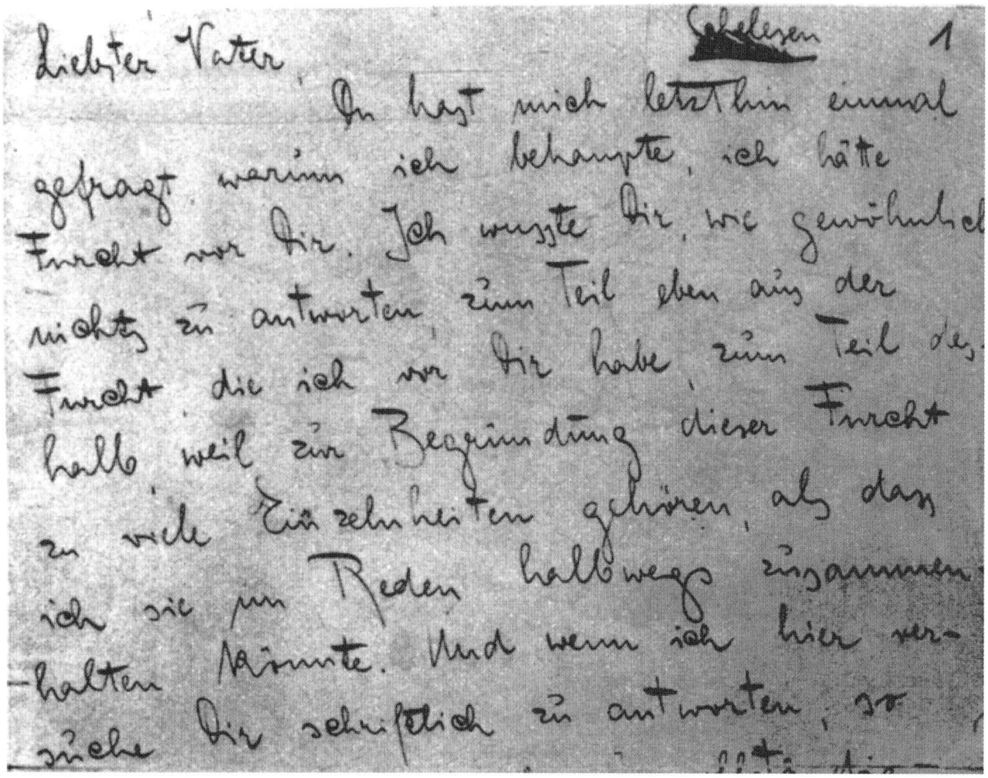
Liebster Vater 1
Du hast mich letzthin einmal gefragt, warum ich behaupte, ich hätte Furcht vor Dir. Ich wusste Dir, wie gewöhnlich, nichts zu antworten, zum Teil eben aus der Furcht, die ich vor Dir habe, zum Teil deshalb, weil zur Begründung dieser Furcht zu viele Einzelheiten gehören, als dass ich sie im Reden halbwegs zusammenhalten könnte. Und wenn ich hier versuche Dir schriftlich zu antworten, so

Handschriftlicher Auftakt des „Briefes an den Vater“, an den der weitere Briefauszug in gesetzter Form direkt anschließt.

wird es doch nur sehr unvollständig sein, weil auch im Schreiben die Furcht und ihre Folgen mich Dir gegenüber behindern und weil die Größe des Stoffs über mein Gedächtnis und meinen Verstand weit hinausgeht.

Dir hat sich die Sache immer sehr einfach dargestellt, wenigstens soweit Du vor mir und, ohne Auswahl, vor vielen andern davon gesprochen hast. Es schien Dir etwa so zu sein: Du hast Dein ganzes Leben lang schwer gearbeitet, alles für Deine Kinder, vor allem für mich geopfert, ich habe infolgedessen „in Saus und Braus“ gelebt, habe vollständige Freiheit gehabt zu lernen was ich wollte, habe keinen Anlass zu Nahrungssorgen, also zu Sorgen überhaupt gehabt; Du hast dafür keine Dankbarkeit verlangt. Du kennst „die Dankbarkeit der Kinder“, aber doch wenigstens irgendein Entgegenkommen, Zeichen eines Mitgefühls; statt dessen habe ich mich seit jeher vor Dir verkrochen, in mein Zimmer, zu Büchern, zu verrückten Freunden, zu überspannten Ideen; offen gesprochen habe ich mit Dir niemals, in den Tempel bin ich nicht zu Dir gekommen, in Franzensbad habe ich Dich nie besucht, auch sonst nie Familiensinn gehabt, um das Geschäft und Deine sonstigen Angelegenheiten habe ich mich nicht gekümmert, die Fabrik habe ich Dir aufgehalst und Dich dann verlassen, Ottla habe ich in ihrem Eigensinn unterstützt und während ich für Dich keinen Finger rühre (nicht einmal eine Theaterkarte bringe ich Dir), tue ich für Freunde alles. Fasst Du Dein Urteil über mich zusammen, so ergibt sich, dass Du mir zwar etwas geradezu Unanständiges oder Böses nicht vorwirfst (mit Ausnahme vielleicht meiner letzten Heiratsabsicht), aber Kälte, Fremdheit, Undankbarkeit. Und zwar wirfst Du es mir so vor, als wäre es meine Schuld, als hätte ich etwa mit einer Steuerdrehung das Ganze anders einrichten können, während Du nicht die geringste Schuld daran hast, es wäre denn die, dass Du zu gut zu mir gewesen bist.

Diese Deine übliche Darstellung halte ich nur so weit für richtig, dass auch ich glaube, Du seist gänzlich schuldlos an unserer Entfremdung. Aber ebenso gänzlich schuldlos bin auch ich. Könnte ich Dich dazu bringen, dass Du das anerkennst, dann wäre – nicht etwa ein neues Leben möglich, dazu sind wir beide viel zu alt, aber doch eine Art Friede, kein Aufhören, aber doch ein Mildern Deiner unaufhörlichen Vorwürfe. [...]

Direkt erinnere ich mich nur an einen Vorfall aus den ersten Jahren. Du erinnerst Dich vielleicht auch daran. Ich winselte einmal in der Nacht immerfort um Wasser, gewiss nicht aus Durst, sondern wahrscheinlich teils um zu ärgern, teils um mich zu unterhalten. Nachdem einige starke Drohungen nicht geholfen hatten, nahmst Du mich aus dem Bett, trugst mich auf die Pawlatsche[1] und ließest mich dort allein vor der geschlossenen Tür ein Weilchen im Hemd stehn. Ich will nicht sagen, dass das unrichtig war, vielleicht war damals die Nachtruhe auf andere Weise wirklich nicht zu verschaffen, ich will aber damit Deine Erziehungsmittel und ihre Wirkung auf mich charakterisieren. Ich war damals nachher wohl schon folgsam, aber ich hatte einen inneren Schaden davon. Das für mich Selbstverständliche des sinnlosen Ums-Wasser-Bittens und das außerordentlich Schreckliche des Hinausgetragenwerdens konnte ich meiner Natur nach niemals in die richtige Verbindung bringen. Noch nach Jahren litt ich unter der quälenden Vorstellung, dass der riesige Mann, mein Vater, die letzte Instanz, fast ohne Grund kommen und mich in der Nacht aus dem Bett auf die Pawlatsche tragen konnte und dass ich also ein solches Nichts für ihn war.

Das war damals ein kleiner Anfang nur, aber dieses mich oft beherrschende Gefühl der Nichtigkeit (ein in anderer Hinsicht allerdings auch edles und fruchtbares Gefühl) stammt vielfach von Deinem Einfluss. Ich hätte ein wenig Aufmunterung, ein wenig Freundlichkeit, ein wenig Offenhalten meines Wegs gebraucht, statt dessen verstelltest Du mir ihn, in der guten Absicht freilich, dass ich einen anderen Weg gehen sollte. Aber dazu taugte ich nicht. Du muntertest mich zum Beispiel auf, wenn ich gut salutierte und marschierte, aber ich war kein künftiger Soldat, oder Du muntertest mich auf, wenn ich kräftig essen oder sogar Bier dazu trinken konnte, oder wenn ich unverstandene Lieder nachsingen oder Deine Lieblingsredensarten Dir nachplappern konnte, aber nichts davon gehörte zu meiner Zukunft. [...]

Damals und damals überall hätte ich die Aufmunterung gebraucht. Ich war ja schon niedergedrückt durch Deine bloße Körperlichkeit. Ich erinnere mich zum Beispiel daran, wie wir uns öfters zusammen in einer Kabine auszogen. Ich mager, schwach, schmal, Du stark, groß, breit. Schon in der Kabine kam ich mir jämmerlich vor, und zwar nicht nur vor Dir, sondern vor der ganzen Welt, denn Du warst für mich das Maß aller Dinge. Traten wir dann aber aus der Kabine vor die Leute hinaus, ich an Deiner Hand, ein kleines Gerippe, unsicher, bloßfüßig auf den Planken, in Angst vor dem Wasser, unfähig Deine Schwimmbewegungen nachzumachen, die Du mir

---

[1] die Pawlatsche (< tschech. pavlac = offener Hausgang): der Hofseite zugekehrter offener Gang, Bretterbühne

1. Stelle in einer Übersicht die Vorwürfe zusammen, die Kafka an seinen Vater richtet, z. B. in Form einer Aufzählung:
Kafka wirft seinem Vater vor,
- *dass ...*
- *dass ...* usw.

2. Erklärt, warum der 36-jährige Kafka in Form eines Briefes auf die Frage des Vaters (Z. 2 f.) reagiert. Bezieht euch dabei zunächst auf den ersten Abschnitt des Textes, stellt aber auch eigene Vermutungen an.

in guter Absicht, aber tatsächlich zu meiner tiefen Beschämung immerfort vormachtest, dann war ich sehr verzweifelt und alle meine schlimmen Erfahrungen auf allen Gebieten stimmten in solchen Augenblicken großartig zusammen. Am wohlsten war mir noch, wenn Du Dich manchmal zuerst auszogst und ich allein in der Kabine bleiben und die Schande des öffentlichen Auftretens so lange hinauszögern konnte, bis Du endlich nachschauen kamst und mich aus der Kabine triebst. Dankbar war ich Dir dafür, dass Du meine Not nicht zu bemerken schienest, auch war ich stolz auf den Körper meines Vaters. Übrigens besteht zwischen uns dieser Unterschied heute noch ähnlich.

Dem entsprach weiter Deine geistige Oberherrschaft. Du hattest Dich allein durch eigene Kraft so hoch hinaufgearbeitet, infolgedessen hattest Du unbeschränktes Vertrauen zu Deiner Meinung. Das war für mich als Kind nicht einmal so blendend wie später für den heranwachsenden jungen Menschen. In Deinem Lehnstuhl regiertest Du die Welt. Deine Meinung war richtig, jede andere war verrückt, überspannt, meschugge, nicht normal. Dabei war Dein Selbstvertrauen so groß, dass Du gar nicht konsequent sein musstest und doch nicht aufhörtest Recht zu haben. Es konnte auch vorkommen, dass Du in einer Sache gar keine Meinung hattest und infolgedessen alle Meinungen, die hinsichtlich der Sache überhaupt möglich waren, ohne Ausnahme falsch sein mussten. Du konntest zum Beispiel auf die Tschechen schimpfen, dann auf die Deutschen, dann auf die Juden, und zwar nicht nur in Auswahl, sondern in jeder Hinsicht, und schließlich blieb niemand mehr übrig außer Dir. Du bekamst für mich das Rätselhafte, das alle Tyrannen haben, deren Recht auf ihrer Person, nicht auf dem Denken begründet ist. Wenigstens schien es mir so. [...]

Da ich als Kind hauptsächlich beim Essen mit Dir beisammen war, war Dein Unterricht zum großen Teil Unterricht im richtigen Benehmen bei Tisch. Was auf den Tisch kam, musste aufgegessen, über die Güte des Essens durfte nicht gesprochen werden – Du aber fandest das Essen oft ungenießbar; nanntest es „das Fressen" – das „Vieh" (die Köchin) hatte es verdorben. Weil Du entsprechend Deinem kräftigen Hunger und Deiner besonderen Vorliebe alles schnell, heiß und in großen Bissen gegessen hast, musste sich das Kind beeilen, düstere Stille war bei Tisch, unterbrochen von Ermahnungen: „zuerst iss, dann sprich" oder „schneller, schneller, schneller" oder „siehst Du, ich habe schon längst aufgegessen". Knochen durfte man nicht zerreißen, Du ja. Essig durfte man nicht schlürfen. Du ja. Die Hauptsache war, dass man das Brot gerade schnitt; dass Du das aber mit einem von Sauce triefenden Messer tatest, war gleichgültig. Man musste Acht geben, dass keine Speisereste auf den Boden fielen, unter Dir lag schließlich am meisten. Bei Tisch durfte man sich nur mit Essen beschäftigen, Du aber putztest und schnittest Dir die Nägel, spitztest Bleistifte, reinigtest mit dem Zahnstocher die Ohren. Bitte, Vater, verstehe mich recht, das wären an sich vollständig unbedeutende Einzelheiten gewesen, niederdrückend wurden sie für mich erst dadurch, dass Du, der

3. a) Stellt in einer Tabelle die Bilder, die Franz Kafka von sich selbst und seinem Vater entwirft, einander gegenüber.

b) Vergleicht beide Seiten und formuliert ein Fazit des Vergleichs.

4. Der *Brief an den Vater* lässt eine starke Emotionalität erkennen. Zeigt an exemplarischen Stellen, wie sich diese Emotionalität in Inhalt, Wortwahl und Satzbau niederschlägt. Berücksichtigt dabei auch die Informationen zu den „rhetorisch-stilistischen Möglichkeiten der Satzgliedstellung" (vgl. S. 38).

5. Wähle eine der folgenden Aufgaben aus:

a) Stelle dir vor, der Brief wäre doch zum Vater gelangt und dieser hätte auf den Brief mit einem eigenen Brief reagiert. Schreibe diesen Brief

oder

b) schreibe einen Brief an Kafka, indem du ihm als Leser deine Meinung zu seinem *Brief an den Vater* darlegst.

für mich so ungeheuer maßgebende Mensch, Dich selbst an die Gebote nicht hieltest, die Du mir auferlegtest. [...]
Mein Schreiben handelte von Dir, ich klagte dort ja nur, was ich an Deiner Brust nicht klagen konnte. Es war ein absichtlich in die Länge gezogener Abschied von Dir, nur dass er zwar von Dir erzwungen war, aber in der von mir bestimmten Richtung verlief. [...]
Niemals würde ich durch die erste Volksschulklasse kommen, dachte ich, aber es gelang, ich bekam sogar eine Prämie; aber die Aufnahmeprüfung ins Gymnasium würde ich gewiss nicht bestehn, aber es gelang; aber nun falle ich in der ersten Gymnasialklasse bestimmt durch, nein, ich fiel nicht durch und es gelang immer weiter und weiter. Daraus ergab sich aber keine Zuversicht, im Gegenteil, immer war ich überzeugt – und in Deiner abweisenden Miene halte ich förmlich den Beweis dafür – dass, je mehr mir gelingt, desto schlimmer es schließlich wird ausgehn müssen. Oft sah ich im Geist die schreckliche Versammlung der Professoren (das Gymnasium ist nur das einheitlichste Beispiel, überall um mich war es aber ähnlich), wie sie, wenn ich die Prima überstanden hatte, also in der Sekunda, wenn ich diese überstanden hatte, also in der Tertia und so weiter zusammenkommen würden, um diesen einzigartigen, himmelschreienden Fall zu untersuchen, wie es mir, dem Unfähigsten und jedenfalls Unwissendsten gelungen war, mich bis hinauf in diese Klasse zu schleichen, die mich, da nun die allgemeine Aufmerksamkeit auf mich gelenkt war, natürlich sofort ausspeien würde, zum Jubel aller von diesem Albdruck befreiten Gerechten. – Mit solchen Vorstellungen zu leben ist für ein Kind nicht leicht. (e 1919, v 1952)

Möglichkeiten und Grenzen der biografischen Methode

Kafkas schwer zu entschlüsselndes Werk wurde zu seinen Lebzeiten und noch lange Zeit nach seinem Tod **biografisch** gedeutet. Bei dieser Methode geht man von Kenntnissen über das Leben des Dichters aus und prüft, ob sich bestimmte Erlebnisse und Erfahrungen thematisch oder inhaltlich im Werk niederschlagen. So spielen z. B. dominante Vaterfiguren bzw. Autoritäten in vielen Kafka-Texten eine Rolle.
Letztlich ist jedoch eine Interpretation, die ausschließlich auf der Lebensgeschichte basiert, nicht befriedigend. Häufig wird nämlich nicht nur vom Leben auf das Werk, sondern auch unzulässigerweise vom Werk auf das Leben geschlossen und beides miteinander vermengt. Der Nachweis von Parallelen zwischen Biografie und Werk wird zudem dem literarischen Werk als in sich geschlossenes Kunstwerk mit einer bestimmten Struktur, bestimmten Bildern und sprachlich-stilistischen Merkmalen nicht gerecht. Deshalb ist es wichtig, immer auch andere Zugänge zu einem Werk einzubeziehen.
Eine wichtige Rolle spielt dabei zunächst der **werkimmanente** Zugang. Das bedeutet, dass der Interpret, von seinem subjektiven Eindruck ausgehend, interpretatorische Einsichten aus dem Text selbst gewinnt. Dazu analysiert

er Inhalt, Struktur, Sprache und Stil des Textes und gelangt dabei zur Erschließung des Textsinns.
Darüber hinaus erweitern **andere Fragestellungen**, die man an den Text heranträgt, das Deutungsspektrum. Fragen nach der sozialen Stellung der Juden in Prag oder nach Kafkas Verhältnis zum Judentum helfen, die zahlreichen Bedeutungsnuancen in Kafkas oft **mehrdeutigen (= multivalenten) Texten** wahrzunehmen.

8 Franz Kafka: Gibs auf!

Es war sehr früh am Morgen, die Straßen rein und leer, ich ging zum Bahnhof. Als ich eine Turmuhr mit meiner Uhr verglich, sah ich, dass es schon viel später war, als ich geglaubt hatte, ich musste mich sehr beeilen, der Schrecken über diese Entdeckung ließ mich im Weg unsicher werden, ich kannte mich in dieser Stadt noch nicht sehr gut aus, glücklicherweise war ein Schutzmann in der Nähe, ich lief zu ihm und fragte ihn atemlos nach dem Weg. Er lächelte und sagte: „Von mir willst du den Weg erfahren?“ „Ja“, sagte ich, „da ich ihn selbst nicht finden kann.“ „Gibs auf, gibs auf“, sagte er und wandte sich mit einem großen Schwunge ab, so wie Leute, die mit ihrem Lachen allein sein wollen. (e vermutlich 1922, v 1936)

1. a) Notiere deinen ersten Leseeindruck zu „Gibs auf!“.
b) Nimm eine Analyse des Textes vor (vgl. Methodenhinweis).

M Einen kurzen Prosatext analysieren und deuten

Bevor man einen Text deutet, sollte man
a) ein **erstes Textverständnis** als **Deutungshypothese** niederschreiben (*Der Text zeigt meiner Meinung nach ... Für mich drückt der Text aus, ...*),
b) eine **gründliche Analyse** des Textes vornehmen. Dazu gehört die Auseinandersetzung mit
- dem Titel,
- dem Erzähler, dessen Erzählperspektive und Einstellung zum Erzählten,
- der Erzählweise,
- dem Geschehen (äußere und innere Handlung),
- dem Textaufbau,
- den Bildern,
- dem Verhalten der Personen,
- der Form der Redewiedergabe (z. B. direkte oder indirekte Rede),
- den sprachlich-stilistischen Besonderheiten (z. B. Satzbau, Tempus, häufiges Vorkommen bestimmter Wortarten oder Wörter, Wortfelder usw.).

Am Schluss versucht man, die Beobachtungen zu einer in sich schlüssigen Deutung zusammenzuführen.

9 Norbert Schläbitz (* 1959): Gibs auf! – Unterschiedliche Ansätze einer Interpretation

Die Frage der rechten Interpretation stellt sich natürlich auch bei der Auslegung der Parabel „Gibs auf" und findet wie allgemein sonst auch keine zufriedenstellende Antwort: „Der Historiker etwa wird in der Stadt der kleinen Erzählung die Stadt Prag sehen, in der die Juden nicht zu Hause waren und ihren eigenen Weg nicht finden konnten. Der Soziologe könnte im Schutzmann eine Verkörperung der österreichischen Bürokratie sehen, die alle Menschen schikanierte. [...] Der Theologe könnte im Schutzmann einen Boten Gottes sehen, der den Mann zum Nachdenken über den rechten Weg bringen will. Der Existenzphilosoph könnte sagen: Da sieht man es wieder, jeder muss seinen Weg in sich selber finden" (Zimmermann). Die Leerstellen sind zwar nicht beliebig, aber doch sehr weitläufig und insgesamt unerschöpflich auszulegen. [...] (v 2004)

2. a) Exzerpiere aus Text 9 die verschiedenen Deutungsansätze:
- *Historischer Ansatz: „diese Stadt"* → *Prag*
- ...

b) Ergänze das Exzerpt durch eigene Überlegungen zum biografischen Deutungsansatz.

3. Verfasse eine Interpretation zu „Gibs auf!", bei der du die textimmanente Interpretation um den biografischen Ansatz erweiterst.

10 Franz Kafka: Der Fahrgast

Ich stehe auf der Plattform des elektrischen Wagens und bin vollständig unsicher in Rücksicht meiner Stellung in dieser Welt, in dieser Stadt, in meiner Familie. Auch nicht beiläufig könnte ich angeben, welche Ansprüche ich in irgendeiner Richtung mit Recht vorbringen könnte. Ich kann es gar nicht verteidigen, dass ich auf dieser Plattform stehe, mich an dieser Schlinge halte, von diesem Wagen mich tragen lasse, dass Leute dem Wagen ausweichen oder still gehn oder vor den Schaufenstern ruhn. – Niemand verlangt es ja von mir, aber das ist gleichgültig.

Der Wagen nähert sich einer Haltestelle, ein Mädchen stellt sich nahe den Stufen, zum Aussteigen bereit. Sie erscheint mir so deutlich, als ob ich sie betastet hätte. Sie ist schwarz gekleidet, die Rockfalten bewegen sich fast nicht, die Bluse ist knapp und hat einen Kragen aus weißer kleinmaschiger Spitze, die linke Hand hält sie flach an die Wand, der Schirm in ihrer Rechten steht auf der zweitobersten Stufe. Ihr Gesicht ist braun, die Nase, an den Seiten schwach gepresst, schließt rund und breit ab. Sie hat viel braunes Haar und verwehte Härchen an der rechten Schläfe. Ihr kleines Ohr liegt eng an, doch sehe ich, da ich nahe stehe, den ganzen Rücken der rechten Ohrmuschel und den Schatten an der Wurzel.

Ich fragte mich damals: Wieso kommt es, dass sie nicht über sich verwundert ist, dass sie den Mund geschlossen hält und nichts dergleichen sagt? (v 1908)

4. Erarbeitet eine Interpretation mithilfe einer Placemat (vgl. Methodenhinweis S. 42 f.). Haltet dazu auf der Placemat Folgendes fest:
- spontane Eindrücke, Gefühle und Gedanken zum Text,
- Beobachtungen zur Analyse des Textes (siehe Methodenhinweis zur Analyse eines Prosatextes S. 50),
- mögliche Zusammenhänge zwischen dem Text und Kafkas Biografie.

5. Zeigt an euren Interpretationen die Möglichkeiten und Grenzen der biografischen Methode auf.

„Verrückt und absurd" oder „faszinierend und anregend"?:

Da Kafkas Texte so vieldeutig sind, bieten sie sich in besonderer Weise für gestalterische Zugänge an. Anregungen dazu findest du auf dieser Doppelseite.

David Zane Mairowitz/Robert Crumb: Kafka – kurz und knapp [Auszug aus einem Comic]

Fertige ein Comic-Kapitel zum *Brief an den Vater* (S. 46 ff.) an, das in den Comic über Kafkas Leben eingefügt werden könnte.

- Fasse dazu die wichtigsten Aussagen des Briefes in kurzen Textblöcken zusammen (Erzählertext, innerer Monolog, Zitate, ...).
- Vervollständige die vorliegende Zeichnung und ergänze weitere Panels.

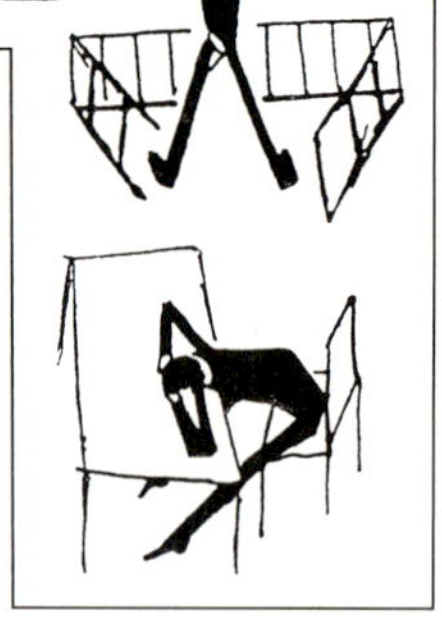

Kafka hat diese sechs Zeichnungen selbst angefertigt.

- Wählt eine oder mehrere Skizzen aus.
- Kopiert sie und klebt sie auf einen anderen Hintergrund.
- Experimentiert so lange, bis eine Collage aus eurem Bildmaterial und Kafkas Skizzen entstanden ist, die eurer Meinung nach zu Kafkas Texten passt.

Peter Kuper: Kleine Fabel

- Besprecht die Zeichnung zu Kafkas Text „Kleine Fabel".
- Setzt einen anderen Text aus diesem Kapitel (S. 40–42 oder 50–51) in einen Comic um.

Kafka-Texte gestaltend erschließen

- Vergleicht die drei verschiedenen Varianten einer Verfilmung zu Kafkas Parabel „Gibs auf!“. Besprecht, welche Umsetzung euch am besten gefällt.
- Wählt einen anderen Kafka-Text und sammelt Ideen für eine Verfilmung. Erstellt ein Storyboard, bevor ihr mit den Aufnahmen beginnt.

Projektkapitel:

Das Praktikum „eindrücklich“ mitgestalten

SCHULE / Das Berufspraktikum am Gymnasium Ehingen hat begonnen

„Genau das Richtige für mich“

Der erste Eindruck: Arbeit in Krankenhaus und Praxis für Physiotherapie macht Spaß

Das Berufspraktikum (Bogy) des Gymnasiums Ehingen bietet die Möglichkeit, einmal mitten im Berufsleben zu stehen. In der elften Klasse nehmen die Schüler eine Woche am Arbeitsleben teil und hoffen dadurch vielleicht ihren Traumberuf zu finden.

VERA HUMMEL

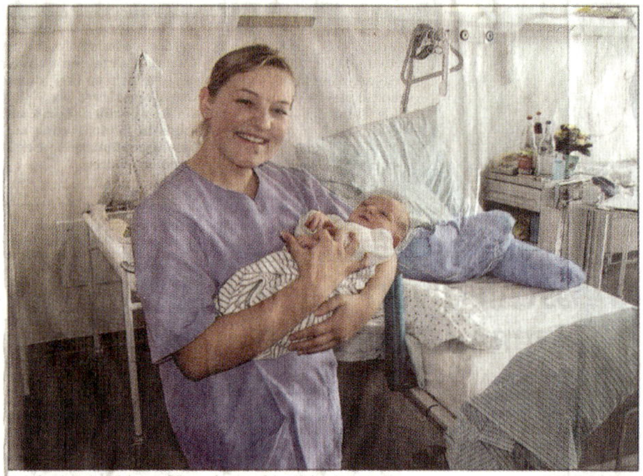

Praktikantin Jasim Brückner gefällt es sehr gut auf der Wöchnerinnenstation. FOTO: VERA HUMMEL

EHINGEN ■ Nachdem Jasmin Brückner das Geschirr aus den Zimmern der Wöchnerinnenstation im Kreiskrankenhaus Ehingen abgeräumt hat, bleibt wieder keine Zeit zum Durchatmen oder Hinsetzen. Im nächsten Zimmer muss ein Bett neu bezogen und ein Stapel Unterlagen kopiert werden. Und trotzdem: Jasmin strahlt, und man erkennt, wie ihr die Arbeit auf dieser Station und auch in der Gynäkologie Spaß macht.

Dabei ist es „nur" ein einwöchiges Praktikum im Rahmen des Bogy, in dem sie ihrem Berufswunsch „Hebamme" etwas näher kommen möchte. In ihrem Fall reicht diese Woche schon aus, um genügend Erfahrungen zu sammeln und um einen ersten Eindruck von diesem Berufsfeld zu bekommen. „Ich habe eigentlich immer was zu tun, was natürlich besser ist als immer nur zuzuschauen. Es ist einfach genau das Richtige für mich und ich fühle mich in dem Umfeld hier sehr wohl", sagt sie.

„Mädchen für alles"

Die erste Einführung bekam Jasmin von einer Auszubildenden. Da ihre Eltern auch im Krankenhaus arbeiten, kannte sie sich aber schon vor ihrem Praktikum gut im Krankenhaus aus. Auf ihrer Station ist sie – zusammen mit einer anderen Bogy-Praktikantin – sozusagen das „Mädchen für alles", was zwar anstrengend sei, aber auch auch viel Spaß mache. „Natürlich ist es ein tolles Gefühl, sich bei den Patienten nützlich zu machen und ihnen zu helfen." Was sie am ersten Tag nur beobachten durfte, konnte sie am nächsten schon selbst erledigen. „Das Praktikum hat mich schon jetzt in meinem Berufswunsch bestärkt." Da ist sich die Munderkingerin sicher – und muss sich auch schon um die nächste Patientin kümmern.

In der elften Klasse nehmen die Schüler des Gymnasiums Ehingen am Bogy teil. Eine wertvolle Erfahrung, die einem erste Einblicke in den vielleicht zukünftigen Beruf geben kann oder auch zeigt, dass ein bestimmtes Berufsziel gar nicht in Frage kommt.

Schriftlich bewerben

Nachdem die Schüler eine schriftliche Bewerbung abschicken mussten, wurden sie zu einem Vorstellungstermin eingeladen. Wie auch Daniela Hauler, die sich bei der Praxis für Physiotherapie Achilles in Ehingen beworben hat. Von den Therapeuten Manfred Hucker und Torsten Kindler bekam sie eine Zusage. Die Erfahrungen mit ihren früheren Praktikanten seien immer positiv ausgefallen, meint Kindler.

Daniela bewarb sich bei der Praxis, weil ihr ein Beruf mit viel Kontakt zu Menschen wichtig ist. Am ersten Tag wurde ihr noch viel erklärt und vor allem Fachbegriffe nahe gebracht. Der Eindruck fällt aber insgesamt sehr positiv aus.

Bei den Behandlungen, wie zum Beispiel einer Ultraschalluntersuchung, durfte die Gymnasiastin schon selbst Hand anlegen, natürlich immer unter der Aufsicht der erfahrenen Therapeuten. Dadurch erfährt sie viel über die verschiedenen Behandlungsmöglichkeiten und Therapien. Auch für Daniela käme dieser Beruf in Frage, allerdings ist das für sie nur eine Option unter vielen. Am Ende der Woche wird sich das wohl etwas besser sagen lassen.

Eindrücke vorbereiten:

Steffen L.,
16 Jahre

Anika S.,
16 Jahre

Steffen und Anika haben bereits ihr Praktikum absolviert und in einem Bericht ihre Vorüberlegungen festgehalten.

- Besprecht, inwiefern sich die Herangehensweise der beiden Schüler unterscheidet.
- Welche Vor- und Nachteile könnte dies jeweils mit sich bringen? Bezieht die Auswertungen in eure Überlegungen mit ein.
- Bereitet sechs Fragen für ein Interview vor, bei dem ihr einen Mitschüler zu seiner Praktikumswahl und seinen Erwartungen befragt. (Benutzt die Schüleraussagen als Anregungen!)
- Befragt euch gegenseitig und nutzt jede Antwort eures Partners für mindestens eine spontan überlegte Nachfrage.
- Haltet anschließend eure Erwartungen und Zielvorstellungen stichwortartig fest. Formuliert sie möglichst konkret.

Aus den Vorüberlegungen:

„Ich habe zur Berufserkundung den Beruf des Physiotherapeuten gewählt, da sich ganz in der Nähe meines Wohnortes eine Physiotherapiepraxis befindet und mir die Mitarbeiter einen sympathischen Eindruck machen. Außerdem möchte ich in meinem späteren Berufsleben gerne etwas Praktisches machen, d. h. keinen Bürojob. Das Interessante an diesem Beruf scheint mir auch der Kontakt mit anderen Menschen zu sein, und ich habe Spaß am Umgang mit jüngeren und älteren Menschen. Aus diesem Grund kann es in diesem Beruf wahrscheinlich selten langweilig werden." Steffen

„Ich interessiere mich für den Beruf der Chemielaborantin. Von der Praktikumswoche erhoffe ich mir in erster Linie Aufschluss darüber, wie die Chemie in der täglichen Arbeitswelt der Angestellten aussieht und ob Gemeinsamkeiten zu dem in der Schule praktizierten Unterrichtsfach Chemie bestehen. Denn erst dann wird es möglich sein zu sagen, ob mir dieser Berufszweig wirklich liegt. Interessant wird es auch sein, zu erfahren, ob sich meine Vorstellungen vom Alltag in einem großen Betrieb als richtig herausstellen werden. Außerdem will ich die Zeit nutzen, um möglichst viele Informationen von diesem Alltag in den verschiedenen Abteilungen des Betriebes zu sammeln. Ein weiteres Augenmerk werde ich darauf legen, welche unterschiedlichen Typen von Menschen, welche Charaktere mir begegnen und ob ich in diesen Personen eventuell gewisse Ähnlichkeiten mit mir entdecke." Annika

Aus den Auswertungen der Praktikumswoche:

„Die Berufserkundung hat mir viel Spaß gemacht, und ich habe einen umfangreichen Einblick in das Aufgabenfeld eines Physiotherapeuten bekommen. Zu diesem Zeitpunkt kann ich jedoch nicht konkret sagen, ob ich diesen Beruf anstreben will." Steffen

„Zusammenfassend kann ich feststellen, dass das vielseitige Aufgabenfeld eines Chemielaboranten aufgrund meiner Vorliebe für das Fach Chemie viel stärker als erwartet meinen Erwartungen und Interessen entsprach. Wiederfinden kann ich mich jedoch trotzdem nicht in diesem Beruf, da er letztlich nicht sehr gesellig ist und für mich die Konzentration auf die Laborarbeit zu groß ist. Ich werde daher nun andere Berufe ins Auge fassen, die an ein Chemie- oder Pharmaziestudium anknüpfen." Annika

Startklar für die Praktikumswoche?

Der erste Eindruck zählt!

Vor Praktikumsbeginn ist es gut, wenn man noch einmal überprüft, ob man alles dabei hat, was man eventuell braucht.

Checkliste

- Notizblock
- Stifte
- Fotoapparat
- Wegeplan
- Name des Ansprechpartners
- Handy
- Telefonnummer des Betriebes
- Trinken und Essen
- Arbeitskleidung
-
-

- Gehe die Checkliste durch und überlege, ob du sonst noch etwas benötigst, was hier nicht erwähnt wird.

Die abgebildeten Schülerinnen und Schüler könnten sich folgende Praktikumsstellen ausgesucht haben:

- Tierarztpraxis,
- Werbeagentur,
- Bank,
- Radiosender.

- Seht euch das Foto an und diskutiert, welche Kleidung für welche Praktikumsstelle angemessen ist.
- Besprecht, wie ihr euch an eurem ersten Tag kleiden wollt.
- Überlegt, was man tun kann, wenn man sich nicht sicher ist, welche Kleidung geeignet ist.
- Wie müsste man sich kleiden, wenn es um ein Vorstellungsgespräch für einen Arbeitsplatz ginge?

Eindrücke sammeln und Eindruck machen:

Das Praktikum bietet die Möglichkeit, in ein Berufsfeld „hineinzuschnuppern" und zu überprüfen, welche Tätigkeiten einem liegen. Außerdem hat man die Chance, Kontakte zu knüpfen, die einem später vielleicht nützlich sein könnten.

- Entscheide, wie du dich verhalten würdest.
- Besprecht anschließend die verschiedenen Verhaltensweisen.

1. Du begegnest dem Chef/der Chefin deines Praktikumsbetriebes zum ersten Mal.
   a) Du lächelst ihn/sie nett an und sagst: „Hallo!"
   b) Du streckst ihm/ihr die Hand hin und stellst dich kurz vor.
   c) Du wartest, bis er/sie dir die Hand gibt, und stellst dich vor.
2. Anschließend bittet dich dein Chef/deine Chefin ins Büro.
   a) Dort bleibst du stehen und wartest ab.
   b) Du machst es dir umgehend gemütlich in der ansprechenden Sofaecke.
   c) Wenn sich dein Chef/deine Chefin setzt, folgst du seinem/ihrem Beispiel.
3. Du hattest schon immer ein Händchen für Maschinen. Während deines Praktikums erkennst du eine Verbesserungsmöglichkeit der Abläufe.
   a) Du ergreifst die Möglichkeit, einen bleibenden Eindruck zu hinterlassen, und setzt deine Idee in die Tat um.
   b) Du behältst deine Idee lieber für dich, damit du nicht als Besserwisser unangenehm auffällst.
   c) Du besprichst deine Idee mit deinem dir zugewiesenen Ansprechpartner.
4. Am Morgen des zweiten Praktikumstages erwachst du mit Kopfschmerzen.
   a) Du meldest dich bei deiner Praktikumsstelle krank.
   b) Vielleicht ist dies der Beginn einer Grippe. Dann sollte man jede Anstrengung vermeiden. Damit du schnell wieder gesund wirst, bleibst du im Bett und schläfst in Ruhe weiter.
   c) Du meldest dich bei deiner Praktikumsstelle und in deiner Schule krank.
   d) Du gehst trotzdem in den Betrieb.

Es gibt Qualifikationen/Eigenschaften (häufig als „Soft Skills" bezeichnet), die in der Arbeitswelt als besonders wichtig gelten.

- Ordne die nebenstehenden Qualifikationen/Eigenschaften nach ihrer Wichtigkeit an, wobei du als Maßstab die Anforderungen deiner Praktikumsstelle nimmst.
- Wie gut sind sie bei dir entwickelt? Bewerte dich selbst (Noten 1 bis 6).
- Überprüfe, ob du den Anforderungen des von dir gewählten Berufes genügst, bzw. überlege, in welchen Bereichen du dich noch entwickeln kannst.

Durchsetzungsvermögen
Zuverlässigkeit
Pünktlichkeit
Leistungsbereitschaft
Kommunikationsfähigkeit
Teamfähigkeit
Zielstrebigkeit
Ausdauer
Genauigkeit
Ehrlichkeit
Verantwortungsbereitschaft

Das Verhalten während des Praktikums

Während des Praktikums kann man in sehr unterschiedliche Situationen geraten und man sollte sein Verhalten entsprechend anpassen.

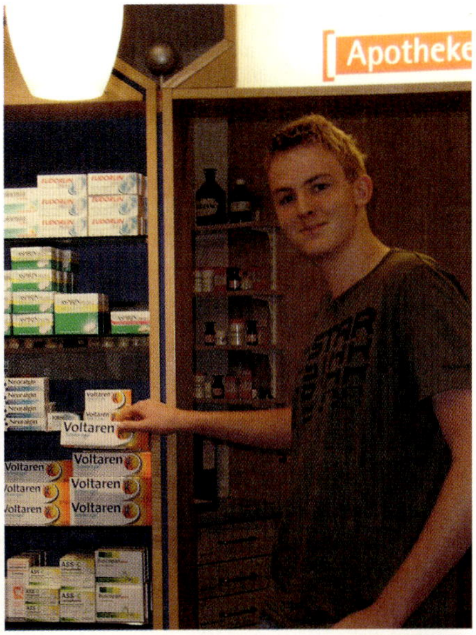

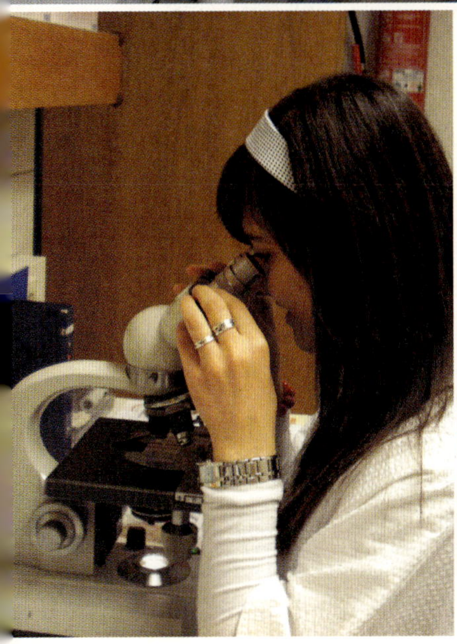

„Da die Sekretärin krank war, durfte ich bereits am ersten Tag viele ihrer Aufgaben übernehmen. Der Anwalt, bei dem ich arbeite, sagt, ich sei ihm eine große Hilfe."

„Kaffeekochen und Kopieren – das ist das Einzige, was ich tun darf."

„Der Betrieb, in dem ich mein Praktikum mache, ist so groß, dass ich nur einen Bruchteil davon erkunden kann. Wenn ich mich aber nicht allzu ungeschickt anstelle, dann darf ich hier in den Sommerferien ein weiteres Praktikum machen."

- Bewerte die Aussagen der Schülerinnen und Schüler. Wie würdest du dich in den beschriebenen Situationen verhalten?

Eindrücke festhalten:

Tipps zur Vorbereitung des Praktikumsberichts:

- Erleichtere dir die Arbeit, indem du bereits während des Praktikums täglich einige Punkte stichwortartig festhältst.
- Lege ein Glossar mit den Fachbegriffen an, die dir während deines Praktikums auffallen.
- Halte deine Eindrücke während des Praktikums in Form von Fotos oder Zeichnungen fest, da sie deinen Bericht wirkungsvoll illustrieren können.
- Erkundige dich aber vorab in deinem Betrieb, ob du fotografieren darfst. Vielleicht erhältst du auch vor Ort oder im Internet Informationsmaterial, das du verwenden kannst. (Notiere auch die Quelle.)
- Prüfe dieses jedoch, da es sich hierbei häufig um werbewirksam gestaltetes Material handelt. Eine kritische Auseinandersetzung aufgrund eigener Beobachtungen kann deinen Bericht sehr bereichern.

Für die Auswertung der Praktikumswoche bietet sich das Verfassen eines Praktikumsberichts an.

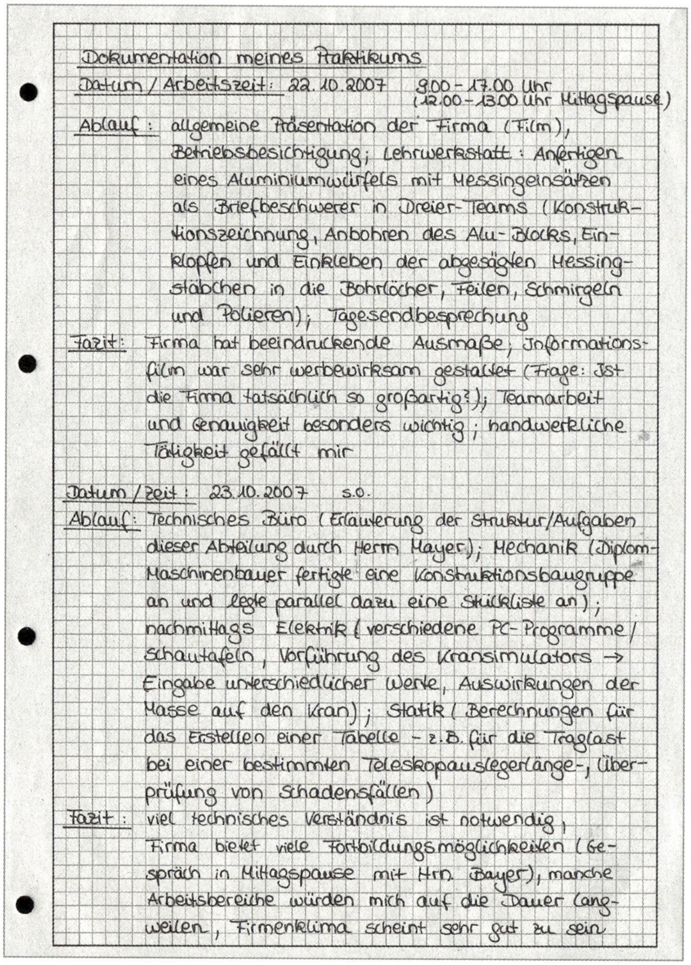

Dokumentation meines Praktikums

Datum / Arbeitszeit: 22.10.2007 8.00 – 17.00 Uhr (12.00 – 13.00 Uhr Mittagspause)

Ablauf: allgemeine Präsentation der Firma (Film), Betriebsbesichtigung; Lehrwerkstatt: Anfertigen eines Aluminiumwürfels mit Messingeinsätzen als Briefbeschwerer in Dreier-Teams (Konstruktionszeichnung, Anbohren des Alu-Blocks, Einklopfen und Einkleben der abgesägten Messingstäbchen in die Bohrlöcher, Feilen, Schmirgeln und Polieren); Tagesendbesprechung

Fazit: Firma hat beeindruckende Ausmaße; Informationsfilm war sehr werbewirksam gestaltet (Frage: Ist die Firma tatsächlich so großartig?); Teamarbeit und Genauigkeit besonders wichtig; handwerkliche Tätigkeit gefällt mir

Datum / Zeit: 23.10.2007 s.o.

Ablauf: Technisches Büro (Erläuterung der Struktur/Aufgaben dieser Abteilung durch Herrn Mayer); Mechanik (Diplom-Maschinenbauer fertigte eine Konstruktionsbaugruppe an und legte parallel dazu eine Stückliste an); nachmittags Elektrik (verschiedene PC-Programme / Schautafeln, Vorführung des Kransimulators → Eingabe unterschiedlicher Werte, Auswirkungen der Masse auf den Kran); Statik (Berechnungen für das Erstellen einer Tabelle – z.B. für die Traglast bei einer bestimmten Teleskopauslegerlänge –, Überprüfung von Schadensfällen)

Fazit: viel technisches Verständnis ist notwendig, Firma bietet viele Fortbildungsmöglichkeiten (Gespräch in Mittagspause mit Hrn. Bayer), manche Arbeitsbereiche würden mich auf die Dauer langweilen, Firmenklima scheint sehr gut zu sein

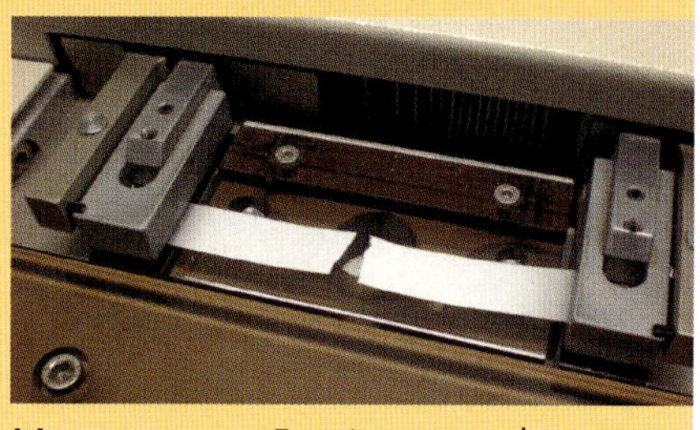

Messgerät zur Bestimmung der Reißlänge

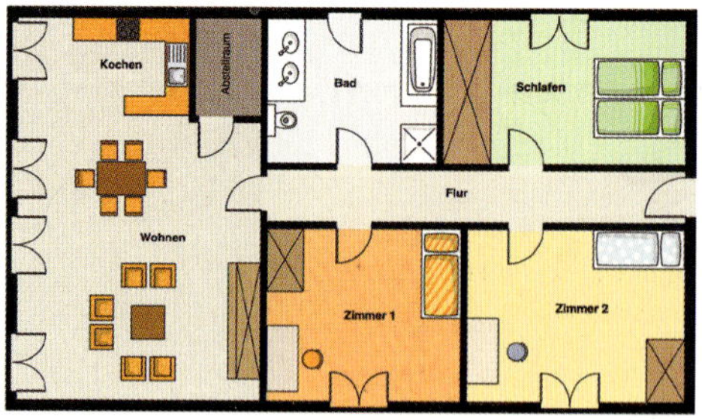

Grundriss

Abwasserproben zur Kontrolle der Sedimente

Der Praktikumsbericht

Vorschlag für die inhaltliche Gestaltung des Berichts:

1. *Persönliche Eignung und Neigung*
   - Begründung der Attraktivität des gewählten Berufsfeldes
   - Darstellung der eigenen Fähigkeiten und Interessen
   - Erwartungen in Bezug auf die Praktikumswoche
2. *Die Suche nach einem Berufserkundungsplatz*
   - (kurze) Darlegung der Vorgehensweise bei der Suche
   - aufgetretene Schwierigkeiten und ihre Bewältigung
3. *Meine Erkundungsstelle*
   - Branche, Produkt(e), Standort(e) der Firma/Institution
   - Gebäude, Organisation der Arbeitsprozesse, Mitarbeiter, Personalstruktur
4. *Ablauf und Formen der Erkundung*
   - Tätigkeitsfelder, Beschreibung der Tätigkeit(en)
   - zeitlicher Ablauf, Berufserkundungsphasen (aber kein ausführliches Protokoll von jedem Tag)
   - Betreuung (Einarbeitung, Ansprechpartner/innen, Kontakte)
   - aufgetretene Probleme
   - persönliche Arbeitsergebnisse (eventuell in den Anhang)
5. *Zielberuf und Berufsfeld*
   - Voraussetzungen und Qualifikationen für den erkundeten Beruf (Studiengänge, Dauer der Ausbildung/des Studiums, Sprachkenntnisse, Auslandsaufenthalte, erwünschte Soft Skills)
   - Tätigkeits- und Arbeitsplatzbeschreibung, Grad der Verantwortung und Eigenständigkeit
   - Verdienstmöglichkeiten, Aufstiegs- und Weiterbildungsmöglichkeiten
   - benachbarte Berufe/alternative Arbeitsmöglichkeiten
6. *Arbeitsmarktsituation*
   - regionale/nationale/internationale Arbeitssituation
   - Prognosen für die Zukunft
7. *Persönliches Fazit*
   - zusammenfassende Auswertung der Berufserkundung: Vergleich mit vorab formulierten Erwartungen
   - Ausblick (weitere Orientierungsvorhaben)

- Seht euch den Vorschlag an und diskutiert, was man ergänzen oder weglassen kann.
- Überlegt, wo und wie man Informationsmaterial zu den einzelnen Punkten erhält.

Mehr als nur eine Möglichkeit, „Eindruck zu schinden“:

Berufsorientierung am Gymnasium

Bericht zur BOGY-Woche vom 22.-26.10.2007
beim sappi-Werk Ehingen
von Ralf Fuchs

Sappi Ehingen GmbH
Biberacher Str. 73
89584 Ehingen

Ralf Fuchs
Waldstraße 8
89584 Ehingen

Gymnasium Ehingen, Klasse 10d

BOGY[1]-Bericht
22.10.-26.10.2007

Ferdinand Walter
Kabaleweg 44
89576 Munderkingen

Klasse 10d
Schiller-Gymnasium
Betreuende Lehrerin: Frau Juni

Erkundungsberuf:

Brauer

Berg Brauerei
Ulrich Zimmermann
Wir brauen feine Bierspezialitäten

in der

Berg Brauerei
Ulrich Zimmermann GmbH und Co. KG
Brauhausstraße 2
89584 Ehingen-Berg

Auch beim Praktikumsbericht spielt die äußere Form eine Rolle.

Formale Gestaltung des Praktikumsberichts:

Deckblatt
ansprechende Gestaltung der folgenden Angaben:
- Name, Anschrift, Klasse
- Name und Anschrift der Erkundungsstelle
- Zeitraum der Berufserkundung

Inhaltsverzeichnis
- nummerierte Gliederungspunkte mit Seitenangaben
- eigenständige Formulierung der Überschriften
- Untergliederung der einzelnen Punkte

Textteil
- Rand: links/rechts 2,5 cm, oben/unten 2 cm
- Zeilenabstand: einzeilig
- Schriftgröße 12
- Seitennummerierung
- Hervorhebung der Überschriften, übersichtliche Gestaltung, Blocksatz

Literaturverzeichnis
- alphabetische Anordnung
- Internetmaterial gesondert auflisten

Anhang
- Fotos, Skizzen, Tabellen, Statistiken, Arbeitsergebnisse, ...
- Erklärung von verwendeten Fachbegriffen

Umfang
- 6–8 Seiten (ohne Anhang)

[1] BOGY – Abkürzung für „Berufsorientierung am Gymnasium“

Die äußere Form des Berichts

- Bewerte die Gestaltung der Deckblätter der abgebildeten Berichte.
- Überprüfe die Inhaltsverzeichnisse. Achte auf Form und Inhalt. Was ist gelungen, was müsste man ändern?

Gliederung:

Einleitung:

1. Persönliche Eignung und Neigung 3
2. Suche nach einem Berufserkundungsplatz 4

Hauptteil:

3. Informationen zur Erkundungsstelle 4
3.1 Räumliche Aufteilung/Angebote 4
3.2 Therapiemöglichkeiten 5
3.3 Personal 5
4. Ablauf und Formen der Erkundung 6
4.1 Einführung / Information 6
4.2 Praktische Errungenschaften 6/7
5. Zielberuf und Berufsfeld 7
5.1 Studium der Humanmedizin 7
5.1.1 Vorraussetzungen für e. Humanmedizinstudium ..7
5.1.2 Inhalt/Unterteilung des Humanmedizinstudiums ...8
5.2 Benötigte/ausschließende pers. Eigenschaften 8
5.3 Weiterbildung zum Psychiater 8
5.4 Alternative Möglichkeiten in Richtung Psychiatrie 9
6. Arbeitsmarktsituation 9

Schluss:

7. Persönliches Fazit 10
7.1 Eindrücke des Praktikums 10
7.2 Vergleich des Resultats mit den Erwartungen 10
7.3 Weitere Berufs-/Studienorientierende Vorhaben 10

Anhang 11ff

Sebastian Specht
Jakobstraße 10
89614 Öpfingen

Berufsorientierung des Gymnasiums Ehingen
Vom 22.10.2007 bis zum 26.10.2007
in der Psychiatrischen Abteilung des
Gesundheitszentrums Ehingen
mit Sitz in der Hopfenhausstr. 2
in 89584 Ehingen (Donau)

Seite 1

Inhaltsverzeichnis

1) Meine persönliche Eignung und Neigung	Seite 2
2) Die Suche nach einem Berufserkundungsplatz	Seite 2
3) Meine Erkundungsstelle	Seite 3
4) Ablauf und Formen der Erkundung	Seite 5
5) Zielberuf und Berufsfeld	Seite 6+7
5.1 Der Weg zum Erfolg	Seite 6
5.2 Theorie und Praxis	Seite 6
5.3 Was wird verdient?	Seite 7
5.4 Wie geht es weiter?	Seite 7
6) Arbeitsmarktsituation	Seite 8
7) Persönliches Fazit	Seite 9

Keineswegs druckreif!

A Aus dem Praktikumsbericht von Paul F.

[...] Den restlichen Tag verbrachten wir in der Lehrwerkstatt, wo jeder von uns Dreien einen Aluminiumwürfel mit Messingeinsätzen als Briefbeschwerer anfertigen durften. Zuerst fertigten wir eine Konstruktionszeichnung an, dann wurde im Alu-Block geritzt und gebohrt um Platz für die abgesägten Messingstäbchen zu machen. Diese wurden dann wiederum in die Bohrungen eingeklopft oder auch eingeklebt, und anschließend erhielt der fertige Würfel seinen letzten Schliff durch feilen, schmirgeln und polieren. [...] Der Nachmittag in der Abteilung Export war für mich der Interessanteste der ganzen Woche. Mithilfe einer Präsentation erklärte man uns, dass das Liebfrauen-Werk Edorf einziger Direktvertrieb sei, d. h. es hat eine eigene Vertriebsorganisation um so auf die Marktbedürfnisse gut eingehen zu können. Es ist dem Kunden möglich sich bei Problemen direkt an die Firma zu wenden. Damit wird Zeit eingespart, und Informationen gehen seltener verloren. Anschließend zeigte man uns anhand von einleuchtenden Beispielen die drei Phasen des Exports (Pre-Sales, Sales und After-Sales) und seine Aufgaben (Erfassung der Marktgegebenheiten, Erarbeitung/Bearbeitung eines Angebots und Verfolgung von Zahlungseingängen). Zusätzliche Verkäuferschulungen, -tagungen, Messebesuche sowie reisen ins Ausland und das Wissen, wie man mit Menschen völlig anderer Kulturen umgehen muss, gehören ebenfalls zu den Aufgaben eines Vertriebsmitarbeiters. [...]

B Aus dem Praktikumsbericht von Benedikt S.

Laßt mich eins zuallererst klarstellen: Ich wollte dieß alles gar nicht machen. Ich war nicht gerade angetan von dem Gedanken, das ich eine Woche lang unentlohnt arbeiten sollte. Nichtsdestotrotz konnte ich mich gegen dieses Praktikum, das nun mal anstand nicht wehren. Vielleicht wird es ja auch nicht so schlimm, vielleicht tritt tatsächlich der Fall ein, das mir die Praktikumswoche bei den Schönfeldt-Einrichtungen bei meiner Berufsentscheidung hilft. Wobei – ich sollte wahrscheinlich erst mal klären, was die Schönfeldt-Einrichtungen überhaupt sind: Die Schönfeldt-Einrichtungen sind das was man allgemein als Behindertenwerkstatt kennt. Körperlich oder geistig behinderte Menschen bekommen dort die Möglichkeit, einen Teil zur Gesellschaft beizutragen, indem sie wie jeder andere Mensch auch einen Beruf ausüben und dafür dementsprechend bezahlt werden. Ich für meinen Teil bin überzeugt, das derartige Konzepte behinderten Menschen helfen, die Wertschätzung die sie in unserer Gesellschaft durch ihre Behinderung haben einbüssen müssen wiederzugewinnen. Man rufe sich die Tage in der Vergangenheit – und diese sind noch nicht so lange her – in Erinnerung in denen Behinderte als Ausenseiter einer zur Perfektion strebenden Gesellschaft in Heimen weggeschlossen wurden. Genau deswegen sollte man die soziale Komponente dieser Einrichtungen wertschätzen. Aber vielleicht auch deswegen war ich gegen Ende meines Praktikums enttäuscht über die Dinge die ich dort zu tun hatte. Vielleicht bin ich auch einfach zu blauäugig an die Sache herangegangen. Meine sozialromantische Sicht der Dinge mußte nämlich schon bald der Realität Platz machen. [...]

Den Praktikumsbericht überarbeiten

C Aus dem Praktikumsbericht von Jasmin P.

[...] Nach einer differenzierten Eingangsdiagnose erhalten die Kinder eine möglichst ganzheitliche und individualisierte Förderung. Die Förderschule ist kostenlos und erzielt u. a. vorallem deshalb Erfolge weil kein Notendruck existiert und man nicht sitzen bleiben kann. Statt dessen wird der individuelle Entwicklungsprozess jedes Kindes sorgsam begleitet. Hierbei werden die individuellen Lernschicksale und soziale Hintergründe mit einbezogen. Die Erfolgserlebnisse der Kinder helfen, ein gesundes Selbstbewusstsein zu entwickeln, stärken sie für die Grundschule und verbessern häufig auch die Beziehungen zwischen Eltern und Kindern. [...] Dieses Projekt ist einfach ein wirklicher Dienst am Menschen. [...] Einmal pro Woche werden den Kindern Ergotherapie und Logopädie angeboten. Dabei durfte ich gleich ins Geschehen mit einsteigen und mit den Schülern Merkgeschichten anhand von Bilderkarten durch gegenseitiges Erzählen einstudieren, um die Sprache, den Wortschatz und das Merkvermögen zu fördern. Im Rahmen der Ergotherapie führte ich nach Anweisung der Lehrkraft mit einzelnen Kindern rhythmische Klatschspiele durch wobei sie sich gleichzeitig einen Text einprägen mussten. [...] Die Kinder mit denen ich es zu tun hatte, wuchsen mir wirklich ans Herz und das eine oder andere Lächeln werde ich nie vergessen. Ich hatte aber auch ein „Lieblingskind", das unter enormer Sprachverzögerung litt und daher nur sehrwenig sprach. Um so schöner war es für mich, wenn es ihm gelang, manche meiner Fragen zu beantworten. Außerdem zeigte es eine ungeheure Lebenslust und ansteckende Fröhlichkeit. [...] Am zweiten Praktikumstag reisten wir mit dem Zug nach Neu-Ulm in eine Museumswerkstatt, wo ich nocheinmal eine weitere Seite des Berufs kennenlernte. Es war nämlich nicht leicht, die Gruppe zusammen zu halten und für Ruhe und Ordnung zu sorgen. Es war aber eine interessante Erfahrung, denn mir wurde bewusst dass diese Kinder genaue Anweisungen benötigen. [...]

- Gliedert die vorliegenden Auszüge aus Praktikumsberichten, indem ihr entscheidet, wo Absätze gesetzt werden sollten.
- Beurteilt die drei Auszüge aus der Perspektive
  - eines Lehrers/einer Lehrerin,
  - eines Mitarbeiters/einer Mitarbeiterin des Praktikumsbetriebs.

  Achtet dabei gleichermaßen auf Inhalt, Sprache und Form.
- Allen Verfassern sind Rechtschreib- und Zeichensetzungsfehler unterlaufen. Dabei sind individuelle Fehlerschwerpunkte erkennbar. Verbessert die Fehler und notiert die entsprechende Regel.
- Verfasst aufgrund eurer Beobachtungen einen Kommentar zu einem Bericht, in dem ihr dem Verfasser/der Verfasserin konkrete Hinweise zur Überarbeitung gebt.

Tipp:
Wenn ihr euren Bericht beendet habt, solltet ihr mindestens noch einen Tag für die Endkorrektur zur Verfügung haben. Hilfreich ist es auch, wenn man eine zweite Person den Bericht lesen lässt.

Eindrücke auswerten und weitergeben:

Nach Abschluss der Praktikumswoche sollte man die neugewonnenen Eindrücke nicht einfach wieder in Vergessenheit geraten lassen, sondern sie durch Austausch in der Klassen- bzw. Schulgemeinschaft lebendig halten und als Wissensquelle nutzbar machen.

- Bildet in eurer Klasse Gruppen mit ähnlichen Praktikumsstellen. Teilt euch nach medizinischen, sozialen, technischen etc. Berufen auf.
- Tauscht euch über Grundvoraussetzungen aus, die ihr für eine Tätigkeit innerhalb eures Berufsfeldes für wichtig haltet.

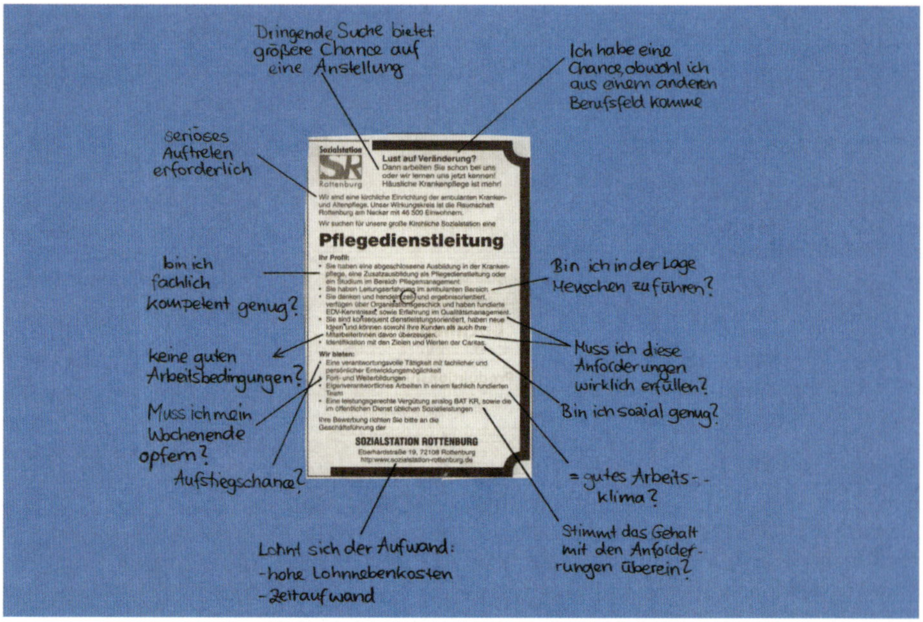

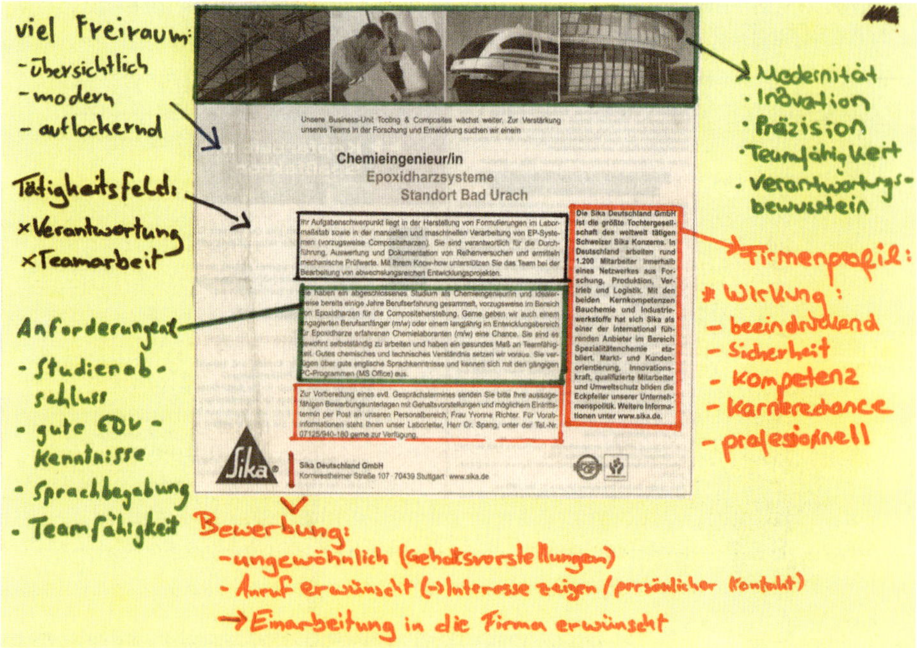

- Stellt eure Ergebnisse jeweils in Form eines informativen, ansprechend gestalteten Plakats zusammen.
- Studiert ergänzend Stellenanzeigen und nehmt die dort geforderten Kenntnisse/Fähigkeiten/Eigenschaften in eure Dokumentation auf.

Reflexion und Präsentation der Praktikumserfahrungen

Hängt eure Plakate im Schulhaus aus und stellt euch als Ansprechpartner für die Schüler zur Verfügung, die im nächsten Jahr ihr Praktikum absolvieren dürfen und sicher froh über eine zusätzliche Orientierungsmöglichkeit sind.

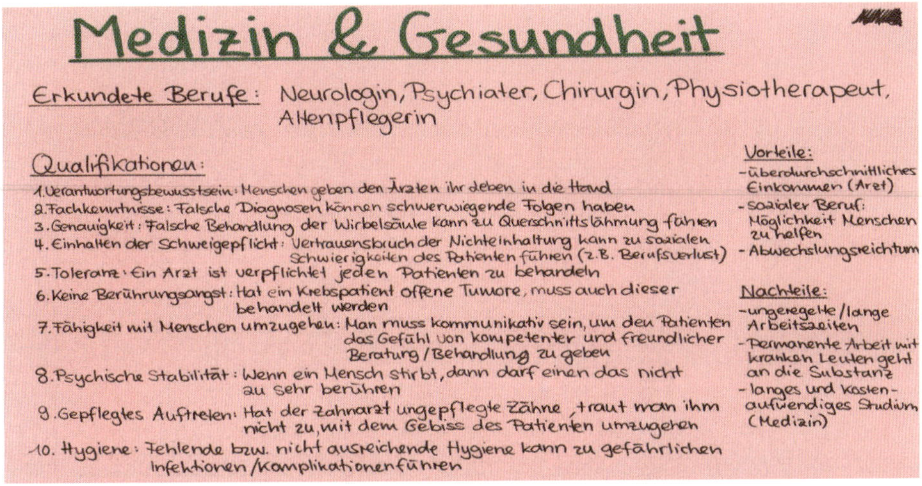

Medizin & Gesundheit

Erkundete Berufe: Neurologin, Psychiater, Chirurgin, Physiotherapeut, Altenpflegerin

Qualifikationen:

1. Verantwortungsbewusstsein: Menschen geben den Ärzten ihr Leben in die Hand
2. Fachkenntnisse: Falsche Diagnosen können schwerwiegende Folgen haben
3. Genauigkeit: Falsche Behandlung der Wirbelsäule kann zu Querschnittslähmung führen
4. Einhalten der Schweigepflicht: Vertrauensbruch der Nichteinhaltung kann zu sozialen Schwierigkeiten des Patienten führen (z.B. Berufsverlust)
5. Toleranz: Ein Arzt ist verpflichtet jeden Patienten zu behandeln
6. Keine Berührungsangst: Hat ein Krebspatient offene Tumore, muss auch dieser behandelt werden
7. Fähigkeit mit Menschen umzugehen: Man muss kommunikativ sein, um den Patienten das Gefühl von kompetenter und freundlicher Beratung / Behandlung zu geben
8. Psychische Stabilität: Wenn ein Mensch stirbt, dann darf einen das nicht zu sehr berühren
9. Gepflegtes Auftreten: Hat der Zahnarzt ungepflegte Zähne, traut man ihm nicht zu, mit dem Gebiss des Patienten umzugehen
10. Hygiene: Fehlende bzw. nicht ausreichende Hygiene kann zu gefährlichen Infektionen / Komplikationen führen

Vorteile:
- überdurchschnittliches Einkommen (Arzt)
- sozialer Beruf: Möglichkeit Menschen zu helfen
- Abwechslungsreichtum

Nachteile:
- ungeregelte / lange Arbeitszeiten
- Permanente Arbeit mit kranken Leuten geht an die Substanz
- langes und kostenaufwendiges Studium (Medizin)

- Die während des Praktikums gesammelten Fachbegriffe könnt ihr als Rätsel zusammenstellen und ebenfalls aushängen.

Berufe und ihre Fachsprache - Rätselt mit!

(1)	Kreißsaal
(2)	GSG 9
(3)	Maischen
(4)	MUM
(5)	Aufriss
(6)	CAD
(7)	Läutern
(8)	SEK
(9)	Mälzen
(10)	VU
(11)	Kartex
(12)	Marketing
(13)	Schmiege
(14)	Helium Dichtprüfstand
(15)	Reißbrett
(16)	combat ready
(17)	Controlling

Welche Erklärung passt zu welchem Begriff?

a) Mischen des geschroteten Malzes mit Wasser (Bierherstellung)
b) besonderes Lineal
c) Unterlage, auf der der Pläne/ Skizzen angefertigt werden
d) Maschine, die die Dichte von Teilen misst (z.B. von Fahrzeugkatalysatoren)
e) Vernetzter Unterricht
f) Mischen des geschroteten Malzes mit Wasser (Bierherstellung)
g) 3D-Ansicht z.B. eines Hauses
h) Konstruktionsprogramm am PC
i) Trennung von löslichen und unlöslichen Bestandteilen (Bierherstellung)
j) Zimmer, in dem Babys geboren werden
k) Sondereinsatzkommando
l) Aufbewahrungsort aktueller Patientenakten
m) Verkaufsstrategien
n) gefechtsbereiter Zustand
o) Abteilung, in der Tabellen, Kostenaufstellungen etc. angefertigt werden
p) Mensch und Umwelt
q) spezialisiertes Sondereinsatzkommando der Bundespolizei für Notfälle

Die Auflösung hängt in zwei Wochen aus!

- Formuliert abschließend eine Zielvereinbarung mit euch selbst. Diese sollte mindestens drei konkrete Punkte enthalten, was ihr in den nächsten zwei Jahren zur Vorbereitung auf euren späteren Beruf bzw. zur weiteren Berufsorientierung tun wollt.

Im Anschluss an die Praktikumswoche habe ich in den Ferien ein weiteres Praktikum im Krankenhaus absolviert und für den Rest des Jahres jeden zweiten Samstag dort gearbeitet. Ich musste zwar hauptsächlich putzen und Frühstück austeilen, was nicht sehr viel mit meinem Ziel, Hebamme zu werden, zu tun hat, aber ich weiß nun genauer, wie der Krankenhausalltag aussieht. Außerdem bin ich mir jetzt ziemlich sicher, dass eine Tätigkeit im medizinischen Bereich das Richtige für mich ist.

Zweites Kapitel:

Tatort Literatur

Friedrich Dürrenmatt: *Der Richter und sein Henker.* Comic auf der Grundlage des Romans

R MANN HATTE
NKURS GEMACHT.
TROTZ ZEUGEN HAST DU ES MIR NICHT BEWEISEN KÖNNEN. DAS GERICHT GLAUBTE MEINER VERSION: SELBSTMORD!

I. Die Suche nach dem Mörder als geistiges Vergnügen

1. „Whodunit?[1]" – Die Struktur einer klassischen Detektivgeschichte untersuchen

1. a) Stellt euch die abgebildeten Detektive gegenseitig vor und besprecht die Gründe für ihre Bekanntheit.

b) Ergänzt die Zusammenstellung durch weitere Beispiele aus Literatur und Fernsehen.

2. a) Erstellt auf der Basis eurer Sammlung von bekannten Detektiven eine Typologie. Fasst dafür die einzelnen Ermittlerfiguren zu Typen zusammen: Der *Gentleman-Detektiv*, der *Brutale*, das *Superhirn* etc.

b) Bildet Gruppen und verfasst Beschreibungen der Typen in ironisch-witzigem Ton.

c) Tragt euch die Beschreibungen gegenseitig vor.

L **Typus und Charakter**

Mit dem Begriff **Charakter** (< gr. charassein = einritzen, prägen) bezeichnet man die individuelle Eigenart eines Menschen, insbesondere seine Wesenszüge z. B.: ehrlich, strebsam, ...
Dagegen wird der Begriff **Typus** oder Typ (< gr. typos = Schlag, Abdruck, Form, Vorbild) verwendet, um eine Grundform, die ähnlichen oder verwandten Individuen zugrunde liegt, zu kennzeichnen, z. B.: der diskrete Butler, der arrogante Adlige, ...

1 Dem Mörder auf der Spur – berühmte Ermittler

Sherlock Holmes (Basil Rathbone)

Sam Spade (Humphrey Bogart)

Lena Odenthal (Ulrike Folkerts)

Miss Marple (Margaret Rutherford)

---

[1] Whodunit (< engl. Who has done it?): Bezeichnung für Kriminalerzählungen und -filme, in deren Zentrum die Aufdeckung eines Verbrechens steht

2 Dorothy Sayers (1893 – 1957): Ganz woanders [Auszug] – Vernehmung der Verdächtigen –

Lord Peter Wimsey, Oberinspektor Parker vom C.I.D. und Inspektor Henley von der Baldocker Polizei saßen zusammen in der Bibliothek des Hauses „The Lilacs".

„Du siehst also", sagte Parker, „dass die Hauptverdächtigen zu der Zeit ganz woanders waren."

„Was verstehst du darunter?", wollte Wimsey wissen. Er war in gereizter Stimmung, da Parker ihn ohne Frühstück hier nach Wapley geschleppt hatte. „Meinst du damit, dass sie den Mordschauplatz nicht erreichen konnten, ohne über hundertsechsundachtzigtausend Meilen pro Sekunde zu fahren? Wenn nicht, waren sie nicht ganz woanders, sondern nur relativ und scheinbar woanders."

„Um Himmels willen, verschone uns mit deiner Wortklauberei. Jedenfalls waren sie nicht hier. Und nun, Inspektor, lassen wir sie am besten einzeln eintreten, damit ich mir ihre Aussagen noch einmal anhören kann. Zunächst den Butler." [...]

„Zwanzig Jahre habe ich in den Diensten des verstorbenen Mr. Grimbold gestanden, und er war für mich stets ein guter Gebieter, zwar streng, aber gerecht. Ich weiß, dass er als ein harter Geschäftsmann galt. Er war Junggeselle, aber er hat seine beiden Neffen, Mr. Harcourt und Mr. Neville, aufgezogen und war sehr gut zu ihnen. In seinem Privatleben würde ich ihn als freundlichen, rücksichtsvollen Mann bezeichnen. Sein Beruf? Nun ja, man könnte ihn wohl einen Geldverleiher nennen. [...]

Um Viertel vor acht wurde die Suppe aufgetragen, und ich rief Mr. Grimbold zum Essen. Er saß, wie immer, am Ende der Tafel [...]."

„Mit dem Rücken zur Bibliothekstür", sagte Parker und machte ein Zeichen auf dem grob skizzierten Zimmerplan, der vor ihm lag. „War die Tür geschlossen?"

„Ja, Sir. Sämtliche Türen und Fenster waren geschlossen. [...]

[Ich] wollte Mr. Grimbold gerade das Gemüse servieren, als das Telefon klingelte. Mr. Grimbold sagte: ‚Gehen Sie nur hin, ich bediene mich schon selbst.' [...] Ich ging also an den Apparat und machte die Tür hinter mir zu."

„War es dieser Apparat oder der in der Diele?"

„Der in der Diele. Den benutze ich immer, außer ich bin gerade in der Bibliothek, wenn es klingelt. Der Anruf kam von Mr. Neville Grimbold aus London, Sir. Er und Mr. Harcourt bewohnen eine Etage in der Jermyn Street. Mr. Neville, dessen Stimme ich erkannte, sagte: ‚Sind Sie es, Hamworthy? Einen Augenblick. Mr. Harcourt möchte mit Ihnen sprechen.' Er legte den Hörer hin, und dann kam Mr. Harcourt. Er sagte: ‚Hamworthy, ich möchte heute Abend hinüberkommen, um mit meinem Onkel zu sprechen, wenn er zu Hause ist.' Ich erwiderte: ‚Ja, Sir, ich will es ausrichten.' [...] Während er sprach, hörte ich die große Standuhr in ihrer Wohnung acht schlagen. Unmittelbar darauf schlug unsere Uhr in der Diele,

Dorothy Leigh Sayers *wurde am 13. Juni 1893 in Oxford als Tochter eines Pfarrers und Schuldirektors aus altem englischem Landadel geboren. Ihre Mutter Helen Mary Sayers war eine geborene Leigh, und diesen Mädchennamen bekam Dorothy als zweiten Vornamen. Sie legte auf das „L." später großen Wert. Wichtiger als der Name aber waren Witz und Ironie, die sie ebenfalls von mütterlicher Seite erbte. Sie war eine der ersten Frauen, die an der Universität Oxford das Examen ablegten. Als Schriftstellerin berühmt wurde sie durch ihre Detektivromane und -erzählungen um den adeligen Amateurdetektiv Lord Peter Wimsey. Sie starb am 17. Dezember 1957 in Witham/Essex.*

1. a) Erstellt eine Liste der Verdächtigen.
b) Notiert hinter den Namen, welche Hinweise für eine potenzielle Täterschaft des Verdächtigen sprechen.
c) Entscheidet euch für einen der Verdächtigen und begründet euren Verdacht.

2. a) Stellt die Zeugenvernehmungen als Standbilder dar.
b) Lasst die Standbilder lebendig werden, indem ihr jeden Darsteller jeweils einen Satz sprechen lasst.

Lord Peter Wimsey und sein Butler Bunter in einer Verfilmung

und dann hörte ich, wie das Amt[1] sagte: ‚Drei Minuten.' Also muss der Anruf um drei Minuten vor acht gekommen sein, Sir."

„Dann besteht also kein Zweifel hinsichtlich der Zeit. Wenigstens ein Trost. Was geschah dann, Hamworthy?"

„Mr. Harcourt verlangte weitere drei Minuten, weil Mr. Neville noch etwas zu sagen habe, und dann war Mr. Neville wieder am Apparat [...], und da er mir noch mehr Instruktionen erteilte, verlangte er weitere drei Minuten. Das war also um 8.03, Sir. Und etwa eine Minute später, während er noch sprach, klingelte die Haustürglocke. Da ich nicht vom Telefon fortgehen konnte, musste der Besucher warten, und um fünf Minuten nach acht ertönte die Glocke abermals. Ich wollte Mr. Neville gerade bitten, mich zu entschuldigen, als ich die Köchin zur Haustür gehen sah. Mr. Neville bat mich, die Instruktionen zu wiederholen, und dann unterbrach uns das Amt wieder. Also beendete er das Gespräch, und als ich mich umdrehte, sah ich, wie die Köchin gerade die Tür zur Bibliothek schloss. Ich ging ihr entgegen, und sie sagte zu mir: ‚Dieser Mr. Payne will wieder mal mit Mr. Grimbold sprechen. Ich habe ihn in die Bibliothek geführt, aber mir gefällt seine drohende Miene nicht.' [...]"

„Einen Augenblick", warf Parker ein. „Wer ist Mr. Payne?"

„Einer von Mr. Grimbolds Klienten, Sir. Er wohnt etwa fünf Minuten von hier entfernt und hat schon öfters Scherereien gemacht. Ich glaube, er schuldet Mr. Grimbold Geld und wünschte einen Zahlungsaufschub."

„Er wartet draußen in der Diele", fügte Henley hinzu.

„Ach?", sagte Wimsey. „Der unrasierte Bursche mit dem finsteren Gesicht, dem Eschenstock und dem blutbefleckten Rock?"

„Ganz richtig, Mylord", bestätigte der Butler und wandte sich wieder an Parker. „Nun, Sir, ich wollte gerade in die Bibliothek gehen, als mir plötzlich einfiel, dass ich noch nicht den Rotwein ins Esszimmer gebracht hatte, und ich befürchtete, dass Mr. Grimbold ärgerlich sein würde. Also holte ich den Wein aus der Anrichte, wo ich ihn zum Anwärmen vor das Feuer gestellt hatte. Es dauerte nicht länger als eine Minute, Sir, bis ich wieder im Esszimmer war. Und dann, Sir ...", die Stimme des Butlers begann zu zittern, „dann sah ich, dass Mr. Grimbold vornüber auf den Tisch gefallen war, direkt über seinen Teller. Ich dachte, ihm sei schlecht geworden, und eilte auf ihn zu. Da entdeckte ich, dass er ... dass er tot war, Sir, mit einer schrecklichen Wunde im Rücken." [...]

„Jetzt möchte ich mit den beiden Neffen sprechen. [...] Rufen Sie bitte Mr. Harcourt herein."

Mr. Harcourt Grimbold war ein energischer Mann von etwa fünfunddreißig Jahren. Er erklärte, dass er Börsenmakler und sein Bruder Beamter im Gesundheitsministerium sei. Seit ihrem elften, beziehungsweise zehnten

---

[1] In der Frühzeit des Telefonierens mussten die Verbindungen zwischen den Teilnehmern durch Angestellte der Fernsprechbehörde (hier „das Amt" genannt) hergestellt werden.

3. a) Untersucht das Erzählverhalten mithilfe der Sachinformation auf S. 102. Stellt fest, welches Stilmerkmal des Erzählens in diesem Zusammenhang besonders wichtig ist.

b) Besprecht, warum die Autorin eines Kriminalromans diese Form der Darstellung wählt.

4. a) Arbeitet aus Text 2 typische Elemente eines Krimianfangs heraus, indem ihr diese mit Stichworten bezeichnet und notiert. Z. B.: Entdeckung der Leiche, Erscheinen des Detektivs ...

b) Sprecht über eure Erwartungen an den weiteren Verlauf der Handlung. Notiert hierzu weitere Stichworte oder erstellt eine Grafik.

Lebensjahr seien sie von ihrem Onkel großgezogen worden. Ihm sei bekannt, dass sein Onkel viele Geschäftsfeinde hatte, aber er selbst habe nur Güte von ihm erfahren.
„Ich fürchte, ich kann Ihnen nicht viel über diesen schrecklichen Vorfall sagen, da ich gestern Abend erst um Viertel vor zehn hier ankam, und da war natürlich schon alles vorbei." [...]
„Es sind ungefähr vierzig Meilen von hier nach London, ja?"
„Etwas mehr. Gewöhnlich rechne ich um diese Abendzeit eine Stunde und fünfzehn Minuten von Tür zu Tür." [...]
„Mr. Grimbold, können Sie uns etwas über die Angelegenheiten Ihres verstorbenen Onkels berichten?"
„Sie meinen wohl sein Testament. Die Erben sind ich, Neville und Mrs. Winter. [...] Und dann bekommt der alte Hamworthy natürlich ein hübsches kleines Nestei[1], und die Köchin wird bedacht. Ferner erhält der Prokurist[2] meines Onkels ein Vermächtnis von fünfhundert Pfund. Aber der Hauptbetrag fällt an uns und Mrs. Winter. Aber wie viel es ist, davon habe ich nicht die leiseste Ahnung. Ich weiß nur, dass es sich um eine ziemlich beträchtliche Summe handelt. Der alte Herr hat keiner Menschenseele verraten, wie viel er wert war, und wir haben uns nie darum gekümmert. Ich habe ein ziemlich gutes Einkommen, und Nevilles Gehalt stellt eine schwere Last für das langmütige Publikum dar. Daher hatten wir nur ein mildes akademisches Interesse an dieser Frage."
„Hat Hamworthy wohl gewusst, dass er ein Legat[3] erhalten sollte?"
„Oh, ja. Das war kein Geheimnis. Er sollte lebenslang jährlich zweihundert Pfund bekommen [...]."
„Aha. [...] Nun zu dieser Mrs. Winter. Was wissen Sie über sie?"
„Sie ist eine nette Frau. Seit ... zig Jahren die Freundin meines Onkels. Aber ihr Mann hat praktisch seinen Verstand versoffen. Man kann es ihr daher nicht übelnehmen. [...] Sie hat uns immer sehr leidgetan. Onkel William wäre am liebsten mit ihr woanders hingefahren, aber sie wollte Winter nicht verlassen. Jetzt, wo Winter endlich ins Gras gebissen hat, wollten sie eigentlich heiraten."
„Abgesehen von dem Geld, hatte sie also eigentlich nicht viel durch den Tod Ihres Onkel zu gewinnen, wie?"
„Gar nichts. Es sei denn, sie wollte einen jüngeren Mann heiraten und befürchtete, den Betrag zu verlieren. Aber ich glaube, sie war dem alten Knaben ehrlich zugetan. Jedenfalls kann sie ihn nicht ermordet haben, da sie in Paris ist."
„Hm", sagte Parker. „Das nehmen wir an. Aber wir vergewissern uns am besten. Ich werde beim Yard anrufen und in den Häfen nach ihr Ausschau

L **Eine kleine Detektiv-Typologie**

Der **Amateurdetektiv** geht seiner Tätigkeit aus Berufung nach. Meist handelt es sich um finanziell unabhängige Angehörige der gehobenen Mittel- oder der Oberschicht.
Der **Hardboiled Dick** (nach *Dick Tracy*, einer amerikanischen Comicfigur aus den Dreißigerjahren des 20. Jahrhunderts) ist ein hartgesottener Profi-Detektiv, der sich oft weniger durch den Gebrauch seiner analytischen Fähigkeiten als durch körperlichen Einsatz auszeichnet.
Die Arbeit des **polizeilichen Ermittlers** ist im Gegensatz zu der des Privatdetektivs geprägt von der Auseinandersetzung mit dienstlichen Regeln und Hierarchien.

---
1 das Nestei: bildlicher Ausdruck für das Erbteil des Butlers
2 der Prokurist (< lat. procurare = Sorge tragen): leitender Angestellter mit Handlungsvollmacht („Prokura")
3 das Legat (< lat. legatum = Vermächtnis): Anteil am Erbe

halten lassen. Bekomme ich das Amt direkt über diesen Apparat? Oder muss ich mich in der Diele verbinden lassen?"
„Nein", erwiderte der Inspektor, „Sie können auch von hier aus anrufen. Es sind Parallelanschlüsse[1]." (v 1939)

3 Bertolt Brecht (1898–1956): Über die Popularität des Kriminalromans [Auszug]

[...] Der Kriminalroman handelt vom logischen Denken und verlangt vom Leser logisches Denken. Er steht dem Kreuzworträtsel nahe, was das betrifft.
Dementsprechend hat er ein Schema und zeigt seine Kraft in der Variation. Kein Kriminalromanschreiber wird die leisesten Skrupel fühlen, wenn er seinen Mord im Bibliothekszimmer eines lordlichen Landsitzes vorgehen läßt, obwohl das höchst unoriginell ist. Die Charaktere werden selten gewechselt, und Motive für den Mord gibt es nur ganz wenige. Weder in die Kreierung neuer Charaktere noch in die Aufstöberung neuer Motive für die Tat investiert der gute Kriminalromanschreiber viel Talent oder Nachdenken. Es kommt nicht darauf an.
Wer, zur Kenntnis nehmend, daß ein Zehntel aller Morde in einem Pfarrhof passieren, ausruft: „Immer dasselbe!", der hat den Kriminalroman nicht verstanden. Er könnte ebensogut im Theater schon beim Aufgehen des Vorhangs ausrufen: „Immer dasselbe!" Die Originalität liegt in anderem. Die Tatsache, daß ein Charakteristikum des Kriminalromans in der Variation mehr oder weniger festgelegter Elemente liegt, verleiht dem ganzen Genre sogar das ästhetische Niveau. Es ist eines der Merkmale eines kultivierten Literaturzweigs. [...] Der gute englische Kriminalroman ist vor allem fair. Er zeigt moralische Stärke. To play the game ist Ehrensache. Der Leser wird nicht getäuscht, alles Material wird ihm unterbreitet, bevor der Detektiv das Rätsel löst. Er wird instand gesetzt, die Lösung selber in Angriff zu nehmen. [...]
Zunächst bekommt die Beobachtungsgabe ein Feld, auf dem sie spielen kann. Aus den Deformierungen der Szenerie wird der Vorgang aufgebaut, der sich abgespielt hat; aus dem Schlachtfeld wird die Schlacht rekonstruiert. Das Unerwartete spielt eine Rolle. Wir haben *Unstimmigkeiten* zu entdecken. Der Chirurg hat schwielige Hände, der Fußboden ist trocken, obwohl das Fenster offensteht und es geregnet hat; der Butler war wach, aber er hat den Schuß nicht gehört. Dann werden die Zeugenaussagen kritisch gemustert: dies ist Lüge, das Irrtum. Im letzteren Fall beobachten wir sozusagen durch Instrumente, die ungenau registrieren, und haben die Grade der Abweichungen zu konstatieren. Dieses Beobachtungen-Anstel-

[1] Parallelanschlüsse sind gleichberechtigte, voneinander unabhängige Anschlüsse, d. h. es gibt keinen Haupt- bzw. Nebenapparat.

1. a) Arbeitet Brechts Thesen heraus und wendet sie auf die Erzählung „Ganz woanders" von Dorothy Sayers an. Legt dafür eine Tabelle nach folgendem Muster an:

Grund für die Popularität	trifft zu	vgl. Z.

b) Diskutiert, inwieweit Brechts Thesen auch für zeitgenössische Kriminalromane und -filme zutreffen.

len, daraus Schlüsse-Ziehen und damit zu Entschlüssen-Kommen gewährt uns allerhand Befriedigung schon deshalb, weil der Alltag uns einen so effektiven Verlauf des Denkprozesses selten gestattet und sich für gewöhnlich viele Hindernisse zwischen Beobachtung und Schlußfolgerung sowie zwischen Schlußfolgerung und Entschluß einschalten. (e 1938/v 1940)

Aus lizenzrechtlichen Gründen ist dieser Text nicht in reformierter Rechtschreibung abgedruckt.

4 Dorothy Sayers (1893 – 1957): Ganz woanders [Auszug] – Hundertsechsundachtzigtausend Meilen pro Sekunde –

Die im Esszimmer versammelte Gesellschaft war nicht gerade in geselliger Stimmung. Nur die Polizeibeamten plauderten miteinander und tauschten Anglererinnerungen aus, während Mr. Payne eine finstere Miene aufsetzte, die beiden Grimbolds eine Zigarette nach der anderen rauchten und die Köchin und der Butler nervös auf dem äußersten Rand ihres Stuhles hockten. Endlich läutete das Telefon. [...]

„Hallo!“, rief [Parker] in den Apparat.

„Ist Oberinspektor Parker dort?“, fragte eine ihm wohlbekannte Stimme. „Hier spricht Lord Peter Wimseys Diener aus der Wohnung Seiner Lordschaft in London. Wollen Sie bitte am Apparat bleiben? Seine Lordschaft wünscht mit Ihnen zu sprechen.“

Parker hörte, wie der Hörer hingelegt und dann wieder aufgenommen wurde. Dann ließ sich Wimseys Stimme vernehmen: „Hallo, alter Junge, seid ihr Mrs. Winter auf die Spur gekommen?“

„Ja. Sie kam heute Abend mit dem Boot von Calais. Sie ist also offenbar O.K.“

„Das habe ich mir auch gedacht. Nun höre gut zu. Weißt du schon, dass Harcourt Grimbold sich in einer misslichen Geschäftslage befindet? Im letzten Juli kam es beinahe zu einer Krise, aber irgendjemand ist eingesprungen – möglicherweise der gute Onkel. Meinst du nicht auch? Alles ziemlich faul, wie ich von meinem Berichterstatter höre. [...] Ich nehme an ...“

Er wurde durch ein kurzes, wohltönendes Glockenspiel unterbrochen, dem acht silbrige Schläge folgten.

„Hörst du das? Erkennst du es wieder? Das ist die große französische Uhr in meinem Wohnzimmer ... Was? Aha, Amt, bitte noch einmal drei Minuten. – Bunter möchte noch mal mit dir sprechen.“

Der Hörer klapperte, und die verbindliche Stimme des Dieners meldete sich wieder.

„Seine Lordschaft lässt Sie bitten, Sir, das Gespräch sofort abzubrechen und direkt ins Esszimmer zu gehen.“

Parker gehorchte. Als er den Raum betrat, hatte er zunächst den Eindruck, dass die sechs Menschen noch genauso dasaßen, wie er sie verlassen hatte: in einem erwartungsvollen Halbkreis, die Augen auf die Glastüren gerich-

Der Kriminalroman

Die Gattungsbezeichnung „Kriminalroman“ ist in der literaturwissenschaftlichen Forschung nicht einheitlich definiert. Als hilfreich hat es sich erwiesen, zwei Grundtypen zu unterscheiden:

- Der **Detektivroman** ist durch seine analytische Struktur gekennzeichnet: Am Anfang steht die Tat; sie gibt ein Rätsel auf („Whodunit?“), das im Laufe der weiteren Handlung durch die Aktivitäten des Ermittlers gelöst wird. Reizvoll für den Leser ist dabei die Spannung, die aus den unterschiedlichen Deutungsmöglichkeiten (z. B. von Zeugenaussagen) entsteht.
- Dagegen stehen beim **Thriller** die *action*-Elemente und der *suspense* im Vordergrund. Darunter versteht man Spannung, die dadurch entsteht, dass der Leser bzw. Zuschauer mehr weiß als die Handelnden: Während zum Beispiel eine Person ahnungslos einen Bus besteigt, weiß der Leser oder Zuschauer bereits, dass in diesem eine Bombe tickt.

In vielen zeitgenössischen Kriminalromanen findet man Elemente aus beiden Grundtypen.

1. a) In Krimis sind Alibis von zentraler Bedeutung. Recherchiert den Begriff.

b) Der mittlere Teil und das Ende der Erzählung „Ganz woanders“ sind nicht abgedruckt. Lies Text 2 und Text 4 noch einmal und ergänze das Fehlende sinngemäß: Worauf beruht das Alibi der Täter?

c) Arbeite aus Text 2 Stellen heraus, an denen deutlich wird, wie die Autorin die Erwartungen des Lesers lenkt: Wo wird der Leser bewusst in die Irre geführt? Wo sind Hinweise auf die tatsächliche Lösung zu finden?

2. Gestaltet eine Spannungskurve, die den Verlauf einer typischen Detektivgeschichte wiedergibt.

3. Besprecht, welchen Stellenwert Mord und Mörder in der hier vorgestellten Form des Kriminalromans haben.

4. Kriminalromane werden häufig als Trivialliteratur bezeichnet. Klärt die Bedeutung des Begriffs und diskutiert, inwieweit seine Verwendung im Zusammenhang mit Kriminalromanen oder -filmen gerechtfertigt ist.

tet. Dann öffnete sich die Tür zur Bibliothek geräuschlos, und Lord Peter Wimsey spazierte ins Zimmer.

„Großer Gott!", entfuhr es Parker. „Wie bist du denn hierhergekommen?" Die sechs Köpfe flogen herum.

„Auf dem Rücken der Lichtwellen", erwiderte Wimsey und strich sich das Haar zurück. „Ich bin achtzig Meilen gereist, um bei dir zu sein, bei einer Geschwindigkeit von hundertsechsundachtzigtausend Meilen pro Sekunde."

„Es war eigentlich ganz klar", meinte Wimsey, nachdem sie Harcourt Grimbold (der sich verzweifelt wehrte) und seinen Bruder Neville (der zusammenbrach und mit Brandy wiederbelebt werden musste) gefesselt hatten. „Es mussten diese beiden sein; sie waren so ausgesprochen woanders – fast wirklich woanders."

Das Unterrichtsprotokoll (1): Die Unterrichtsmitschrift

Ergebnisse, die im Unterricht erarbeitet werden, müssen festgehalten werden, zum Beispiel in Form eines Unterrichtsprotokolls. Dafür gilt es zunächst, eine geeignete Form der Mitschrift zu entwickeln.

- Als Vorlage dient ein einfaches Formblatt mit einer Titelzeile und zwei Spalten.
- In der Titelzeile werden Datum und Thema der Stunde angegeben.
- In der linken, schmaleren Spalte werden die Unterrichtsschritte festgehalten.
- In der rechten, breiteren Spalte werden Inhalte und Ergebnisse notiert.

Die Mitschrift ist die Basis für das Unterrichtprotokoll (s. S. 80).

5 Eine Unterrichtsmitschrift

Deutschstunde vom 23.11.08
Thema: Spuren legen – Spuren verwischen:
Die Arbeit eines Krimiautors

Unterrichtsschritte	*Inhalt und Ergebnisse*
1) Meinungsbild – Wer war's?	*8 x Hamworthy; 6 x Mrs. Winter; 5 x Payne; 4 x Harcourt Grimbold; 2 x Neville Grimbold; 2 x Köchin*
2) Besprechung der HA: Liste der Verdächtigen	*Butler Hamworthy – soll 200 £ jährlich bekommen* *Mrs. Winter, Mr. Harcourt und Mr. Neville Grimbold – sind die Erben* *Mr. Payne – hatte Streit mit dem Toten: schuldete ihm Geld* *Köchin – sollte auch Geld bekommen*
3) Diskussion über infrage kommende Täter	*Daniel: Butler H. tut harmlos und ehrerbietig, ist deshalb besonders verdächtig.* *Lisa: Payne ist bekannt als gewalttätig und schuldet dem Toten Geld → besonders verdächtig.* *Ludwig: Die, die am verdächtigsten wirken, waren es normalerweise nicht, deshalb tippe ich auf Mrs. Winter.* *Frau S: Was meinst du mit „normalerweise"?* *Ludwig: In den meisten Krimis wird der Verdacht erst auf andere gelenkt, bevor der wahre Schuldige entlarvt wird.* *Frau S: Wie begründen Lisa und Ludwig jeweils ihren Verdacht?*

4) Tafelanschrieb	Leserhaltungen Der Leser eines Kriminalromans kann die Handlung auf zwei Arten verfolgen: 1. Inhaltlich – Leser folgen der Handlung nach den Spuren, die der Autor gelegt hat. 2. Technisch – Leser stellt Vermutungen aufgrund seiner Vorkenntnisse als Krimileser auf.
5) Textuntersuchung: Echte und falsche Spuren	...

5. Ergänzt die rechte Spalte der Mitschrift unter Punkt 5.

6. a) Erstellt nach diesem Muster eigene Unterrichtsmitschriften.

b) Bestimmt für eine Stunde zwei Schülerinnen und Schüler, die mitschreiben, und vergleicht die beiden Fassungen.

M Ein Krimiprojekt organisieren

Das Thema „Krimis“ eignet sich gut für Unterrichtsprojekte verschiedenen Umfangs: Ihr könnt zum Beispiel einzelne Stunden innerhalb einer Unterrichtseinheit selbst gestalten, einen Projekttag für eine Parallelklasse organisieren oder eine literarische Soirée mit Gästen planen. Die folgenden Vorschläge könnt ihr zur Anregung nutzen:

- Vorstellung oder Einladung von Autoren
- Vorstellung verschiedener Genres, z. B.: Berlin-Krimis, Katzenkrimis, ...
- Vergleichende Beurteilung von Fernsehkrimis, z. B. im Hinblick auf die Beliebtheit bei bestimmten Zielgruppen
- Fotodokumentationen, z. B.: Von Sherlock Holmes bis Monk – die beliebtesten Detektive aus 150 Jahren
- Neues auf dem Krimimarkt, z. B. in Zusammenarbeit mit einer örtlichen Buchhandlung

Wenn ihr eine größere Veranstaltung plant, denkt auch an den Rahmen und die Atmosphäre:

- Gestaltung von Einladungen und Plakaten
- Raumgestaltung mit Krimi-Atmosphäre
- Musik (z. B. passende Filmmusik, Popsongs, klassische Stücke)
- Bewirtung für den „Mordshunger“

Cover der Rowohlt-Taschenbuchausgabe

Cover der Diogenes-Taschenbuchausgabe

1. a) Sprecht über den Titel des Romans: Welche Assoziationen wecken die Begriffe „Richter" und „Henker", welche Bedeutung könnte das Personalpronomen „sein" haben?

b) Vergleicht die beiden Cover hinsichtlich ihrer Wirkung.

2. a) Lest den Romananfang zunächst still.

b) Bildet Kleingruppen (drei bis vier Schülerinnen und Schüler) und tauscht eure ersten Eindrücke aus.

c) Wählt gemeinsam einen Textausschnitt (ca. 20 Zeilen) aus und bereitet ihn für den Vortrag sowie für eine pantomimische Darstellung vor.

d) Stellt euch die Ergebnisse der Gruppenarbeiten gegenseitig vor und besprecht, inwieweit die Präsentationen eure ersten Eindrücke verändert haben.

2. „Der Richter und sein Henker" – Friedrich Dürrenmatts Spiel mit der Gattung Kriminalroman

1 Friedrich Dürrenmatt (1921–1990): Der Richter und sein Henker [Romananfang][1]

Alphons Clenin, der Polizist von Twann, fand am Morgen des dritten November neunzehnhundertachtundvierzig dort, wo die Straße von Lamboing (eines der Tessenbergdörfer) aus dem Walde der Twannbachschlucht hervortritt, einen blauen Mercedes, der am Straßenrande stand. Es herrschte Nebel, wie oft in diesem Spätherbst, und eigentlich war Clenin am Wagen schon vorbeigegangen, als er doch wieder zurückkehrte. Es war ihm nämlich beim Vorbeischreiten gewesen, nachdem er flüchtig durch die trüben Scheiben des Wagens geblickt hatte, als sei der Fahrer auf das Steuer niedergesunken. Er glaubte, daß der Mann betrunken sei, denn als ordentlicher Mensch kam er auf das Nächstliegende. Er wollte daher dem Fremden nicht amtlich, sondern menschlich begegnen. Er trat mit der Absicht ans Automobil, den Schlafenden zu wecken, ihn nach Twann zu fahren und im Hotel Bären bei schwarzem Kaffee und einer Mehlsuppe nüchtern werden zu lassen; denn es war zwar verboten, betrunken zu fahren, aber nicht verboten, betrunken in einem Wagen, der am Straßenrande stand, zu schlafen. Clenin öffnete die Wagentür und legte dem Fremden die Hand väterlich auf die Schultern. Er bemerkte jedoch im gleichen Augenblick, daß der Mann tot war. Die Schläfen waren durchschossen. Auch sah Clenin jetzt, daß die rechte Wagentüre offen stand. Im Wagen war nicht viel Blut, und der dunkelgraue Mantel, den die Leiche trug, schien nicht einmal beschmutzt. Aus der Manteltasche glänzte der Rand einer gelben Brieftasche. Clenin, der sie hervorzog, konnte ohne Mühe feststellen, daß es sich beim Toten um Ulrich Schmied handelte, Polizeileutnant der Stadt Bern.

Clenin wußte nicht recht, was er tun sollte. Als Dorfpolizist war ihm ein so blutiger Fall noch nie vorgekommen. Er lief am Straßenrande hin und her. Als die aufgehende Sonne durch den Nebel brach und den Toten beschien, war ihm das unangenehm. Er kehrte zum Wagen zurück, hob den grauen Filzhut auf, der zu Füßen der Leiche lag, und drückte ihr den Hut über den Kopf, so tief, daß er die Wunde an den Schläfen nicht mehr sehen konnte, dann war ihm wohler.

Der Polizist ging wieder zum andern Straßenrand, der gegen Twann lag, und wischte sich den Schweiß von der Stirne. Dann faßte er einen Entschluß. Er

---

[1] Aus lizenzrechtlichen Gründen sind die Texte von Friedrich Dürrenmatt nicht in reformierter Rechtschreibung abgedruckt.

schob den Toten auf den zweiten Vordersitz, setzte ihn sorgfältig aufrecht, befestigte den leblosen Körper mit einem Lederriemen, den er im Wageninnern gefunden hatte, und rückte selbst ans Steuer.
Der Motor lief nicht mehr, doch brachte Clenin den Wagen ohne Mühe die steile Straße nach Twann hinunter vor den Bären. Dort ließ er tanken, ohne daß jemand in der vornehmen und unbeweglichen Gestalt einen Toten erkannt hätte. Das war Clenin, der Skandale haßte, nur recht, und so schwieg er. Wie er jedoch den See entlang gegen Biel fuhr, verdichtete sich der Nebel wieder, und von der Sonne war nichts mehr zu sehen. Der Morgen wurde finster wie der letzte Tag. Clenin geriet mitten in eine lange Automobilkette, ein Wagen hinter dem andern, die aus einem unerklärlichen Grunde noch langsamer fuhr, als es in diesem Nebel nötig gewesen wäre, fast ein Leichenzug, wie Clenin unwillkürlich dachte. Der Tote saß bewegungslos neben ihm, und nur manchmal, bei einer Unebenheit der Straße etwa, nickte er mit dem Kopf wie ein alter, weiser Chinese, so daß Clenin es immer weniger zu versuchen wagte, die andern Wagen zu überholen. Sie erreichten Biel mit großer Verspätung.
Während man die Untersuchung der Hauptsache nach von Biel aus einleitete, wurde in Bern der traurige Fund Kommissär Bärlach übergeben, der auch Vorgesetzter des Toten gewesen war.
Bärlach hatte lange im Auslande gelebt und sich in Konstantinopel und dann in Deutschland als bekannter Kriminalist hervorgetan. Zuletzt war er der Kriminalpolizei Frankfurt am Main vorgestanden, doch kehrte er schon dreiunddreißig in seine Vaterstadt zurück. Der Grund seiner Heimreise war nicht so sehr seine Liebe zu Bern, das er oft sein goldenes Grab nannte, sondern eine Ohrfeige gewesen, die er einem hohen Beamten der damaligen neuen deutschen Regierung gegeben hatte. In Frankfurt wurde damals über diese Gewalttätigkeit viel gesprochen, und in Bern bewertete man sie, je nach dem Stand der europäischen Politik, zuerst als empörend, dann als verurteilungswert, aber doch noch begreiflich, und endlich sogar als die einzige für einen Schweizer mögliche Haltung; dies aber erst fünfundvierzig.
Das erste, was Bärlach im Fall Schmied tat, war, daß er anordnete, die Angelegenheit die ersten Tage geheim zu behandeln – eine Anordnung, die er nur mit dem Einsatz seiner ganzen Persönlichkeit durchzubringen vermochte. „Man weiß zu wenig, und die Zeitungen sind sowieso das Überflüssigste, was in den letzten zweitausend Jahren erfunden worden ist", meinte er.
Bärlach schien sich von diesem geheimen Vorgehen offenbar viel zu versprechen, im Gegensatz zu seinem „Chef", Dr. Lucius Lutz, der auch auf der Universität über Kriminalistik las. Dieser Beamte, in dessen stadtbernisches Geschlecht ein Basler Erbonkel wohltuend eingegriffen hatte, war eben von einem Besuch der New Yorker und Chicagoer Polizei nach Bern zurückgekehrt und erschüttert „über den vorweltlichen Stand der Verbrecherabwehr der schweizerischen Bundeshauptstadt", wie er zu Polizeidirektor Freiberger anläßlich einer gemeinsamen Heimfahrt im Tram offen sagte. (e 1950)

3. Sucht in Fernsehzeitschriften nach passenden Bildern und fertigt Bildcollagen der drei verschiedenen Vertreter der Polizei Clenin, Bärlach und Lutz an.

4. a) Vergleicht den Anfang dieses Kriminalromans mit dem Anfang der Erzählung von Dorothy Sayers.
b) Diskutiert, inwieweit der Anfang typisch für einen Kriminalroman ist.

5. a) Untersucht das Erzählverhalten mithilfe der Sachinformation auf S. 102.
b) Beschreibt anhand von Textbelegen den Erzählstil.
c) Besprecht, welche Reaktionen und Erwartungen diese Form der Darstellung beim Leser weckt.

Verlaufs- und Ergebnisprotokoll
Man unterscheidet zwei Arten des Protokolls, das Verlaufsprotokoll und das **Ergebnisprotokoll**. Letzteres hält ausschließlich die erzielten Ergebnisse bzw. die in einer Diskussion vertretenen Standpunkte fest (Tempus: Präsens). Dagegen gibt das **Verlaufsprotokoll** auch Auskunft über den Ablauf einer Veranstaltung. Es berichtet der Reihenfolge nach über die einzelnen Teile einer Veranstaltung (Tempus: Präteritum).

Das Unterrichtsprotokoll (2): Von der Mitschrift zum Protokoll

Unterrichtsprotokolle sind eine Mischform aus Ergebnis- und Verlaufsprotokoll: Neben den Unterrichtsergebnissen wird auch der Verlauf der Stunde knapp wiedergegeben.
Für ein vollständiges Unterrichtsprotokoll müssen folgende Formalia beachtet werden:
Im **Protokollkopf** werden (außer Thema und Datum) die Klasse, die Stunde, die Uhrzeit, die Zahl der Teilnehmer, der Name des Lehrers und die Namen der Abwesenden genannt.
Im **Hauptteil** werden Inhalte, Ergebnisse und Verlauf der Stunde ausgehend von der Mitschrift knapp dargestellt. (Tempus: Präteritum)
Am **Ende des Protokolls** stehen das Datum der Abfassung des Protokolls und der Name des Protokollanten.

1. a) Beurteilt das nebenstehende Protokoll auf der Grundlage der oben angeführten Sachinformationen.
b) Ergänzt das Protokoll, indem ihr die Tabelle ausfüllt. Berücksichtigt dabei eure Ergebnisse aus Aufgabe 4 (S. 79).

2 Ein Unterrichtsprotokoll [Fehlerbeispiel]

Protokoll der Deutschstunde vom 7.12.08
(Doppelstunde, 5./6. Stunde)

Beginn: 11:14 Uhr Ende: 12:43 Uhr
Anwesende: Klasse 10 d und Frau Schneider
Abwesende: Thomas Lehmacher
Thema: Ein ganz normaler Krimi? – Der Anfang des Romans „Der Richter und sein Henker“

1. Diskussion über den Titel
Frau Schneider schrieb den Titel an die Tafel und fragte nach den Erwartungen der Klasse. Folgende Möglichkeiten wurden genannt:
- Ein Richter wird gehenkt (Kevin)
- Ein Buch über die Todesstrafe (Anna)
- Der Henker „gehört“ dem Richter (Birte)

Frau S. fragte, in welchem Verhältnis Richter und Henker normalerweise stehen. Nach einer unqualifizierten Antwort von Marc und Frau Schneiders Hinweis auf das Prinzip der Gewaltenteilung erklärte Daniel, dass der Henker zur Exekutive und der Richter zur Judikative gehört.

2. Lektüre des Romananfangs und Aufgaben
Frau S. teilte die Bücher aus und wir bekamen den Auftrag, die beiden ersten Seiten zu lesen. Anschließend wurden wir in Gruppen eingeteilt und erhielten folgenden Arbeitsauftrag:
- Kurzer Austausch der ersten Eindrücke
- Auswahl einer Textstelle
- Pantomimische Darstellung und Vortrag der Textstelle

3. Präsentation und Besprechung
Die meisten Gruppen hatten den Fund der Leiche als Textstelle ausgesucht. Von den Pantomimen bekam Joshua den meisten Beifall, weil er Clenin witzig, aber nicht übertrieben spielte. Der beste Vortrag war von Johanna. Sie las die Stelle über Clenins Fahrt nach Biel langsam und feierlich vor. Obwohl die Stelle eigentlich etwas Gruseliges beschreibt, war die Wirkung witzig.

4. Unterrichtsgespräch und Tafelanschrieb
Ein ganz normaler Krimi?

Krimi-Typisches	Besonderheiten
...	...

5. Hausaufgabe
- Lektüre bis S. 63
- Bilder aus Zeitschriften

Protokoll: Daniel Becker, 10 d

3 Friedrich Dürrenmatt: Der Richter und sein Henker [Auszug] – Die Wette –

Kommissär Bärlach, der schwer magenkrank ist, nimmt sich des Falls an. Er wählt den ehrgeizigen jungen Polizisten Tschanz als Assistenten und überlässt diesem scheinbar die Leitung der Ermittlungen. Die Spur führt zu einem undurchsichtigen Geschäftsmann namens Gastmann, der auch ein mögliches Motiv für die Tat hat: Der verstorbene Polizeileutnant Schmied ist mehrfach unter falschem Namen als Gast in seinem Haus gewesen und hat dort möglicherweise brisante Informationen erhalten. Tatsächlich verfolgt Bärlach bei der Ermittlung eigene Ziele, die er Tschanz jedoch nicht offenbart. So unterschlägt er eine Mappe mit Unterlagen des verstorbenen Polizeileutnants Schmied und ist bei einem Besuch Gastmanns besser auf dessen gefährlichen Hund vorbereitet, als er Tschanz gegenüber zugibt. Nach der Beerdigung Schmieds kehrt Bärlach in sein wie üblich unverschlossenes Haus zurück.

Bärlach zog sich andere Schuhe an und betrat dann erst die Halle, blieb jedoch auf der Schwelle stehen. Hinter dem Schreibtisch saß ein Mann und blätterte in Schmieds Mappe. Seine rechte Hand spielte mit Bärlachs türkischem Messer.
„Also du", sagte der Alte.
„Ja, ich", antwortete der andere.
Bärlach schloß die Türe und setzte sich in seinen Lehnstuhl dem Schreibtisch gegenüber. Schweigend sah er nach dem andern hin, der ruhig in Schmieds Mappe weiterblätterte, eine fast bäurische Gestalt, ruhig und verschlossen, tiefliegende Augen im knochigen, aber runden Gesicht mit kurzem Haar.
„Du nennst dich jetzt Gastmann", sagte der Alte endlich.
Der andere zog eine Pfeife hervor, stopfte sie, ohne Bärlach aus den Augen zu lassen, setzte sie in Brand und antwortete, mit dem Zeigefinger auf Schmieds Mappe klopfend:
„Das weißt du schon seit einiger Zeit ganz genau. Du hast mir den Jungen auf den Hals geschickt, diese Angaben stammen von dir."
Dann schloß er die Mappe wieder. Bärlach schaute auf den Schreibtisch, wo noch sein Revolver lag, mit dem Schaft gegen ihn gekehrt, er brauchte nur die Hand auszustrecken; dann sagte er:
„Ich höre nie auf, dich zu verfolgen. Einmal wird es mir gelingen, deine Verbrechen zu beweisen."
„Du mußt dich beeilen, Bärlach", antwortete der andere. „Du hast nicht mehr viel Zeit. Die Ärzte geben dir noch ein Jahr, wenn du dich jetzt operieren läßt."
„Du hast recht", sagte der Alte. „Noch ein Jahr. Und ich kann mich jetzt nicht operieren lassen, ich muß mich stellen. Meine letzte Gelegenheit."
„Die letzte", bestätigte der andere, und dann schwiegen sie wieder, endlos, saßen da und schwiegen.

Friedrich Dürrenmatt *(1921–1990)*
„Ich wurde am 5. Januar 1921 in Konolfingen (Kanton Bern) geboren. Mein Vater war Pfarrer, mein Großvater väterlicherseits Politiker und Dichter [...]. [Wegen eines kritischen Gedichts] durfte er [einmal] zehn Tage im Gefängnis verbringen [...]. Diese Ehre ist mir bis jetzt nicht widerfahren. Vielleicht liegt es an mir, vielleicht ist die Zeit so auf den Hund gekommen, dass sie sich nicht mehr beleidigt fühlt, wenn mit ihr aufs allerschärfste umgesprungen wird [...]. Ich war ein kriegerisches Kind. Oft rannte ich als Sechsjähriger im Garten herum, mit einer langen Bohnenstange bewaffnet, einen Pfannendeckel als Schild, um endlich meiner Mutter erschöpft zu melden, die Österreicher seien aus dem Garten gejagt. [...] Doch habe ich in meine heutige Tätigkeit aus der Welt meiner Kindheit Wichtiges herübergerettet: [...] Ich schlage mich mit Theater, Rundfunk, Romanen und Fernsehen herum und vom Großvater her weiß ich, dass Schreiben eine Form des Kämpfens sein kann."

Aus: F. Dürrenmatt: Die Geschichte meiner Stoffe.

1. a) Bildet Gruppen und stellt den Verlauf des Gesprächs zwischen Gastmann und Bärlach in Standbildern dar. Wählt dazu den Anfang der Begegnung, eine Situation im Verlauf des Gesprächs und den Schluss.

b) Stellt euch die Standbilder gegenseitig vor und diskutiert, ob sich das Verhältnis der beiden im Laufe ihres Gesprächs verändert.

2. a) Gestaltet den Abschnitt von Z. 51 („Was diskutierten wir …") bis Z. 74 („… miteinander geschlossen") als Dialog, so als wolltet ihr eine Rückblende für eine Verfilmung drehen.

b) Tragt den Dialog in Form einer szenischen Lesung vor.

c) Vergleicht die Wirkung der dialogisierten Textstelle mit dem Original.

3. Diskutiert, wie ihr die Thesen Bärlachs und Gastmanns versteht.

„Über vierzig Jahre ist es her", begann der andere von neuem zu reden, „daß wir uns in irgendeiner verfallenen Judenschenke am Bosporus zum erstenmal getroffen haben. Ein unförmiges gelbes Stück Schweizerkäse von einem Mond hing bei dieser Begegnung damals zwischen den Wolken und schien durch die verfaulten Balken auf unsere Köpfe, das ist mir in noch guter Erinnerung. Du, Bärlach, warst damals ein junger Polizeifachmann aus der Schweiz in türkischen Diensten, herbestellt, um etwas zu reformieren, und ich – nun, ich war ein herumgetriebener Abenteurer wie jetzt noch, gierig, dieses mein einmaliges Leben und diesen ebenso einmaligen, rätselhaften Planeten kennenzulernen. Wir liebten uns auf den ersten Blick, wie wir einander zwischen Juden im Kaftan[1] und schmutzigen Griechen gegenübersaßen. Doch wie nun die verteufelten Schnäpse, die wir damals tranken, diese vergorenen Säfte aus weiß was für Datteln und diese feurigen Meere aus fremden Kornfeldern um Odessa herum, die wir in unsere Kehlen stürzten, in uns mächtig wurden, daß unsere Augen wie glühende Kohlen durch die türkische Nacht funkelten, wurde unser Gespräch hitzig. O ich liebe es, an diese Stunde zu denken, die dein Leben und das meine bestimmte!"

Er lachte.

Der Alte saß da und schaute schweigend zu ihm hinüber.

„Ein Jahr hast du noch zu leben", fuhr der andere fort, „und vierzig Jahre hast du mir wacker nachgespürt. Das ist die Rechnung. Was diskutierten wir denn damals, Bärlach, im Moder jener Schenke in der Vorstadt Tophane, eingehüllt in den Qualm türkischer Zigaretten? Deine These war, daß die menschliche Unvollkommenheit, die Tatsache, daß wir die Handlungsweise anderer nie mit Sicherheit vorauszusagen, und daß wir ferner den Zufall, der in alles hineinspielt, nicht in unsere Überlegungen einzubauen vermögen, der Grund sei, der die meisten Verbrechen zwangsläufig zutage fördern müsse. Ein Verbrechen zu begehen nanntest du eine Dummheit, weil es unmöglich sei, mit Menschen wie mit Schachfiguren zu operieren. Ich dagegen stellte die These auf, mehr um zu widersprechen als überzeugt, daß gerade die Verworrenheit der menschlichen Beziehungen es möglich mache, Verbrechen zu begehen, die *nicht* erkannt werden könnten, daß aus diesem Grunde die überaus größte Anzahl der Verbrechen nicht nur ungeahndet, sondern auch ungeahnt seien, als nur im Verborgenen geschehen. Und wie wir nun weiterstritten, von den höllischen Bränden der Schnäpse, die uns der Judenwirt einschenkte, und mehr noch, von unserer Jugend verführt, da haben wir im Übermut eine Wette geschlossen, eben da der Mond hinter dem nahen Kleinasien versank, eine Wette, die wir trotzig in den Himmel hinein hängten, wie wir etwa einen fürchterlichen Witz nicht zu unterdrücken vermögen, auch wenn er eine Gotteslästerung ist, nur weil uns die Pointe reizt als eine teuflische Versuchung des Geistes durch den Geist."

[1] der Kaftan: orientalisches, mantelartiges Kleidungsstück

„Du hast recht“, sagte der Alte ruhig, „wir haben diese Wette damals miteinander geschlossen.“

„Du dachtest nicht, daß ich sie einhalten würde“, lachte der andere, „wie wir am andern Morgen mit schwerem Kopf in der öden Schenke erwachten, du auf einer morschen Bank und ich unter einem noch von Schnaps feuchten Tisch.“

„Ich dachte nicht“, antwortete Bärlach, „daß diese Wette einzuhalten einem Menschen möglich wäre.“

Sie schwiegen.

„Führe uns nicht in Versuchung“, begann der andere von neuem. „Deine Biederkeit[1] kam nie in Gefahr, versucht zu werden, doch deine Biederkeit versuchte mich. Ich hielt die kühne Wette, in deiner Gegenwart ein Verbrechen zu begehen, ohne daß du imstande sein würdest, mir dieses Verbrechen beweisen zu können.“

„Nach drei Tagen“, sagte der Alte leise und versunken in seiner Erinnerung, „wie wir mit einem deutschen Kaufmann über die Mahmud-Brücke gingen, hast du ihn vor meinen Augen ins Wasser gestoßen.“

„Der arme Kerl konnte nicht schwimmen, und auch du warst in dieser Kunst so ungenügend bewandert, daß man dich nach deinem verunglückten Rettungsversuch halb ertrunken aus den schmutzigen Wellen des Goldenen Hornes ans Land zog“, antwortete der andere unerschütterlich. „Der Mord trug sich an einem strahlenden türkischen Sommertag bei einer angenehmen Brise vom Meer her auf einer belebten Brücke in aller Öffentlichkeit zwischen Liebespaaren der europäischen Kolonie, Muselmännern und ortsansässigen Bettlern zu, und trotzdem konntest du mir nichts beweisen. Du ließest mich verhaften, umsonst. Stundenlange Verhöre, nutzlos. Das Gericht glaubte meiner Version, die auf Selbstmord des Kaufmanns lautete.“

„Du konntest nachweisen, daß der Kaufmann vor dem Konkurs stand und sich durch einen Betrug vergeblich hatte retten wollen“, gab der Alte bitter zu, bleicher als sonst.

„Ich wählte mir mein Opfer sorgfältig aus, mein Freund“, lachte der andere.

„So bist du ein Verbrecher geworden“, antwortete der Kommissär.

Der andere spielte gedankenverloren mit dem türkischen Messer. „Daß ich so etwas Ähnliches wie ein Verbrecher bin, kann ich nun nicht gerade ableugnen“, sagte er endlich nachlässig. „Ich wurde ein immer besserer Verbrecher und du ein immer besserer Kriminalist: den Schritt jedoch, den ich dir voraushatte, konntest du nie einholen. Immer wieder tauchte ich in deiner Laufbahn auf wie ein graues Gespenst, immer wieder trieb mich die Lust, unter deiner Nase sozusagen immer kühnere, wildere, blasphemischere[2]

1 bieder: rechtschaffen, ehrenwert, brav
2 blasphemisch (< gr. blasphemein = lästern, schmähen): Heiliges lästernd, verhöhnend; eine Gotteslästerung enthaltend

Verbrechen zu begehen, und immer wieder bist du nicht imstande gewesen, meine Taten zu beweisen. Die Dummköpfe konntest du besiegen, aber ich besiegte dich.“

Dann fuhr er fort, den Alten aufmerksam und wie belustigt beobachtend:

„So lebten wir denn. Du ein Leben unter deinen Vorgesetzten, in deinen Polizeirevieren und muffigen Amtsstuben, immer brav eine Sprosse um die andere auf der Leiter deiner bescheidenen Erfolge erklimmend, dich mit Dieben und Fälschern herumschlagend, mit armen Schluckern, die nie recht ins Leben kamen, und mit armseligen Mörderchen, wenn es hochkam, ich dagegen bald im Dunkeln, im Dickicht verlorener Großstädte, bald im Lichte glänzender Positionen, ordenübersät, aus Übermut das Gute übend, wenn ich Lust dazu hatte, und wieder aus einer anderen Laune heraus das Schlechte liebend. Welch ein abenteuerlicher Spaß! Deine Sehnsucht war, mein Leben zu zerstören, und meine war es, mein Leben dir zum Trotz zu behaupten. Wahrlich, eine Nacht kettete uns für ewig zusammen!“

Der Mann hinter Bärlachs Schreibtisch klatschte in die Hände, es war ein einziger, grausamer Schlag: „Nun sind wir am Ende unserer Laufbahn“, rief er aus. „Du bist in dein Bern zurückgekehrt, halb gescheitert, in diese verschlafene, biedere Stadt, von der man nie recht weiß, wieviel Totes und wieviel Lebendiges eigentlich noch an ihr ist, und ich bin nach Lamboing zurückgekommen, auch dies nur aus einer Laune heraus: Man rundet gern ab, denn in diesem gottverlassenen Dorf hat mich irgendein längst verscharrtes Weib einmal geboren, ohne viel zu denken und reichlich sinnlos, und so habe ich mich denn auch, dreizehnjährig, in einer Regennacht fortgestohlen. Da sind wir nun also wieder. Gib es auf, Freund, es hat keinen Sinn. Der Tod wartet nicht.“

Und jetzt warf er, mit einer fast unmerklichen Bewegung der Hand, das Messer, genau und scharf Bärlachs Wange streifend, tief in den Lehnstuhl. Der Alte rührte sich nicht. Der andere lachte:

„Du glaubst nun also, ich hätte diesen Schmied getötet?“

„Ich habe diesen Fall zu untersuchen“, antwortete der Kommissär.

Der andere stand auf und nahm die Mappe zu sich.

„Die nehme ich mit.“

„Einmal wird es mir gelingen, deine Verbrechen zu beweisen“, sagte nun Bärlach zum zweiten Male: „Und jetzt ist die letzte Gelegenheit.“

„In der Mappe sind die einzigen, wenn auch dürftigen Beweise, die Schmied in Lamboing für dich gesammelt hat. Ohne diese Mappe bist du verloren. Abschriften oder Fotokopien besitzest du nicht, ich kenne dich.“

„Nein“, gab der Alte zu, „ich habe nichts dergleichen.“

„Willst du nicht den Revolver brauchen, mich zu hindern?“ fragte der andere spöttisch.

„Du hast die Munition herausgenommen“, antwortete Bärlach unbeweglich.

„Eben“, sagte der andere und klopfte ihm auf die Schultern. Dann ging er am Alten vorbei, die Türe öffnete sich, schloß sich wieder, draußen ging

eine zweite Türe. Bärlach saß immer noch in seinem Lehnstuhl, die Wange an das kalte Eisen des Messers gelehnt. Doch plötzlich ergriff er die Waffe und schaute nach. Sie war geladen. Er sprang auf, lief in den Vorraum und dann zur Haustür, die er aufriß, die Waffe in der Faust:
Die Straße war leer.
Dann kam der Schmerz, der ungeheure, wütende, stechende Schmerz, eine Sonne, die in ihm aufging, ihn aufs Lager warf, zusammenkrümmte, mit Fiebergluten überbrühte, schüttelte. Der Alte kroch auf Händen und Füßen herum wie ein Tier, warf sich zu Boden, wälzte sich über den Teppich und blieb dann liegen, irgendwo in seinem Zimmer, zwischen den Stühlen, mit kaltem Schweiß bedeckt. „Was ist der Mensch?" stöhnte er leise. „Was ist der Mensch?"

4. Besprecht, warum Gastmann die Formulierung „so etwas Ähnliches wie ein Verbrecher" (Z. 108) wählt.

5. Bärlach sagt nur wenig in diesem Gespräch. Wählt eine der folgenden Textstellen und füllt die „Leerstelle".
a) Z. 5 („Also du ...") bis Z. 8 („Schweigend sah er ..."): Notiere Bärlachs Gedanken während seines Schweigens.
b) Z. 115 („Die Dummköpfe ..."): Schreibe eine Erwiderung Bärlachs, die jedoch unausgesprochen bleibt.

6. Besprecht die Bedeutung dieses Gesprächs für den weiteren Verlauf des Romangeschehens.

M Zitieren

Aus einem Text zu zitieren bedeutet, dass man ein Wort, mehrere Wörter oder ganze Sätze übernimmt. Dabei sollte man darauf achten, dass die übernommenen Zitate nicht zu ausführlich geraten.

- Beim **wörtlichen Zitat** setzt man die übernommene Stelle in Anführungszeichen. Die Zeilenangabe steht in runden Klammern, erst dahinter setzt man den Punkt.
  Beispiel: *Gastmann sagt von sich selbst, er sei „so etwas Ähnliches wie ein Verbrecher" (Z. 107f.).*
- Will man das Zitat in einen eigenen Satz einbauen, kann es nötig sein, das Zitat **grammatisch anzupassen**. Buchstaben oder Wörter, die dabei hinzugefügt oder weggelassen werden, kennzeichnet man durch eckige Klammern.
  Beispiel: *Gastmann bezeichnet sich selbst als „herumgetriebene(n) Abenteurer" (Z. 37).*
- Anstelle des Zitates ist auch eine **sinngemäße Wiedergabe** des Textes möglich, bei der man abschließend die Textstelle nennt.
  Beispiel: *Gastmann beschreibt den Abschluss der Wette und die in ihrer Folge begangenen Verbrechen als blasphemisch (Z. 69–72, Z. 113f.).*

4 Wie lautet die Wette? – Zitate aus Schüleraufsätzen

A) Bärlach und Gastmann treffen sich, als sie beide ungefähr 20 Jahre alt sind, in einer „verfallenen Judenschenke am Bosporus" zum ersten Mal. Beide sind sich sehr sympathisch. In dieser türkischen Nacht trinken sie Schnäpse und führen ein sehr angeregtes Gespräch. Bärlach stellt die These auf, dass „die menschliche Unvollkommenheit, die Tatsache, dass wir die Handlungsweise anderer nie mit Sicherheit voraussagen können, der Grund sei, der die meisten Verbrechen zwangsläufig zutage fördern müsse.“

B) Vierzig Jahre vor Einsetzen der Romanhandlung diskutieren Gastmann und Bärlach über das perfekte Verbrechen. Gastmann meint, dass „die Verworrenheit der menschlichen Beziehungen“ (Z. 61) es möglich mache, ein Verbrechen zu begehen, ohne jemals überführt zu werden. Bärlach dagegen vertritt die These, dass es so etwas wie ein perfektes Verbrechen nicht geben könne, da man „die Handlungsweise anderer nie mit Sicherheit vorauszusagen und [...] den Zufall, der in alles hineinspielt, nicht in [seine] Überlegungen einzubauen vermöge[...]“ (Z. 54 ff.).

C) In Friedrich Dürrenmatts Kriminalroman „Der Richter und sein Henker“ geht es hauptsächlich um die Rivalität der beiden Akteure Bärlach und Gastmann. Am Anfang steht eine Wette, die die beiden in einer Taverne am Bosporus abschließen. In dieser Wette geht es darum, ob man ein Verbrechen nachweisen kann oder nicht. Bärlach vertritt die Meinung, dass es zwingend möglich sein müsse; Gastmann hält dagegen, indem er die direkte Gegenthese dazu aufstellt.

1. Besprecht, inwiefern in den Schülerbeispielen (Texte A–C) die Wette inhaltlich richtig wiedergegeben wird.

2. Prüft, ob die jeweilige Zitierweise korrekt ist.

5 Friedrich Dürrenmatt: Der Richter und sein Henker [Auszug] – Die Henkersmahlzeit –

Der Fall Schmied/Gastmann ist nach außen hin abgeschlossen: Tschanz hat Gastmann und zwei seiner Diener in Notwehr, wie allgemein angenommen wird, erschossen. Die Durchsuchung von Gastmanns privaten Papieren durch die Polizei hat ergeben, dass dieser tatsächlich ein weltweit operierender Verbrecher gewesen ist. Seine vormaligen Verbündeten in Politik und Verwaltung bekunden ihren Abscheu und ihre Unwissenheit dem Verbrecher gegenüber; der Fall scheint gelöst. Zum Abschluss der gemeinsamen Ermittlungen lädt Bärlach Tschanz zu sich nach Hause ein.

Das Mädchen öffnete ihm die Türe zum Eßzimmer, und erstarrt blieb Tschanz stehen: der Tisch war feierlich für zwei Personen gedeckt. In einem Leuchter brannten Kerzen, und an einem Ende des Tisches saß Bärlach in einem Lehnstuhl, von den stillen Flammen rot beschienen, ein unerschütterliches Bild der Ruhe.
„Nimm Platz, Tschanz“, rief der Alte seinem Gast entgegen und wies auf einen zweiten Lehnstuhl, der an den Tisch gerückt war. Tschanz setzte sich betäubt.
„Ich wußte nicht, daß ich zu einem Essen komme“, sagte er endlich.
„Wir müssen deinen Sieg feiern“, antwortete der Alte ruhig und schob den Leuchter etwas auf die Seite, so daß sie sich voll ins Gesicht sahen. Dann klatschte er in die Hände. Die Türe öffnete sich, und eine stattliche, rundliche Frau brachte eine Platte, die bis zum Rande überhäuft war mit Sardi-

nen, Krebsen, Salaten von Gurken, Tomaten, Erbsen, besetzt mit Bergen von Mayonnaise und Eiern, dazwischen kalter Aufschnitt, Hühnerfleisch und Lachs. Der Alte nahm von allem. Tschanz, der sah, was für eine Riesenportion der Magenkranke aufschichtete, ließ sich in seiner Verwunderung nur etwas Kartoffelsalat geben.

„Was wollen wir trinken?“ sagte Bärlach, „Ligerzer?“

„Gut, Ligerzer“, antwortete Tschanz wie träumend. Das Dienstmädchen kam und schenkte ein. Bärlach fing an zu essen, nahm dazu Brot, verschlang den Lachs, die Sardinen, das Fleisch der roten Krebse, den Aufschnitt, die Salate, die Mayonnaise und den kalten Braten, klatschte in die Hände, verlangte noch einmal. Tschanz, wie starr, war noch nicht mit seinem Kartoffelsalat fertig. Bärlach ließ sich das Glas zum dritten Male füllen.

„Nun die Pasteten und den roten Neuenburger“, rief er. Die Teller wurden gewechselt, Bärlach ließ sich drei Pasteten auf den Teller legen, gefüllt mit Gänseleber, Schweinefleisch und Trüffeln.

„Sie sind doch krank, Kommissär“, sagte Tschanz endlich zögernd.

„Heute nicht, Tschanz, heute nicht. Ich feiere, daß ich Schmieds Mörder endlich gestellt habe!“

Er trank das zweite Glas Roten aus und fing die dritte Pastete an, pausenlos essend, gierig die Speisen dieser Welt in sich hineinschlingend, zwischen den Kiefern zermalmend, ein Dämon, der einen unendlichen Hunger stillte. An der Wand zeichnete sich, zweimal vergrößert, in wilden Schatten seine Gestalt ab, die kräftigen Bewegungen der Arme, das Senken des Kopfes, gleich dem Tanz eines triumphierenden Negerhäuptlings. Tschanz sah voll Entsetzen nach diesem unheimlichen Schauspiel, das der Todkranke bot. Unbeweglich saß er da, ohne zu essen, ohne den geringsten Bissen zu sich zu nehmen, nicht einmal am Glas nippte er. Bärlach ließ sich Kalbskoteletts, Reis, Pommes frites und grünen Salat bringen, dazu Champagner. Tschanz zitterte.

„Sie verstellen sich“, keuchte er, „Sie sind nicht krank!“

Der andere antwortete nicht sofort. Zuerst lachte er, und dann beschäftigte er sich mit dem Salat, jedes Blatt einzeln genießend. Tschanz wagte nicht, den grauenvollen Alten ein zweites Mal zu fragen.

„Ja, Tschanz“, sagte Bärlach endlich, und seine Augen funkelten wild, „ich habe mich verstellt. Ich war nie krank“, und er schob sich ein Stück Kalbfleisch in den Mund, aß weiter, unaufhörlich, unersättlich.

Da begriff Tschanz, daß er in eine heimtückische Falle geraten war, deren Türe nun hinter ihm ins Schloß schnappte. Kalter Schweiß brach aus seinen Poren. Das Entsetzen umklammerte ihn mit immer stärkeren Armen. Die Erkenntnis seiner Lage kam zu spät, es gab keine Rettung mehr.

„Sie wissen es, Kommissär“, sagte er leise.

„Ja, Tschanz, ich weiß es“, sagte Bärlach fest und ruhig, aber ohne dabei die Stimme zu heben, als spräche er von etwas Gleichgültigem. „Du bist

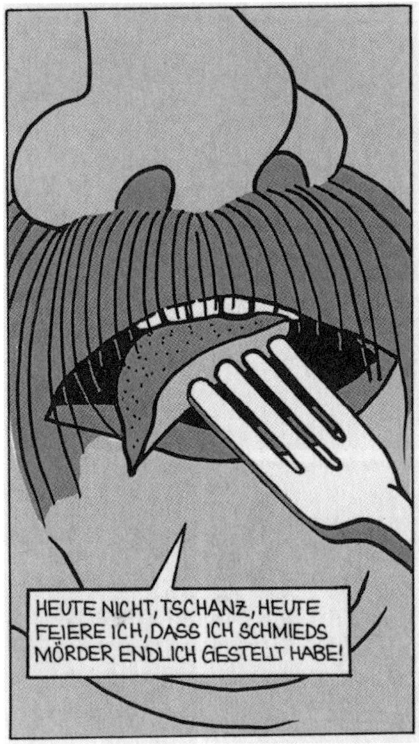

1. Gestaltet eine Collage als Illustration dieser Szene. Material dafür findet ihr in Zeitschriften und Werbeprospekten von Lebensmittelmärkten.

2. Diskutiert die Wirkung der Wendung, die die Handlung in dieser Szene nimmt:
Was geht Tschanz durch den Kopf?
Was denkt der Leser?

Schmieds Mörder." Dann griff er nach dem Glas Champagner und leerte es in einem Zug.

„Ich habe es immer geahnt, daß Sie es wissen", stöhnte der andere fast unhörbar.

Der Alte verzog keine Miene. Es war, als ob ihn nichts mehr interessiere als dieses Essen; unbarmherzig häufte er sich den Teller zum zweitenmal voll mit Reis, goß Sauce darüber, türmte ein Kalbskotelett obenauf. Noch einmal versuchte sich Tschanz zu retten, sich gegen den teuflischen Esser zur Wehr zu setzen.

„Die Kugel stammt aus dem Revolver, den man beim Diener gefunden hat", stellte er trotzig fest. Aber seine Stimme klang verzagt.

In Bärlachs zusammengekniffenen Augen wetterleuchtete es verächtlich.

„Unsinn, Tschanz. Du weißt genau, daß es *dein* Revolver ist, den der Diener in der Hand hielt, als man ihn fand. Du selbst hast ihn dem Toten in die Hand gedrückt. Nur die Entdeckung, daß Gastmann ein Verbrecher war, verhinderte, dein Spiel zu durchschauen."

„Das werden Sie mir *nie* beweisen können", lehnte sich Tschanz verzweifelt auf.

Der Alte reckte sich in seinem Stuhl, nun nicht mehr krank und zerfallen, sondern mächtig und gelassen, das Bild einer übermenschlichen Überlegenheit, ein Tiger, der mit seinem Opfer spielt, und trank den Rest des Champagners aus. Dann ließ er sich von der unaufhörlich kommenden und gehenden Bedienerin Käse servieren; dazu aß er Radieschen, Salzgurken und Perlzwiebeln. Immer neue Speisen nahm er zu sich, als koste er nur noch einmal, zum letzten Male das, was die Erde dem Menschen bietet.

„Hast du es immer noch nicht begriffen, Tschanz", sagte er endlich, „daß du mir deine Tat schon lange bewiesen hast? Der Revolver stammt von dir; denn Gastmanns Hund, den du erschossen hast, mich zu retten, wies eine Kugel vor, die von der Waffe stammen mußte, die Schmied den Tod brachte: von *deiner* Waffe. Du selber brachtest die Indizien herbei, die ich brauchte. Du hast dich verraten, als du mir das Leben rettetest."

„Als ich Ihnen das Leben rettete! Darum fand ich die Bestie nicht mehr", antwortete Tschanz mechanisch. „Wußten Sie, daß Gastmann einen Bluthund besaß?"

„Ja. Ich hatte meinen linken Arm mit einer Decke umwickelt."

„Dann haben Sie mir auch hier eine Falle gestellt", sagte der Mörder fast tonlos.

„Auch damit. Aber den ersten Beweis hast du mir gegeben, als du mit mir am Freitag über Ins nach Ligerz fuhrst, um mir die Komödie mit dem ‚blauen Charon' vorzuspielen. Schmied fuhr am Mittwoch über Zollikofen, das wußte ich, denn er hielt in jener Nacht bei der Garage in Lyß."

„Wie konnten Sie das wissen?" fragte Tschanz.

„Ich habe ganz einfach telefoniert. Wer in jener Nacht über Ins und Erlach fuhr, war der Mörder: du, Tschanz. Du kamst von Grindelwald. Die Pensi-

Die Groteske

Das Wort leitet sich ab vom italienischen *grottesco* zu *grotta* als Bezeichnung für grottenartige Räume in antiken Thermen und Palästen, deren Wände mit ornamentalen, verschnörkelten Malereien geschmückt waren, die menschliche, pflanzliche und tierische Elemente vereinigten. Es werden damit Formen der Dichtung bezeichnet, in denen – ähnlich wie beim schwarzen Humor – Komisches und Grausiges, Lächerliches und Schreckliches eine enge Verbindung eingehen.
Die groteske Darstellungsweise wendet sich gegen den Glauben an die Vernunft in einer als paradox empfundenen Welt.

3. a) Arbeitet aus dem Textauszug Elemente des Grotesken heraus.
b) Besprecht, in welchem Licht Bärlach jetzt erscheint.
b) Diskutiert, welche Funktion das Groteske dieser Szene für Dürrenmatts Auseinandersetzung mit der Gattung „Kriminalroman" hat.

on Eiger besitzt ebenfalls einen blauen Mercedes. Seit Wochen hattest du Schmied beobachtet, jeden seiner Schritte überwacht, eifersüchtig auf seine Fähigkeiten, auf seinen Erfolg, auf seine Bildung, auf sein Mädchen. Du wußtest, daß er sich mit Gastmann beschäftigte, du wußtest sogar, wann er ihn besuchte, aber du wußtest nicht, warum. Da fiel dir durch Zufall auf seinem Pult die Mappe mit den Dokumenten in die Hände. Du beschlossest, den Fall zu übernehmen und Schmied zu töten, um einmal selber Erfolg zu haben. Du dachtest richtig, es würde dir leichtfallen, Gastmann mit einem Mord zu belasten. Als ich nun in Grindelwald einen blauen Mercedes sah, wußte ich, wie du vorgegangen bist: Du hast den Wagen am Mittwochabend gemietet. Ich habe mich erkundigt. Das weitere ist einfach: du fuhrst über Ligerz nach Schernelz und ließest den Wagen im Twannbachwald stehen, du durchquertest den Wald auf einer Abkürzung durch die Schlucht, wodurch du auf die Straße Twann-Lamboing gelangtest. Bei den Felsen wartetest du Schmied ab, er erkannte dich und stoppte verwundert. Er öffnete die Türe, und dann hast du ihn getötet. Du hast es mir ja selbst erzählt. Und nun hast du, was du wolltest: seinen Erfolg, seinen Posten, seinen Wagen und seine Freundin."

Tschanz hörte dem unerbittlichen Schachspieler zu, der ihn mattgesetzt hatte und nun sein grauenhaftes Mahl beendete. Die Kerzen brannten unruhiger, das Licht flackerte auf den Gesichtern der zwei Männer, die Schatten verdichteten sich. Totenstille herrschte in dieser nächtlichen Hölle, die Dienerinnen kamen nicht mehr. Der Alte saß jetzt unbeweglich, er schien nicht einmal mehr zu atmen, das flackernde Licht umfloß ihn mit immer neuen Wellen, rotes Feuer, das sich am Eis seiner Stirne und seiner Seele brach.

„Sie haben mit mir gespielt", sagte Tschanz langsam.

„Ich habe mit dir gespielt", antwortete Bärlach mit furchtbarem Ernst. „Ich konnte nicht anders. Du hast mir Schmied getötet, und nun mußte ich dich nehmen."

„Um Gastmann zu töten", ergänzte Tschanz, der mit einem Male die ganze Wahrheit begriff.

„Du sagst es. Mein halbes Leben habe ich hingegeben, Gastmann zu stellen, und Schmied war meine letzte Hoffnung. Ich habe ihn auf den Teufel in Menschengestalt gehetzt, ein edles Tier auf eine wilde Bestie. Aber dann bist du gekommen, Tschanz, mit deinem lächerlichen, verbrecherischen Ehrgeiz, und hast mir meine einzige Chance vernichtet. Da habe ich *dich* genommen, dich, den Mörder, und habe dich in meine furchtbarste Waffe verwandelt, denn dich trieb die Verzweiflung, der Mörder mußte einen anderen Mörder finden. Ich machte mein Ziel zu deinem Ziel."

„Es war für mich die Hölle", sagte Tschanz.

„Es war für uns beide die Hölle", fuhr der Alte mit fürchterlicher Ruhe fort. „Von Schwendis Dazwischenkommen trieb dich zum Äußersten, du mußtest auf irgendeine Weise Gastmann als Mörder entlarven, jedes

4. Beurteilt in Partnerarbeit Bärlachs Handlungsweise im Fall Gastmann/Schmied:

a) Sammelt zunächst arbeitsteilig in Partnerarbeit Argumente für bzw. gegen Bärlachs Handlungsweise. Hinweise und Hilfen für das moralische Argumentieren findet ihr auf den Seiten 90f.

b) Tauscht danach im Plenum eure Argumente aus.

c) Erstellt abschließend ein Meinungsbild, ob Bärlachs Verhalten gerechtfertigt ist.

5. Führt nach der Abstimmung eine Debatte durch.

a) Wählt dafür zwei Gruppen von Freiwilligen (jeweils drei bis vier Leute) für die Pro- und die Kontraseite.

b) Händigt den Gruppen die Zettel mit den zuvor gesammelten Argumenten aus und gebt ihnen ca. 10–15 Minuten zur Vorbereitung.

c) Bestimmt in der Zwischenzeit eine(n) Moderator(in) sowie Regeln, nach denen die Debatte ablaufen soll (Sitzordnung der Pro- und Kontra-Gruppe, Reihenfolge der Sprecher zu Beginn, Rednerliste, maximale Länge der Redebeiträge etc.)

d) Führt nach der Debatte noch einmal eine Abstimmung durch über Bärlachs Handlungsweise.

6. Verfasst auf der Basis der gesammelten Argumente Reden zur Verteidigung oder zur Anklage Bärlachs. Nutzt dafür die Informationen auf der Doppelseite 94/95.

Abweichen von der Spur, die auf Gastmann deutete, konnte auf deine führen. Nur noch Schmieds Mappe konnte dir helfen. Du wußtest, daß sie in meinem Besitze war, aber du wußtest nicht, daß sie Gastmann bei mir geholt hatte. Darum hast du mich in der Nacht vom Samstag auf den Sonntag überfallen. Auch beunruhigte dich, daß ich nach Grindelwald ging."

„Sie wußten, daß ich es war, der Sie überfiel?" sagte Tschanz tonlos.

„Ich wußte das vom ersten Moment an. Alles was ich tat, geschah mit der Absicht, dich in äußerste Verzweiflung zu treiben. Und wie die Verzweiflung am größten war, gingst du hin nach Lamboing, um irgendwie die Entscheidung zu suchen."

„Einer von Gastmanns Dienern fing an zu schießen", sagte Tschanz.

„Ich habe Gastmann am Sonntagmorgen gesagt, daß ich einen schicken würde, ihn zu töten."

Tschanz taumelte. Es überlief ihn eiskalt.

„Da haben Sie mich und Gastmann aufeinander gehetzt wie Tiere!"

„Bestie gegen Bestie", kam es unerbittlich vom andern Lehnstuhl her.

„Dann waren Sie der Richter, und ich der Henker", keuchte der andere.

„Es ist so", antwortete der Alte.

„Und ich, der ich nur Ihren Willen ausführte, ob ich wollte oder nicht, bin nun ein Verbrecher, ein Mensch, den man jagen wird!"

Tschanz stand auf, stützte sich mit der rechten, unbehinderten Hand auf die Tischplatte. Nur noch eine Kerze brannte. Tschanz suchte mit brennenden Augen in der Finsternis des Alten Umrisse zu erkennen, sah aber nur einen unwirklichen schwarzen Schatten. Unsicher und tastend machte er eine Bewegung gegen die Rocktasche.

„Laß das", hörte er den Alten sagen. „Es hat keinen Sinn. Lutz weiß, daß du bei mir bist, und die Frauen sind noch im Haus."

„Ja, es hat keinen Sinn", antwortete Tschanz leise.

„Der Fall Schmied ist erledigt", sagte der Alte durch die Dunkelheit des Raumes hindurch. „Ich werde dich nicht verraten. Aber geh! Irgendwohin! Ich will dich nie mehr sehen. Es ist genug, daß ich *einen* richtete. Geh! Geh!"

Literatur als Ausgangspunkt für moralisches Argumentieren

Literarische Werke sind **Fiktion** (< lat. fingere = formen, gestalten: etwas Vorgestelltes, Erdachtes), das heißt, sie stellen nichtwirkliche – erfundene – Sachverhalte so dar, als seien sie real. Damit stehen sie in einer spannungsvollen Beziehung zur Realität: Sie können wie ein **Abbild der Realität** wirken oder aber **Gegenwelten** darstellen, wie es etwa in der

Fantasy-Literatur der Fall ist. Oft tauchen wir beim Lesen in die fiktive Welt ein: Wir identifizieren uns mit den Handelnden, denken und fühlen wie sie und ergreifen Partei in Konflikten. Die Fähigkeit und das Bedürfnis, sich in andere hineinzuversetzen, sind die Voraussetzung für moralisches Urteilen. Moralische **Konflikte** (< lat. configere = zusammenstoßen, zusammenschlagen: Streit, Zwiespalt, Auseinandersetzung) werfen schwierige Fragen auf: Wie kann ich einen Standpunkt, der auf eine spontane Reaktion oder ein Gefühl zurückgeht, überzeugend begründen? Wie soll ich mich entscheiden, wenn mir gegensätzliche Standpunkte einleuchten?

Wenn wir, wie es im täglichen Leben meist der Fall ist, selbst in einen Konflikt involviert sind, fällt es uns meist schwer, verschiedene Standpunkte gegeneinander abzuwägen. Beim Lesen eines Romans fällt uns diese Distanznahme dagegen leichter – dadurch lassen sich hier moralische Fragen leichter durchspielen oder sogar klären.

Die schriftliche Auseinandersetzung mit Fragen, die sich aus der Problematik eines literarischen Werks ergeben, nennt man **literarische Erörterung**. Eine typische Aufgabenstellung lautet zum Beispiel: Beurteile, inwieweit das Verhalten der Figur X als vorbildlich gelten kann.

6 Die Beurteilung Bärlachs – Beiträge in einer Diskussion

KEVIN: Meiner Meinung nach hat Bärlach richtig gehandelt, denn Gastmann hat schon viele Menschen getötet und das nur aus Spaß. Er hat den Tod verdient.

DANIEL: Bärlachs Handeln ist Selbstjustiz. Er macht sich vor dem Gesetz strafbar.

MARC: Aber Bärlach ist nicht aktiv zum Verbrecher geworden; er war nur der Auslöser.

LEA: Jemand, der einen anderen zu einem Mord anstiftet, ist ebenso ein Verbrecher wie jemand, der selbst einen Mord begeht.

TOM: Bärlach trägt als Manipulator von Tschanz die Verantwortung für den Tod Gastmanns.

BRITTA: Gastmann und Tschanz haben Menschenrechte verletzt, es war richtig von Bärlach, die beiden auszuschalten.

ANNA: Die Verletzung von Menschenrechten durch einen Verbrecher rechtfertigt niemals, dass zur Ahndung des Verbrechens ebenfalls Menschenrechte verletzt werden. Und genau das tut Bärlach: Er behandelt Tschanz wie ein Werkzeug, nicht wie einen Menschen.

7. Beurteilt die Schülerbeiträge mithilfe von Kohlbergs Thesen (Text 7).

7 Stufen der moralischen Entwicklung (nach Lawrence Kohlberg)

Der amerikanische Psychologe Lawrence Kohlberg (1927–1987) hat aufgrund seiner Forschungen die These aufgestellt, dass die moralische Entwicklung von der Kindheit zum Erwachsenenalter in sechs Stufen verlaufe. Dabei erweitere sich der Kreis dessen, was in das moralische Bewusstsein einbezogen wird, ständig. Laut Kohlberg kann bei der moralischen Entwicklung keine Stufe übersprungen werden. Außerdem werde die postkonventionelle Ebene bei weitem nicht von allen Erwachsenen erreicht. Kohlbergs Stufenmodell ermöglicht die Einordnung und Bewertung von Argumenten beim moralischen Argumentieren.

➢ **Präkonventionelle Ebene**: Bewertung einer Handlung von ihren unmittelbaren Folgen her:
  1. *Muss der Handelnde mit einer Strafe, darf er mit einer Belohnung rechnen?*
  2. *Dient die Handlung der Erfüllung persönlicher Interessen des Handelnden und seiner unmittelbaren Umgebung?*

➢ **Konventionelle Ebene**: Bewertung einer Handlung von gesellschaftlichen Normen her:
  3. *Wird das Handeln von der Umgebung des Handelnden gebilligt?*
  4. *Ist das Handeln vereinbar mit den Gesetzen und Geboten der Gesellschaft, in der er lebt?*

➢ **Postkonventionelle Ebene**: Bewertung einer Handlung aufgrund allgemein gültiger Prinzipien:
  5. *Wird das Handeln den Rechtsmaßstäben der Gesellschaft gerecht? Ist das Handeln an den Grundwerten der Gesellschaft orientiert?*
  6. *Folgt das Handeln allgemein gültigen, von kulturellen und gesellschaftlichen Umständen unabhängigen Prinzipien?*

8 Friedrich Dürrenmatt: Der Richter und sein Henker [Auszug] – Der Schriftsteller –

Bärlach und Tschanz besuchen im Verlauf ihrer Ermittlungen einen Schriftsteller aus Gastmanns Bekanntenkreis. Die literaturwissenschaftliche Forschung sieht in dieser Figur eine Art Selbstporträt Dürrenmatts.
Der Schriftsteller sagt über Gastmann:

„Was mich an ihm fasziniert, ist […] die Möglichkeit eines Menschen, der nun wirklich ein Nihilist[1] ist. […] Vielleicht hat Gastmann mehr Gutes getan, als wir drei zusammen, die wir hier in diesem schiefen Zimmer sitzen […]. Wenn ich ihn schlecht nenne, so darum, weil er das Gute ebenso aus einer Laune, aus einem Einfall tut wie das Schlechte, welches ich ihm zutraue. Er wird nie das Böse tun, um etwas zu erreichen, wie andere ihre

1. a) Vergleicht vor dem Hintergrund der Aussage des Schriftstellers die Verbrecher Gastmann und Tschanz
- in Bezug auf ihren Charakter und ihr Motiv für ihre jeweiligen Verbrechen,
- mit Verbrechern in anderen Kriminalromanen oder -filmen.

2. Beurteilt Dürrenmatts Roman vor dem Hintergrund von Brechts Thesen zur „Popularität des Kriminalromans" (Text 3, S. 74).

[1] der Nihilist (< lat. nihil = nichts): Mensch, der von der Nichtigkeit alles Seienden überzeugt ist und der alle Werte und Ziele verneint

Verbrechen begehen, um Geld zu besitzen, eine Frau zu erobern oder Macht zu gewinnen, er wird es tun, wenn es sinnlos ist, vielleicht, denn bei ihm sind immer zwei Dinge möglich, das Schlechte und das Gute, und der Zufall entscheidet. […] Bei ihm ist das Böse nicht der Ausdruck einer Philosophie oder eines Triebes, sondern seiner Freiheit: der Freiheit des Nichts.“

3. Nehmt an, der Schriftsteller sei tatsächlich Dürrenmatt, der dem Leser mithilfe dieser Figur Einblick in sein Denken ermöglichen will: Welche Intention(en) könnte er mit dem Roman *Der Richter und sein Henker* verfolgt haben?

9 Friedrich Dürrenmatt: Der Richter und sein Henker (Comicfassung)

Die Abbildung stammt aus einer Comic-Fassung des Romans, die im Rahmen eines Unterrichtsprojekts von Schülerinnen und Schülern zweier Berner Gymnasien gestaltet wurde. Weitere Zeichnungen aus dieser Ausgabe finden sich auf der Kapitel-Auftaktseite und auf den Seiten 79, 82, 83, 87 und 90.

4. a) Besprecht, welche Anforderungen die Umsetzung des Romantextes in einen Comic stellt.

b) Beurteilt, wie den Schülerinnen und Schülern die Umsetzung gelungen ist.

Freispruch oder Anklage –

Der römische Redner Cicero am Schreibpult

In fünf Schritten zur Rede – eine jahrtausendealte Tradition

In der Antike war die Rede ein wesentlicher Bestandteil des öffentlichen Lebens und Gegenstand einer eigenen Wissenschaft, der **Rhetorik**. Diese beschäftigte sich zum einen mit inhaltlichen Aspekten wie dem Redeanlass, zum anderen mit formalen Gesichtspunkten vor allem in Bezug auf den Stil der Rede. In Rhetorikschulen wurden die verschiedenen Redetechniken gelehrt. Dazu gehörten zum Beispiel die fün Arbeitsschritte zur Vorbereitung und Durchführung einer Rede.

I INVENTIO
Stoff sammeln

- *Fragen stellen*

  Wer? Was? Wann? Wo? Wie? Warum? Welche Folgen?

- *Antworten sammeln*

Die Wette
- Vorgeschichte
- Thesen

Bärlachs Laufbahn
- ...
- ...

Gastmann
- Charakter
- kriminelle Laufbahn

Aufgaben eines Polizeibeamten

Alternative Handlungsmöglichkeiten

B – G private Beziehung

Moralische Beurteilung: Darf man so handeln?

II DISPOSITIO
Stoff auswählen und gliedern

- *Material sichten*

  Was ist relevant in Bezug auf das Thema?

  Welche Anordnung der Argumente ist sinnvoll?

- *Steigernd anordnen*

  Beispiel:
  Bärlach als Privatmann: Lebensgeschichte – Handeln nachvollziehbar

  Bärlach als Polizist: Vertreter der staatlichen Ordnung – Handeln fragwürdig

  Bärlach als Vorbild für menschliches Handeln im Allgemeinen

- *Dialektisch anordnen*

  Beispiel:

  Bärlachs Dilemma:
  Einen Verbrecher davonkommen lassen oder die Pflicht verletzen?

III ELOCUTIO
Die Rede ausarbeiten

- *Anfang und Schluss bedenken*

  Der erste Eindruck zählt – das Interesse der Zuhörer gewinnen und das Ziel der Argumentation im Auge behalten.

  Beispiel:
  „Stellen Sie sich vor, Ihr Ehemann, gnädige Frau, oder Ihr Bruder, mein Herr, sei zu einer Geschäftsreise in den Nahen Osten aufgebrochen. Er hat seine junge Familie nur ungern zurückgelassen, aber die Geschäftslage seiner Firma ist schwierig und so stellt er sich der Herausforderung. Drei Tage später wird dieser Mann – Ihr Bruder, Ihr Mann – ertrunken aus dem Meer gezogen – Selbstmord, wie es heißt. „Das ist unmöglich!", denken Sie, doch es gibt niemanden, der das Gegenteil beweisen kann ...

- Welches Ziel verfolgt der Redner?
- Setze die Rede fort.

Ein Plädoyer im Fall Bärlach halten

- *Stilfiguren angemessen verwenden*

Stilfiguren, auch **rhetorische Figuren** genannt, dienen der Veranschaulichung und Verstärkung von Aussagen. Sie sollen zudem die Aufmerksamkeit des Publikums erhöhen.

Beispiele:

Bärlach ist Beamter, er ist Polizeibeamter, er ist Polizeibeamter der Schweiz ...

Tschanz, ein kleines Rädchen im Getriebe der Berner Polizei, ...

Ist Bärlach ein Held, der sein eigenes Leben opfert, oder ein Verbrecher, der das Leben anderer opfert?

- Ordnet die Beispiele den im Folgenden genannten Stilfiguren zu: Antithese, Metapher, Klimax.
- Besprecht die beabsichtigte Wirkung.
- Informiert euch über weitere Stilfiguren.

IV MEMORIA
Sich die Rede aneignen

- *Frei sprechen*

Die antiken Redner lehnten Manuskripte ab. Das, was der Redner sagen wollte, wusste er auswendig.

- *Den Vortrag eines Manuskripts planen*

Heutzutage werden öffentliche Reden meist vorgelesen. Auch das Vorlesen muss jedoch geplant und geübt werden. Dabei kann man das Manuskript mit entsprechenden Hinweisen versehen. So markiert man zum Beispiel Wörter oder Textstellen, die besonders betont werden sollen, oder notiert am Rand, ob eine Stelle leise (eindringlich) oder laut (Autorität ausstrahlend), langsam (nachdenklich-entwickelnd) oder schnell (mitreißend) vorgetragen werden soll.

V ACTIO
Die Rede halten

- *Sicher und entspannt stehen, ...*

z. B. indem man die Füße etwa hüftbreit nebeneinander aufsetzt.

- *Sich Zeit lassen, das Publikum zur Ruhe kommen lassen, ...*

z. B. indem man Blickkontakt herstellt und vor dem ersten Satz leise bis fünf zählt.

- *Das Publikum im Blick behalten*

„Natürlich zu sein, ist die schwierigste Pose, die man einnehmen kann."

Oscar Wilde (1854–1900)

- Probt die „Actio" in Kleingruppen.
- Wählt für Verteidigung und Anklage je zwei Hauptredner aus.
- Gebt den Rednern eine Rückmeldung. Berücksichtigt sowohl den Inhalt der Rede als auch die Präsentation.

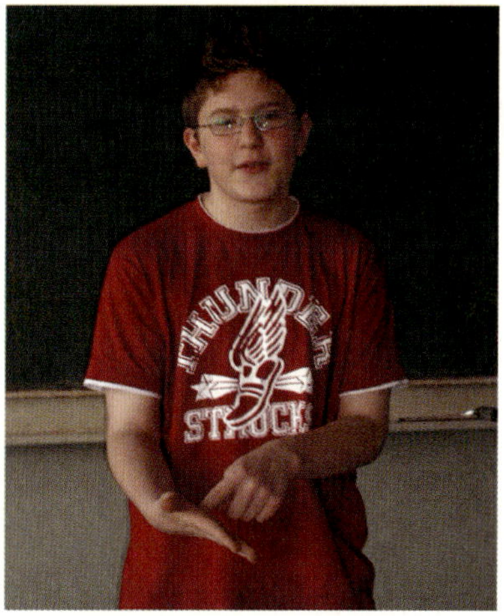

II. Verbrechen als „unerhörte Begebenheiten“

1. Wie wird ein Mensch zum Mörder, wie eine „Begebenheit“ zum Kunstwerk? – Die Novelle „Die Judenbuche“ erschließen

August von Haxthausen *war ein Onkel Annette von Droste-Hülshoffs und vor allem in seinen jungen Jahren sehr an Literatur interessiert. Der Kreis um die Familie Haxthausen steuerte zum Beispiel etliche Beiträge zur Märchensammlung der Brüder Grimm bei. In seinen späteren Lebensjahren machte sich Haxthausen einen Namen als Agrarwissenschaftler. Haxthausens „Geschichte eines Algierer-Sklaven“ erschien 1818 in einer Zeitschrift. Sie beruht auf Tatsachen und enthält außer den oben abgedruckten Passagen den Text eines Briefs, den der Geflohene aus algerischer Gefangenschaft an den Gutsherrn von Haxthausen geschrieben haben soll. Des Weiteren werden die Rückkehr des „Winkelhannes“ nach 24 Jahren und sein Tod geschildert.*

1 August von Haxthausen (1792 – 1866): Geschichte eines Algierer-Sklaven[1] [Auszug]

Der Bauernvogt von Ovenhausen im Bisthum Corvey, hatte im Herbst 1782 einen Knecht Hermann Winkelhannes, mit dem er, weil er ein tüchtiger, frischer Bursche, wohl zufrieden war. Dieser hatte bei dem Schutzjuden[2] Pinnes in Vörden Tuch zum Foerhemd ausgenommen, und als er wohl schon einige Zeit damit umhergegangen und der Jude ihn nun an die Bezahlung mahnt, so läugnet er, verdrießlich, das schon etwas abgetragene, und auch nicht einmal gut ausgefallene Tuch noch theuer bezahlen zu müssen, jenem keck ab, so hoch mit ihm übereingekommen zu seyn, vielmehr habe er die Elle zwei gute Groschen wohlfeiler accordirt[3], und nach manchem Hin- und Herreden sagt er zuletzt: „du verflogte Schinnerteven[4] von Jauden, du wust mi man bedreigen, eh ek di den halven Daler in den Rachen smite, well ek mi leiver den kleinen Finger med den Tännen[5] afbiten, un wann de mi noch mal kümmst, so schla ik di de Jacken so vull, dat du de Dage dines Levens an mi gedenken sast.“ Dem Juden bleibt also nichts anderes übrig, als ihn beim H...schen[6] Gericht, der Gutsherrschaft Hermanns zu verklagen. In der Zwischenzeit bis zum Gerichtstag hat sich dieser mit mehreren besprochen, und ist ihm von den Bauern, da es gegen einen Juden ging, gerathen worden, es darauf ankommen zu lassen; wie denn sein eigener Brotherr sich später ein Gewissen

---

1 Die hier niedergeschriebene Geschichte ist wörtlich wahr; viele hundert Leute in der Gegend, wo der Unglückliche lebte, können das bezeugen. [Diese Fußnote ist Teil des Originaltextes.]
2 der Schutzjude: Als Schutzjuden wurden ortsansässige Juden bezeichnet, die durch einen besonderen Schutzbrief oft zeitlich begrenzte Untertanenrechte erhielten.
3 accordieren (< lat. accordare = sich in Einklang befinden, versöhnen): vereinbaren, übereinkommen
4 der Schinnerteven (< niederdeutsch Schinner = Schinder, Abdecker; nd. Teven = Hund): im übertragenen Sinne „Ausbeuter“
5 med den Tännen (niederdeutsch): mit den Zähnen
6 H...schen: Haxthausen’schen

daraus gemacht hat, daß er ihm damals gesagt habe: „Ei wat wust du denn dat bethalen, eck schlöge ja leiver den Jauden vörm Kopp, dat hei den Himmel vor'n Dudelsack anseihe, et is ja man 'n Jaude!"
Aber am Morgen des Gerichtstages [am 10. Februar 1783] beschwor der Jude sein Annotirbuch[1], und da er außerdem unbescholten war, ward ihm der volle Preiß zugesprochen; da wollen Leute, die die Treppe herauf gingen, als Hermann von der Gerichtsstube herunter kam, gehört haben, dass er gesagt: „Töf, ek will di kalt maken!" von welchen Worten ihnen das Verständniß erst nach dem Morde geworden. [...]
Zwei Tage drauf des Nachmittags kommt die Frau des Schutzjuden Pinnes den Höxter'schen Weg herunter ins Dorf, schreiend und heulend: ihr Mann läge oben erschlagen im Heilgen Geist Holze [...]. Dann kam beim Gericht die Erinnerung an den Prozess[2] und bald die Aussage jener die gehört, dass Hermann unten an der Treppe gesagt: ek will di kalt maken. Da gab das Gericht Befehl ihn zu arretiren, und weil man hörte, er sei seit ein paar Tagen nicht mehr beim Voigt im Ovenhausen, sondern bei seinem Vater in Bellersen, so setzte sich der Drost[3] Freiherr H...n selbst mit einem Reitknecht zu Pferde, und ritt von der einen Seite ins Dorf, während von der andern Seite die Gerichtsdiener auf das Haus des alten Winkelhannes zukamen. Der aber erzählte, als man niemanden fand, sein Sohn sei schon seit voriger Nacht fort, er wisse nicht wohin. Das war aber unwahr, denn Hermann erzählte später selbst: er habe die Gerichtsdiener aufs Haus zukommen sehen, da sei er durchs Fenster in den Garten gesprungen und habe sich in die Vicebohnen[4] versteckt, und habe das Suchen alles gehört, wie es dann still geworden, dann ein Paar am Gartenzaun sich begegnet, und der eine gesagt: da häwwet se en! Worauf der andere: ach wat willt se'n häwwen, de is längest öwer alle Berge! [...]
Der Jude lag indeß auf der Todtenbahre und seine Wunden öffneten sich nicht mehr, um bei der Vorführung des Mörders zu bluten. Da kamen die Verwandten und Glaubensgenossen, ihn zum ehrlichen Begräbniß abzuholen und während der Rabbiner ihn in den Sarg legen [...] lässt, stehen der Bruder und ein paar andre Juden beim Drosten H..n und bitten ihn nach einiger Einleitung, „se hatten 'ne grause Bitte an er Gnoden." – Nun und worin besteht die? wendet der Drost ein. „Er Gnoden müssen's uns aber nich vor übel nehmen, da is der Baum wo unser Bruder bei erschlagen, da wöllten mer se bitten, ob se uns erlauben wollten in den Baum unsre Zeichen 'nein zu schneiden, mir wollens gerne bezohlen, fordern er Gnoden nur was se da vor haben wollen." – „O das thut in Gottesnahmen [!] so viel ihr nur wollt!" – „Nu mer wollen allen Schaden ersetzen, verkaufen se uns den Baum." – „Ach was, schreibt daran was ihr Lust habt, das

1. a) Gebt den Verlauf der Ereignisse in eigenen Worten wieder
b) Übersetzt die Dialekt-Passagen ins Standarddeutsche und vergleicht die Wirkung.

2. a) Besprecht, welche Absicht(en) August von Haxthausen mit der Veröffentlichung verfolgt haben könnte.
b) Annette von Droste-Hülshoff hat dieser Text zu ihrer Novelle *Die Judenbuche* angeregt. Überlegt, welche Elemente der Geschichte die Dichterin in den Mittelpunkt ihrer Novelle gestellt haben könnte.

---

[1] das Annotierbuch (< lat. annotare = kennzeichnen): Buch, in dem der Inhalt von etwas erläutert wird
[2] der Prozess: hier im Sinne von „Vorfall" zu verstehen
[3] der Drost: Vorsteher einer Drostei (Verwaltungsbezirk)
[4] Vicebohnen (< lat. vicia faba): Dicke Bohne, Saubohne

thut dem Baum weiter nichts. Aber was wollt ihr denn drein schneiden, dürft ihr das nicht sagen?", frägt der Drost zurück. „Ach wenn er Gnoden es nich vor übel nehmen wollten, da ist unser Rabbiner der soll da unsere Hebräischen Zeichen nein schneiden, dass der Mörder, den unser Gott finden werd, keines rechten Daudes sterben soll." (v 1818)

2 Carl Blechen (1798 – 1840): Waldlandschaft mit Wasserlauf und zwei Jägern

1. a) Sammelt Assoziationen zum Thema „Wald".

b) Beschreibt die Wirkung, die von der „Waldlandschaft" Carl Blechens ausgeht.

2. Besprecht, welche Rolle der Wald als Handlungsort in Erzählungen und Märchen spielt.

3 Annette von Droste-Hülshoff (1797 – 1848): Die Judenbuche [Novellenanfang]

Friedrich Mergel, geboren 1738, war der einzige Sohn eines sogenannten Halbmeiers oder Grundeigentümers geringerer Klasse im Dorfe B., das, so schlecht gebaut und rauchig es sein mag, doch das Auge jedes Reisenden fesselt durch die überaus malerische Schönheit seiner Lage in der grünen Waldschlucht eines bedeutenden und geschichtlich merkwürdigen Gebirges. Das Ländchen, dem es angehörte, war damals einer jener abgeschlossenen Erdwinkel ohne Fabriken und Handel, ohne Heerstraßen, wo noch ein fremdes Gesicht Aufsehen erregte und eine Reise von dreißig Meilen selbst den Vornehmeren zum Ulysses seiner Gegend machte – kurz, ein Fleck, wie es deren sonst so viele in Deutschland gab, mit all den Mängeln und Tugenden, all der Originalität und Beschränktheit, wie sie nur in solchen Zuständen gedeihen. Unter höchst einfachen und häufig unzulänglichen Gesetzen waren die Begriffe der Einwohner von Recht und Unrecht einigermaßen in Verwirrung geraten, oder vielmehr, es hatte sich neben dem gesetzlichen ein zweites Recht gebildet, ein Recht der öffentlichen Meinung, der Gewohnheit und der durch Vernachlässigung entstandenen Verjährung. Die Gutsbesitzer, denen die niedere Gerichtsbarkeit zustand, straften und belohnten nach ihrer in den meisten Fällen redlichen Einsicht; der Untergebene tat, was ihm ausführbar und mit einem etwas weiteren Gewissen verträglich schien, und nur dem Verlierenden fiel es zuweilen ein, in alten staubichten Urkunden nachzuschlagen. – Es ist schwer, jene Zeit unparteiisch ins Auge zu fassen; sie ist seit ihrem Verschwinden entweder hochmütig getadelt oder albern gelobt worden, da den, der sie erlebte, zu viel teure Erinnerungen blenden und der Spätergeborene sie nicht begreift. So viel darf man indessen behaupten, dass die Form schwächer, der Kern fester, Vergehen häufiger, Gewissenlosigkeit seltener waren. Denn wer nach seiner Überzeugung handelt, und sei sie noch so mangelhaft, kann nie ganz zugrunde gehen, wogegen nichts seelentötender wirkt, als gegen das innere Rechtsgefühl das äußere Recht in Anspruch nehmen.

Ein Menschenschlag, unruhiger und unternehmender als alle seine Nachbarn, ließ in dem kleinen Staate, von dem wir reden, manches weit greller hervortreten als anderswo unter gleichen Umständen. Holz- und Jagdfrevel waren an der Tagesordnung, und bei den häufig vorfallenden Schlägereien hatte sich jeder selbst seines zerschlagenen Kopfes zu trösten. Da jedoch große und ergiebige Waldungen den Hauptreichtum des Landes ausmachten, ward allerdings scharf über die Forsten gewacht, aber weniger auf gesetzlichem Wege als in stets erneuten Versuchen, Gewalt und List mit gleichen Waffen zu überbieten. [...]

In diesen Umgebungen ward Friedrich Mergel geboren, in einem Hause, das durch die stolze Zugabe eines Rauchfangs und minder kleiner Glasscheiben die Ansprüche seines Erbauers, sowie durch seine gegenwärtige Verkommenheit die kümmerlichen Umstände des jetzigen Besitzers bezeugte.

Die Ehe der Eltern Friedrichs ist unglücklich; der Vater, ein haltloser Säufer, schlägt seine Frau und vernachlässigt seine Pflichten in Haus und Hof. Die Mutter, bei der Eheschließung noch zuversichtlich, den Lebenswandel ihres Mannes zum Guten wenden zu können, resigniert bald und weint bei der Geburt ihres ersten und einzigen Kindes. Trotz der widrigen Umstände gedeiht Friedrich gut, und er ist der einzige Mensch, dem sein gewalttätiger Vater freundlich und liebevoll begegnet. In Friedrichs neuntem Lebensjahr stirbt der Vater durch einen Unfall in einem unwegsamen Waldstück, dem

3. Die Novelle trägt den Untertitel „Ein Sittengemälde aus dem gebirgichten Westfalen“. Besprecht, welche Erwartungen dieser Titel weckt.

4. a) Stellt die Informationen über das „Ländchen“ und seine Bewohner (Z. 6–39) in Form einer Tabelle zusammen.

b) Informiert euch in Geschichtsbüchern über die politische und soziale Struktur (Nord-)Deutschlands um die Mitte des 18. Jahrhunderts. Bei dem im Text genannten Dorf B. handelt es sich um Bellersen, einen kleinen Ort in der Nähe von Paderborn.

***Annette von Droste-Hülshoff** wurde 1797 auf Schloss Hülshoff bei Münster (Westfalen) geboren. Die Familie gehörte altem katholischem Adel an und legte großen Wert auf die standesgemäße Erziehung Annettes und ihrer drei Geschwister. Das starke Interesse an Literatur und literarischer Betätigung, das Annette schon früh zeigte, wurde als unpassend erachtet, und sie durfte nichts unter ihrem Namen veröffentlichen. So blieb sie zu Lebzeiten weitgehend unbekannt. Dennoch hat sie zahlreiche Gedichte, Versepen und Erzählungen verfasst. Zu ihren bekanntesten Werken zählen die Ballade „Der Knabe im Moor“ und die Novelle „Die Judenbuche“. Die Dichterin, deren Leben von schweren Erkrankungen und schwierigen Beziehungen zu Familie und Freunden geprägt war, starb 1848 in Meersburg am Bodensee, wo sie einige Jahre bei ihrer verheirateten Schwester gelebt hatte.*

Brederwald, als er nach einer durchzechten Nacht betrunken nach Hause gehen will.

Als nach zwei Tagen die Leiche fortgetragen wurde, saß Margret am Herde, das Gesicht mit der Schürze verhüllend. Nach einigen Minuten, als alles still geworden war, sagte sie in sich hinein: „Zehn Jahre, zehn Kreuze. Wir haben sie doch zusammen getragen, und jetzt bin ich allein!“ Dann lauter: „Fritzchen, komm her!“ – Friedrich kam scheu heran; die Mutter war ihm ganz unheimlich geworden mit den schwarzen Bändern und den verstörten Zügen. „Fritzchen“, sagte sie, „willst du jetzt auch fromm sein, dass ich Freude an dir habe, oder willst du unartig sein und lügen, oder saufen und stehlen?“ – „Mutter, Hülsmeyer stiehlt.“ „Hülsmeyer? Gott bewahre! Soll ich dir auf den Rücken kommen? wer sagt dir so schlechtes Zeug?“ – „Er hat neulich den Aaron geprügelt und ihm sechs Groschen genommen.“ – „Hat er dem Aaron Geld genommen, so hatte ihn der verfluchte Jude gewiss zuvor darum betrogen. Hülsmeyer ist ein ordentlicher angesessener Mann, und die Juden sind alle Schelme.“ – „Aber, Mutter, Brandes sagt auch, dass er Holz und Rehe stiehlt.“ – „Kind, Brandes ist ein Förster.“ – „Mutter, lügen die Förster?“

Margret schwieg eine Weile, dann sagte sie: „Höre, Fritz, das Holz lässt unser Herrgott frei wachsen, und das Wild wechselt aus eines Herren Lande in das andere; die können niemandem gehören. Doch das verstehst du noch nicht; jetzt geh in den Schuppen und hole mir Reisig.“

Friedrich hatte seinen Vater auf dem Stroh gesehen, wo er, wie man sagt, blau und fürchterlich ausgesehen haben soll. Aber davon erzählte er nie und schien ungern daran zu denken. Überhaupt hatte die Erinnerung an seinen Vater eine mit Grausen gemischte Zärtlichkeit in ihm zurückgelassen, wie denn nichts so fesselt wie die Liebe und Sorgfalt eines Wesens, das gegen alles Übrige verhärtet scheint, und bei Friedrich wuchs dieses Gefühl mit den Jahren, durch das Gefühl mancher Zurücksetzung von Seiten anderer. Es war ihm äußerst empfindlich, wenn, solange er Kind war, jemand des Verstorbenen nicht allzu löblich gedachte; ein Kummer, den ihm das Zartgefühl der Nachbarn nicht ersparte. Es ist gewöhnlich in jenen Gegenden, den Verunglückten die Ruhe im Grabe abzusprechen. Der alte Mergel war das Gespenst des Brederholzes geworden; einen Betrunkenen führte er als Irrlicht bei einem Haar in den Zellerkolk (Teich); die Hirtenknaben, wenn sie nachts bei ihren Feuern kauerten und die Eulen in den Gründen schrien, hörten zuweilen in abgebrochenen Tönen ganz deutlich dazwischen sein: „Hör mal an, feins Liseken“, und ein unprivilegierter[1] Holzhauer, der unter der breiten Eiche eingeschlafen und dem es darüber Nacht geworden war, hatte beim Erwachen sein geschwollenes blaues Gesicht durch die Zweige lauschen sehen. Friedrich musste von andern

1 das Privileg (< lat. privilegium = Vorrecht): hier im Sinne von „unrechtmäßig“ zu verstehen – ironische Bezeichnung für einen Holzdieb

5. a) Stellt die Situation vor dem Herd durch szenisches Lesen dar. Achtet dabei auf die Körperhaltung und die Position zueinander und überlegt euch, in welchem Ton ihr sprechen wollt.

b) Diskutiert Margrets Verhalten. Berücksichtigt dabei sowohl euer persönliches Empfinden als auch die Erkenntnisse, die ihr in Aufgabe 2 a) erarbeitet habt.

6. Ersetzt den Satz „Friedrich musste ... jämmerlich verprügelt“ (Z. 83–86) durch eine ausführlichere Beschreibung der Szene. Verwendet sowohl wörtliche Rede für den Streit der Jungen als auch kommentierenden Text für den Erzähler. Achtet darauf, euren Text stilistisch der Vorlage anzupassen.

Knaben vieles darüber hören; dann heulte er, schlug um sich, stach auch einmal mit seinem Messerchen und wurde bei dieser Gelegenheit jämmerlich verprügelt. Seitdem trieb er seiner Mutter Kühe allein an das andere Ende des Tales, wo man ihn oft stundenlang in derselben Stellung im Grase liegen und den Thymian aus dem Boden rupfen sah. (v 1842)

4 Annette von Droste-Hülshoff: Die Judenbuche [Auszug] – Friedrich und Simon Semmler –

Er war zwölf Jahre alt, als seine Mutter einen Besuch von ihrem jüngeren Bruder erhielt, der in Brede wohnte und seit der törichten Heirat seiner Schwester ihre Schwelle nicht betreten hatte. Simon Semmler war ein kleiner, unruhiger, magerer Mann mit vor dem Kopf liegenden Fischaugen und überhaupt einem Gesicht wie ein Hecht, ein unheimlicher Geselle, bei dem dicktuende Verschlossenheit oft mit ebenso gesuchter Treuherzigkeit wechselte, der gern einen aufgeklärten Kopf vorgestellt hätte und stattdessen für einen fatalen, Händel suchenden Kerl galt, dem jeder umso lieber aus dem Wege ging, je mehr er in das Alter trat, wo ohnehin beschränkte Menschen leicht an Ansprüchen gewinnen, was sie an Brauchbarkeit verlieren. Dennoch freute sich die arme Margret, die sonst keinen der Ihrigen mehr am Leben hatte.

Simon Semmler, selbst unverheiratet und kinderlos, überredet seine Schwester, ihm Friedrich als Gehilfen zu überlassen. Dafür soll der Junge ihn später beerben. Auf dem Weg zu Simons Hof kommen Onkel und Neffe durch das Brederholz und Simon weist den zutiefst erschrockenen Friedrich auf brutale Weise auf die Stelle hin, wo sein Vater „ohne Buße und Ölung zum Teufel gefahren" sei. Am nächsten Abend kehrt Friedrich nach Hause zurück, in Begleitung eines vernachlässigt und zurückgeblieben wirkenden Kindes in seinem Alter, das ihm zudem ähnlich sieht.

Margret stand ganz still und ließ die Kinder gewähren. Ihre Gedanken hatten eine andere, sehr ernste Richtung genommen, und sie blickte mit unruhigem Auge von einem auf den andern. Der fremde Knabe hatte sich wieder über die Kohlen gebeugt mit einem Ausdruck augenblicklichen Wohlbehagens, der an Albernheit grenzte, während in Friedrichs Zügen der Wechsel eines offenbar mehr selbstischen als gutmütigen Mitgefühls spielte und sein Auge in fast glasartiger Klarheit zum ersten Male bestimmt den Ausdruck jenes ungebändigten Ehrgeizes und Hanges zum Großtun zeigte, der nachher als so starkes Motiv seiner meisten Handlungen hervortrat. Der Ruf seiner Mutter störte ihn aus Gedanken, die ihm ebenso neu als angenehm waren. Sie saß wieder am Spinnrad. „Friedrich", sagte sie zögernd, „sag einmal –" und schwieg dann. Friedrich sah auf und wandte sich, da er nichts weiter vernahm, wieder zu seinem Schützling. „Nein, höre –" und dann leiser: „Was ist das für ein Junge? wie heißt er?" –

1. Fertigt nach der Beschreibung von Simon Semmler (Z. 3–5) Zeichnungen an oder sucht in Zeitschriften nach passenden Gesichtern.

2. a) Analysiere den Satzbau von Z. 3 bis Z. 11: „Simon Semmler ... Brauchbarkeit verlieren".

b) Formuliere den Inhalt des Satzes in eigenen Worten.

3. a) Übertrage die Beschreibung von Friedrichs Gesichtsausdruck (Z. 17–22) in eine moderne Sprache.

b) Friedrich hängt Gedanken nach, „die ihm ebenso neu als angenehm waren" (Z. 22 f.). Verfasse diesen inneren Monolog.

4. Stelle Margrets inneren Konflikt mithilfe einer Tabelle dar: Schreibe in die eine Spalte Gedanken, die gegen Simon (und den Kontakt mit ihm) sprechen, in die andere Gedanken, die für ihn (und den Kontakt mit ihm) sprechen.

5. Stelle dir vor, ein Sozialarbeiter unserer Zeit bekäme den Fall Friedrich Mergel zugeteilt und hätte nach seinen Recherchen einen Bericht für seine Behörde abzufassen:

Schreibe einen Bericht, der folgende Abschnitte enthält:

- Geburt und frühe Kindheit,
- aktuelle familiäre Situation,
- Bildungsstand,
- Prognose des weiteren Werdegangs.

Nutzt für euren Bericht auch die Informationen aus dem Sachtext „Die Moralentwicklung von Kindern" S. 110 f.)

L **Erzählen und Erzähler**

Ein gemeinsames Merkmal erzählender Texte ist ihre Grundsituation: Ein Erzähler vermittelt einem Leser eine erzählte Welt. Diese wird im Gegensatz zur Realität auch als **Fiktion** bezeichnet. Das Verhältnis des Lesers zur erzählten Welt wird durch das Erzählverhalten entscheidend bestimmt: Es kann in **Ich-** oder in **Er-/Sie-Form** erzählt werden und unabhängig davon können verschiedene Formen des **Erzählverhaltens** unterschieden werden:

- Beim **auktorialen Erzählverhalten** „beherrscht" ein allwissender Erzähler das äußere und innere Geschehen, lenkt den Leser und prägt sein Bild. Der Erzähler lässt seine eigene Meinung, seine Überlegungen und Kommentare einfließen.
- Beim **personalen Erzählverhalten** wird das Geschehen aus der eingeschränkten Perspektive einer Figur des Romans (oder mehrerer Figuren) präsentiert.
- Beim **neutralen Erzählverhalten** ist weder ein den Leser lenkender und kommentierender Erzähler erkennbar noch wird aus der Sicht einer Figur erzählt. Stattdessen wird der Eindruck von Objektivität erweckt, indem sachliche Schilderungen gegeben oder Gespräche der Figuren protokollartig wiedergegeben werden, ohne dass sich der Erzähler bemerkbar macht.

Friedrich antwortete ebenso leise: „Das ist des Ohms Simon Schweinehirt, der eine Botschaft an den Hülsmeyer hat. Der Ohm hat mir ein paar Schuhe und eine Weste von Drillich gegeben, die hat mir der Junge unterwegs getragen; dafür hab ich ihm meine Violine versprochen; er ist ja doch ein armes Kind; Johannes heißt er." – „Nun?", sagte Margret. „Was willst du, Mutter?" – „Wie heißt er weiter?" – „Ja weiter nicht – oder warte – doch: Niemand, Johannes Niemand heißt er. – Er hat keinen Vater", fügte er leiser hinzu.
Margret stand auf und ging in die Kammer. Nach einer Weile kam sie heraus mit einem harten, finstern Ausdruck in den Mienen. „So, Friedrich", sagte sie, „lass den Jungen gehen, dass er seine Bestellung machen kann. – Junge, was liegst du da in der Asche? Hast du zu Hause nichts zu tun?" – Der Knabe raffte sich mit der Miene eines Verfolgten so eilfertig auf, dass ihm alle Glieder im Wege standen und die Holzschenvioline[1] bei einem Haar ins Feuer gefallen wäre. – „Warte, Johannes", sagte Friedrich stolz, „ich will dir mein halbes Butterbrot geben, es ist mir doch zu groß, die Mutter schneidet alle Mal übers ganze Brot." „Lass doch", sagte Margret, „er geht ja nach Hause." „Ja, aber er bekommt nichts mehr; Ohm Simon isst um 7 Uhr." Margret wandte sich zu dem Knaben: „Hebt man dir nichts auf? Sprich, wer sorgt für dich?" – „Niemand", stotterte das Kind. – „Niemand?", wiederholte sie; „da nimm, nimm!", fügte sie heftig hinzu; „du heißt Niemand und niemand sorgt für dich! Das sei Gott geklagt! Und nun mach dich fort! Friedrich, geh nicht mit ihm, hörst du, geht nicht zusammen durchs Dorf." „Ich will ja nur Holz holen aus dem Schuppen", antwortete Friedrich. – Als beide Knaben fort waren, warf sich Margret auf einen Stuhl und schlug die Hände mit dem Ausdruck des tiefsten Jammers zusammen. Ihr Gesicht war bleich wie ein Tuch. „Ein falscher Eid, ein falscher Eid!", stöhnte sie. „Simon, Simon, wie willst du vor Gott bestehen!"
So saß sie eine Weile, starr mit geklemmten Lippen, wie in völliger Geistesabwesenheit. Friedrich stand vor ihr und hatte sie schon zweimal angeredet. „Was ist's? Was willst du?", rief sie auffahrend. – „Ich bringe Euch Geld", sagte er, mehr erstaunt als erschreckt. – „Geld, wo?" Sie regte sich, und die kleine Münze fiel klingend auf den Boden. Friedrich hob sie auf. „Geld vom Ohm Simon, weil ich ihm habe arbeiten helfen. Ich kann mir nun selber was verdienen." – „Geld vom Simon? wirf's fort, fort! – nein, gib's den Armen. Doch nein, behalt's", flüsterte sie kaum hörbar; „wir sind selber arm; wer weiß, ob wir bei dem Betteln vorbeikommen!" – „Ich soll Montag wieder zum Ohm und ihm bei der Einsaat helfen." – „Du wieder zu ihm? nein, nein, nimmermehr!" – Sie umfasste ihr Kind mit Heftigkeit. – „Doch", fügte sie hinzu, und ein Tränenstrom stürzte ihr plötzlich über die eingefallenen Wangen; „geh, er ist mein einziger Bruder, und die Verleum-

[1] die Holzschenvioline: einfaches Musikinstrument aus einem alten Holzschuh, über dessen Öffnung Saiten gespannt werden

dung ist groß! Aber halt Gott vor Augen und vergiss das tägliche Gebet nicht!“

Margret legte das Gesicht an die Mauer und weinte laut. Sie hatte manche harte Last getragen, ihres Mannes üble Behandlung, noch schwerer seinen Tod, und es war eine bittere Stunde, als die Witwe das letzte Stück Ackerland einem Gläubiger zur Nutznießung überlassen musste und der Pflug vor ihrem Hause stille stand. Aber so war ihr nie zu Mute gewesen; dennoch, nachdem sie einen Abend durchgeweint, eine Nacht durchwacht hatte, war sie dahin gekommen zu denken, ihr Bruder Simon könne so gottlos nicht sein, der Knabe gehöre gewiss nicht ihm, Ähnlichkeiten wollen nichts beweisen. Hatte sie doch selbst vor vierzig Jahren ein Schwesterchen verloren, das genau dem fremden Hechelkrämer glich. Was glaubt man nicht gern, wenn man so wenig hat und durch Unglauben dies wenige verlieren soll!

Von dieser Zeit an war Friedrich selten mehr zu Hause. Simon schien alle wärmeren Gefühle, deren er fähig war, dem Schwestersohn zugewendet zu haben; wenigstens vermisste er ihn sehr und ließ nicht nach mit Botschaften, wenn ein häusliches Geschäft ihn auf einige Zeit bei der Mutter hielt. Der Knabe war seitdem wie verwandelt, das träumerische Wesen gänzlich von ihm gewichen, er trat fest auf, fing an, sein Äußeres zu beachten und bald in den Ruf eines hübschen, gewandten Burschen zu kommen. [...]

In seinem achtzehnten Jahre hatte Friedrich sich bereits einen bedeutenden Ruf in der jungen Dorfwelt gesichert durch den Ausgang einer Wette, infolge deren er einen erlegten Eber über zwei Meilen weit auf seinem Rücken trug, ohne abzusetzen. Indessen war der Mitgenuss des Ruhms auch so ziemlich der einzige Vorteil, den Margret aus diesen günstigen Umständen zog, da Friedrich immer mehr auf sein Äußeres verwandte und allmählich anfing, es schwer zu verdauen, wenn Geldmangel ihn zwang, irgendjemand im Dorf darin nachzustehen. Zudem waren alle seine Kräfte auf den auswärtigen Erwerb gerichtet; zu Hause schien ihm, ganz im Widerspiel mit seinem sonstigen Rufe, jede anhaltende Beschäftigung lästig, und er unterzog sich lieber einer harten, aber kurzen Anstrengung, die ihm bald erlaubte, seinem früheren Hirtenamte wieder nachzugehen, was bereits begann, seinem Alter unpassend zu werden, und ihm gelegentlichen Spott zuzog, vor dem er sich aber durch ein paar derbe Zurechtweisungen mit der Faust Ruhe verschaffte. So gewöhnte man sich daran, ihn bald geputzt und fröhlich als anerkannten Dorfelegant an der Spitze des jungen Volkes zu sehen, bald wieder als zerlumpten Hirtenbuben einsam und träumerisch hinter den Kühen herschleichend oder in einer Waldlichtung liegend, scheinbar gedankenlos und das Moos von den Bäumen rupfend.

6. a) Beschreibt das Erzählverhalten in der Novelle anhand folgender Textabschnitte. Nutzt dafür die Sachinformation auf der Seite 102.
- Text 3, Z. 1–39: „Friedrich Mergel ...“ bis „... überbieten.“
- Text 3, Z. 45–64: „Als nach zwei Tagen ...“ bis „... hole mir Reisig.“
- Text 4, Z. 71–82: „Margret legte ...“ bis „... verlieren soll!“

b) Besprecht die Wirkung des jeweiligen Erzählverhaltens.

5 Franz von Lenbach (1836 – 1904): Hirtenknabe

1. Beschreibt Inhalt und Darstellungsweise des Bildes von Franz von Lenbach.

2. Besprecht, welche Rolle das „Hirtenamt" (vgl. Text 4, Z. 102) für Friedrich spielt.

6 Annette von Droste-Hülshoff: Die Judenbuche [Auszug] – Die Beichte –

In Friedrichs achtzehntem Lebensjahr treibt eine besonders rabiate Bande von Holzfrevlern ihr Unwesen in den Wäldern des Landes. Als eines Tages der Förster Brandes, der die Bande verfolgt hat, erschlagen im Brederholz aufgefunden wird, verdächtigt man Friedrich aufgrund seines unsteten Lebenswandels der Tat. Tatsächlich ist dieser dem Förster noch kurz vor dessen Tod im Brederholz begegnet und mit ihm in Streit geraten. Infolge der Auseinandersetzung hat er dem Förster einen falschen Weg gewiesen, so dass dieser nicht zurück zu seinen Gehilfen, sondern in die Arme der gewaltbereiten Holzfrevler gelaufen ist. Als die Ermittlungen im Mordfall des Försters Brandes eingeleitet werden, kann Friedrich für die Tatzeit ein Alibi vorweisen und der Mord bleibt unaufgeklärt.

Am nächsten Sonntage stand Friedrich sehr früh auf, um zur Beichte zu gehen. Es war Mariä Himmelfahrt und die Pfarrgeistlichen schon vor Tagesanbruch im Beichtstuhle. Nachdem er sich im Finstern angekleidet, verließ er so geräuschlos wie möglich den engen Verschlag, der ihm in Simons Hause eingeräumt war. In der Küche musste sein Gebetbuch auf dem Sims liegen, und er hoffte, es mithilfe des schwachen Mondlichts zu finden; es war nicht da. Er warf die Augen suchend umher und fuhr zusammen; in der Kammertür stand Simon, fast unbekleidet; seine dürre

Gestalt, sein ungekämmtes, wirres Haar und die vom Mondschein verursachte Blässe des Gesichts gaben ihm ein schauerlich verändertes Ansehen. „Sollte er nachtwandeln?“, dachte Friedrich, und verhielt sich ganz still. – „Friedrich, wohin?“, flüsterte der Alte. „Ohm, seid Ihr's? Ich will beichten gehen.“ „Das dacht' ich mir; geh in Gottes Namen, aber beichte wie ein guter Christ.“ – „Das will ich“, sagte Friedrich. – „Denk an die zehn Gebote: du sollst kein Zeugnis ablegen gegen deinen Nächsten.“ – „Kein falsches!“ – „Nein, gar keines; du bist schlecht unterrichtet, wer einen andern in der Beichte anklagt, der empfängt das Sakrament unwürdig.“
Beide schwiegen. – „Ohm, wie kommt Ihr darauf?“, sagte Friedrich dann; „Eu'r Gewissen ist nicht rein; Ihr habt mich belogen.“ – „Ich? so?“ – „Wo ist Eure Axt?“ – „Meine Axt? Auf der Tenne.“ – „Habt Ihr einen neuen Stiel hineingemacht, wo ist der alte?“ – „Den kannst du heute bei Tage im Holzschuppen finden. Geh“, fuhr er verächtlich fort, „ich dachte, du seist ein Mann; aber du bist ein altes Weib, das gleich meint, das Haus brennt, wenn ihr Feuertopf raucht. Sieh“, fuhr er fort, „wenn ich mehr von der Geschichte weiß als der Türpfosten da, so will ich ewig nicht selig werden. Längst war ich zu Haus“, fügte er hinzu. – Friedrich stand beklemmt und zweifelnd. Er hätte viel darum gegeben, seines Ohms Gesicht sehen zu können. Aber während sie flüsterten, hatte der Himmel sich bewölkt.
„Ich habe schwere Schuld“, seufzte Friedrich, „dass ich ihn den unrechten Weg geschickt – obgleich – doch, dies hab ich nicht gedacht; nein, gewiss nicht. Ohm, ich habe Euch ein schweres Gewissen zu danken.“ – „So geh, beicht!“, flüsterte Simon mit bebender Stimme; „verunehre das Sakrament durch Angeberei und setze armen Leuten einen Spion auf den Hals, der schon Wege finden wird, ihnen das Stückchen Brot aus den Zähnen zu reißen, wenn er gleich nicht reden darf – geh!“ Friedrich stand unschlüssig; er hörte ein leises Geräusch; die Wolken verzogen sich, das Mondlicht fiel wieder auf die Kammertür: sie war geschlossen. Friedrich ging an diesem Morgen nicht zur Beichte.

7 Annette von Droste-Hülshoff: Die Judenbuche [Auszug] – Die Hochzeit –

Vier Jahre nach dem oben geschilderten Ereignis findet im Dorf ein Hochzeitsfest statt, an dem das ganze Dorf teilnimmt.

[...] Friedrich stolzierte umher wie ein Hahn, im neuen himmelblauen Rock, und machte sein Recht als erster Elegant geltend. Als auch die Gutsherrschaft anlangte, saß er gerade hinter der Bassgeige und strich die tiefste Saite mit großer Kraft und vielem Anstand.
„Johannes!“, rief er gebieterisch, und heran trat sein Schützling von dem Tanzplatze, wo er auch seine ungelenken Beine zu schlenkern und eins zu

1. Tragt den Dialog zwischen Friedrich und Simon in Form einer szenischen Lesung vor.

2. a) Gestaltet zu Z. 35: „Friedrich stand unschlüssig“ einen inneren Monolog (Ich-Form) oder einen Abschnitt in erlebter Rede (Er-Form; Bsp: *Sollte er nun beichten gehen oder nicht?*

b) Vergleicht die Wirkungen von innerem Monolog beziehungsweise erlebter Rede.

L Die erlebte Rede

Die erlebte Rede ist eine besondere Darstellungsform für die Wiedergabe der Gedanken einer Person. Sie ist eine **Mischform** zwischen **direkter** und **indirekter Rede**.

Beispiel:

Direkte Rede	**Indirekte Rede**	**Erlebte Rede**
Ich-Form, Indikativ Präsens	Er-Form, Konjunktiv Präsens	Er/Sie-Form, Indikativ Präteritum
„Soll ich nun zur Beichte gehen oder nicht?“, fragte sich Friedrich.	Friedrich fragte sich, ob er zur Beichte gehen *solle*.	*Sollte* er zur Beichte gehen?

Wilhelm Leibl (1844–1900): Das ungleiche Paar

jauchzen versucht hatte. Friedrich reichte ihm den Bogen, gab durch eine stolze Kopfbewegung seinen Willen zu erkennen und trat zu den Tanzenden. „Nun lustig, Musikanten: den Papen von Istrup!“ – Der beliebte Tanz ward gespielt, und Friedrich machte Sätze vor den Augen seiner Herrschaft, dass die Kühe an der Tenne die Hörner zurückzogen und Kettengeklirr und Gebrumm an ihren Ständern herlief. Fußhoch über die anderen tauchte sein blonder Kopf auf und nieder, wie ein Hecht, der sich im Wasser überschlägt; an allen Enden schrien Mädchen auf, denen er zum Zeichen der Huldigung mit einer raschen Kopfbewegung sein langes Flachshaar ins Gesicht schleuderte.

„Jetzt ist es gut!“, sagte er endlich und trat schweißtriefend an den Kredenztisch; „die gnädigen Herrschaften sollen leben und alle die hochadeligen Prinzen und Prinzessinnen, und wer's nicht mittrinkt, den will ich an die Ohren schlagen, dass er die Engel singen hört!“ – Ein lautes Vivat beantwortete den galanten Toast. – Friedrich machte seinen Bückling. – „Nichts für ungut, gnädige Herrschaften; wir sind nur ungelehrte Bauersleute!“ In diesem Augenblick erhob sich ein Getümmel am Ende der Tenne, Geschrei, Schelten, Gelächter, alles durcheinander. „Butterdieb, Butterdieb!“, riefen ein paar Kinder, und heran drängte sich, oder vielmehr ward geschoben, Johannes Niemand, den Kopf zwischen die Schultern ziehend und mit aller Macht nach dem Ausgange strebend. – „Was ist's? was habt ihr mit unserem Johannes?“, rief Friedrich gebieterisch.

„Das sollt Ihr früh genug gewahr werden“, keuchte ein altes Weib mit der Küchenschürze und einem Wischhader in der Hand. – Schande! Johannes, der arme Teufel, dem zu Hause das Schlechteste gut genug sein musste, hatte versucht, sich ein halbes Pfündchen Butter für die kommende Dürre zu sichern, und ohne daran zu denken, dass er es, sauber in sein Schnupftuch gewickelt, in der Tasche geborgen, war er ans Küchenfeuer getreten, und nun rann das Fett schmählich die Rockschöße entlang. Allgemeiner Aufruhr; die Mädchen sprangen zurück, aus Furcht, sich zu beschmutzen, oder stießen den Delinquenten[1] vorwärts. Andere machten Platz, sowohl aus Mitleid als Vorsicht. Aber Friedrich trat vor: „Lumpenhund!“, rief er; ein paar derbe Maulschellen[2] trafen den geduldigen Schützling; dann stieß er ihn an die Tür und gab ihm einen tüchtigen Fußtritt mit auf den Weg. Er kehrte niedergeschlagen zurück; seine Würde war verletzt, das allgemeine Gelächter schnitt ihm durch die Seele, ob er sich gleich durch einen tapfern Juchheschrei wieder in den Gang zu bringen suchte – es wollte nicht mehr recht gehen. Er war im Begriff, sich wieder hinter die Bassviole[3] zu flüchten; doch zuvor noch ein Knalleffekt: er zog seine silberne Taschen-

[1] der Delinquent (< lat. delinquens, Part. Präs. zu delinquere = sich vergehen, einen Fehltritt begehen): Übeltäter

[2] die Maulschelle: Ohrfeige

[3] die Bassviole: Kontrabass

uhr hervor, zu jener Zeit ein seltener und kostbarer Schmuck. „Es ist bald zehn“, sagte er. „Jetzt den Brautmenuett[1]! Ich will Musik machen.“
„Eine prächtige Uhr!“, sagte der Schweinehirt und schob sein Gesicht in ehrfurchtsvoller Neugier vor. „Was hat sie gekostet?“, rief Wilm Hülsmeyer, Friedrichs Nebenbuhler. – „Willst du sie bezahlen?“, fragte Friedrich. – „Hast *du* sie bezahlt?“, antwortete Wilm. Friedrich warf einen stolzen Blick auf ihn und griff in schweigender Majestät zum Fidelbogen. – „Nun, nun“, sagte Hülsmeyer, „dergleichen hat man schon erlebt. Du weißt wohl, der Franz Ebel hatte auch eine schöne Uhr, bis der Jude Aaron sie ihm wieder abnahm.“ – Friedrich antwortete nicht, sondern winkte stolz der ersten Violine, und sie begann aus Leibeskräften zu streichen.
Die Gutsherrschaft war indessen in die Kammer getreten, wo der Braut von den Nachbarfrauen das Zeichen ihres neuen Standes, die weiße Stirnbinde, umgelegt wurde. Das junge Blut weinte sehr, teils weil es die Sitte so wollte, teils aus wahrer Beklemmung. Sie sollte einem verworrenen Haushalt vorstehen, unter den Augen eines mürrischen alten Mannes, den sie noch obendrein lieben sollte. Er stand neben ihr, durchaus nicht wie der Bräutigam des Hohenliedes[2], der „in die Kammer tritt wie die Morgensonne“. – „Du hast nun genug geweint“, sagte er verdrießlich; „bedenk, du bist es nicht, die mich glücklich macht, ich mache dich glücklich!“ – Sie sah demütig zu ihm auf und schien zu fühlen, dass er Recht habe. – Das Geschäft war beendigt; die junge Frau hatte ihrem Manne zugetrunken, junge Spaßvögel hatten durch den Dreifuß geschaut, ob die Binde gerade sitze, und man drängte sich wieder der Tenne zu, von wo unauslöschliches Gelächter und Lärm herüberschallte. Friedrich war nicht mehr dort. Eine große, unerträgliche Schmach hatte ihn getroffen, da der Jude Aaron, ein Schlächter und gelegentlicher Althändler aus dem nächsten Städtchen, plötzlich erschienen war und nach einem kurzen, unbefriedigenden Zwiegespräch ihn laut und vor allen Leuten um den Betrag von zehn Talern für eine schon um Ostern gelieferte Uhr gemahnt hatte. Friedrich war wie vernichtet fortgegangen und der Jude ihm gefolgt, immer schreiend: „O weh mir, warum hab ich nicht gehört auf vernünftige Leute! Haben sie mir nicht hundert Mal gesagt, Ihr hättet all Eu’r Gut am Leibe und kein Brot im Schranke!“ – Die Tenne tobte von Gelächter; manche hatten sich auf den Hof nachgedrängt. – „Packt den Juden! wiegt ihn gegen ein Schwein!“, riefen einige; andere waren ernst geworden. – „Der Friedrich sah so blass aus wie ein Tuch“, sagte eine alte Frau, und die Menge teilte sich, wie der Wagen des Gutsherrn in den Hof lenkte.

1. Stellt den Verlauf des Hochzeitsfestes in Form einer Grafik dar, die äußere und innere Handlung berücksichtigt.

---

1 das Menuett (von Friedrich hier fälschlich mit männlichem Artikel verwendet): Gesellschaftstanz im 3/4-Takt

2 das Hohelied: Buch des Alten Testaments, Sammlung von Liebes- und Hochzeitsliedern

8 Standbild: Friedrich „als erster Elegant"

2. a) Besprecht, inwieweit das Standbild euren Vorstellungen von Friedrichs Auftreten beim Hochzeitsfest (Text 7) entspricht.

b) Wählt weitere Textstellen aus Text 7 aus und stellt in eigenen Standbildern Friedrichs Verhalten dar.

9 Annette von Droste-Hülshoff: Die Judenbuche [Novellenschluss]

Drei Tage darauf wird der Jude Aaron an einer Buche im Brederholz erschlagen aufgefunden. Als man jedoch Friedrich verhaften will, ist dieser bereits mit Johannes über die Landesgrenze entflohen. Die Juden der Umgegend erwirken gegen eine Zahlung von zweihundert Talern beim Gutsherrn, dass die Buche, unter der der Mord geschehen ist, eine Inschrift erhält und nicht gefällt werden darf. Der Baum wird fortan „Judenbuche" genannt.
Achtundzwanzig Jahre später taucht am Weihnachtsabend ein gebrechlicher alter Mann im Dorf B. auf, der sich als Johannes Niemand ausgibt. Er erzählt die Geschichte der Flucht, die nach einigen Zwischenstationen in ein 26-jähriges Sklavendasein in der Türkei geführt hat. Auf einem holländischen Schiff aus der Türkei zurückgekehrt, ist er schließlich in die Freiheit entlassen worden.
In B. verdient er sich sein Gnadenbrot mit dem Schnitzen von Holzlöffeln und der Erledigung von Botengängen. Als er eines Tages abermals verschwunden ist, bleibt die Suche zunächst erfolglos. Zwei Wochen später findet der junge Förster Brandes den Vermissten erhängt an der „Judenbuche". Der rasch herbeigeholte Gutsherr meint den Toten zu erkennen.

„Mein Gott!", sagte er; er beugte sich wieder über die Leiche, betrachtete die Narbe mit großer Aufmerksamkeit und schwieg eine Weile in tiefer Erschütterung. Dann wandte er sich zu den Förstern: „Es ist nicht recht, dass der Unschuldige für den Schuldigen leide; sagt es nur allen Leuten: der da" – er deutete auf den Toten „war Friedrich Mergel." – Die Leiche ward auf dem Schindanger verscharrt.
Dies hat sich nach allen Hauptumständen wirklich so begeben im September des Jahres 1789. Die hebräische Inschrift an dem Baume heißt: „Wenn du dich diesem Orte nahest, so wird es dir ergehen, wie du mir getan hast."

3. a) Besprecht den Schluss der Novelle: Welche Fragen erscheinen euch geklärt, welche bleiben offen?
b) Vergleicht den Schluss mit den Schlüssen der Kriminalerzählungen von Dorothy L. Sayers (S. 75 f.) und Friedrich Dürrenmatt (S. 86 ff.).

4. Untersucht, welche Elemente der Novelle sich anhand der abgedruckten Textauszüge bei der „Judenbuche" feststellen lassen.

Die Novelle

Erinnert euch:
Die **Novelle** (< ital. novella = Neuigkeit) ist eine kürzere Erzählung in Prosaform. Sie enthält einen zentralen Konflikt, den Goethe als „eine sich ereignete unerhörte Begebenheit" definiert hat. Formal bringt dies eine zielgerichtete, straffe, meist einlinige Handlungsführung mit Höhe- und Wendepunkten mit sich. Ein weiteres Kennzeichen von Novellen sind Mittel der Vorausdeutung bzw. der Verklammerung von Handlungselementen durch Leitmotive und Dingsymbole.

Mehrdeutigkeit von Literatur

Eines der wichtigsten Kennzeichen erzählender Literatur – im Gegensatz zu Sachtexten – ist ihre Mehrdeutigkeit. Bereits auf der Ebene des Textes sind häufig mehrere Deutungen einer Situation oder eines Charakters möglich: Ist Friedrich Mergel nun der Mörder des Juden Aaron gewesen oder nicht? Darüber hinaus ergeben sich zahlreiche Deutungsmöglichkeiten, wenn man textexterne Aspekte heranzieht: Ist *Die Judenbuche* in erster Linie christlich-religiös zu deuten? Oder ist die Novelle eher unter sozialhistorisch-psychologischem Blickwinkel zu lesen? (Vgl. dazu auch S. 110 ff.)

10 Annette von Droste-Hülshoff: Die Judenbuche [Vorspruch]

Wo ist die Hand so zart, dass ohne Irren
Sie sondern mag beschränkten Hirnes Wirren,
So fest, dass ohne Zittern sie den Stein
Mag schleudern auf ein arm verkümmert Sein?
Wer wagt es, eitlen Blutes Drang zu messen,
Zu wägen jedes Wort, das unvergessen
In junge Brust die zähen Wurzeln trieb,
Des Vorurteils geheimen Seelendieb?
Du Glücklicher, geboren und gehegt
Im lichten Raum, von frommer Hand gepflegt,
Leg hin die Waagschal', nimmer dir erlaubt!
Lass ruhn den Stein – er trifft dein eignes Haupt! –

5. a) Übertragt den Inhalt des Gedichtes in moderne Sprache.
b) Diskutiert, warum die Autorin ihrer Erzählung diese Zeilen vorangestellt hat.

2. Wie interpretiert man eine Novelle? – Analytische Verfahren der Interpretation anwenden

1 Christian Begemann: Die Judenbuche – ein Blick in die Forschung

Die Judenbuche gehört zu den meistinterpretierten Texten des 19. Jahrhunderts. Überschaut man die reichhaltige und vielfältige literaturwissenschaftliche Forschung zu dieser Erzählung, so stellt sich leicht der Eindruck des Disparaten[1] ein, so unterschiedlich, ja widersprüchlich sind die Deutungsansätze, die vorgeschlagen worden sind. Gleichwohl lassen sich einige durchgängige Interpretationsmuster beobachten, die man immer neu variiert hat. [...]
Es sind v. a. das prologartige[2] Gedicht, die Thematik von Schuld und Strafe, die zahlreichen Bibelzitate, die gespenstischen Elemente und insbesondere der hebräische Spruch und seine Erfüllung am Ende der Erzählung, die Anlass zu den verschiedensten interpretatorischen Rückgriffen auf übernatürliche Mächte gaben. [...]
In den letzten 20 Jahren [hat sich] der Schwerpunkt des Interesses [...] verschoben [... auf] die sozialhistorischen und psychologischen Aspekte der Erzählung. (v 1999)

1. „*Die Judenbuche* gehört zu den meistinterpretierten Texten des 19. Jahrhunderts." – Überlegt, was diese Novelle für Literaturwissenschaftler so interessant macht.

2 William Damon (*1944): Die Moralentwicklung von Kindern [Auszug]

Die meisten Kinder orientieren sich zunächst an ihren Eltern. Wie [...] Diana Baumrind von der Universität von Kalifornien in Berkeley aufzeigte, bietet ein „autoritativer" Erziehungsstil eine bessere Gewähr für eine gute moralische Erziehung als ein „permissiver" beziehungsweise ein „autoritärer". Autoritativ bedeutet: Vorgabe konsistenter Regeln und fester Grenzen, aber auch Ermutigung zur offenen Diskussion, eine klare Kommunikation mit Begründung der Regeln, die geändert werden, sofern dies gerechtfertigt ist. Ein permissiver Erziehungsstil meidet hingegen Vorschriften grundsätzlich; und beim autoritären erscheinen die Regeln willkürlich; das Kind erfährt nur, dass die Eltern dies so wollen.
So gegensätzlich der permissive und der autoritäre Erziehungsstil in vielem sind – beide begünstigen bei Kindern ähnliche psychische und Verhaltens-

1 disparat (< lat. disparare = trennen, absondern): verschiedenartig, uneinheitlich
2 der Prolog (< gr. prologos = Vorrede, Vorwort): einleitender Teil des Dramas. Vorwort, Einleitung

muster, die geprägt sind von geringer Selbstkontrolle und schwachem sozialen Verantwortungsbewusstsein. Denn bei keinem von ihnen erfahren die Kinder die für ihre Entwicklung günstige Atmosphäre aus realistischen Erwartungen an sie und strukturierter Hilfestellung durch die Umwelt – also die Herausforderung, ihren moralischen Horizont zu erweitern. Der permissive und der autoritäre Stil können sogar die Entwicklung einer moralischen Identität hemmen, etwa indem sie bestimmte ihr wenig dienliche Haltungen fördern, etwa die Überzeugung, dass moralische Maßstäbe offenbar von außen gesetzt werden. So gesehen hat die Moralität eines Menschen ihre Wurzeln oft in Kindheitserfahrungen. (v 2006)

2. Arbeitet die zentralen Thesen aus dem Text heraus.

3. Stellt Bezüge zur Novelle *Die Judenbuche* her.

3 Textimmanente und textexterne Aspekte einer Interpretation

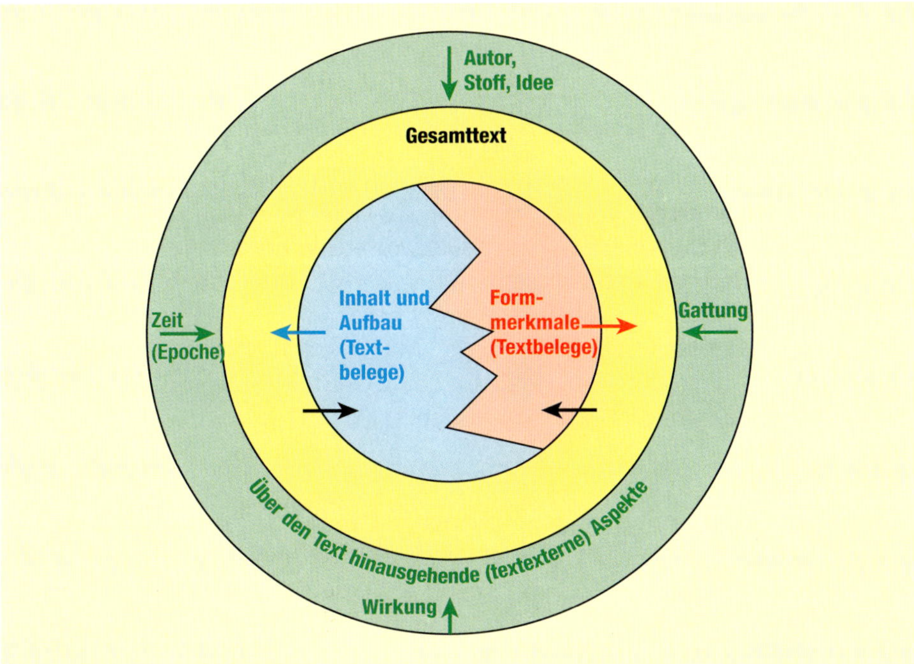

4. Erklärt anhand der Grafik den Unterschied zwischen einer textimmanenten Deutung und der Interpretation unter Einbeziehung textexterner Aspekte.

5. Sprecht darüber, wie sich die Interpretation eines Textes verändert, wenn neben der textimmanenten Deutung auch textexterne Aspekte einbezogen werden.

Einen Prosatext mithilfe von textexternen Aspekten interpretieren (Aufgabenstellung)

Im Folgenden soll am Beispiel eines Textauszugs aus der Novelle *Die Judenbuche* gezeigt werden, wie man beim Verfassen eines analytischen Interpretationsaufsatzes neben textimmanenten auch textexterne Aspekte einbezieht.

Eine entsprechende **Aufgabenstellung** könnte folgendermaßen lauten:
Textgrundlage: SB, S. 100, Zeile 45–64
(„Als nach zwei Tagen ...“ bis „... hole mir Reisig“)

1. Skizziere, in welchem Zusammenhang das Gespräch stattfindet.
2. Untersuche Inhalt und Verlauf des Gesprächs und charakterisiere davon ausgehend Margrets Erziehungsstil.
3. Beurteile den Einfluss dieser Erziehung auf die spätere Erziehung Friedrichs. Beziehe dabei die Thesen William Damons (Text 2, S. 110 f.) ein.

1. Analysiert die Aufgabenstellung. Besprecht, welche Anforderungen die drei Arbeitsaufträge im Einzelnen beinhalten. Berücksichtigt dabei die Information zu den Operatoren.

Wichtige Operatoren als Bestandteile der Aufgabenstellung bei Aufsätzen

Die Aufgabenstellungen zu Aufsätzen beinhalten Verben, die die verlangten Tätigkeiten bzw. Vorgehensweisen genau benennen. Diese Verben nennt man **Operatoren**. Sie lassen sich drei unterschiedlichen **Anforderungsbereichen** zuordnen:

Anforderungsbereich I: Wissen/Kenntnisse – Hier geht es um die Wiedergabe bekannter Sachverhalte (= Reproduktion).
Typische Operatoren sind z. B.:
- *beschreiben* → das ist eine genaue und sachliche Darstellung von Personen, Situationen u. Ä., die auf jede Wertung verzichtet.
- *skizzieren* → das ist eine knappe, auf das Wesentliche begrenzte Darstellung einer Person oder einer Handlung.

Anforderungsbereich II: Anwenden/Übertragen – Hier wird selbstständiges Auswählen, Ordnen etc. und besonders die Übertragung auf neue Problemstellungen erwartet (= Transfer).
Typische Operatoren sind z. B.:
- *analysieren* → das ist ein Zergliedern des Textganzen in einzelne inhaltliche und formale Gesichtspunkte, die wiederum in ihrer Wechselbeziehung gesehen und verstanden werden müssen.
- *charakterisieren* → das bedeutet, Personen oder Sachverhalte in ihren spezifischen Eigenheiten präzise darzustellen und dabei Wesentliches zu betonen.

Anforderungsbereich III: Beurteilen/Bewerten – Hier wird eine eigenständige Leistung, wie z. B. eine fundierte Begründung oder eine durchdachte Problemlösung, erwartet.
Typische Operatoren sind z. B.:
- *beurteilen, bewerten* → das heißt, Handlungen von Personen oder Sachverhalte auf der Grundlage eines überindividuellen Wertesystems begründet einzuordnen.

- *diskutieren* → das bedeutet, sich argumentativ (pro/kontra) mit einer Problemstellung auseinanderzusetzen.
- *interpretieren* → meint die Synthese von Ergebnissen, die bei der Analyse eines Textes gewonnen wurden. Ziel ist eine wertende Textauslegung, bei der Inhalt und Form in ihrer Wechselbeziehung gesehen werden.

4 Textanalyse als Basis der Interpretation

Als nach zwei Tagen die Leiche fortgetragen wurde, saß Margret am Herde, das Gesicht mit der Schürze verhüllend. Nach einigen Minuten, als alles still geworden war, sagte sie in sich hinein: „Zehn Jahre, zehn Kreuze. Wir haben sie doch zusammen getragen, und jetzt bin ich allein!“ Dann lauter: „Fritzchen, komm her!“ – Friedrich kam scheu heran; die Mutter war ihm ganz unheimlich geworden mit den schwarzen Bändern und den verstörten Zügen. „Fritzchen“, sagt sie, „willst du jetzt auch fromm sein, dass ich Freude an dir habe, oder willst du unartig sein und lügen, oder saufen und stehlen?“ – „Mutter, Hülsmeyer stiehlt.“ „Hülsmeyer? Gott bewahre! Soll ich dir auf den Rücken kommen? wer sagt dir so schlechtes Zeug?“ – „Er hat neulich den Aaron geprügelt und ihm sechs Groschen genommen.“ – „Hat er dem Aaron Geld genommen, so hatte ihn der verfluchte Jude gewiss zuvor darum betrogen. Hülsmeyer ist ein ordentlicher angesessener Mann, und die Juden sind alle Schelme.“ – „Aber, Mutter, Brandes sagt auch, dass er Holz und Rehe stiehlt.“ – „Kind, Brandes ist ein Förster.“ – „Mutter, lügen die Förster?“ Margret schwieg eine Weile, dann sagte sie: „Höre, Fritz, das Holz lässt unser Herrgott frei wachsen, und das Wild wechselt aus eines Herren Lande in das andere; die können niemandem gehören. Doch das verstehst du noch nicht; jetzt geh in den Schuppen und hole mir Reisig.“

Angst Friedrichs

keine Zärtlichkeiten/ Körperkontakt

unter Druck setzen

→ Perspektive des Kindes

mit körperlichen Strafen drohen

Wahrnehmung des Kindes missachten

Vorurteile/ Judenhass

Dialog ohne Erzähler-kommentar (neutral)

Förster = Vertreter der staatlichen Ordnung

klein machen, nichts erklären

vgl. Anfang der Novelle: „Recht und Unrecht in Verwirrung“

Befehle → autoritärer Erziehungsstil

2. a) Besprecht die Annotationen zur ausgewählten Textstelle.
b) Ergänzt eigene Beobachtungen.

5 Beispiel für eine aspektbezogene Interpretation – Bausteine

I. Der vorgelegte Textauszug aus der Novelle „Die Judenbuche“ von Annette von Droste-Hülshoff handelt von einem Gespräch zwischen Friedrich Mergel und seiner Mutter, das unmittelbar nach der Beerdigung des Vaters stattfindet. Dieser hat durch seinen unsteten Lebenswandel und seinen unrühmlichen Tod den Ruf der Familie stark geschädigt.

II. Schon vor Beginn des Gesprächs wird deutlich, dass die Beziehung zwischen Mutter und Sohn von Distanz geprägt ist: Margret ruft ihren Sohn zu sich, dieser nähert sich „scheu [...]; die Mutter [...] war ihm ganz unheimlich geworden“ (Z. 8 f.). Anscheinend kann der Junge weder Trost noch körperliche Nähe von seiner Mutter erwarten.

III. Margret fühlt sich mit der Situation als allein erziehende Witwe überfordert: „Zehn Jahre, zehn Kreuze. Wir haben sie doch zusammen getragen und jetzt bin ich allein!“ (Z. 5 f.). Sie beginnt das Gespräch, indem sie ihren Sohn durch eine rhetorische Frage unter Druck setzt: „Fritzchen, [...] willst du jetzt auch fromm sein, dass ich Freude an dir habe, oder willst du unartig sein und lügen, oder saufen und stehlen?“ (Z. 10 ff.). Durch die unerwartete Reaktion des Kindes – „Mutter, Hülsmeyer stiehlt“ – lässt sie sich jedoch von ihrem ursprünglichen Vorhaben ablenken: Sie spricht mit Friedrich nicht mehr über die gemeinsame Zukunft, sondern erteilt ihm eine Lektion in Bezug auf die richtige Einstellung zu den Dorfbewohnern: „Hülsmeyer ist ein ordentlicher angesessener Mann, und die Juden sind alle Schelme“ (Z. 20 f.). Zweifel oder Rückfragen des Kindes weist sie unmissverständlich zurück, indem sie Drohungen ausspricht: „Soll ich dir auf den Rücken kommen?“ (Z. 14 f.) oder Friedrich die Urteilsfähigkeit abspricht: „[...] das verstehst du noch nicht“ (Z. 29). [...]

IV. Margrets autoritärer Erziehungsstil hat erheblichen Einfluss auf Friedrichs spätere Entwicklung. Friedrich erwirbt als Kind kein Vertrauen in seine moralische Urteilsfähigkeit; stattdessen erlebt er moralische Maßstäbe als willkürlich von außen gesetzt (vgl. Damon, Z. 9 f. und Z. 18 f.).

3. a) Beurteilt die Bausteine im Hinblick auf die Erfüllung der Aufgabenstellung.
b) Ergänzt die Lücken zwischen den Bausteinen sowie – gegebenenfalls – innerhalb der Bausteine.

4. Schreibe auf der Basis der Bausteine einen eigenen Interpretationsaufsatz.

S Einen Prosatext mithilfe von textexternen Aspekten interpretieren (Vorgehensweise)

Auch die schriftliche Interpretation, die textexterne Aspekte einbezieht, erfolgt in fünf Schritten:

1. Die **Analyse der Aufgabenstellung** erfordert eine genaue Überlegung, was im Aufsatz verlangt wird. Dabei spielen die verwendeten Operatoren und Schlüsselbegriffe eine zentrale Rolle.

2. **Textanalyse**
   Bearbeitung des Textes im Sinne der Aufgabenstellung:
   a) Markieren von Einzelbeobachtungen im Text unter Berücksichtigung formaler wie inhaltlicher Aspekte, zum Beispiel:
   Margret droht Friedrich. (inhaltliche Beobachtung)
   Das Erzählverhalten ist neutral. (formaler Aspekt)
   b) Deuten der Einzelbeobachtungen, zum Beispiel:
   Das neutrale Erzählverhalten bewirkt, dass der Leser sich selbst ein Urteil bilden muss.
   c) Formulieren einer Arbeitshypothese, die den Interpretationsansatz verdeutlicht, zum Beispiel:
   Inhalte und Erzählsituation der vorgelegten Textstelle sprechen m. E. dafür, dass die Autorin den Blick des Lesers auf die Wirkung der Erziehung auf Friedrich Mergel lenken will.

3. **Gliederung/Stichwortkonzept**
   Die Beobachtungen werden nun geordnet und in eine sinnvolle Reihenfolge gebracht. Dabei sollten Einleitung, Hauptteil und Schluss deutlich voneinander unterschieden werden. Auch die Arbeitshypothese muss noch einmal überprüft werden.

4. **Ausarbeitung** der Beobachtungen zu einem geschlossenen Interpretationsaufsatz:
   a) Die **Einleitung** beginnt mit einem aussagekräftigen Übersichtssatz zu dem Werk, dem die Textstelle entnommen ist. Sie kann zudem eine Neugier weckende Hinführung zum zentralen Thema der Aufgabenstellung beinhalten (hier: Zusammenhang zwischen dem Erziehungsstil von Eltern und dem Lebensweg ihres Kindes).
   b) Der **Hauptteil** orientiert sich an der Abfolge der einzelnen Aufgabenteile und präsentiert die Ergebnisse der Textuntersuchung in Form begründeter, d. h. am Text belegter Feststellungen. Diese Ergebnisse werden dann ergänzt und erweitert durch die Einbeziehung von textexternen Aspekten.
   c) Der **Schluss** fasst die wichtigsten Ergebnisse des Hauptteils noch einmal zusammen und kann einen Bogen zur Einleitung bzw. der Arbeitshypothese schlagen. Darüber hinaus kann man einen Ausblick auf weitere Aspekte der Problemstellung geben.

5. Es ist sehr wichtig, abschließend eine sorgfältige **Überarbeitung** und Korrektur der Arbeit vorzunehmen. Oft findet man dabei außer sprachlichen auch logische Fehler, die die Überzeugungskraft der Interpretation schwächen.

Drittes Kapitel:

Fabrizierte Wirklichkeit

Erste Station

Wir starteten in La Guardia, New York, mit dreistündiger Verspätung infolge Schneestürmen. Unsere Maschine war, wie üblich auf dieser Strecke, eine Super-Constellation.
Ich rich...

I. „Homo faber“

1. Lesen als Puzzlearbeit – Einen modernen Roman schrittweise erschließen

1 Schauplätze des Romans

1. Notiert auf drei Plakaten mit den Überschriften *Dschungel, Akropolis* in *Athen* und *Skyline von New York* Assoziationen zu diesen unterschiedlichen Orten. Beachtet dabei den Methodenhinweis zum Brainwalking.

2. a) Überlege, welcher Menschentyp sich für den jeweiligen Schauplatz als Reiseziel entscheiden würde.

b) Wähle einen Menschentypen aus und verfasse an seiner Stelle den Text einer Ansichtskarte mit Eindrücken vor Ort. Achte hierbei auch auf die Wortwahl.

M **Assoziationen mit der Brainwalking-Methode sammeln**

Ein Brainwalking (< engl.: brain = Kopf, Hirn und walking = umhergehen) lässt sich zum Einstieg in ein Thema oder zum Sammeln von Einstellungen, Wissen, Argumenten, offenen Fragen, Ideen und Emotionen zu einem Thema einsetzen.

Der Ablauf ist folgendermaßen:
1. Die Teilnehmerinnen und Teilnehmer bewegen sich mit einem Stift in der Hand im Raum.
2. Jeder liest die Fragestellung, das Thema oder schaut sich Bilder auf dem jeweiligen Plakat an und ergänzt eigene Beiträge. Dabei darf man auch auf Beiträge der anderen eingehen. Auf eine leserliche Schrift ist zu achten.
3. Während des Brainwalkings wird nicht gesprochen, eventuell läuft leise Hintergrundmusik.

2 Max Frisch (1911 – 1991): Homo faber [Auszug] – Notlandung in der Wüste –

Unser Aufenthalt in der Wüste von Tamaulipas, Mexico, dauerte vier Tage und drei Nächte, total 85 Stunden, worüber es wenig zu berichten gibt – ein grandioses Erlebnis (wie jedermann zu erwarten scheint, wenn ich davon spreche) war es nicht. Dazu viel zu heiß! Natürlich dachte ich auch sofort an den Disney-Film[1], der ja grandios war, und nahm sofort meine Kamera; aber von Sensation nicht die Spur, ab und zu eine Eidechse, die mich erschreckte, eine Art von Sandspinnen, das war alles.

Es blieb uns nichts als Warten.

Das erste, was ich in der Wüste von Tamaulipas tat: ich stellte mich dem Düsseldorfer vor, denn er interessierte sich für meine Kamera, ich erläuterte ihm meine Optik.

Andere lasen.

Zum Glück, wie sich bald herausstellte, spielte er auch Schach, und da ich stets mit meinem Steck-Schach reise, waren wir gerettet; er organisierte sofort zwei leere Coca-Cola-Kistchen, wir setzten uns abseits, um das allgemeine Gerede nicht hören zu müssen, in den Schatten unter dem Schwanzsteuer – kleiderlos, bloß in Schuhen (wegen der Hitze des Sandes) und in Jockey-Unterhosen.

Unser Nachmittag verging im Nu.

Kurz vor Einbruch der Dämmerung erschien ein Flugzeug, Militär, es kreiste lange über uns, ohne etwas abzuwerfen, und verschwand (was ich gefilmt habe) gegen Norden, Richtung Monterrey.

Abendessen: ein Käse-Sandwich, eine halbe Banane.

Ich schätze das Schach, weil man Stunden lang nichts zu reden braucht. Man braucht nicht einmal zu hören, wenn der andere redet. Man blickt auf das Brett, und es ist keineswegs unhöflich, wenn man kein Bedürfnis nach persönlicher Bekanntschaft zeigt, sondern mit ganzem Ernst bei der Sache ist – „Sie sind am Zug!“ sagte er –

Die Entdeckung, daß er Joachim, meinen Freund, der seit mindestens zwanzig Jahren einfach verstummt war, nicht nur kennt, sondern daß er geradezu sein Bruder ist, ergab sich durch Zufall ... Als der Mond aufging (was ich ebenfalls gefilmt habe) zwischen schwarzen Agaven am Horizont, hätte man noch immer Schach spielen können, so hell war es, aber plötzlich zu kalt; wir waren hinausgestapft, um eine Zigarette zu rauchen, hinaus in den Sand, wo ich gestand, daß ich mir aus Landschaften nichts mache, geschweige denn aus einer Wüste.

„Das ist nicht Ihr Ernst!“ sagte er.

Er fand es ein Erlebnis.

„Gehen wir schlafen!“ sagte ich, „– Hotel Super-Constellation, Holiday In Desert With All Accommodations[2]!“

[1] Die Wüste lebt (1953)

[2] auf Deutsch: Urlaub in der Wüste mit allen Annehmlichkeiten

1. Stellt vor der Lektüre von Max Frischs *Homo faber* anhand des Titels Spekulationen über den Romaninhalt an.

***Max Frisch**, geboren 1911 in Zürich, brach 1933 sein Germanistik-Studium ab und arbeitete als Journalist. Nach seinem Architektur-Studium von 1936 bis 1941 eröffnete er 1942 ein Architekturbüro in Zürich. Ab 1954 arbeitete er als freier Schriftsteller, lebte von 1960 bis 1965 in Rom, dann im Tessin, unternahm ausgedehnte Reisen und starb im April 1991 in Zürich.*

Max Frisch äußert sich in seinem Tagebuch (1946 – 1947) über das Schreiben: „Schreiben heißt: sich selber lesen. Was selten ein reines Vergnügen ist; man erschrickt auf Schritt und Tritt, man hält sich für einen fröhlichen Gesellen, und wenn man sich zufällig in einer Fensterscheibe sieht, erkennt man, dass man ein Griesgram ist. Und ein Moralist, wenn man sich liest.“

In einem anderen Zusammenhang bekannte Max Frisch: „Ich schreibe, um zu bestehen.“

Ich fand es kalt.

Ich habe mich schon oft gefragt, was die Leute eigentlich meinen, wenn sie von Erlebnis reden. Ich bin Techniker und gewohnt, die Dinge zu sehen, wie sie sind. Ich sehe alles, wovon sie reden, sehr genau; ich bin ja nicht blind. Ich sehe den Mond über der Wüste von Tamaulipas – klarer als je, mag sein, aber eine errechenbare Masse, die um unseren Planeten kreist, eine Sache der Gravitation[1], interessant, aber wieso ein Erlebnis? Ich sehe die gezackten Felsen, schwarz vor dem Schein des Mondes; sie sehen aus, mag sein, wie die gezackten Rücken von urweltlichen Tieren, aber ich weiß: Es sind Felsen, Gestein, wahrscheinlich vulkanisch, das müßte man nachsehen und feststellen. Wozu soll ich mich fürchten? Es gibt keine urweltlichen Tiere mehr. Wozu sollte ich sie mir einbilden? Ich sehe auch keine versteinerten Engel, es tut mir leid; auch keine Dämonen, ich sehe, was ich sehe: die üblichen Formen der Erosion[2], dazu meinen langen Schatten auf dem Sand, aber keine Gespenster. Wozu weibisch werden? Ich sehe auch keine Sintflut, sondern Sand, vom Mond beschienen, vom Wind gewellt wie Wasser, was mich nicht überrascht; ich finde es nicht fantastisch, sondern erklärlich. Ich weiß nicht, wie verdammte Seelen aussehen; vielleicht wie schwarze Agaven in der nächtlichen Wüste. Was ich sehe, das sind Agaven, eine Pflanze, die ein einziges Mal blüht und dann abstirbt. Ferner weiß ich, daß ich nicht (wenn es im Augenblick auch so aussieht) der erste oder letzte Mensch auf der Erde bin; und ich kann mich von der bloßen Vorstellung, der letzte Mensch zu sein, nicht erschüttern lassen, denn es ist nicht so. Wozu hysterisch sein? Gebirge sind Gebirge, auch wenn sie in gewisser Beleuchtung, mag sein, wie irgend etwas anderes aussehen, es ist aber die Sierra Madre Oriental, und wir stehen nicht in einem Totenreich, sondern in der Wüste von Tamaulipas, Mexico, ungefähr sechzig Meilen von der nächsten Straße entfernt, was peinlich ist, aber wieso ein Erlebnis? Ein Flugzeug ist für mich ein Flugzeug, ich sehe keinen ausgestorbenen Vogel dabei, sondern eine Super-Constellation mit Motor-Defekt, nichts weiter, und da kann der Mond sie bescheinen, wie er will. Warum soll ich erleben, was gar nicht ist? Ich kann mich auch nicht entschließen, etwas wie die Ewigkeit zu hören; ich höre gar nichts, ausgenommen das Rieseln von Sand nach jedem Schritt. Ich schlottere, aber ich weiß: in sieben bis acht Stunden kommt wieder die Sonne. Ende der Welt, wieso? Ich kann mir keinen Unsinn einbilden, bloß um etwas zu erleben. Ich sehe den Sand-Horizont, weißlich in der grünen Nacht, schätzungsweise zwanzig Meilen von hier, und ich sehe nicht ein, wieso dort, Richtung Tampico, das Jenseits beginnen soll. Ich kenne Tampico. Ich weigere mich, Angst zu haben aus bloßer Fantasie, beziehungsweise fantastisch zu werden aus bloßer Angst, geradezu mystisch. [...] Ich wollte mich rasieren –

1 die Gravitation (< lat. gravitas = Gewicht, Last): Schwerkraft

2 die Erosion (< lat. erodere = wegnagen): Erdabtragung durch Wind, Wasser und Eis

2. Der abgedruckte Textauszug aus dem Romananfang vermittelt dir einen ersten Eindruck von der Hauptfigur.

a) Wähle einen Satz aus, der dir mit Blick auf die Hauptfigur besonders wichtig bzw. aussagekräftig erscheint.

b) Besprecht die ausgewählten Sätze in der Klasse und begründet eure Wahl.

c) Stellt Vermutungen an, mit welchen Problemen Walter Faber im weiteren Verlauf der Romanhandlung zu kämpfen hat.

d) Besprecht, welchen auf S. 118 abgebildeten Ort Faber wohl am liebsten bereist. Begründet eure Meinung mithilfe des Textauszugs.

3. Untersucht die Erzählsituation des Romans:

a) Aus welcher Perspektive wird erzählt? Welche Besonderheiten des Erzählens lassen sich feststellen?

b) Schreibt eine Passage des vorliegenden Textauszugs so um, dass nicht Walter Faber, sondern entweder der Düsseldorfer oder ein anderer Passagier in der Ich-Form die Erlebnisse in der Wüste erzählt.

c) Stellt verschiedene Ergebnisse vor und besprecht die Unterschiede zum Original.

4. Lest nun den gesamten Roman.

Zu filmen gab es überhaupt nichts.
Ich fühle mich nicht wohl, wenn unrasiert; nicht wegen der Leute, sondern meinetwegen. Ich habe dann das Gefühl, ich werde etwas wie eine Pflanze, wenn ich nicht rasiert bin, und ich greife unwillkürlich an mein Kinn. Ich holte meinen Apparat und versuchte alles mögliche, beziehungsweise unmögliche, denn ohne elektrischen Strom ist mit diesem Apparat ja nichts zu machen, das weiß ich – das war es ja, was mich nervös machte: daß es in der Wüste keinen Strom gibt, kein Telefon, keinen Stecker, nichts. (v 1957)

Aus lizenzrechtlichen Gründen sind die folgenden Texte von Max Frisch nicht in reformierter Rechtschreibung abgedruckt.

M Eine Punktabfrage durchführen

Die Punktabfrage dient dazu, ein **Meinungsbild** zu einer strittigen Frage oder zur Einschätzung einer Person bzw. Situation zu erstellen. Bei der Beschäftigung mit Literatur kann man z. B. mithilfe eines **Lesefieber-Barometers** den Ersteindruck zum gelesenen Text ermitteln oder mithilfe einer **Sympathie-Skala** den positiven oder negativen Eindruck, den eine Figur beim Leser hinterlassen hat, festhalten.

1. Dazu zeichnet man zunächst eine Skala mit passenden Einschätzungen auf ein Plakat oder auf die Rückseite der Tafel.
2. Alle Beteiligten gehen dann nacheinander vor und markieren mit einem Kreidestrich an der Tafel bzw. mit einem Klebepunkt auf dem Plakat ihre persönliche Einschätzung auf der Skala.
3. Im Anschluss fasst ein Schüler das Meinungsspektrum der Klasse zusammen: Wofür hat sich die Mehrheit entschieden? Gibt es Ausreißer?
4. Anschließend begründen einzelne Schüler ihre persönlichen Entscheidungen.

Die Punktabfrage kann am Anfang der Beschäftigung mit einem Problem bzw. einem literarischen Werk stehen und zur Eröffnung einer Diskussion dienen oder aber als Abschluss nach einer intensiven Auseinandersetzung mit einer Sache genutzt werden. Interessant ist es auch, eine Punktabfrage vor und nach der intensiven Beschäftigung mit einem Problem etc. durchzuführen, um zu sehen, inwiefern sich durch den Arbeitsprozess Veränderungen im Meinungsbild ergeben haben.

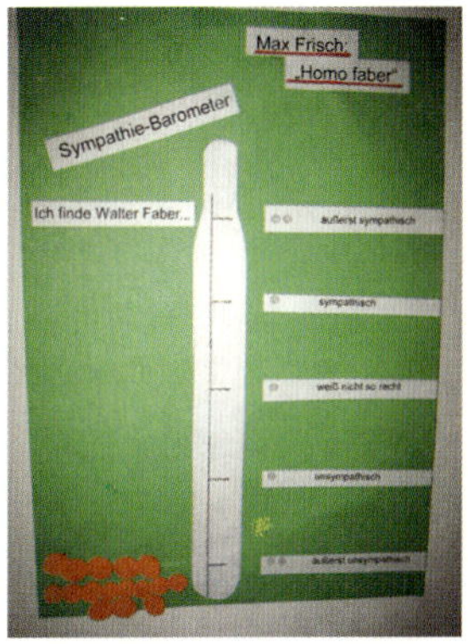

5. a) Erstellt nach der Lektüre des Romans ein Meinungsbild, wie sympathisch bzw. unsympathisch ihr die Figuren Walter Faber, Hanna und Sabeth findet. Legt dazu ein Stimmungsbarometer mithilfe des Methodenhinweises an.
b) Besprecht anschließend die Verteilung und begründet eure Einschätzungen.

3 Max Frisch (1911 – 1991): Aussage zum Romantitel

„Homo faber – der Macher Mensch, Gegenteil dessen, der dichtet oder betet, der Mensch, der den Göttern das Feuer entrissen hat und sich als Schmied seiner eigenen Welt weiß, der Mensch als Herr über die Natur, der in der Natur nicht Symbole sieht, sondern Material, das er verwertet [...].“

6. a) Vergleicht Max Frischs Aussage zum Titel seines Romans mit euren Assoziationen (vgl. S. 119).
b) Sprecht über die auffallende Schreibweise des Titels *Homo faber*.

Ein Roman stiftet Verwirrung: Zeit, Ort und Personen

Im Roman *Homo faber* werden die verschiedenen Episoden nicht in der chronologischen Reihenfolge erzählt. Daher ist es sinnvoll, sich mithilfe von Übersichten und grafischen Darstellungen einen Überblick über die Handlungsorte, die Zeitpunkte der Handlung und die Personen zu verschaffen. Ein mögliches Verfahren ist der **Lesezettel**, den ihr bereits mehrfach kennengelernt habt. Am Beispiel des Romans *Homo faber* von Max Frisch lernt ihr im Folgenden drei weitere Verfahren kennen, die man auch gut für Wandplakate im Klassenzimmer oder im Rahmen von Buchvorstellungen und Referaten nutzen kann.

- Bildet sechs gleich große Gruppen. Zwei Gruppen erstellen ein **Kalenderblatt** zu den Ereignissen des Romans, die im Jahre 1957 stattfinden. Zwei Gruppen skizzieren die **Reiseroute** Fabers im Jahr 1957 und bringen Romanfiguren und Schauplätze miteinander in Verbindung. Zwei Gruppen erstellen eine **Personenkonstellation**. Alle Gruppen arbeiten unabhängig voneinander.

Ein Kalenderblatt zur zeitlichen Ordnung der Ereignisse 1957

1957 Jahreskalender 1957

Januar	Februar	März	April	Mai	Juni	Juli	August	September	Oktober	November	Dezember
1	1	1	1	1	1	1	1	1 So	1	1	1 So
2	2	2	2	2	2 So	2	2	2	2	2	2
3	3 So	3 So	3	3	3	3	3	3	3	3 So	3
4	4	4	4	4	4	4	4 So	4	4	4	4
5	5	5	5	5 So	5	5	5	5	5	5	5
6 So	6	6	6	6	6	6	6	6	6 So	6	6
7	7	7	7 So	7	7	7 So	7	7	7	7	7
8	8	8	8	8	8	8	8	8 So	8	8	8 So
9	9	9	9	9	9 So	9	9	9	9	9	9
10	10 So	10 So	10	10	10	10	10	10	10	10 So	10
11	11	11	11	11	11	11	11 So	11	11	11	11
12	12	12	12	12 So	12	12	12	12	12	12	12
13 So	13	13	13	13	13	13	13	13	13 So	13	13
14	14	14	14 So	14	14	14 So	14	14	14	14	14
15	15	15	15	15	15	15	15	15 So	15	15	15 So
16	16	16	16	16	16 So	16	16	16	16	16	16
17	17 So	17 So	17	17	17	17	17	17	17	17 So	17
18	18	18	18	18	18	18	18 So	18	18	18	18
19	19	19	19	19 So	19	19	19	19	19	19	19
20 So	20	20	20	20	20	20	20	20	20 So	20	20
21	21	21	21 So	21	21	21 So	21	21	21	21	21
22	22	22	22	22	22	22	22	22 So	22	22	22 So
23	23	23	23	23	23 So	23	23	23	23	23	23
24	24 So	24 So	24	24	24	24	24	24	24	24 So	24
25	25	25	25	25	25	25	25 So	25	25	25	25
26	26	26	26	26 So	26	26	26	26	26	26	26
27 So	27	27	27	27	27	27	27	27	27 So	27	27
28	28	28	28 So	28	28	28 So	28	28	28	28	28
29		29	29	29	29	29	29	29 So	29	29	29 So
30		30	30	30	30 So	30	30	30	30	30	30
31		31 So		31		31	31		31		31

- Übertragt das Kalenderblatt auf ein große Wandplakat (DIN A2
- Recherchiert genau, wann welche Ereignisse im Roman stattgefunden haben
- Tragt in das Kalender blatt Fabers Aufenthaltsorte sowie stichwortartig die dazugehörigen Ereignisse bzw. Begebenheiten ein.

der Handlung visualisieren

Eine Weltkarte zur Veranschaulichung der Reiseroute Fabers

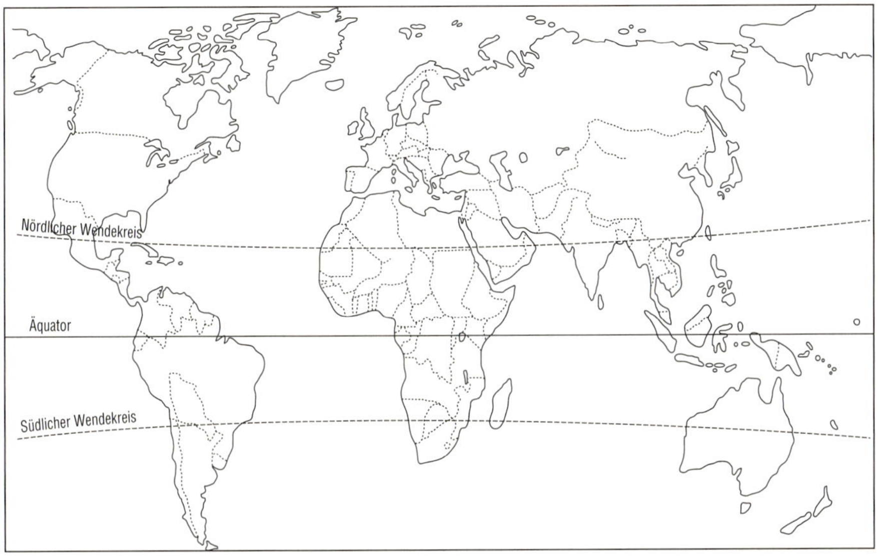

- Übertragt die Weltkarte zunächst auf eine Folie und dann mithilfe eines Overheadprojektors auf ein großes Wandplakat (mind. DIN A3).
- Recherchiert genau, wann Faber im Jahr 1957 welche Reisen unternimmt und welche Verkehrsmittel er dabei verwendet.
- Tragt Fabers Reisestationen auf der Karte ein und zeichnet dazu auch das verwendete Verkehrsmittel ein, z. B.: 🚲, ✈, 🚂, 🚗, 🚢, ...
- Diskutiert, welche Lebenseinstellungen die unterschiedlichen Schauplätze des Romans symbolisieren könnten und welche Figuren des Romans sich demzufolge den Schauplätzen zuordnen lassen. Belegt eure Zuordnung mit Textstellen.

Eine Personenkonstellation mit Besetzungsvorschlag

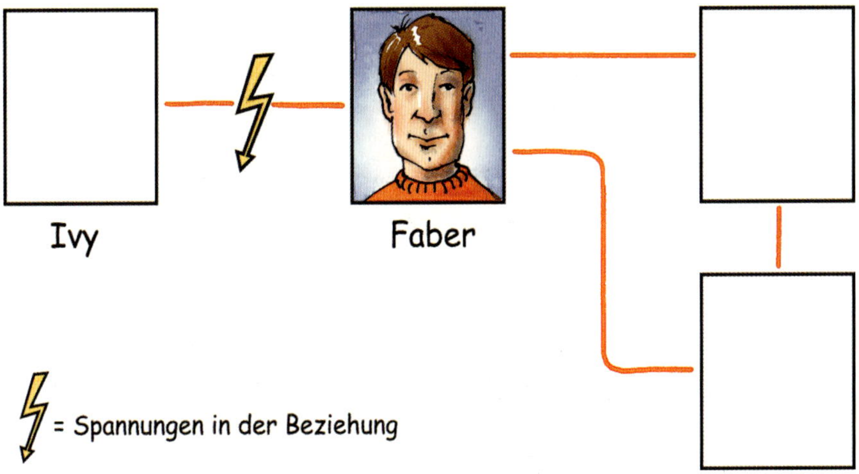

- Notiert, welche Figuren im Roman auftreten und wo sie im Roman erwähnt werden (Seitenzahl).
- Skizziert zu den wichtigen Figuren eine Personenkonstellation: Wer steht im Zentrum? In welcher Beziehung stehen die Figuren zueinander (Liebesbeziehung, Freundschaft, beruflicher Kontakt, ...)? Verdeutlicht die Beziehungen durch passende Symbole, Farben und Linien.
- Übertragt eure Skizze inklusive einer Legende für die von euch verwendeten Symbole auf ein Wandplakat (DIN A3).
- Macht Besetzungsvorschläge für die einzelnen Personen, indem ihr auf das Plakat Fotos passender Personen aufklebt.

1. a) Lies den nebenstehenden Text und lege hierzu eine Skizze an, die die chronologische Ereignisfolge übersichtlich verdeutlicht.

b) Präsentiert und vergleicht eure Ergebnisse.

c) Besprecht, welche Funktion und Wirkung dieser Aufbau des Romans hat.

4 Die fünf Zeitebenen im Roman

Bei dem Versuch, ein Kalenderblatt des Jahres 1957 zu erstellen und die Reiseroute festzulegen (S. 122 f.), habt ihr sicherlich Schwierigkeiten gehabt, die Belegstellen im Roman zu finden. Das liegt daran, dass der Erzähler Walter Faber von den vergangenen Ereignissen nicht chronologisch berichtet. Häufig schiebt er Erinnerungen und Reflexionen ein. Letztlich entstehen verschiedene Zeitebenen, die immer wieder ineinandergreifen.

1. Insbesondere in der „ersten Station" berichtet Faber in **Rückblenden** von der **Zeit vor dem 25.3.1957**, vor seinem Antritt der Dienstreise nach Caracas. Er geht dabei auf Ereignisse in seinem früheren Leben in Zürich ein, als er zwischen 1933 und 1935 Assistent an der Eidgenössischen Technischen Hochschule in Zürich war.
2. Die **Zeit zwischen dem 25.3.57 und dem 28.4.57**, dem Todestag Sabeths, stellt die **jüngere Vergangenheit** Walter Fabers dar.
3. Bei der Zeitebene 3 handelt es sich um Reflexionen, Einschübe, Vorausdeutungen und Rückblenden während des Schreibens der „ersten Station". Man spricht hier von der **Erzählgegenwart der „ersten Station"**. Faber verfasst den ersten Teil seines Berichts während seines Aufenthaltes in Caracas (20.6. – 8.7.), der sich krankheitsbedingt fast ausschließlich im Bett seines Hotelzimmers abspielt. Er tippt den Bericht auf seiner Reiseschreibmaschine.
4. Die **Erzählvergangenheit der „zweiten Station"** stellt Zeitebene 4 dar. Sie umfasst Fabers zweite Reise nach Amerika vom 1.6. – 18.7.57.
5. Zeitebene 5 beinhaltet schließlich die **Erzählgegenwart der „zweiten Station"** und umfasst die Krankenhauszeit in Athen, vom 19.7.57 bis zum Zeitpunkt der Operation Ende August.

2. a) Ordne die abgebildeten Gegenstände den verschiedenen Romanfiguren (Faber, Hanna, Sabeth, Ivy, ...) zu.

b) Besprecht eure Zuordnung in der Klasse und begründet eure Entscheidung.

3. a) Überlege, welche weiteren Gegenstände sich mit dem Roman in Beziehung bringen lassen, und bringe diese in Form von Fotos oder Skizzen mit.

b) Erstellt in Gruppen mit eurem Bildmaterial sowie ausgewählten Romanzitaten eine Text-Bild-Collage. Dabei sollte der Hintergrund vollständig beklebt sein. Achtet zudem darauf, welche Bilder und Textelemente miteinander in Verbindung stehen.

c) Stellt eure Collagen im Klassenzimmer aus und besprecht sie.

5 Assoziationen zu den Romanfiguren

Die Montage

In der **Filmtechnik** bezeichnet Montage (< frz. monter, hier: zusammensetzen) die kreative Verbindung zweier oder mehrerer Einstellungen durch einen Schnitt bzw. eine Blende. Auch in der **Literatur** lassen sich durch die Anwendung filmischer Techniken, wie z. B. der Rückblende oder dem Vorausgriff, verschiedene Zeit- und Wirklichkeitsebenen zusammenfügen. Dadurch rücken sehr unterschiedliche Ereignisse (z. B. Sabeths Tod und Fabers Wiedersehen mit Hanna) eng zusammen oder es treffen widersprüchliche Perspektiven aufeinander. Der Autor kann den Leser somit überraschen, ihn provozieren und zum Nachdenken anregen.

2. „Homo faber" – Ein Bericht?

1 Max Frisch (1911 – 1991): Homo faber [Auszug] – Walter Faber zum Thema „Schwangerschaftsunterbrechung" –

Der folgende Textauszug ist Teil der „ersten Station" von Fabers Aufzeichnungen. Die Textstelle erfolgt im Anschluss an die Schilderung der erneuten Begegnung mit Sabeth in Paris und noch bevor er über die gemeinsame Reise durch Frankreich und Italien berichtet. Es handelt sich um einen Einschub des Ich-Erzählers, in dem er sich Gedanken zum Thema „Schwangerschaftsunterbrechung" macht.

Seit ich weiß, wie alles gekommen ist, vor allem angesichts der Tatsache, daß das junge Mädchen, das mich in die Pariser Opéra begleitete, dasselbe Kind gewesen ist, das wir beide (Hanna auch) mit Rücksicht auf unsere persönlichen Umstände, ganz abgesehen von der politischen Weltlage damals, nicht hatten haben wollen, habe ich mit mehreren und verschiedenartigen Leuten darüber gesprochen, wie sie sich zur Schwangerschaftsunterbrechung stellen, und dabei festgestellt, daß sie (wenn man es grundsätzlich betrachtet) meine Ansicht teilen. Schwangerschaftsunterbrechung ist heutzutage eine Selbstverständlichkeit. Grundsätzlich betrachtet: Wo kämen wir hin ohne Schwangerschaftsunterbrechungen? Fortschritt in Medizin und Technik nötigen gerade den verantwortungsbewußten Menschen zu neuen Maßnahmen. Verdreifachung der Menschheit in einem Jahrhundert. Früher keine Hygiene. Zeugen und gebären und im ersten Jahr sterben lassen, wie es der Natur gefällt, das ist primitiver, aber nicht ethischer. Kampf gegen das Kindbettfieber. Kaiserschnitt. Brutkasten für Frühgeburten. Wir nehmen das Leben ernster als früher. Johann Sebastian Bach hatte dreizehn Kinder (oder so etwas) in die Welt gestellt, und davon lebten nicht 50 %. Menschen sind keine Kaninchen, Konsequenz des

1. a) Sammelt in Partnerarbeit Textstellen, aus denen deutlich wird, was Faber befürwortet (z. B. Fortschritt in Medizin und Technik, Z. 10 f.) und was er ablehnt (z. B. fehlende Hygiene, Z. 13).

b) Stellt daraus eine Textcollage zusammen. Dabei dürfen Zitate bewusst wiederholt werden, die Reihenfolge darf vom Original abweichen.

c) Tragt diese Textcollage zu zweit sinnbetonend vor.

2. a) Walter Faber spricht von „Schwangerschaftsunterbrechung". Diskutiert die Verwendung dieses Begriffs.

b) Untersucht den Textauszug hinsichtlich Fabers Wortwahl und Satzbau und überprüft, ob seine Argumentation schlüssig ist.

Der Euphemismus

Unter Euphemismus (< gr. euphemia = Sprechen guter Worte) versteht man eine beschönigende Umschreibung einer unangenehmen, anstößigen oder unheilbringenden Sache; z. B. „das Zeitliche segnen" für sterben; „Nullwachstum" für Stagnation.

3. a) Schlüpfe in die Rolle Fabers und fasse seine Haltung zum Thema „Schwangerschaftsunterbrechung" in einer knappen Stellungnahme nach dem Muster der Fünf-Schritt-Methode (vgl. Methodenhinweis) zusammen.

b) Stelle dir vor, Faber äußert sich in dieser Weise Hanna gegenüber zur „Schwangerschaftsunterbrechung". Schreibe Hannas Erwiderung in einem zusammenhängenden Text oder füge Einwände Hannas an passenden Stellen in den nebenstehenden Text ein.

c) Trage dein Ergebnis sinnbetonend vor.

Eine Stellungnahme nach der Fünf-Schritt-Methode abgeben

Erinnert euch:
Immer wieder wollen oder müssen wir im Alltag unsere Sicht und Einstellung zum Ausdruck bringen. Ein klarer und zusammenhängender Aufbau trägt zu einer überzeugenden Stellungnahme bei. Bewährt hat sich das Argumentieren in fünf aufeinanderfolgenden Schritten:

1. Einleitung: Ausgangspunkt, persönlicher Bezug zum Thema, z. B.: *Seit einiger Zeit verfolge ich in den Medien die Diskussionen zum Thema „Schwangerschaftsunterbrechung".*
2. Eigene Position: *Ich halte eine Schwangerschaftsunterbrechung für ...*
3. Erstes Argument: *... weil ...*
4. Weiteres Argument: *Außerdem ...*
5. Folgerung, Forderung, Ausblick: *Folglich sollte man ...*

Fortschritts: wir haben die Sache selbst zu regeln. Die drohende Überbevölkerung unserer Erde. Mein Oberarzt war in Nordafrika, er sagt wörtlich: Wenn die Araber eines Tages dazu kommen, ihre Notdurft nicht rings um ihr Haus zu verrichten, so ist mit einer Verdoppelung der arabischen Bevölkerung innerhalb von zwanzig Jahren zu rechnen. Wie die Natur es überall macht: Überproduktion, um die Erhaltung der Art sicherzustellen. Wir haben andere Mittel, um die Erhaltung der Art sicherzustellen. Heiligkeit des Lebens! Die natürliche Überproduktion (wenn wir drauflosgebären wie die Tiere) wird zur Katastrophe; nicht Erhaltung der Art, sondern Vernichtung der Art. Wieviel Menschen ernährt die Erde? Steigerung ist möglich, Aufgabe der Unesco: Industrialisierung der unterentwickelten Gebiete, aber die Steigerung ist nicht unbegrenzt. Politik vor ganz neuen Problemen. Ein Blick auf die Statistik: Rückgang der Tuberkulose beispielsweise, Erfolg der Prophylaxe, Rückgang von 30 % auf 8 %. Der liebe Gott! Er machte es mit Seuchen; wir haben ihm die Seuchen aus der Hand genommen. Folge davon: wir müssen ihm auch die Fortpflanzung aus der Hand nehmen. Kein Anlaß zu Gewissensbissen, im Gegenteil: Würde des Menschen, vernünftig zu handeln und selbst zu entscheiden. Wenn nicht, so ersetzen wir die Seuchen durch Krieg. Schluß mit Romantik. Wer die Schwangerschaftsunterbrechung grundsätzlich ablehnt, ist romantisch und unverantwortlich. Es sollte nicht aus Leichtsinn geschehen, das ist klar, aber grundsätzlich: wir müssen den Tatsachen ins Auge sehen, beispielsweise der Tatsache, daß die Existenz der Menschheit nicht zuletzt eine Rohstoff-Frage ist. Unfug der staatlichen Geburtenförderung in faschistischen Ländern, aber auch in Frankreich. Frage des Lebensraumes. Nicht zu vergessen die Automation: wir brauchen gar nicht mehr so viele Leute. Es wäre gescheiter, Lebensstandard zu heben. Alles andere führt zum Krieg und zur totalen Vernichtung. Unwissenheit, Unsachlichkeit noch immer sehr verbreitet. Es sind immer die Moralisten, die das meiste Unheil anrichten. Schwangerschaftsunterbrechung: eine Konsequenz der Kultur, nur der Dschungel gebärt und verwest, wie die Natur will. Der Mensch plant. Viel Unglück aus Romantik, die Unmenge katastrophaler Ehen, die aus bloßer Angst vor Schwangerschaftsunterbrechung geschlossen werden, heute noch. Unterschied zwischen Verhütung und Eingriff? In jedem Fall ist es ein menschlicher Wille, kein Kind zu haben. Wieviele Kinder sind wirklich gewollt? Etwas anderes ist es, daß die Frau eher will, wenn es einmal da ist, Automatismus der Instinkte, sie vergißt, daß sie es hat vermeiden wollen, dazu das Gefühl der Macht gegenüber dem Mann, Mutterschaft als wirtschaftliches Kampfmittel der Frau. Was heißt Schicksal? Es ist lächerlich, Schicksal abzuleiten aus mechanisch-physiologischen Zufällen, es ist eines modernen Menschen nicht würdig. Kinder sind etwas, was wir wollen, beziehungsweise nicht wollen. Schädigung der Frau? Physiologisch jedenfalls nicht, wenn nicht Eingriff durch Pfuscher; psychisch nur insofern, als die betroffene Person von moralischen oder religiösen Vorstellungen beherrscht wird. Was wir ablehnen: Natur als Götze! Dann müßte man schon konsequent sein: dann auch kein Penicillin, keine Blitzableiter, keine Brille, kein DDT, kein Radar und so weiter. Wir leben technisch, der Mensch als Beherrscher der Natur, der Mensch als Ingenieur, und wer dagegen redet, der soll auch keine Brücke benutzen, die nicht die Natur gebaut hat. Dann müßte man schon konsequent sein und jeden Eingriff ablehnen, das heißt: sterben an jeder Blinddarmentzündung. Weil Schicksal! Dann auch keine Glühbirne, keinen Motor, keine Atom-Energie, keine Rechenmaschine, keine Narkose – dann los in den Dschungel!

2 Max Frisch: Homo faber [Auszug] – Wettstreit zwischen Faber und Sabeth –

Der folgende Textausschnitt ist eine Rückblende. Diese unterbricht Fabers Schilderung des gemeinsamen Bangens mit Hanna um die verunglückte Sabeth und informiert über vergangene Ereignisse auf Akrokorinth.

Vor vierundzwanzig Stunden (es kam mir wie eine Jugenderinnerung vor!) saßen wir noch auf Akrokorinth, Sabeth und ich, um den Sonnenaufgang zu erwarten. Ich werde es nie vergessen! Wir sind von Patras gekommen und in Korinth ausgestiegen, um die sieben Säulen eines Tempels zu besichtigen, dann Abendessen in einem Guest-House in der Nähe. Sonst ist Korinth ja ein Hühnerdorf. Als sich herausstellte, daß es keine Zimmer gibt, dämmert es bereits; Sabeth fand es eine Glanzidee von mir, einfach weiterzuwandern in die Nacht hinaus und unter einem Feigenbaum zu schlafen. Eigentlich habe ich's als Spaß gemeint, aber da Sabeth es eine Glanzidee findet, ziehen wir wirklich los, um einen Feigenbaum zu finden, einfach querfeldein. Dann das Gebell von Hirtenhunden, Alarm ringsum, die Herden in der Nacht; es müssen ziemliche Bestien sein, nach ihrem Gekläff zu schließen, und in der Höhe, wohin sie uns treiben, gibt es keine Feigenbäume mehr, nur Disteln, dazu Wind. Von Schlafen keine Rede! Ich habe ja nicht gedacht, daß die Nacht in Griechenland so kalt sein würde, eine Nacht im Juni, geradezu naß. Und dazu keine Ahnung, wohin er uns führen wird, ein Saumpfad zwischen Felsen hinauf, steinig, staubig, daher im Mondlicht weiß wie Gips. Sabeth findet: Wie Schnee! Wir einigen uns: Wie Joghurt! Dazu die schwarzen Felsen über uns: Wie Kohle! finde ich, aber Sabeth findet wieder irgend etwas anderes, und so unterhalten wir uns auf dem Weg, der immer höher führt. Das Wiehern eines Esels in der Nacht: Wie der erste Versuch auf einem Cello! findet Sabeth, ich finde: Wie eine ungeschmierte Bremse! Sonst Totenstille; die Hunde sind endlich verstummt, seit sie unsere Schritte nicht mehr hören. Die weißen Hütten von Korinth: Wie wenn man eine Dose mit Würfelzucker ausgeleert hat! Ich finde etwas anderes, bloß um unser Spiel weiterzumachen. Eine letzte schwarze Zypresse. Wie ein Ausrufzeichen! findet Sabeth, ich bestreite es; Ausrufzeichen haben ihre Spitze nicht oben, sondern unten. Wir sind die

1. a) Beschreibe die Beziehung zwischen Walter Faber und Sabeth zu diesem Zeitpunkt ihrer Reise.

b) Stelle in einer Tabelle Sabeths und Fabers Vergleiche bzw. Metaphern einander gegenüber, z. B.:

Wahrnehmung	Sabeth	Faber
Mondlicht	wie Schnee	wie Gips
Wiehern eines Esels	...	...
...	...	...

c) Bestimme an ausgewählten Beispielen das tertium comparationis des jeweiligen Vergleichs, z. B.: Farbe des Mondlichts/Schnee = kalte, weiße Farbe.

d) Notiere unter beiden Spalten jeweils die Bereiche, aus denen die sprachlichen Bilder entnommen sind (z. B. Sport, Wissenschaft, ...).

2. a) Besprecht, was im Vergleich der von Sabeth und Faber gewählten Sprachbilder auffällt.

b) Formuliert ein kurzes Fazit mit Blick auf die beiden Romanfiguren.

3. Faber spricht davon, wie Sabeth „[...] schweigt und sich von der Sonne bescheinen läßt." (Z. 64 f.). Deutet dieses Schweigen.

ganze Nacht gewandert. Ohne einen Menschen zu treffen. Einmal erschreckt uns Gebimmel einer Ziege, dann wieder Stille über schwarzen Hängen, die nach Pfefferminz duften, Stille mit Herzklopfen und Durst, nichts als Wind in trockenen Gräsern: Wie wenn man Seide reißt! findet Sabeth, ich muß mich besinnen, und oft fällt mir überhaupt nichts ein, dann ist das ein Punkt für Sabeth, laut Spielregel. Sabeth weiß fast immer etwas. Türme und Zinnen einer mittelalterlichen Bastion: Wie Kulissen in der Opéra! Wir gehen durch Tore und Tore, nirgends ein Geräusch von Wasser, wir hören das Echo unsrer Schritte an den türkischen Mauern, sonst Totenstille, sobald wir stehen. Unsere Mondschatten: Wie Scherenschnitte! findet Sabeth. Wir spielen stets auf einundzwanzig Punkte, wie beim Pingpong, dann ein neues Spiel, bis wir plötzlich, noch mitten in der Nacht, oben auf dem Berg sind. Unser Komet ist nicht mehr zu sehen. In der Ferne das Meer: Wie Zinkblech! finde ich, während Sabeth findet, es sei kalt, aber trotzdem eine Glanzidee, einmal nicht im Hotel zu übernachten. Es ist ihre erste Nacht im Freien gewesen. Sabeth in meinem Arm, während wir auf den Sonnenaufgang warten, schlottert. Vor Sonnenaufgang ist es ja am kältesten. Dann rauchen wir zusammen noch unsere letzte Zigarette; vom kommenden Tag, der für Sabeth die Heimkehr bedeuten sollte, haben wir kein Wort gesprochen. Gegen fünf Uhr das erste Dämmerlicht: Wie Porzellan! Von Minute zu Minute wird es heller, das Meer und der Himmel, nicht die Erde; man sieht, wo Athen liegen muß, die schwarzen Inseln in hellen Buchten, es scheiden sich Wasser und Land, ein paar kleine Morgenwolken darüber: Wie Quasten mit Rosa-Puder: findet Sabeth, ich finde nichts und verliere wieder einen Punkt. 19 : 9 für Sabeth! Die Luft um diese Stunde: Wie Herbstzeitlosen! Ich finde: Wie Cellophan mit nichts dahinter. Dann erkennt man bereits die Brandung an den Küsten: Wie Bierschaum! Sabeth findet: Wie eine Rüsche!! Ich nehme meinen Bierschaum zurück, ich finde: Wie Glaswolle! Aber Sabeth weiß nicht, was Glaswolle ist – und dann die ersten Strahlen aus dem Meer: Wie eine Garbe, wie Speere, wie Sprünge in einem Glas, wie eine Monstranz, wie Fotos von Elektronen-Beschießungen. Für jede Runde zählt aber nur ein einziger Punkt; es erübrigt sich, ein halbes Dutzend von Vergleichen anzumelden, kurz darauf ist die Sonne schon aufgegangen, blendend: Wie der erste Anstich in einem Hochofen! finde ich, während Sabeth schweigt und ihrerseits einen Punkt verliert ... Ich werde nie vergessen, wie sie auf diesem Felsen sitzt, ihre Augen geschlossen, wie sie schweigt und sich von der Sonne bescheinen läßt. Sie sei glücklich, sagt sie, und ich werde nie vergessen: das Meer, das zusehends dunkler wird, blauer, violett, das Meer von Korinth und das andere, das attische Meer, die rote Farbe der Äcker, die Oliven, grünspanig, ihre langen Morgenschatten auf der roten Erde, die erste Wärme und Sabeth, die mich umarmt, als habe ich ihr alles geschenkt, das Meer und die Sonne und alles, und ich werde nie vergessen, wie Sabeth singt!

L **Bildliche Sprache (2): Der Vergleich**

Erinnert euch:
Bildliche Sprache ist anschaulich und gefühlsintensiv.
Metapher (vgl. S. 8), **Vergleich** und **Personifikation** (vgl. S. 188) sind verschiedene Formen bildlicher Ausdrucksweise. Der **Vergleich** setzt zwei Bereiche, die sich in einem dritten Punkt gleichen (dem sog. **tertium comparationis**), durch den Partikel „wie" in Beziehung zueinander. Z. B.: *„In der Ferne das Meer: Wie Zinkblech!"* (Z. 41 f.). Das tertium comparationis, das sowohl dem Meer als auch dem Zinkblech zu eigen ist, ist die glatte, silberne Oberfläche.

3 Max Frisch: Homo faber [Auszug]
– Fabers Flug über die Alpen –

Ich hatte in Zürich nichts verloren, noch am gleichen Tag (nach dem Odéon-Geplauder mit Professor O.) fuhr ich nach Kloten hinaus, um weiterzufliegen –

Mein letzter Flug!

Wieder eine Super-Constellation.

Dabei war es eigentlich ein ruhiger Flug, nur schwacher Föhn über den Alpen, die ich noch aus jungen Jahren einigermaßen kenne, aber zum ersten Mal überfliege, ein blauer Nachmittag mit üblicher Föhn-Mauer, Vierwaldstättersee, rechts das Wetterhorn, dahinter Eiger und Jungfrau, vielleicht Finsteraarhorn, so genau kenne ich sie nicht mehr, unsere Berge, ich habe andres im Kopf –

Was eigentlich?

Täler im Schräglicht des späteren Nachmittags, Schattenhänge, Schattenschluchten, die weißen Bäche drin, Weiden im Schräglicht, Heustadel, von der Sonne gerötet, einmal eine Herde in einer Mulde voll Geröll über der Waldgrenze: wie weiße Maden! (Sabeth würde es natürlich anders taufen, aber ich weiß nicht wie.) Meine Stirne am kalten Fenster mit müßigen Gedanken –

Wunsch, Heu zu riechen!

Nie wieder fliegen!

Wunsch, auf der Erde zu gehen – dort unter den letzten Föhren, die in der Sonne stehen, ihr Harz riechen und das Wasser hören, vermutlich ein Tosen, Wasser trinken –

Alles geht vorbei wie im Film!

Wunsch, die Erde zu greifen –

Stattdessen steigen wir immer höher.

Zone des Lebens, wie dünn sie eigentlich ist, ein paar hundert Meter, darin wird die Atmosphäre schon zu dünn, zu kalt, eine Oase eigentlich, was die Menschheit bewohnt, die grüne Talsohle, ihre schmalen Verzweigungen, dann Ende der Oase, die Wälder sind wie abgeschnitten (hierzulande auf 2000 m, in Mexico auf 4000 m), eine Zeit lang gibt es noch Herden, weidend am Rand des möglichen Lebens, Blumen – ich sehe sie nicht, aber weiß es – bunt und würzig aber winzig, Insekten, dann nur noch Geröll, dann Eis –

Einmal ein neuer Stausee.

Sein Wasser: wie Pernod, grünlich und trübe, darin Spiegelweiß von einem Firn, ein Ruderschiff auf dem Ufer, Segment-Damm, kein Mensch.

Dann die ersten Nebel, jagend –

Die Gletscherspalten: grün wie Bierflaschenglas. Sabeth würde sagen: wie Smaragd! Wieder unser Spiel auf einundzwanzig Punkte! Die Felsen im späten Licht: wie Gold. Ich finde: wie Bernstein, weil matt und beinahe durchsichtig, oder wie Knochen, weil bleich und spröde. Unser Flugzeug-

schatten über Moränen und Gletschern: wie er in die Schlünde sackt, man meint jedesmal, er sei verloren und verlocht, und schon klebt er an der nächsten Felswand, im ersten Augenblick: wie mit einer Pflasterkelle hingeworfen, aber er bleibt nicht wie Verputz, sondern gleitet und fällt wieder ins Leere jenseits des Grates. Unser Flugzeugschatten: wie eine Fledermaus! so würde Sabeth sagen, ich finde nichts und verliere einen Punkt, ich habe anderes im Kopf: eine Spur im Firn, Menschenspur, sie sieht aus wie eine Nieten-Naht, Sabeth würde finden: wie eine Halskette, bläulich, in großer Schleife um eine weiße Firn-Büste gehängt. Was ich im Kopf habe: Wenn ich jetzt noch auf jenem Gipfel stehen würde, was tun? Zu spät, um abzusteigen; es dämmert schon in den Tälern, und die Abendschatten strecken sich über ganze Gletscher, dann Knick in die senkrechten Wände hinauf. Was tun? Wir fliegen vorbei; man sieht das Gipfelkreuz, weiß, es leuchtet, aber sehr einsam, ein Licht, das man als Bergsteiger niemals trifft, weil man vorher absteigen muß, Licht, das man mit dem Tod bezahlen müßte, aber sehr schön, ein Augenblick, dann Wolken, Luftlöcher, die Alpensüdseite bewölkt, wie zu erwarten war, die Wolken: wie Watte, wie Gips, wie Blumenkohl, wie Schaum mit Seifenblasenfarben, ich weiß nicht, was Sabeth alles finden würde, es wechselt rasch, manchmal ein Wolkenloch, in der Tiefe: ein schwarzer Wald, ein Bach, der Wald wie ein Igel, aber nur eine Sekunde lang, die Wolken schieben sich durcheinander, Schatten der oberen Wolken auf den unteren, Schatten wie Vorhänge, wir fliegen hindurch, Gewölk in der Sonne vor uns: als müsse unsere Maschine daran zerschellen, Gebirge aus Wasserdampf, aber prall und weiß wie griechischer Marmor, körnig –
Wir fliegen hinein.
Seit meiner Notlandung in Tamaulipas habe ich mich stets so gesetzt, daß ich das Fahrgestell sehe, wenn sie es ausschwenken, gespannt, ob die Piste sich im letzten Augenblick wenn die Pneus aufsetzen, nicht doch in Wüste verwandelt –
Mailand:
Depesche an Hanna, daß ich komme.
Wohin sonst?
Es ist nicht einzusehen, wieso ein solches Fahrgestell, bestehend aus zwei Pneu-Paaren mit Federung im Rohrgestell und mit Schmieröl auf dem blanken Metall, wie es sich gehört, sich plötzlich wie ein Dämon benehmen soll, wenn es den Boden berührt, wie ein Dämon, der die Piste plötzlich in Wüste verwandelt – Spintisiererei, die ich natürlich selber nicht ernstnahm; ich bin in meinem Leben noch keinem Dämon begegnet, ausgenommen der sog. Maxwell'sche Dämon, der bekanntlich keiner ist.
Rom:
Depesche an Williams, daß ich kündige.
Langsam wurde ich ruhig.

1. a) Ordne die Textstelle in den Romanzusammenhang ein.
b) Fasse den Inhalt der Textstelle in zwei Sätzen zusammen.
c) Begründe, inwiefern diese Textstelle in Beziehung zum vorangegangenen Auszug (Text 2) steht.

2. In der Forschungsliteratur wird kontrovers diskutiert, ob bei Walter Faber eine Wandlung stattgefunden hat. Suche ausgehend von dieser Textstelle Argumente, die die These einer Wandlung stützen bzw. widerlegen.

3. a) Beschreibe Bildauswahl, Farbgebung und Layout der nebenstehenden Buchcover.

b) Begründe, ob du die Covergestaltung für den Roman passend findest.

c) Entscheide, welcher Untertitel treffender ist, und begründe deine Wahl.

4. Entwerft in Gruppen eigene Cover und stellt sie der Klasse vor.

II. Einzelaspekte des Romans

1. „American way of life" – Einem Thema im Roman nachgehen

1. Erstellt vor der Lektüre des Sachtextes eine Mindmap zum Begriff „American way of life".

1 Dieter Oberndörfer (*1929): Von der Einsamkeit des Menschen in der modernen amerikanischen Gesellschaft [Auszug]

Der Autor Dieter Oberndörfer hat kurz nach Abschluss des Romans *Homo faber* im Jahre 1958 in seinem Buch *Von der Einsamkeit des Menschen in der modernen amerikanischen Gesellschaft* über den typischen „American way of life" der 50er-Jahre des 20. Jahrhunderts geschrieben. Der nachfolgende Text ist ein Auszug aus diesem Buch.

Wenn man das Ergebnis der Analyse vorwegnimmt, so lässt sich die herrschende Lebensphilosophie umreißen als: Leben in der Irrealität. Dies äußert sich zunächst in einer ungemeinen Überschätzung der Jugend und einer tief eingegrabenen Furcht vor dem Altern. Nicht die verehrungswürdige Gestalt des ‚alten Weisen' ist das Ideal, zu dem man aufblickt, sondern ‚boy' und ‚girl'. Daher findet der Vorsitzende des Altmännervereins auch gar nichts dabei, wenn er seine sechzig- oder siebzigjährigen Altersgenossen mit einem fröhlichen ‚Hello Boys' begrüßt. Und ähnlich wie der Greis zum netten Jungen (A fine boy) wird die Großmutter zum süßen alten Mädchen (Sweet old girl). Jugend ist Trumpf, und jugendliche Gesichter grüßen von allen Straßenecken aus den Reklameschildern. Jugendlich sind die Helden der Ära des Konsums, die Film- und Fernsehstars; sie scheinen nie zu altern. Da man nicht alt werden will, wehrt man sich mit allen Mitteln dagegen. Daher erlangen die Arbeit der kosmetischen Industrie und die von ihr verbreiteten Erkenntnisse außerordentliche Bedeutung. Schönheitschirurgen, Masseure und Zahnärzte machen sich ans Werk, die Spuren des Alterns zu beseitigen oder zu verbergen. Unfähig, in Würde zu altern, nahezu krankhaft besessen von dem Wunsche, jung zu bleiben, bietet so manchmal die Greisin mit ihren betont jugendlichen Kleidern, den backfischhaften Spitzen um den welken Hals und dem betont mädchenhaften Getue ein rührendes und erschütterndes Bild zugleich.
Gewiss, in der Furcht vor dem Altern treten verschiedene spezielle Daseinsbedingungen der industriellen Gesellschaft zutage. Hinter der Furcht vor dem Älterwerden steht zum Teil die Angst vor dem Nachlassen der Arbeitskraft und dem beruflichen Misserfolg, die den alternden Menschen viel härter treffen als den jungen ...
Doch hinter alledem steht mehr: die konformistische Leugnung des

Unschönen, des Leides und schließlich des Todes. Denn dem Konformisten ist die Welt nur schön, und unschöne oder leidende Menschen darf es für ihn nicht geben. Dabei kommen seinem Wunsche die Gesetzlichkeiten seiner Welt, Massenproduktion, Persönlichkeitsmarkt und Hygiene, entgegen. Die Massenproduktion technischer Produkte, die auf den raschen Verbrauch der Güter angewiesen ist, verleiht der Daseinswelt jenen eigentümlich strahlenden Glanz von Nickel und Chrom nagelneuer Kühlschränke und formvollendeter Straßenkreuzer, die nicht alt werden dürfen, sondern nach kurzem Gebrauch gegen neue Modelle eingetauscht werden. Auf dem Persönlichkeitsmarkt zahlt gutes Aussehen die höchsten Dividenden. So legen die Personalexperten amerikanischer Firmen größten Wert auf die äußere Erscheinung ihrer Angestellten. Der Wandel im Aussehen des Amerikaners innerhalb der letzten Jahrzehnte ist revolutionär. So spricht Riesmann von einer Demokratisierung sexueller Anziehungskraft; von einer Massenproduktion sogenannter gutaussehender ‚Well groomed youth'. Da das Aussehen an der Norm der Helden der Vergnügungsindustrie gemessen wird, wird der natürliche Mensch – die meisten entsprechen ja nicht dem geforderten Ideal – hinter Rouge und Puder und mithilfe seiner Kleidung, die versteckt und vortäuscht zugleich, wie hinter einer Maske verdeckt. (v 1958)

2. a) Erschließe den Sachtext zum Thema „American Way of Life" wie im Methodenhinweis beschrieben.

b) Überlege, an welchen Adressatenkreis der Text gerichtet ist. Beachte dabei auch die sprachliche Gestaltung des Textes.

c) Entwirf eine strukturierte Folie oder ein Wandplakat zur Präsentation der Kerngedanken Oberndörfers.

d) Vergleicht eure Ergebnisse in der Klasse und besprecht, welche Darstellungsweise für den Text am angemessensten ist.

3. Untersuche, inwiefern Walter Faber als typischer Vertreter des „American Way of Life" der 50er-Jahre des 20. Jahrhunderts gelten kann.

M Einen Sachtext erschließen und visualisieren

Erinnert euch:
Zur Erschließung, das heißt der vollständigen und richtigen Erfassung eines Sachtextes, ist ein mehrfaches Lesen des Textes nötig:

1. **Klärung der unbekannten Begriffe** bzw. Wendungen.
2. Überblick über den Textinhalt durch Zusammenfassen der **Kernaussage in einem Satz** (z. B.: *Der Text ... handelt von .../In dem Text ... von ... geht es um ...*)
3. **Inhalt und Aufbau des Textes** erfassen, indem man Sinnabschnitte feststellt und diese jeweils mit einer Überschrift oder einem zusammenfassenden Satz versieht.
4. Mündliche oder schriftliche **Wiedergabe der wesentlichen Textinhalte** auf der Basis des Erarbeiteten.

Will man die Kernaussagen des erarbeiteten Textes anschließend einer Gruppe vorstellen, ist eine **Visualisierung** für die Zuhörer über ein Wandplakat oder eine Folie hilfreich. Hierbei bietet sich die Verwendung von **Diagrammtypen** an, um die Informationen zu strukturieren:

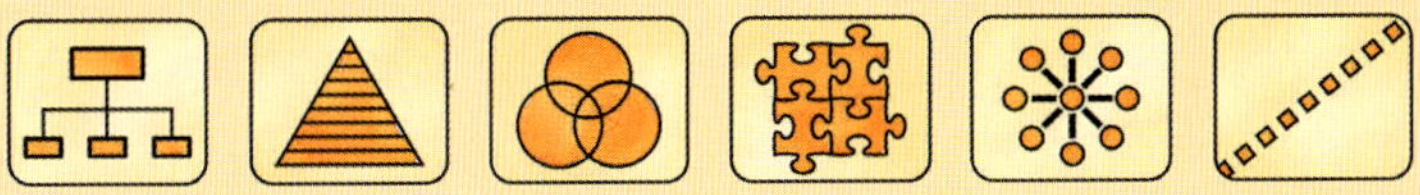

2 Max Frisch (1911–1991): Homo faber [Auszug] – Walter Fabers Cuba-Reise –

Während seiner Cuba-Reise, nach Sabeths Tod, setzt sich Walter Faber mit dem „American Way of Life“ auseinander.

The American Way of Life!
Mein Entschluß, anders zu leben –
[...]
The American Way of Life:
Schon was sie essen und trinken, diese Bleichlinge, die nicht wissen, was Wein ist, diese Vitamin-Fresser, die kalten Tee trinken und Watte kauen und nicht wissen, was Brot ist, dieses Coca-Cola-Volk, das ich nicht mehr ausstehen kann. –
Dabei lebe ich von ihrem Geld!
[...]
The American Way of Life:
Schon ihre Häßlichkeit, verglichen mit Menschen wie hier: ihre rosige Bratwurst-Haut, gräßlich, sie leben, weil es Penicillin gibt, das ist alles, ihr Getue dabei, als wären sie glücklich, weil Amerikaner, weil ohne Hemmungen, dabei sind sie nur schlaksig und laut – wie sie herumstehen, ihre linke Hand in der Hosentasche, ihre Schulter an die Wand gelehnt, ihr Glas in der andern Hand, ungezwungen, die Schutzherren der Menschheit, ihr Schulterklopfen, ihr Optimismus, bis sie besoffen sind, dann Heulkrampf, Ausverkauf der weißen Rasse, ihr Vakuum zwischen den Lenden.
Mein Zorn auf mich selbst! [...]
Was Amerika zu bieten hat: Komfort, die beste Installation der Welt, ready for use, die Welt als amerikanisiertes Vakuum, wo sie hinkommen, alles wird Highway, die Welt als Plakat-Wand zu beiden Seiten, ihre Städte, die keine sind, Illumination, am andern Morgen sieht man die leeren Gerüste, Klimbim, infantil, Reklame für Optimismus als Neon-Tapete vor der Nacht und vor dem Tod –
[...]
Marcel hat recht: ihre falsche Gesundheit, ihre falsche Jugendlichkeit, ihre Weiber, die nicht zugeben können, daß sie älter werden, ihre Kosmetik noch an der Leiche, überhaupt ihr pornografisches Verhältnis zum Tod, ihr Präsident, der auf jeder Titelseite lachen muß wie ein rosiges Baby, sonst wählen sie ihn nicht wieder, ihre obszöne Jugendlichkeit –

4. a) Untersuche Fabers Einstellung gegenüber dem „American Way of Life“ in der nebenstehenden Textpassage.
b) Vergleiche deine Einschätzung von Fabers „Way of Life“ (Aufgabe 3) mit Fabers Selbsteinschätzung.
c) Erkläre mögliche Unterschiede.

2. Männer und Frauen, Natur und Technik, … – Polarität als Bauprinzip

1 Material zu verschiedenen Themen des Romans

Polarität ist ein wichtiges Gestaltungsmittel des Romans *Homo faber*. Zwei entgegengesetzte Größen bedingen sich jeweils gegenseitig und stehen in Wechselwirkung miteinander:

Männer und Frauen,

Natur und Technik,

Realität und Abbild,

Zufall und Schicksal

Schuld und Unschuld

sind Themen, die Max Frischs Roman aufwirft. Auf den folgenden Seiten findet ihr zusätzliches Material zu diesen verschiedenen Aspekten des Romans. Welches Material zu welchem Themenkomplex gehört, zeigen die Logos.

a) Berufsschulklasse beim Kochunterricht (1956)

Bildet zu jedem Themenkomplex eine Gruppe und geht dann wie folgt vor:

1. Erschließt die zusätzlichen Sachtexte wie im Methodenhinweis (S. 133) beschrieben. Denkt auch an eine passende Visualisierung für den Vortrag.

2. Stellt einen Bezug zwischen der Sachinformation und dem Roman her. Wählt passende Textstellen aus, mit denen ihr die Thematik verdeutlichen könnt.

3. Überlegt, ob oder inwiefern Walter Faber sich in seiner jeweiligen Einstellung im Verlauf der Romanhandlung ändert. Belegt eure Einschätzung am Text.

4. Wählt für die Präsentation eurer Ergebnisse geeignete Methoden aus: Standbild, grafische Darstellung, Rollenbiografie, Wandplakat/Folie, fiktives Interview, Dialog zwischen Faber und einem Experten etc.

5. Befasst euch abschließend in eurer Gruppe mit dem Methodenhinweis zum Feedback (S. 145 f.). Überlegt, zu welchem Aspekt eurer Präsentation (z. B. Ausdrucksweise oder Zusammenspiel der Gruppe oder Verständlichkeit, …) ihr ein Feedback eurer Mitschüler erhalten wollt. Teilt der Klasse bzw. ausgewählten Mitschülern diesen Aspekt vor Beginn eurer Präsentation mit.

b) Junge Väter mit Nachwuchs (2001)

c) Frauen im Deutschland der Fünfzigerjahre

Erst 1957 wurden mit dem Gleichberechtigungsgesetz nach zähen parlamentarischen Verhandlungen einige Vorgaben des Grundgesetzes über die Gleichberechtigung in der Ehe eingelöst. Der Mann konnte nicht mehr allein Wohnort und Wohnung bestimmen, die Frau bedurfte nicht mehr der Zustimmung ihres Gatten für die Annahme einer Arbeit; allerdings war sie nur „berechtigt, erwerbstätig zu sein, soweit das mit ihren Pflichten in Ehe und Familie vereinbar“ sei. Und es blieb im Konfliktfall beim Entscheidungsrecht des Vaters in Angelegenheiten des gemeinsamen Kindes. Paragraph 1360 des Ehegesetzes von 1957 lautet: „Die Ehegatten sind einander verpflichtet, durch ihre Arbeit und mit ihrem Vermögen die Familie angemessen zu unterhalten. Die Frau erfüllt ihre Verpflichtung, durch Arbeit zum Unterhalt der Familie beizutragen, in der Regel durch die Führung des Haushaltes; zu einer Erwerbstätigkeit ist sie nur verpflichtet, soweit die Arbeitskraft des Mannes und die Einkünfte der Ehegatten zum Unterhalt der Familie nicht ausreichen.“ Erst die Eherechtsreform von 1976 setzte die Gleichberechtigung weitgehend durch.
An der Ausweitung der Beschäftigung hatten die Frauen einen überdurchschnittlichen Anteil. Von 4,3 auf 6,8 Millionen (das heißt um 60 Prozent) stieg ihre Zahl bei den abhängig Beschäftigten in den Fünfzigerjahren. 37 Prozent aller Erwerbspersonen waren 1960 Frauen (gegenüber 35 Prozent 1950).

Franz Wuermeling, der erste Bundesfamilienminister, propagierte die kinderreiche Familie und bekundete seinen Widerstand gegen die Erwerbstätigkeit von Müttern mit der Feststellung: „Für Mutterwirken gibt es nun einmal keinen vollwertigen Ersatz.“ Oder er beschwor das Schreckgespenst Kommunismus, dem die Ausbreitung der Frauenarbeit den Weg bereite. Den Ausbau von öffentlichen Erziehungseinrichtungen für Vorschulkinder lehnte der Minister ab. Er überhöhte den für große Familien vielfach notwendigen Verzicht auf Wohlstandsattribute („Eine Mutter daheim ersetzt vielfach Autos, Musiktruhen und Auslandsreisen“) und wollte die Erwerbstätigkeit von Müttern durch staatliche Familienbeihilfen entbehrlich machen. Dies kam in Maßnahmen zum Ausdruck wie Kindergeld vom dritten Kind an, Mietzuschüssen, Steuerfreibeträgen, Preisermäßigungen bei der Bundesbahn („Wuermeling-Pass“), Stipendien für Studenten und Studentinnen aus einkommensschwachen Familien. (v 1997)

d) Simone de Beauvoir (1908–1986): Das andere Geschlecht [Auszug]

Der *homo faber* ist seit Anbeginn der Zeiten ein Erfinder gewesen: Schon Stock und Keule, mit denen er seinen Arm bewehrt, um Früchte abzuschlagen oder Tiere zu töten, sind Werkzeuge, durch die er seine Macht über die Welt ausdehnt; er begnügt sich nicht damit, Fische ins Haus zu bringen, die er aus dem Meere holt; er muss zuvor den Bereich der Gewässer erobern, indem er Einbäume aushöhlt; um sich der Schätze der Welt zu bemächtigen, unterwirft er zuvor die Welt. Bei diesem Vorgehen wird er sich seiner Macht bewusst, er setzt Zwecke, plant Wege, die zu ihnen führen: Er verwirklicht sich in der Existenz. Um zu erhalten, schafft er; er überschreitet die Gegenwart und eröffnet die Zukunft. Deshalb haben Fischzüge und Jagdunternehmungen einen Charakter der Weihe. Ihr erfolgreicher Ausgang wird mit Festen und Triumph begangen; der Mann erkennt darin sein Menschsein. Diesen Stolz bekundet er heute noch, wenn er ein Stauwehr, einen Wolkenkratzer, eine Atombombe schafft. Er hat nicht nur gearbeitet, um die vorgefundene Welt zu erhalten: Er hat ihre Grenzen ausgeweitet und das Fundament für eine neue Zukunft gelegt. [...] Der Geist hat über das Leben gesiegt, Transzendenz über Immanenz, Technik über Magie. Vernunft über Aberglauben. Die Wertminderung der Frau stellt eine notwendige Etappe in der Geschichte der Menschheit dar, denn nicht aus ihrem positiven Wert, sondern aus der Schwäche des Mannes bezog sie so lange ihr Prestige; in ihr verkörperten sich die beunruhigenden Geheimnisse der Natur: Der Mann entzieht sich ihrer Bevormundung, indem er sich von der Natur befreit. [...] In der Beziehung zwischen seinem schaffenden Arm und dem hergestellten Objekt erlebt er das Prinzip der Kausalität: Das gesäte Korn keimt oder keimt auch nicht, während das Metall immer in gleicher Weise auf das Feuer, das Härten, die mechanische Einwirkung reagiert; diese Welt der Gebrauchswerkzeuge lässt sich in klare Begriffe einschließen: Rationales Denken, Logik, Mathematik können nunmehr entstehen. Das Antlitz des Universums ist vollkommen verwandelt. Die Religion der Frau war an die Herrschaft der Landwirtschaft, des langen Reifens, des Zufalls, der Erwartung, des Mysteriums gebunden: Die des *homo faber* bedeutet den Beginn einer Zeit, die man wie den Raum überwinden kann, die Notwendigkeit des Entwurfes, der Tätigkeit, der Vernunft. (v 1951)

e) Salvador Dalí (1904–1989): Ballerine en Tête de Mort

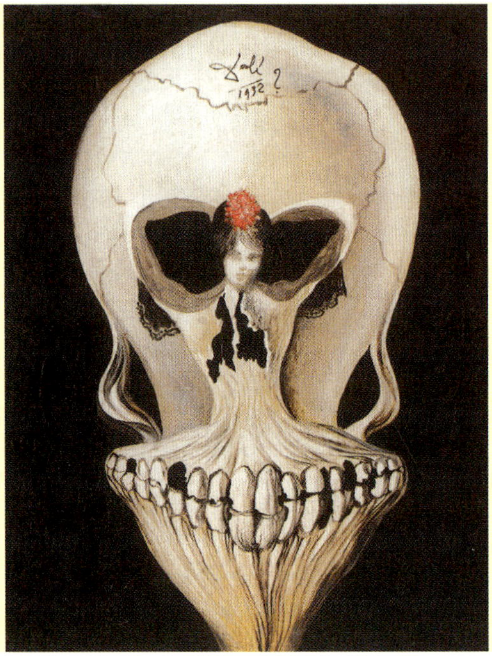

(e 1939)

f) W. E. Hill (1887–1962): Meine Frau und meine Schwiegermutter

(e 1915)

g) Carl Friedrich von Weizsäcker (1912–2007): Umgang mit der Technik [Auszug]

Es gibt eine eigentümliche Faszination der Technik, eine Verzauberung der Gemüter, die uns dazu bringt, zu meinen, es sei ein fortschrittliches und ein technisches Verhalten, dass man alles, was technisch möglich ist, auch ausführt. Mir scheint das nicht fortschrittlich, sondern kindisch. Es ist das typische Verhalten einer ersten Generation, die alle Möglichkeiten ausprobiert, nur weil sie neu sind, wie ein spielendes Kind oder ein junger Affe. Wahrscheinlich ist diese Haltung vorübergehend notwendig, damit Technik überhaupt entsteht. Reifes technisches Handeln aber ist anders. Es benützt technische Geräte als Mittel zum Zweck. Den Raum der Freiheit planen kann nur der Mensch, der Herr der Technik bleibt.

Mir liegt daran, klarzumachen, dass diese reife Haltung nicht der Technik fremd, sondern erst die eigentlich technische Haltung ist. Jedes einzelne technische Gerät ist von einem Zweck bestimmt; es ist so konstruiert, dass das Zusammenwirken aller seiner Teile eben diesem Zweck dient. Kein Gerät ist Selbstzweck. Eine technische Zivilisation, deren Glieder sich gegenseitig hindern, gefährden und zerstören, ist technisch unreif. Eine Technik, die sich als Selbstzweck gebärdet, ist als ganze auf einer niedrigeren Entwicklungsstufe als ihre einzelnen Apparate; sie ist als ganze noch untechnisch. Wir müssen also ein Bewusstsein für den richtigen, den technischen Gebrauch der Technik gewinnen, wenn wir in der technischen Welt menschenwürdig überleben wollen. Das verlangt eine moralische Anstrengung, die sich in einer positiven Moral, einer gefestigten Sitte niederschlagen muss. Wir sollen, nach Kant, so handeln, dass wir die Menschheit – wir würden heute sagen das Menschsein – in jedem Menschen nicht nur als Mittel, sondern als Zweck verstehen. Als leitende Regel muss gelten: Kein Mensch ist ein Gerät, und Geräte dürfen nur zum Nutzen, nicht zum Schaden der Menschen gebraucht werden. Das wachsende Bewusstsein von dieser Regel wird sich manifestieren in der Herausbildung fester verbindlicher Formen des Umgangs mit der Technik. (v 1967)

h) Tina Baier (*1976): Die meisten Menschen verlassen sich auf ihren Sehsinn – doch die Sicherheit ist trügerisch

„Haben Sie den Gorilla gesehen?“, fragt Heiner Deubel. Als wäre dies eine naheliegende Frage in einem Büro der psychologischen Fakultät der Ludwig-Maximilians-Universität. Zum Glück scheint Deubel verständnislose Reaktionen gewohnt zu sein und erwartet keine Antwort. „Macht nichts“, sagt er. „Das geht den meisten Versuchsteilnehmern ähnlich.“
Das Experiment verläuft so: Eine Testperson sieht ein Video, auf dem sich Studenten einen Ball zuwerfen. Der Proband soll zählen, wie oft das weiße Team den Ball fängt. Und für denjenigen, der es nicht selbst versucht hat, kaum zu glauben: Fast niemand sieht, dass in dem Getümmel plötzlich ein Mensch im Affenkostüm auftaucht, sich gegen die Brust trommelt und gemächlich wieder aus dem Bild verschwindet. Wissenschaftler nennen dieses Phänomen *Inattentional Blindness.*
Blindheit durch Unaufmerksamkeit. Das Gehirn ist so auf die Ballwechsel konzentriert, dass es sonst kaum etwas anderes wahrnimmt. „Wir sind zwar überzeugt, bei geöffneten Augen alles gleichzeitig zu sehen, doch das ist nur eine Illusion“, sagt Deubel. In Wahrheit nimmt der Mensch nur einen ganz kleinen Ausschnitt seiner Umgebung wahr – den, auf dem gerade seine Aufmerksamkeit liegt. Das ist im Prinzip auch sinnvoll. Denn das Gehirn kann unmöglich alle visuellen Eindrücke verarbeiten. Es muss auswählen, welche Informationen wichtig sind. „Wir haben im Gehirn einfach keine Taktfrequenzen im Gigahertz-Bereich wie ein Computer“,

sagt Deubel. Wenn sie schnell sind, geben Neurone Signale mit 100 Hertz weiter, also alle zehn Millisekunden.

Leichenzug oder Hochzeit

Was ins Bewusstsein gelangt, hängt unter anderem davon ab, was der Mensch gerade vorhat. Will er zum Beispiel auf einen Gegenstand, etwa eine Tasse, zeigen, verlagert das Gehirn seine Aufmerksamkeit dorthin; und zwar noch bevor er die Tasse anschaut, geschweige denn die Hand hebt. Auch Stimmungen oder die allgemeine Lebenseinstellung können beeinflussen, was wir wahrnehmen und was nicht: „Ein Mensch, der gerade traurig ist, wird in seiner Umgebung vor allem Dinge sehen, die zu diesem Gemütszustand passen", sagt Petra Stoerig vom Institut für experimentelle Psychologie der Universität Düsseldorf. „Er wird also eher einen Leichenwagen bemerken als einen Hochzeitszug."

Die meisten Menschen verlassen sich auf optische Eindrücke stärker als auf alle anderen Formen der Wahrnehmung. Was man mit eigenen Augen sieht, gilt als sicher. Doch wie trügerisch unser Sehsinn mitunter ist, zeigt auch die *Change Blindness*, Blindheit gegenüber Veränderungen. Die amerikanischen Psychologen Daniel Simons und Daniel Levin haben dazu ein verblüffendes Experiment gemacht. Ein Wissenschaftler fragt eine Versuchsperson auf der Straße nach dem Weg. Während der Proband noch überlegt, laufen zwei Handwerker, die eine Tür tragen, zwischen den beiden hindurch. Unterdessen wird der Wissenschaftler gegen eine andere Person ausgetauscht. Und selbst wenn diese ganz anders gekleidet ist und der ersten überhaupt nicht ähnelt, bemerkt die Hälfte aller Versuchsteilnehmer keine Veränderung und erklärt den Weg, als ob nichts geschehen sei.

Deubel nennt dieses Phänomen „schauen, ohne zu sehen". Der Gefragte schaut sein Gegenüber zwar an, nimmt den Menschen an sich aber gar nicht richtig wahr, weil sein Gehirn schon über den Weg nachgrübelt. [...]

Der blinde Fleck

Oft „sieht" das Gehirn sogar mehr, als bewusst oder unbewusst tatsächlich vorhanden ist, was eine weitere Fehlerquelle des Sehsinns und die Ursache vieler optischer Täuschungen ist. Das klassische Beispiel ist der blinde Fleck in unserem Gesichtsfeld, an der Stelle, wo der Sehnerv das Auge verlässt. Rein physikalisch ist das menschliche Auge an dieser Stelle blind. Wir haben diesen Eindruck nur deshalb nicht, weil das Gehirn die Lücke ausfüllt; es entwirft eine Hypothese darüber, was an dieser Stelle sein könnte. Doch nicht immer stimmen diese Hypothesen mit der Realität überein. Hält man etwa an die Stelle des blinden Flecks die Abbildung einer unterbrochenen Linie, „sieht" man aufgrund der Interpretation eine durchgezogene. „Im Grunde ist alles, was wir sehen, nur eine Hypothese über das, was tatsächlich vor sich geht in der Physik", sagt Heiner Deubel. Und so bestätigen wissenschaftliche Erkenntnisse über das Sehen, was Philosophen von Plato bis Kant schon lange vermutet haben: Dass das, was wir wahrnehmen, unter Umständen gar nicht mehr der Realität entspricht, nachdem es die Windungen unseres Gehirns passiert hat. Verfolgt man diesen Gedanken konsequent weiter, könnten wir nicht einmal sicher sein, dass es uns überhaupt gibt. Ein Beweis dafür existiert nicht. (v 08.01.2004)

i) Max Frisch (1911–1991): Du sollst dir kein Bildnis machen [Tagebuchauszug]

Du sollst dir kein Bildnis machen, heißt es, von Gott. Es dürfte auch in diesem Sinne gelten: Gott als das Lebendige in jedem Menschen, das, was nicht erfaßbar ist. Es ist eine Versündigung, die wir, so wie sie an uns begangen wird, fast ohne Unterlaß wieder begehen. – Ausgenommen wenn wir lieben. [...]

Es ist bemerkenswert, daß wir gerade von dem Menschen, den wir lieben, am mindesten aussagen können, wie er sei. Wir lieben ihn einfach. Eben darin besteht ja die Liebe, das Wunderbare an der Liebe, daß sie uns in der Schwebe des Lebendigen hält, in der Bereitschaft, einem Menschen zu folgen in allen seinen möglichen Entfaltungen. Wir wissen, daß jeder Mensch, wenn man ihn liebt, sich wie verwandelt fühlt, wie entfaltet, und daß auch dem Liebenden sich alles entfaltet, das Nächste, das lange Bekannte. Vieles sieht er wie zum ersten Male. Die Liebe befreit es aus jeglichem Bildnis. Das ist das Erregende, das Abenteuerliche, das eigentlich Spannende, daß wir mit den Menschen, die wir lieben, nicht fertigwerden: weil wir sie lieben. Man höre bloß die Dichter, wenn sie lieben; sie tappen nach Vergleichen, als wären sie betrunken, sie greifen nach allen Dingen im All, nach Blumen und Tieren, nach Wolken, nach Sternen und Meeren. Warum? So wie das All, wie Gottes unerschöpfliche Geräumigkeit, schrankenlos, alles Möglichen voll, aller Geheimnisse voll, unfaßbar ist der Mensch, den man liebt – nur die Liebe erträgt ihn so. [...]

Unsere Meinung, daß wir das andere kennen, ist das Ende der Liebe, jedesmal, aber Ursache und Wirkung liegen vielleicht anders, als wir anzunehmen versucht sind – nicht weil wir das andere kennen, geht unsere Liebe zu Ende, sondern umgekehrt: weil unsere Liebe zu Ende geht, weil ihre Kraft sich erschöpft hat, darum ist der Mensch fertig für uns. Er muß es sein. Wir können nicht mehr! Wir künden ihm die Bereitschaft, auf weitere Verwandlungen einzugehen. Wir verweigern ihm den Anspruch alles Lebendigen, das unfaßbar bleibt, und zugleich sind wir verwundert und enttäuscht, daß unser Verhältnis nicht mehr lebendig sei.

„Du bist nicht", sagt der Enttäuschte oder die Enttäuschte, „wofür ich dich gehalten habe." Und wofür hat man sich denn gehalten? Für ein Geheimnis, das der Mensch ja immerhin ist, ein erregendes Rätsel, das auszuhalten wir müde geworden sind. Man macht sich ein Bildnis. Das ist das Lieblose, der Verrat.

Irgendeine fixe Meinung unsrer Freunde, unsrer Eltern, unsrer Erzieher, auch sie lastet auf manchem wie ein altes Orakel. Ein halbes Leben steht

unter der heimlichen Frage: Erfüllt es sich oder erfüllt es sich nicht? Mindestens die Frage ist uns auf die Stirne gebrannt, und man wird ein Orakel nicht los, bis man es zur Erfüllung bringt. Dabei muß es sich durchaus nicht im geraden Sinn erfüllen; auch im Widerspruch zeigt sich der Einfluß, darin, daß man so nicht sein will, wie der andere uns einschätzt. Man wird das Gegenteil, aber man wird es durch den andern. Eine Lehrerin sagte einmal zu meiner Mutter, niemals in ihrem Leben werde sie stricken lernen. Meine Mutter erzählte uns jenen Ausspruch sehr oft; sie hat ihn nie vergessen, nie verziehen; sie ist eine leidenschaftliche und ungewöhnliche Strickerin geworden, und alle die Strümpfe und Mützen, die Handschuhe, die Pullover, die ich jemals bekommen habe, am Ende verdanke ich sie allein jenem ärgerlichen Orakel! [...]
In gewissem Grad sind wir wirklich das Wesen, das die anderen in uns hineinsehen, Freunde wie Feinde. Und umgekehrt! Auch wir sind die Verfasser der andern; wir sind auf eine heimliche und unentrinnbare Weise verantwortlich für das Gesicht, das sie uns zeigen, verantwortlich nicht für ihre Anlage, aber für die Ausschöpfung dieser Anlage. Wir sind es, die dem Freunde, dessen Erstarrtsein uns bemüht, im Wege stehen, und zwar dadurch, daß unsere Meinung, er sei erstarrt, ein weiteres Glied in jener Kette ist, die ihn fesselt und langsam erwürgt. [...] Wir halten uns für den Spiegel und ahnen nur selten, wie sehr der andere seinerseits eben der Spiegel unsres erstarrten Menschenbildes ist, unser Erzeugnis, unser Opfer –. (e 1946–1949)

j) „Zufall" – ein Lexikonartikel

Zufall
[mhd. zuoval, Lehnübers. von lat. accidens], die Unbestimmbarkeit oder Regellosigkeit individueller Ereignisse oder Vorgänge; oft auch das unvorhergesehene Zusammentreffen zweier Ereignisse und als ‚unerforschl. oder blinde Macht des Schicksals' (grch. ‚tyche') empfunden, die von außen in das Geschehen eingreift. Die Annahme des absoluten Z. setzt das Kausalprinzip außer Kraft.
Die Physik kennt zahlreiche Gesetze, nach denen Ereignisse zufällig (statistisch) auftreten. Das kann daher rühren, dass ein einzelnes Ereignis an sich deterministisch ist, aber nicht genau oder vollständig genug beobachtet werden kann; es kann aber auch dadurch bedingt sein, dass in der modernen Physik (Quantentheorie) bereits das einzelne Ereignis als indeterministisch angesehen wird. [...] (v 1982)

k) „Schicksal" – ein Lexikonartikel

Schicksal
[von ‚schicken'], lat. fatum, i. e. S. das dem Menschen als außergewöhnlich Widerfahrene, das tief in sein Leben eingreift und mit seiner Wesensart und seinen Wünschen im Widerspruch steht; i.w.S. auch der Lebenslauf

insgesamt, insofern er durch Verhältnisse oder Mächte bestimmt wird, auf die der Wille keinen Einfluss hat. S. kann damit als Ergebnis einer überpersönl. oder übernatürl. Lenkung empfunden werden; es begegnet als dunkle Verkettung aller Lebensumstände oder als Zufall. Die Haltung des Menschen zum S. ist ein Kernproblem aller Religion und Ethik. Es kann (mythisch) als über allem Leben waltende, auch den Göttern unangreifbare Macht (Moira) oder unverbrüchl. Ordnung (grch. ‚heimarmene'), als unbegreiflich vorherbestimmter Wille Gottes (Kismet) oder als naturgesetzl., um das Wohl der Menschen unbekümmerter Weltlauf gedacht werden. Die christl. Theologie hat den S.-Gedanken bestritten, da er unvereinbar mit dem Glauben an Gott sei. (v 1982)

l) Max Frisch über Zufall und Schicksal

Im Gespräch mit Schülern äußerte sich der Autor wie folgt:
„Der Witz des Buches, der Kniff, sagen wir mal, ist ja der: Es ist fast die unwahrscheinlichste Geschichte, die man sich ersinnen kann, nicht? Da ist wirklich ein Zufall nach dem anderen: auf dem Schiff trifft er die Tochter, er trifft den Schwager seiner Frau. Gehen wir jetzt mal von der Kunst des Schreibens, also von der Literatur aus:
Wenn ich das mit Schicksalsgläubigkeit erzählen würde, so würde jeder mit Recht nach fünfzehn Seiten auflachen und sagen: ‚Das auch noch! Hab' ich's mir doch gedacht! Und wen trifft er jetzt?' Und da trifft er die da. – Und der Witz daran ist, daß ein Mensch, der in seinem Denken die Zufälligkeit postuliert, eine Schicksalsgeschichte erlebt. [...]" (v 1987)

m) Max Frisch: Zufall und Schicksal [Tagebucheintrag]

Der Zufall ganz allgemein: was uns zufällt ohne unsere Voraussicht, ohne unseren bewußten Willen. Schon der Zufall, wie zwei Menschen sich kennenlernen, wird oft als Fügung empfunden; dabei, man weiß es, kann dieser Zufall ganz lächerlich sein: ein Mann hat seinen Hut verwechselt, geht in die Garderobe zurück und obendrein, infolge seiner kleinen Verwirrung, tritt er auch noch einer jungen Dame auf die Füße, was beiden leid tut, so leid, daß sie miteinander ins Gespräch kommen, und die Folge ist eine Ehe mit drei oder fünf Kindern. Eines Tages denkt jedes von ihnen: Was wäre aus meinem Leben geworden ohne jene Verwechslung der Hüte? Der Fall ist vielleicht für die meisten, die sonst nichts glauben können, die einzige Art von Wunder, dem sie sich unterwerfen. Auch wer ein Tagebuch schreibt, glaubt er nicht an den Zufall, der ihm die Fragen stellt, die Bilder liefert, und jeder Mensch, der im Gespräch erzählt, was ihm über den Weg gekommen ist, glaubt er im Grunde nicht, daß es in einem Zusammenhang stehe, was immer ihm begegnet? Dabei wäre es kaum nötig, daß wir, um die Macht des Zufalls zu deuten und dadurch erträglich zu machen, schon den lieben Gott bemühen; es genügt die Vorstellung, daß immer und überall, wo wir leben, alles vorhanden ist: für mich aber, wo immer ich

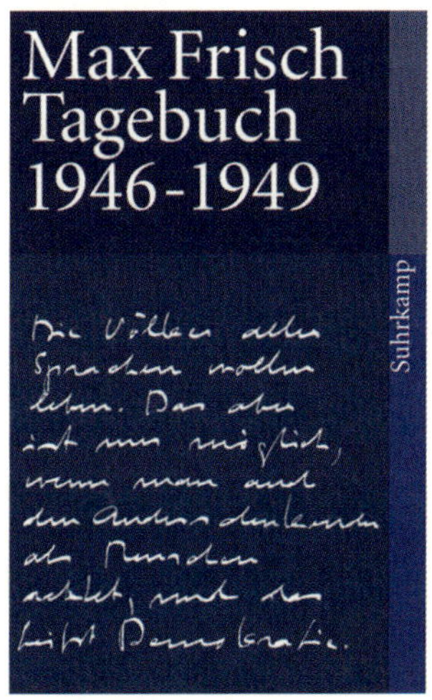

gehe und stehe, ist es nicht das vorhandene Alles, was mein Verhalten bestimmt, sondern das Mögliche, jener Teil des Vorhandenen, den ich sehen und hören kann. An allem übrigen, und wenn es noch so vorhanden ist, leben wir vorbei. Wir haben keine Antenne dafür; jedenfalls jetzt nicht; vielleicht später. Das Verblüffende, das Erregende jedes Zufalls besteht darin, daß wir unser eigenes Gesicht erkennen; der Zufall zeigt mir, wofür ich zur Zeit ein Auge habe, und ich höre, wofür ich eine Antenne habe. Ohne dieses einfache Vertrauen, daß uns nichts erreicht, was uns nichts angeht, und daß uns nichts verwandeln kann, wenn wir uns nicht verwandelt haben, wie könnte man über die Straße gehen, ohne in den Irrsinn zu wandeln? Natürlich läßt sich denken, daß wir unser mögliches Gesicht, unser mögliches Gehör nicht immer offen haben, will sagen, daß es noch manche Zufälle gäbe, die wir übersehen und überhören, obschon sie zu uns gehören; aber wir erleben keine, die nicht zu uns gehören. Am Ende ist es immer das Fälligste, was uns zufällt. (e 1946–1949)

n) Edward Tripp: Oidipus oder Oidipodes, König von Theben [Lexikoneintrag]

O. war das einzige Kind des Laios, des Königs von Theben, und der Iokaste oder Epikaste. Laios war gewarnt worden, dass, falls er einen Sohn mit Iokaste zeuge, dieser Sohn ihn töten werde. Deshalb durchbohrte er die Füße des Knaben und gab ihn Hirten, die ihn auf dem Berg Kithairon aussetzen sollten. Statt dessen gaben die Hirten das Kind Merope oder Periboia, der Gattin des Polybos, des Königs von Korinth oder Sikyon. Nach einer wenig bekannten Überlieferung wurde das Kind nicht ausgesetzt, sondern in einen Kasten gelegt und ins Meer geworfen. Periboia fand ihn, als der Kasten in der Nähe von Korinth an Land gespült wurde. Auf jeden Fall zog das kinderlose Paar den Knaben wie ihren eigenen Sohn auf. Sie nannten ihn O. (Schwellfuß) wegen der Wunden an seinen Füßen. [Die Beschuldigung, nicht der wirkliche Sohn Polybos' zu sein] bekümmerte [ihn] so tief, dass er eine Reise nach Delphi unternahm, um das Orakel zu befragen, ob sie wahr sei. Die Pythia vertrieb ihn, ohne auf seine Frage zu warten, aus Apollons Tempel, weil er seinen Vater töten und seine Mutter heiraten werde. Entsetzt wandte sich O. nach Osten mit der Absicht, niemals nach Korinth zurückzukehren, der Heimat des Mannes und der Frau, die er für seine Eltern hielt.

[Nahe Delphi tötete O. bei einem Streit den ihm unbekannten König Laios und dessen Gefolge – bis auf einen]. Der junge Mann ließ sie liegen, wo sie gefallen waren, und setzte seinen Weg fort.

Bald kam O. nach Theben. Er fand die Stadt in Aufruhr. Ein weibliches Ungeheuer, die Sphinx genannt, [...] fraß die Thebaner einen nach dem anderen auf. Bevor die Sphinx ihre Opfer tötete, gab sie ihnen ein Rätsel auf: „Was ist es, das am Morgen auf vier Füßen geht, am Mittag auf zwei und am Abend auf drei?“ Die Thebaner hatten von einem Orakel erfahren, dass sie von dieser Plage befreit würden, wenn jemand das Rätsel richtig

löse, aber es fand sich keiner. [...] In der Tat bot Kreon die Hand seiner Schwester Iokaste, Laios' Witwe, und einen Anteil am Königtum dem an, der die Stadt von der Sphinx retten könne. O. war bereit, diese Aufgabe zu übernehmen. Er ging zur Sphinx und gab auf ihr Rätsel folgende Antwort: „Der Mensch, der als Kind krabbelt, als Erwachsener aufrecht geht und sich als Greis auf einen Stock stützt." Das Ungeheuer war wütend, dass jemand sein Geheimnis schließlich erforscht hatte, und stürzte sich von den Mauern der Burg herab. O. wurde als Held begrüßt und zum König von Theben gemacht. Kurz danach kam ein einzelner Überlebender von Laios' Gefolge zurück nach Theben. Als er O. an der Herrschaft sah, verkündete er, der König sei von mehreren Wegelagerern getötet worden, und bat darum, weit von der Stadt entfernt als Hirte eine Aufgabe übernehmen zu dürfen. Die Bürger, die sich über ihren neuen König freuten, vergaßen Laios und sein unglückliches Geschick. Iokaste bekam von ihrem neuen jungen Gatten zwei Söhne, Eteokles und Polyneikes, und zwei Töchter, Antigone und Ismene.

[...] Nach Sophokles wurde Theben, als O. ungefähr zwei Jahrzehnte geherrscht hatte, von einer großen Seuche heimgesucht. Der König schickte Kreon nach Delphi, um die Ursache zu erfragen, und erfuhr, dass das Unheil eingetreten sei, weil der Mörder des Laios unbestraft in der Stadt lebe. O. eröffnete sofort eine Untersuchung. Der betagte Seher Teiresias wurde befragt, außerdem gaben der Überlebende von Laios' Begleitung und der Hirte, der Laios' kleinen Sohn Polybos übergeben hatte, ihr Zeugnis ab. Als der König und seine Gattin die Wahrheit herausfanden – dass O. seinen Vater Laios getötet und seine Mutter geheiratet hatte, genau wie das Orakel seinerzeit dem O. prophezeit hatte –, erhängte sich Iokaste, und O. stach sich mit einer ihrer Spangen die Augen aus. Was mit O. nach seinem Sturz geschah, ist unsicher, denn es gibt sehr unterschiedliche Versionen über sein späteres Leben. (v 1991)

M Feedback geben

Man gibt ein Feedback (< engl.: Rückkoppelung), um anderen die subjektive Sichtweise einer wahrgenommenen Situation, z. B. einer Präsentation, aufzuzeigen. Die Person, die das Feedback erhält, sieht dadurch ihr Verhalten aus der Perspektive anderer. Ein Feedback ist daher weder wahr noch falsch.

Beim Geben eines Feedbacks ist es ratsam, folgende Punkte zu beachten, damit der andere Nutzen daraus ziehen kann und Konflikte vermieden werden:

- Ein Feedback sollte nur dann gegeben werden, wenn dies auch gewünscht wird. Vorab sollte besprochen werden, welche Aspekte besonders beachtet werden sollen.
- Ein Feedback sollte zeitnah zur Situation gegeben werden.
- Ein Feedback wird in **Ich-Botschaften** gegeben, um die subjektive Perspektive zu betonen. Z. B.: *„Ich kann deine Schlussfolgerung nicht nachvollziehen“* statt *„Deine Schlussfolgerung ist falsch.“*
- Bei der Äußerung solcher subjektiver Beobachtungen muss bei einem Feedback auf jede persönliche Wertung verzichtet werden.
- Ein Feedback wird konstruktiv, wenn man an den Stärken des Feedback-Nehmers ansetzt und es ermutigend formuliert. Zudem sollte man dem anderen taktvoll und mit Respekt begegnen.
- Ein Feedback sollte sich auf wenige, veränderbare Beobachtungen beschränken.

2 Literaturwissenschaftler im Streit: Standpunkte in einer Forschungskontroverse

In der Forschungsliteratur zu Max Frischs *Homo faber* wird heftig diskutiert, ob der Protagonist des Romans sich im Laufe der Handlung wandelt oder ob er grundsätzlich der berechnende, von Fakten besessene Technokrat bleibt und somit keine innere Entwicklung stattfindet. Einige kritische literaturwissenschaftliche Beiträge sollen euch dabei helfen, eure eigene Position zu finden und diese stichhaltig zu begründen.

A
Fabers Absicht, anders zu leben, wird aufgehoben durch den mehrfach geäußerten Wunsch, „nie gewesen“ zu sein.

B
Faber schreibt, um sich selbst zu rechtfertigen und sich gegenüber Schuldzuweisungen zu verteidigen.

C
Walter Faber gibt seine Arbeit als Ingenieur auf.

1. a) Ordne die Beiträge nach Pro- und Kontra-Argumenten.

b) Ergänze eigene Argumente. Greife dabei auf die Ergebnisse der Gruppenpräsentationen (S. 135) zurück.

c) Notiere zu den verschiedenen Argumenten passende Romanstellen als Belege. Kürzere, zentrale Stellen sollten wörtlich zitiert werden; größere Zusammenhänge werden paraphrasiert. In beiden Fällen die Seitenangabe nicht vergessen!

d) Nimm abschließend eine Gewichtung vor, indem du die Argumente in eine feste Reihenfolge bringst.

2. Verfasse auf der Basis deiner Stoffsammlung eine sog. „literarische“ Erörterung (vgl. S. 91) zu der Frage, ob Walter Faber sich im Romanverlauf wandelt. Baue deine Erörterung wie eine freie Erörterung auf.

D
Nach Sabeths Tod spricht Faber von der „Rückführung des Daseins auf das Elementare“.

E
Faber macht während seiner Cuba-Reise seine Abneigung gegenüber dem „American Way of Life“ deutlich. Darin zeigt sich seine veränderte Lebensauffassung.

F
Walter Faber schreibt, um seine Erfahrungen neu zu bewerten und aus ihnen zu lernen.

H
Seinen Beruf gibt Walter Faber nicht aus Überzeugung auf, sondern aus gesundheitlichen Gründen.

I
Faber gibt seine Wohnung in New York auf, um in Athen zu leben. Der Wechsel von der „Neuen Welt“ in die „Alte Welt“ steht für Fabers Distanzierung von seinem bisherigen Weltbild.

G
Faber möchte in Athen leben, um in Hannas Nähe zu sein und um nicht einsam zu sterben. Es handelt sich also keineswegs um einen freiwilligen Schritt, sondern um einen Entschluss aus existenzieller Angst und Einsamkeit.

J
Es handelt sich nur um eine oberflächliche Abneigung Walter Fabers gegenüber dem „American Way of Life“.

Der Montageroman

Mit dem Montageroman findet eine bewusste Abkehr vom traditionell erzählten Roman des 19. Jahrhunderts statt. Angesichts einer unübersichtlich gewordenen Welt der Moderne (Anonymität in der Großstadt, Vereinsamung des Individuums, Infragestellung einer religiösen Ordnung, Beschleunigung des Alltags durch die industrielle Entwicklung sowie Erfahrungen mit einer brutalen Kriegsmaschinerie) suchen Autoren nach neuen, zeitgemäßen Formen des Schreibens: Der allwissende Erzähler des 19. Jahrhunderts, der von oben herab die Geschichte beherrschte, wird abgelöst. Ähnlich wie in der Bildenden Kunst weicht die Zentralperspektive verschiedenen Fragmenten und Teilperspektiven, die unvermittelt nebeneinander stehen. Zudem wird die Chronologie der Handlung aufgebrochen, unterschiedliche Zeitebenen werden verschachtelt. Der Leser muss diese Verschachtelungen selbstständig entwirren und konstruiert somit in gewisser Weise die Handlung mit. Bekannte Beispiele sind: *Berlin Alexanderplatz* (1929) von Alfred Döblin und *Ulysses* (1922) von James Joyce.

Aufbau einer Erörterung

Erinnert euch:
Bei einer **freien Erörterung** unterscheidet man zwei Arten:
1) Die **linear-steigernde Erörterung** ordnet Argumente nach ihrer Wichtigkeit, in einer sog. **Klimaxstruktur** (< gr. klimax = Treppe, Leiter).
2) Die Pro-Kontra-Erörterung, die sog. **dialektische Erörterung**, versucht, die Argumente beider Seiten (Argumente und Gegenargumente) darzustellen und gegeneinander abzuwägen. Am Schluss steht eine Synthese der Pro-Kontra-Argumentation.
Eine **literarische Erörterung** folgt dem gleichen Aufbaumuster. Im Unterschied zur freien Erörterung ist es jedoch wichtig, mit Belegstellen aus dem zugrunde liegenden Werk zu arbeiten.

Fiktive Welt: Einen modernen

Überlegungen zur Präsentation

Erinnere dich:

- Besonders wichtig bei einer Präsentation sind der **Einstieg**, der Interesse wecken soll und spektakulär sein darf, und der **Schluss**, da dieser am meisten im Gedächtnis haften bleibt. Hierfür solltest du dir etwas Besonderes einfallen lassen, z. B.: *Entwurf eines Kinoplakats zu einer möglichen Verfilmung oder eine Einspielung eines passenden Musikstücks, dessen Auswahl du begründest.*
- Der **Hauptteil** kann verschiedene Schwerpunkte haben, für die du auf diesen Seiten Anregungen findest.
- Achte auf eine anschauliche Darstellung durch sinnvoll ausgewählte **Methoden** und **Medien**, z. B. Overheadfolien, PowerPoint-Präsentationen, Ausschnitte aus Verfilmungen etc.

Schauplätze

- Bilder zeigen
- Reiseroute bzw. Lebensstatione
  auf einer Landkarte verfolgen
- Entwurf von Filmkulissen bzw. Bühnenbildern
- ...

Typisch Roman!

- Abgrenzung zu anderen Textsorten
- Erzählsituation, Erzählperspektive
- sprachliche Besonderheiten
- Leitmotive, Symbolik
- Erzählstränge
- ...

Bewertung

Leseempfehlung oder Verriss:

- Beitrag für die Schülerzeitung
- Beitrag zu einem Internetblog
- Werbeplakat
- Klappentext
- ...

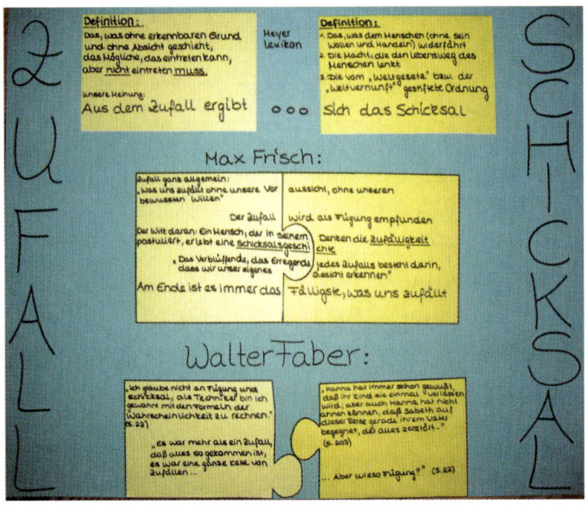

Romanfiguren

- Personenkonstellation
- Besetzungsvorschläge
- Rollenbiografie
- innerer Monolog
- Auftritt in der Rolle von ... (Kleidung? Körperhaltung? Bewegung? Sprechweise?...)
- Sympathie-Skala
- Textcollage aus Zitaten einer Figur
- Haltung von Personen zu bestimmten Themen
- ...

Roman präsentieren

Inhalt des Romans

Bei der Zusammenfassung eines modernen Romans besteht die Schwierigkeit oft darin, dass nicht chronologisch erzählt wird, sondern verschiedene Zeitebenen verschränkt werden. In diesem Fall ist es wichtig, den Zuhörern diese unterschiedlichen Zeitebenen getrennt vorzustellen und dann ihre Verschränkung innerhalb der Romanhandlung z. B. mithilfe einer Skizze zu visualisieren.

Entstehungszeit des Romans, historische und zeitgeschichtliche Bezüge

- Hinweise zur Entstehungszeit des Romans (z. B. Bundesrepublik der 50er-Jahre, Wiedervereinigung, ...)
- Aufgreifen zeitgenössischer Ereignisse bzw. Verarbeitung historischer Ereignisse (z. B. Auseinandersetzung mit dem Nationalsozialismus, RAF, ...)
- ...

Anspielungen auf andere Werke

- Verarbeitung antiker Mythen (z. B. Walter Faber als moderner Ödipus)
- Anspielungen auf Kinofilme
- Anknüpfen an bekannte literarische Werke (z. B. Plenzdorfs *Die neuen Leiden des jungen W.*)
- ...

Umsetzungen des Romans

- Auszüge aus einer Verfilmung, Hörspielfassung, Lesung oder Bühnenrealisierung präsentieren
- Vergleich mit dem Roman
- Bewertung der Umsetzung
- eigene Produktionsversuche (z. B. eine Szene verfilmen oder als Hörspiel gestalten)
- ...

Blick auf den Autor

- wichtige Lebensstationen (Steckbrief, Anekdoten, weitere Werke, Bilder, Zitate, ...)
- Originalton, ggf. Kontaktaufnahme mit noch lebenden Autoren
- autobiografische Elemente im Roman?
- Haltung des Autors zum Schreiben, zu seinem Roman, zu bestimmten Themen
- ...

III. Die Verfilmung des Romans

1. Übersetzung in Bilder? – Roman und Film vergleichen

1 Mehr als Worte und Bild: Filmplakate

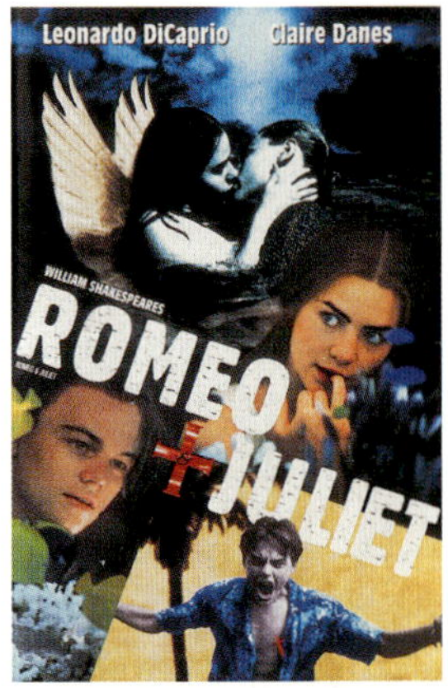

Filmplakate: Eine kleine Typologie

Jedes Filmgenre hat seine eigenen Symbole: Der Cowboyhut und der Colt weisen z. B. auf einen Western hin, Blut und Messer dagegen auf einen Kriminal- oder Horrorfilm. Oft tauchen diese Elemente auch auf Filmplakaten auf und signalisieren dem Betrachter, welche Art von Film ihn erwartet. Darüber hinaus lassen sich folgende drei Grundtypen der Filmplakatgestaltung unterscheiden:

a) Das Einzelporträt-Plakat
Das Einzelporträt-Plakat stellt das Gesicht, die Figur oder Halbfigur von Akteuren in den Vordergrund. Der Blick trifft den Betrachter entweder direkt oder geht visionär in die Ferne.

b) Das szenische Plakat
Diese Variante des Plakats lässt Szenen aus dem Film erkennen. Das Dargestellte muss nicht identisch im Film vorkommen, sondern soll vordergründig das Geschehen charakterisieren und zuspitzen.

c) Das typografische Plakat
Beim typografischen Plakat dominiert die Schrift, manchmal fehlen bildliche Motive sogar völlig. Stattdessen geben überdimensionale Schrifttypen und die verwendeten Farben Auskunft über den Filminhalt.

1. a) Benennt spontan Unterschiede, die euch in der Gestaltung der abgedruckten Filmplakate auffallen.
b) Lest die Informationen zur Typologie von Filmplakaten und ordnet die abgedruckten Plakate zu.

2. a) Bildet Gruppen und überlegt, welches Thema des Romans *Homo faber* ihr in einer Verfilmung besonders betonen würdet.
b) Entwerft ein eigenes Filmplakat zu einer Verfilmung des Romans, das das von euch gewählte Thema betont. Gebt dem Roman dabei einen eigenen Untertitel.
c) Stellt eure Plakate im Plenum vor und besprecht, welcher Akzent bei dem jeweiligen Plakat gesetzt wird.

Bei der Mehrzahl der Filmplakate liegen Mischformen der drei genannten Typen vor. Ein geläufiges Schema besteht in der Kombination von Porträts mit szenischen Anteilen. Neben Filmtitel und Namen der Hauptakteure kommen Angaben wie Drehbuch, Regie, Kamera, Musik, Produktionsfirma oder Altersfreigabe hinzu.

2 Wie beginnt die Romanverfilmung?

Variante 1 – Die Chronologie bestimmt den Film: Zürich 1936
Das Liebespaar Hanna und Faber

Variante 2 – Der Action-Auftakt: März 1957
Flugzeugabsturz und Notlandung in der Wüste

Variante 3 – Der Schluss des Romans als Filmauftakt: Juni 1957
Abschied am Athener Flughafen

1. a) Beschreibe möglichst genau die Einzelbilder der drei Filmsequenzen. Verwende dabei die dir bekannten Fachbegriffe der Filmsprache zu Einstellungsgrößen und Kameraperspektive.

b) Wähle die Variante aus, die deiner Meinung nach am besten als Filmanfang geeignet ist. Begründe deine Wahl.

2. a) Schaut euch nun den Auftakt der Verfilmung zweimal an (ca. 6 Min.).

b) Besprecht die Wirkung des tatsächlich gewählten Auftakts auf einen Zuschauer, der den Roman nicht kennt.

3. a) Schlöndorff macht die verschiedenen Zeitebenen nicht nur über Dialoge deutlich, sondern auch durch die Bildgestaltung. Erkläre sein Vorgehen anhand der Fotos.

b) Lest die Informationen zur Montage im Film und beschreibt, welche Montagetechnik(en) Volker Schlöndorff in seiner *Homo faber*-Verfilmung verwendet.

c) Besprecht, inwiefern diese Montagetechnik dem Roman gerecht wird.

Die Montage im Film

Die deutsche Bezeichnung für das Zerschneiden und Zusammensetzen des Film-Rohmaterials zu einem fertigen Film ist der **Schnitt**. Dabei kommt jedoch das wichtigste Moment, das kreative Zusammenfügen, nicht zum Ausdruck. Die treffendere Bezeichnung ist daher der französische Ausdruck **Montage**. Nach der Geburt der Filmidee im Drehbuch und der Geburt der

Filmbilder beim Dreh stellt der Schnitt bzw. die Montage die „dritte Geburt des Films“ dar. Dabei unterscheidet man unterschiedliche Konzepte:

- **Ellipse** – Bei jedem Film, der nicht in „Realzeit“ gezeigt wird (wie eine Sportübertragung), wird mit Auslassungen (= Ellipsen) gearbeitet. Die übersprungenen Zeiträume muss der Zuschauer selbst füllen.
- **Rückblende** – Dabei wird die chronologische Reihenfolge der Handlung verlassen und Vorangegangenes eingeschoben, z. B. zur Klärung von Tathergängen, Ursachen eines Ereignisses oder Motiven von Personen.
- **Parallelmontage** – In einer Folge von Schnitten springen die Einstellungen zwischen zwei (oder mehr) Handlungssträngen hin und her, die sich zeitgleich an verschiedenen Orten ereignen (z. B. Geiselnehmer und ihr Opfer vs. Stab der Polizei). Meist laufen die Handlungen aufeinander zu, bis sie schließlich zusammentreffen (z. B. Befreiung der Geisel durch Polizei).
- **Kontrastmontage** – Einstellungen werden hierbei nach dem Prinzip These/Antithese aneinandergereiht, z. B.: Soldat an der Front vs. Geburt des Kindes in der Heimat.
- **Diskontinuitätsmontage** – Der Film wird bewusst sehr verschachtelt angelegt, so dass er (z. B. durch zahlreiche Rück- und Vorausblenden) zunächst kaum zu durchschauen ist. Erst nach und nach setzt sich die Handlung für den Zuschauer wie ein Mosaik zusammen.

3 Faber zeigt Sabeth den Maschinenraum (kommentierte Sequenzanalyse)

1. Betrachtet die Sequenz „Schiffsführung“ und tauscht eure Eindrücke aus.

2. Lest anschließend den kommentierten Sequenzplan und vergleicht ihn mit euren Eindrücken.

3. Erstellt arbeitsteilig eine eigene Analyse einer Szene eurer Wahl – z. B. „Erste Begegnung auf dem Schiff“ (0:30:38).

a) Bildet Gruppen zu den Bereichen Tongestaltung (Geräusche, Musik, Dialog, Erzähler aus dem Off), Bildgestaltung (Einstellungsgrößen, Kameraperspektiven, Kameraführung) und Lichtverhältnisse/Beleuchtung.

b) Tragt eure Ergebnisse dem Plenum vor, indem ihr zunächst ausschließlich eure Beobachtungen beschreibt (= Analyse), diese dann deutet (= Interpretation) und schließlich eure Meinung zur Gestaltung und Wirkung abgebt (= Wertung).

Timecode/Bild	Sequenzinhalt	Kommentar
0:36:36  	Faber zeigt Elisabeth Piper das Schiff und erklärt ihr technische Details. Sie flirtet mit ihm. Bevor sie ihn zum Abendessen verlässt, beschließt er, sie zukünftig „Sabeth“ zu nennen.	Faber und Sabeth sind farbgleich gekleidet u. dadurch verbunden. Der Lärm des Maschinenraums übertönt ihr Gespräch. Dies wirkt wie eine Inszenierung von Fabers Weltbild: Der Mensch und seine Stimme gehen in der Technik unter. Diese Dominanz der Technik kontrastiert mit der Intimität der Szene, als Sabeth ihre Hand auf die Fabers

		legt. Diese Intimität setzt sich auch von Fabers Seite fort, als er ihr den Namen „Sabeth“ gibt. Kommentierend wird ein Musikmotiv eingeführt.
0:38:52 	Faber schreibt auf seiner Schreibmaschine in der Kabine. Der Erzähler-Faber berichtet von Gedanken an Hanna, die durch Sabeth in ihm wachgerufen worden sind.	Der Erzählerkommentar Fabers verbindet beide Sequenzen, da der Erzähler bereits beim Weggehen Sabeths einsetzt. Faber versucht jedoch die Ähnlichkeit zwischen Sabeth und Hanna bei seinem Rückblick zu bagatellisieren.

4 Die Frage nach Fabers Schuld im Roman und im Film

a) Fabers Schilderung des Unfalls (1)

[...]
Ich hatte die Schlange nicht gesehen, nur gehört, wie Sabeth schrie. Als ich kam, lag sie bewußtlos. Ich hatte gesehen, wie Sabeth gestürzt war, und lief zu ihr. Sie lag im Sand, bewußtlos infolge ihres Sturzes, vermutete ich. Dann erst sah ich die Bißwunde oberhalb der Brust, klein, drei Stiche nahe zusammen, ich begriff sofort. Sie blutete nur wenig. Natürlich sog ich die Wunde sofort aus, wie vorgeschrieben, wußte, daß man abbinden sollte gegen das Herz hin. Aber wie? Der Biß war oberhalb der linken Brust. Ich wußte: sofortiges Ausschneiden der Wunde, beziehungsweise Ausbrennen. Ich schrie um Hilfe, aber ich war schon außer Atem, bevor ich die Straße erreicht hatte, die Verunglückte auf den Armen, das Stapfen im weichen Sand, dazu die Verzweiflung, als ich den Ford vorbeifahren sah, ich schrie, so laut ich konnte. [...]

b) Fabers Schilderung des Unfalls (2)

[...]
Was den Unfall betrifft, habe ich nichts zu verheimlichen. Es ist ein flacher Strand. Man watet hier mindestens dreißig Meter, bis Schwimmen möglich, und im Augenblick, als ich ihren Schrei höre, bin ich mindestens

1. a) Lest die beiden Textauszüge.

b) Rekonstruiert mithilfe der Textauszüge den Unfallhergang und die Ursache für Sabeths Tod in Fabers erster und zweiter Schilderung.

c) Tragt eure Ergebnisse in die vorgegebene Tabelle ein.

d) Erklärt, warum Fabers Schilderungen voneinander abweichen.

	Roman Faber (1)	Faber (2)	Film
Beziehung Faber/Sabeth			
Unfallhergang			
Fabers Schuld?			

2. a) Betrachtet die Film-Shots oder schaut euch die entsprechende Filmsequenz an.

b) Ergänzt die Tabelle bzgl. Fabers Verhalten etc. im Film.

3. a) Setzt euch damit auseinander, ob oder inwiefern Faber sich im Roman bzw. im Film schuldig macht.

b) Notiert die wichtigsten Ergebnisse eurer Diskussion als Fazit unter der Tabelle.

fünfzig Meter vom Ufer entfernt. Ich sehe, daß Sabeth aufgesprungen ist. Ich rufe: Was ist los? Sie rennt – Wir haben, nach unsrer schlaflosen Nacht auf Akrokorinth, im Sand geschlafen, dann das Bedürfnis meinerseits, ins Wasser zu gehen und eine Weile allein zu sein, während sie schläft. Vorher habe ich noch ihre Schultern bedeckt mit ihrer Wäsche, ohne sie zu wecken; wegen Sonnenbrand. Es gibt hier wenig Schatten, eine vereinzelte Pinie; hier haben wir uns in die Mulde gebettet. Dann aber, wie vorauszusehen, ist der Schatten gewandert, beziehungsweise die Sonne, und daran, scheint es, bin ich erwacht, weil plötzlich in Schweiß, dazu die Mittagsstille, ich bin erschrocken, vielleicht weil ich irgendetwas geträumt oder gemeint habe, Schritte zu hören. Wir sind aber vollkommen allein. Vielleicht habe ich den Kieskarren gehört, Schaufeln von Kies; ich sehe aber nichts, Sabeth schläft und es ist kein Grund zum Erschrecken, ein gewöhnlicher Mittag, kaum eine Brandung, nur ein schwaches Zischeln von Wellen, die im Kies verlaufen, manchmal ein schwaches Rollen von Kies, geradezu Klingeln, sonst Stille, ab und zu eine Biene. Ich überlegte, ob Schwimmen vernünftig ist, wenn man Herzklopfen hat. Eine Weile stand ich unschlüssig; Sabeth merkte, daß niemand mehr neben ihr lag, und reckte sich, ohne zu erwachen. Ich streute Sand auf ihren Nacken, aber sie schlief. Schließlich ging ich schwimmen – im Augenblick, als Sabeth schreit, bin ich mindestens fünfzig Meter draußen.

Sabeth rennt, ohne zu antworten.

Ob sie mich gehört hat, weiß ich nicht. Dann mein Versuch, im Wasser zu rennen! Ich rufe, sie soll stehenbleiben, meinerseits wie gelähmt, als ich endlich aus dem Wasser komme; ich stapfe ihr nach, bis sie stehenbleibt – Sabeth oben auf der Böschung:

Sie hält ihre rechte Hand auf die linke Brust, wartet und gibt keinerlei Antwort, bis ich die Böschung ersteige (es ist mir nicht bewußt gewesen, daß ich nackt bin) und mich nähere – dann der Unsinn, daß sie vor mir, wo ich ihr nur helfen will, langsam zurückweicht, bis sie rücklings (dabei bin ich sofort stehengeblieben!) rücklings über die Böschung fällt.

Das war das Unglück.

Es sind keine zwei Meter, eine Mannshöhe, aber als ich zu ihr komme, liegt sie bewußtlos im Sand. Vermutlich Sturz auf den Hinterkopf. Erst nach einer Weile sehe ich die Bißwunde, drei kleine Blutstropfen, die ich sofort abwische, ich ziehe sofort meine Hosen an, mein Hemd, keine Schuhe, dann mit dem Mädchen im Arm hinauf zur Straße, wo der Ford vorbeifährt, ohne mich zu hören –

[...]

c) Film-Shots zum Unfallhergang

01:19:56 – Walter Faber befindet sich direkt am Meer. Sein Blick ist auf das Wasser gerichtet.

01:20:04 – Walter Faber steht im Wasser – bekleidet mit Hose und Unterhemd.

01:20:09 – Faber taucht ins Wasser ein.

01:20:11 – Sabeth liegt schlafend unter einem Baum.

01:20:35 – Eine Schlange befindet sich auf Sabeths Bauch.

01:20:36 – Sabeth springt mit entsetztem Gesichtsausdruck auf.

01:20:44 – Sabeth fällt hin und stößt ihren Kopf an einen Stein.

5 Helmut Böttinger (*1956): Homo faber – Lernziel nicht erreicht [Auszug aus einer Filmrezension]

Das unheimlich Wuchernde und Schlingende der Sexualität bei Frisch, die langen Episoden im Dschungel, die Fabers Technikgläubigkeit aushebeln, das Unbewusste bebildern – das alles kommt im Film nicht vor. Der Zusammenprall von Berechnung und Zufall, die Existenzform des Typus Faber ist eher diffus als differenziert dargestellt. Wer den Roman nicht kennt, ist womöglich bereit, sich einer tragischen Liebesgeschichte hinzugeben. Wer sich nicht mehr an ihn erinnert, wird verblüfft sein, wie hollywoodartig dieser vermeintliche Schrecken der Klassenzimmer plötzlich daherkommt. Wer allerdings einen „Homo faber" erwartet, der mit filmischen Mitteln umgesetzt wäre, ist bei diesem Schlöndorff-Stück geneigt, die einzige Kunstform, die das zwanzigste Jahrhundert beigesteuert hat, nicht mehr für sonderlich wichtig zu halten. (e 1991)

L Die Literaturverfilmung

Die Literaturverfilmung ist die Adaption eines literarischen Werkes in das Medium Film. Der entstandene Film stellt keineswegs ein Abbild des literarischen Werkes dar, sondern eine Interpretation desselben. Dazu verwendet der Regisseur die Sprache des Films: einfache Dialoge, (meist) Verzicht auf einen Erzähler, Bilder in wechselnden Einstellungsgrößen und Perspektiven, Schnitt und Montage, Geräusche und Musik etc. Durch das Wechselspiel dieser filmischen Mittel entsteht ein Kunstwerk, das gegenüber der literarischen Vorlage eigenständig ist. Bekannte Beispiele für Literaturverfilmungen sind: *Effi Briest, Berlin Alexanderplatz* (Regie: beide Rainer Werner Fassbinder), *Die Blechtrommel* (Regie: Volker Schlöndorff) sowie *Das Parfüm* (Regie: Tom Tykwer).

1. Verdeutliche die Einschätzung des Rezensenten in einem Satz.

2. Verfasse einen Leserbrief, in dem du zu Böttingers Bewertung des Films Stellung nimmst.

Viertes Kapitel:

Wir nicht!

Plattencover „London Calling“ (1979) der englischen Punkband *The Clash*

ash
LING

I. Aufbruch und Widerstand

1. Gegen die „Alten“! – Gedichten näherkommen

1 Künstler des Protests?

Die Ärzte in den Achtzigern

Die Ärzte heute

Die Toten Hosen 1990

Die Toten Hosen heute

Johann Wolfgang Goethe (im Alter von 26)

Johann Wolfgang Goethe (im Alter von 79)

1. Betrachtet die Bilder und sprecht über eure Beobachtungen.

2. a) Informiert euch im Internet über die dargestellten Künstler und wählt Lied- und Gedichttexte aus.

b) Sprecht über Inhalte und Themen der ausgewählten Texte.

3. Stellt euch gegenseitig eure bevorzugten Künstler vor und erklärt, welche Aspekte euch dabei besonders wichtig sind. Fertigt dazu ein Informationsblatt (Handout) an, das ihr vor dem Vortrag an eure Mitschüler verteilt. Orientiert euch dabei am Methodenhinweis (S. 159).

Ein Handout zur Unterstützung einer Präsentation anfertigen

Ein Handout bzw. Informationsblatt dient dazu, einen mündlichen Vortrag bzw. ein Referat für die Zuhörer überschaubar und nachvollziehbar zu machen oder um das Wichtigste noch einmal zu einem späteren Zeitpunkt nachlesen zu können. Das **Handout** sollte übersichtlich sein und wesentliche Punkte des Referats stichwortartig zusammenfassen. Es bietet sich an, das Papier vor dem Vortrag an die Zuhörer zu verteilen, damit diese während des Vortrags darin Ergänzungen vornehmen können.

Das Handout kann wie folgt gegliedert werden:

- **Kopfleiste** mit formalen Angaben (Referent, Datum, Ort, Fachlehrer, Thema)
- **Gliederung** des Vortrags
- **Wichtige Informationen** (auch mit Visualisierungselementen wie z. B. einer Mindmap, Fotos, Grafiken, Statistiken etc.)
- **Eigene Stellungnahme**, Kritik, eventuell Aufstellung von **Thesen**
- Alphabetisch geordnetes **Literaturverzeichnis**

Eine besondere Form des Handouts ist das **Thesenpapier**. Es ist anspruchsvoller als das eher informative Handout und wird in der Regel nach dem Vortrag ausgeteilt. Im Zentrum stehen beim Thesenpapier nicht nur die pointierte Zusammenfassung der Ergebnisse, sondern vor allem die persönliche Beurteilung eines Sachverhaltes. Das Thesenpapier soll als ein Impuls für eine Diskussion unter den Zuhörern dienen. Es bietet sich dazu an, das Referat an einer möglichst reizvollen Leitfrage zu orientieren. Handout und Thesenpapier sollten den Umfang von zwei DIN A4-Seiten nicht überschreiten.

Beispiel:

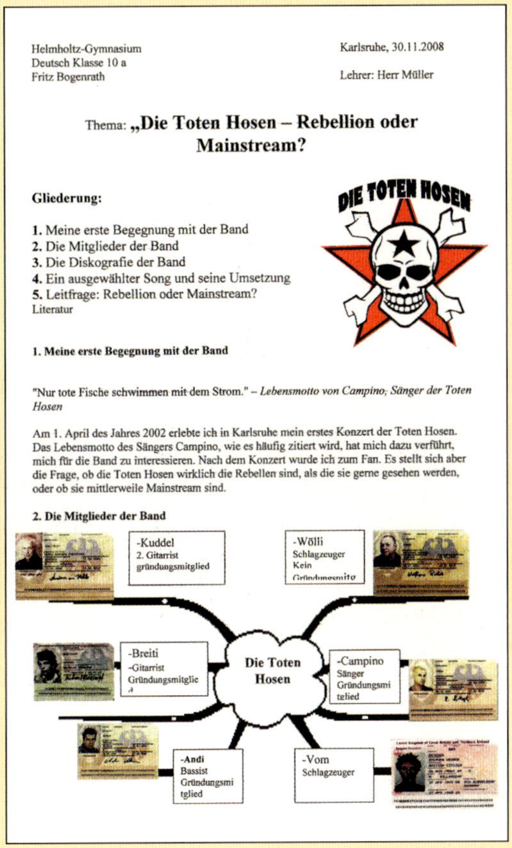

Helmholtz-Gymnasium
Deutsch Klasse 10 a
Fritz Bogenrath

Karlsruhe, 30.11.2008

Lehrer: Herr Müller

Thema: **„Die Toten Hosen – Rebellion oder Mainstream?**

Gliederung:

1. Meine erste Begegnung mit der Band
2. Die Mitglieder der Band
3. Die Diskografie der Band
4. Ein ausgewählter Song und seine Umsetzung
5. Leitfrage: Rebellion oder Mainstream?
Literatur

1. Meine erste Begegnung mit der Band

"Nur tote Fische schwimmen mit dem Strom." – *Lebensmotto von Campino, Sänger der Toten Hosen*

Am 1. April des Jahres 2002 erlebte ich in Karlsruhe mein erstes Konzert der Toten Hosen. Das Lebensmotto des Sängers Campino, wie es häufig zitiert wird, hat mich dazu verführt, mich für die Band zu interessieren. Nach dem Konzert wurde ich zum Fan. Es stellt sich aber die Frage, ob die Toten Hosen wirklich die Rebellen sind, als die sie gerne gesehen werden, oder ob sie mittlerweile Mainstream sind.

2. Die Mitglieder der Band

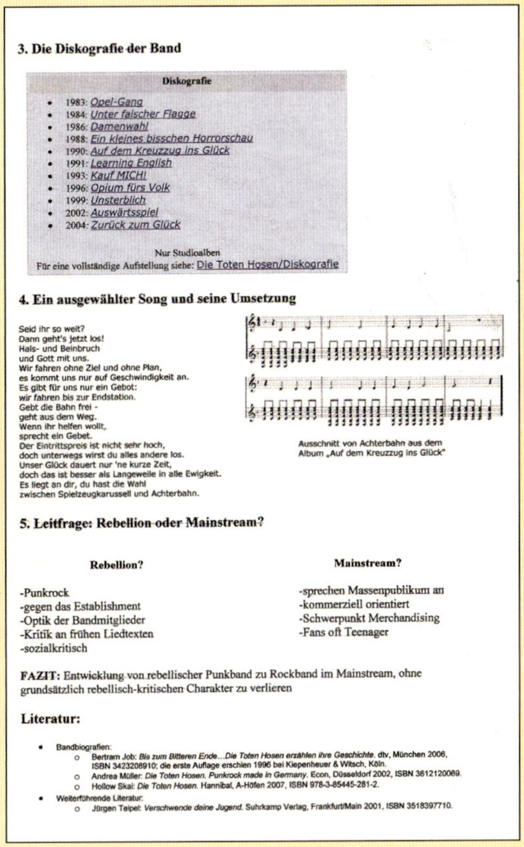

3. Die Diskografie der Band

Diskografie

- 1983: *Opel-Gang*
- 1984: *Unter falscher Flagge*
- 1986: *Damenwahl*
- 1988: *Ein kleines bisschen Horrorschau*
- 1990: *Auf dem Kreuzzug ins Glück*
- 1991: *Learning English*
- 1993: *Kauf MICH!*
- 1996: *Opium fürs Volk*
- 1999: *Unsterblich*
- 2002: *Auswärtsspiel*
- 2004: *Zurück zum Glück*

Nur Studioalben
Für eine vollständige Aufstellung siehe: Die Toten Hosen/Diskografie

4. Ein ausgewählter Song und seine Umsetzung

Seid ihr so weit?
Dann geht's jetzt los!
Hals- und Beinbruch
und Gott mit uns.
Wir fahren ohne Ziel und ohne Plan,
es kommt uns nur auf Geschwindigkeit an.
Es gibt für uns nur ein Gebot:
wir fahren bis zur Endstation.
Gebt die Bahn frei -
geht aus dem Weg.
Wenn ihr helfen wollt,
sprecht ein Gebet.
Der Eintrittspreis ist nicht sehr hoch,
doch unterwegs wirst du alles andere los.
Unser Glück dauert nur 'ne kurze Zeit,
doch das ist besser als Langeweile in alle Ewigkeit.
Es liegt an dir, du hast die Wahl
zwischen Spielzeugkarussell und Achterbahn.

Ausschnitt von Achterbahn aus dem Album „Auf dem Kreuzzug ins Glück"

5. Leitfrage: Rebellion oder Mainstream?

Rebellion?	Mainstream?
-Punkrock	-sprechen Massenpublikum an
-gegen das Establishment	-kommerziell orientiert
-Optik der Bandmitglieder	-Schwerpunkt Merchandising
-Kritik an frühen Liedtexten	-Fans oft Teenager
-sozialkritisch	

FAZIT: Entwicklung von rebellischer Punkband zu Rockband im Mainstream, ohne grundsätzlich rebellisch-kritischen Charakter zu verlieren

Literatur:

- Bandbiografien:
  - Bertram Job: *Bis zum Bitteren Ende…Die Toten Hosen erzählen ihre Geschichte.* dtv, München 2006, ISBN 3423208910; die erste Auflage erschien 1996 bei Kiepenheuer & Witsch, Köln.
  - Andrea Müller: *Die Toten Hosen. Punkrock made in Germany.* Econ, Düsseldorf 2002, ISBN 3612120069.
  - Hollow Skai: *Die Toten Hosen.* Hannibal, A-Höfen 2007, ISBN 978-3-85445-281-2.
- Weiterführende Literatur:
  - Jürgen Teipel: *Verschwende deine Jugend.* Suhrkamp Verlag, Frankfurt/Main 2001, ISBN 3518397710.

2 Junge Dichter – Titelmontage

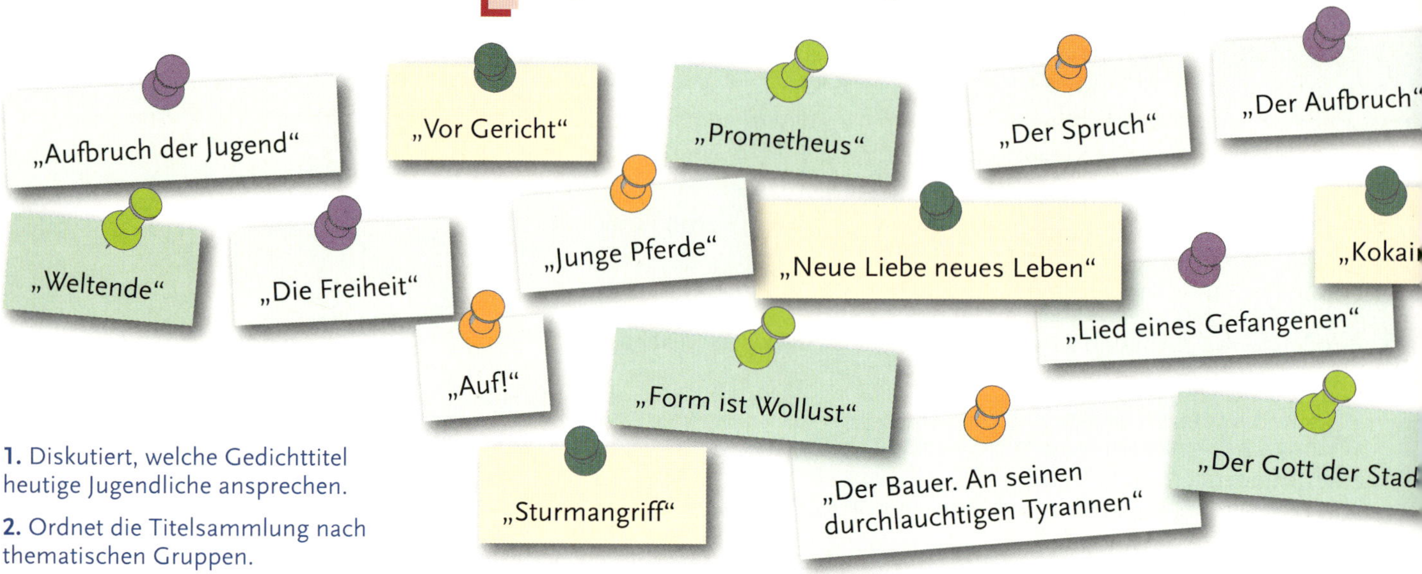

1. Diskutiert, welche Gedichttitel heutige Jugendliche ansprechen.

2. Ordnet die Titelsammlung nach thematischen Gruppen.

3 Prometheus – Musterbeispiel eines jugendlichen Rebells?

Heinrich Füger: Prometheus bringt den Menschen das Feuer (1817)

Wolfram Gothe: Prometheus zündelt im Pantheon[1] (1993)

3. Informiert euch über Prometheus, eine Figur der griechischen Mythologie. Diskutiert darüber, wie er für Künstler zu einer Symbolfigur werden konnte.

4. Beide Bilder zeigen Prometheus. Vergleicht die beiden Bilder.

[1] das Pantheon (< gr. pan = alles, ganz; theos = Gott: alle Götter): ein Heiligtum, das der Gesamtheit der Götter geweiht ist

4 Johann Wolfgang Goethe (1749 – 1832): Prometheus

Bedecke deinen Himmel, Zeus,
Mit Wolkendunst!
Und übe, Knaben gleich,
Der Disteln köpft,
An Eichen dich und Bergeshöhn!
Musst mir meine Erde
Doch lassen stehn,
Und meine Hütte,
Die du nicht gebaut,
Und meinen Herd,
Um dessen Glut
Du mich beneidest.

Ich kenne nichts Ärmer's
Unter der Sonn' als euch Götter.
Ihr nähret kümmerlich
Von Opfersteuern
Und Gebetshauch
Eure Majestät
Und darbtet, wären
Nicht Kinder und Bettler
Hoffnungsvolle Toren.

Da ich ein Kind war,
Nicht wusst', wo aus, wo ein,
Kehrte mein verirrtes Aug'
Zur Sonne, als wenn drüber wär'
Ein Ohr, zu hören meine Klage,
Ein Herz wie meins,
Sich des Bedrängten zu erbarmen.

Wer half mir wider
Der Titanen Übermut?
Wer rettete vom Tode mich,
Von Sklaverei?
Hast du's nicht alles selbst vollendet,
Heilig glühend Herz?
Und glühtest, jung und gut,
Betrogen, Rettungsdank
Dem Schlafenden dadroben?

***Johann Wolfgang Goethe** wurde 1749 in Frankfurt am Main als Kind einer wohlhabenden Bürgersfamilie geboren. Ein ererbtes Vermögen sicherte dem Sohn ein lebenslanges, regelmäßiges Grundeinkommen neben seinen Einnahmen aus der Tätigkeit als Schriftsteller und dem Gehalt, das er als hoher Beamter bzw. Minister (s. u.) bezog. 1765 begann er sein Jurastudium in Leipzig, das er in Straßburg fortsetzte und abschloss. Hier im Elsass gehörte er zu einem Kreis junger Schriftsteller, die sich zur Bewegung des „Sturm und Drang" zusammengeschlossen hatten. In dieser Lebensphase entstanden neben Gedichten zwei Werke, die den jungen Autor berühmt machten: das Drama „Götz von Berlichingen" (1771 – 1773) und der Roman „Die Leiden des jungen Werthers" (1774). 1775 wurde Goethe als Mitglied der Regierung in das Herzogtum Sachsen-Weimar berufen. In diesem Kleinstaat hatte er bis zu seinem Tod führende Ämter mit unterschiedlichen Verantwortungsbereichen inne. Goethes spätere literarische Werke wurden in ihrer Reife und geistigen Tiefe zur Grundlage der Epoche der deutschen Klassik. Der Dichter starb im Jahr 1832 in Weimar.*

Ich dich ehren? Wofür?
Hast du die Schmerzen gelindert
Je des Beladenen?
Hast du die Tränen gestillet
Je des Geängsteten?

Hat nicht mich zum Manne geschmiedet
Die allmächtige Zeit
Und das ewige Schicksal,
Meine Herrn und deine?

Wähntest du etwa,
Ich sollte das Leben hassen,
In Wüsten fliehn,
Weil nicht alle Knabenmorgen –
Blütenträume reiften?

Hier sitz' ich, forme Menschen
Nach meinem Bilde,
Ein Geschlecht, das mir gleich sei,
Zu leiden, weinen,
Genießen und zu freuen sich,
Und dein nicht zu achten,
Wie ich.

(e 1773/74/v 1785)

1. a) Tragt das Gedicht im Sitzen, im Stehen und in einer Bewegung vor. Besprecht die unterschiedliche Wirkung.

b) Wiederholt den Vortrag und setzt dabei Mimik und Gestik gezielt ein. Achtet auch auf Tonhöhe und Lautstärke.

2. a) Das lyrische Ich stellt dem Bild von Zeus und den Göttern sein Selbstbild gegenüber. Arbeitet die Unterschiede heraus und begründet eure Beobachtungen mit Textzitaten.

b) Schreibt einen Antwortbrief von Zeus an Prometheus.

3. Untersucht die Syntax des Gedichts und stellt fest, welche Satzart im Gedicht dominiert.

4. a) Das lyrische Ich spricht im vorletzten Abschnitt von „Knabenmorgen-Blütenträumen" (V. 50f.). Sammelt für alle vier Substantive des Kompositums Assoziationen und stellt diese der Klasse vor.

b) Erklärt, was mit „Knabenmorgen-Blütenträumen" gemeint sein könnte und was die Gründe dafür sind, dass diese nicht alle „reiften" (V. 51).

c) Sucht weitere Komposita im Gedicht und erklärt deren Bedeutungsspektrum.

5. a) Sammelt möglichst viele Substantive, die in Zusammenhang mit dem Motiv „Rebellion" stehen.

b) Verfasst selbst einen Text, in dem ein Jugendlicher gegen seine Eltern rebelliert. Verwendet dabei eure Substantive und bildet Komposita und Wortneuschöpfungen.

Die Wortbildung

Wortbildung ist das wichtigste und flexibelste Mittel zur Wortschatzerweiterung. Sie ermöglicht **Wortneuschöpfungen** durch die Zusammensetzung bereits vorhandener Wörter, meist durch die Kombination zweier oder mehrerer Wörter oder Stämme (**Kompositum**), z. B. „Wolkendunst" in Goethes Gedicht „Prometheus". In der Zusammensetzung legt das letzte Wort (Grundwort) die Wortart fest. Vorangestellte Wörter bestimmen die Bedeutung des Grundwortes näher und heißen deshalb Bestimmungswörter. Durch die Häufung von Bestimmungswörtern (z. B. „Knabenmorgen-Blütenträume" in Goethes „Prometheus") sowie durch ungewöhnliche Kombinationen und Neuschöpfungen (Neologismen, Sg: der **Neologismus**) können Dichter neue Bildwelten kreieren und gewohnte Wahrnehmungsmuster aufbrechen. Wie im Sturm und Drang dienen sie Dichtern auch dazu, sich von den Normen und Gesetzen der Dichtung und der Sprache abzusetzen und gegen Althergebrachtes aufzubegehren. Neologismen können so zum Ausdruck der Individualität, des Protests und des Anspruchs auf künstlerische Freiheit werden.

5 Johann Wolfgang Goethe (1749–1832): Menschengefühl

Ach, ihr Götter, große Götter,
In dem weiten Himmel droben,
Gäbet ihr uns auf der Erde
Festen Sinn und guten Mut –
O, wir ließen euch, ihr Guten,
Euren weiten Himmel droben.

(e 1776/v 1815)

6. a) Erläutert die Titelwahl Goethes.
b) Erörtert, ob man das Gedicht als Kurzfassung des Gedichts „Prometheus" bezeichnen kann.

6 Friedrich Maximilian Klinger (1752–1831): Die Zwillinge [Auszug I, 4]

Neben der Lyrik ist das Drama die wichtigste literarische Gattung des „Sturm und Drang". Klingers Drama *Die Zwillinge* spielt in Italien und erzählt die Geschichte zweier verfeindeter Zwillingsbrüder, Guelfo und Ferdinando. Guelfo, ein wilder und impulsiver junger Mann, fühlt sich um die Rechte der Erstgeburt betrogen, die er seinem Bruder Ferdinando neidet. Er misstraut seinem Vater und bezweifelt, der Zweitgeborene zu sein. Ferdinando, dem Klügeren und Ruhigeren von beiden, ist nicht nur das Herzogtum vom Vater, dem alten Guelfo, versprochen, sondern auch die Hand von Kamilla, der großen Liebe Guelfos. In der vierten Szene des ersten Aktes kommt es zum Konflikt zwischen Vater und Sohn. Mutter Amalia versucht zu vermitteln. Der Text richtet sich nach dem Erstdruck des Werkes aus dem Jahr 1776. Die Rechtschreibung folgt dabei keiner einheitlichen Normierung.

Alter Guelfo. Vorige. (hernach) ein Bedienter.

AMALIA. (*zum Vater*) Guelfo, Dein Sohn ist gut und sanft. Ich versichre Dich, der Ritter war nie so lieb. Komm, lieber Guelfo, Du sollst sehen, daß man dem Ritter viel Unrecht thut. Er ist ein herrlicher Junge, unser Guelfo, ein tapferer Ritter, dem keiner steht. Sieh ihn an, Vater! Hast Du Einen in Italien gesehen, der ihm gleicht? Ein bischen wild ist mein Guelfo; aber das giebt sich: und Tapferkeit, sagt man, ist wild. Nicht, mein Guelfo?

ALTER GUELFO. Das wär was! Nun denn, Ritter, wende Dich zu mir! Gib mir Deine nervigte Hand, Sohn! Denk' immer, daß Du ein Sohn des berühmten Guelfo bist, das ich Dir nicht genug sagen kann! Denk, daß wir viele Feinde haben; Deine Faust kann sie schrecken, denn Du bist fürchterlich berühmt im Streit. O mein Ferdinando! mein Guelfo! zwey starke Pfeiler meines beneideten Hauses, auf denen der Alte in Frieden ruhen kann, fest und geschützt. Meine Aerndte in Krieg und Vertheidigung ist gethan; ich habe mich hingestreckt, träume meine Jugend, und seh' Euch zu. Da stehen sie, Guelfo ein Felsen im Meer, und Ferdinando, der mehr durch Klugheit gewinnt, weil er stiller ist, reifer überlegt, und seinen Vortheil absieht.

***Friedrich Maximilian Klinger** wurde 1752 in Frankfurt am Main geboren. 1760 verlor er im Alter von 8 Jahren seinen Vater. Seine Mutter musste als Krämerin und Wäscherin den Sohn und die beiden Töchter ernähren. Dank finanzieller Hilfe der Familie Goethe konnte er Jura studieren. Bis heute ist nicht geklärt, warum es bei einem Aufenthalt Klingers in Weimar zum Bruch mit Goethe kam. Sein Drama „Sturm und Drang" (1776) gab später der Literaturepoche ihren Namen. Klinger starb am 25. Februar 1831.*

AMALIA. Und Guelfo?

ALTER GUELFO. Wenn Du edel bist, Guelfo, Deine Wildheit zum Guten lenkst, Deine Tapferkeit von Ferdinandos Klugheit leiten läßt, soll unser Haus bald ein Herzogthum blühen. He, Guelfo?

GUELFO. He, Guelfo! He, Herzog Ferdinando! He, Guelfo!

ALTER GUELFO. He, Ritter Guelfo!

AMALIA. He! Freude! Und mein starker Sohn Guelfo noch General! Das muß er werden. Hat er sich nicht rechtschaffen gehalten, daß ihn alle neiden? Trägt er nicht eine grosse Wunde unter dem Orden, die ihn mehr ziert, als der Orden? Noch einmal, ein herrlicher Junge, mein Guelfo, wenn er seine Mutter liebt, und still ist!

ALTER GUELFO. Amalia, ist das des Kind's Blick? Es kocht was in ihm! Sieh den Drachenblick! Guelfo!

AMALIA. Geh doch! laß doch! Wer weiß, was dem Guelfo ist! Er ist krank.

ALTER GUELFO. Nein doch! Ich muß sehen, wie sich Leidenschaften bey meinen Kindern zeichnen. Was beißt er die Zähne? was zieht er die Faust zusammen? was wölkt sich die Stirne? So steht man vorm Feinde. Mann, Dein Gesicht gefällt mir nicht.

GUELFO. Dann gebt mir eine Larve[1]!

ALTER GUELFO. Ha! Das ist die schändlichste Larve, die Du itzt trägst.

AMALIA. Er ist krank, sag ich, es schmerzt ihn was. Geh doch, Guelfo! Reit dem Sohn und der Braut entgegen! Geh doch! ich will ihn sanft machen, er ist gar willig, wenn ich allein um ihn bin.

ALTER GUELFO. Nein doch! Guelfo! sieh Deines Vaters Angesicht – Blickt' ich Dich so an, Du solltest mich hassen. Was soll ich thun?

GUELFO. Den Guelfo hassen, wie Du thust.

ALTER GUELFO. War das Guelfos zweyter Sohn?

GUELFO. Guelfos Narr!

AMALIA. Guelfo, geh doch! Laß es hiermit! Guelfo wird gut; Du weißt, daß das seine Krankheit ist.

ALTER GUELFO. Fluch Dir, Guelfo! wenn Du so siehst.

GUELFO. Fluch mir! wenn ich anders seh.

AMALIA. Segen Guelfo, wenn er noch wilder sieht. Hinaus Alter! Will keiner gehen? Beyde heiß, wie Feuer! Vater! Sohn! He da! ich schwaches Weib will Euch Wütende abhalten. Wart! ich will meine Schnürchen abreissen, und Euch anheften, weit von einander. Ich bin ein schwaches Weib, will mich an Dich hängen, Alter! Keiner soll des andern Stirne sehen. He Guelfo! (*wirft ihm ein Tuch aufs Gesicht*) ich will Dein wildes Gesicht decken, das ihn erzürnt. Blickst mir doch gut zu, mein Sohn!

GUELFO. Laßt es! Seyd getrost, Mutter! Ihr sollt des Guelfos los werden, den Ihr zu Grunde gerichtet, den Ihr bey der Geburt zu Grunde gerichtet habt!

ALTER GUELFO. Ein böser Geist redet aus Dir! Du hast den Würgteufel, der Vater und Mutter nicht schont. Die Sorge für Dich riß mich von den

[1] die Larve (< lat. larva = böser Geist, Gespenst, Maske): Gesichtsmaske, Maske

1. Verfasst einen inneren Monolog der Mutter Amalia im Anschluss an die Szene. Vergleicht eure Ergebnisse.

2. Analysiert das Verhalten von Vater und Sohn:

a) Notiert direkte und indirekte Vorwürfe beider Figuren.

b) Findet Textstellen, in denen Vater bzw. Sohn um Versöhnung bemüht sind.

c) Bewertet das Verhalten von Vater und Sohn.

3. a) Untersucht auffällige Merkmale in Guelfos Sprache und benennt deren Wirkung.

b) Vergleicht das Verhalten Guelfos mit dem des Prometheus.

Feinden, als ich den erfochtenen Sieg nutzen wollte. Du bist mein Sohn nicht.

GUELFO. Sagt das noch einmal, ich bin Euer Sohn nicht.

ALTER GUELFO. So nicht.

GUELFO. Los von Vater! – Mutter, bin ich Dein Sohn?

AMALIA. Mein Sohn? Still! still! Ihr endet mit mir!

GUELFO. Ha dann! von Euch beyden los! entsagt! Hast Du noch etwas, berühmter Guelfo? – Ich habs gehört, und das zittert mir in der Seele – ich bin Guelfos Sohn nicht! Gott, du hasts gehört! Ich bin Guelfos Sohn nicht. Ich habs gehört, wie Guelfos Fluch den Bastard Guelfo traf. (*kniet*) Hier knie' ich und schwör Dir ab – schwör Dir ab, ich bin Dein Sohn nicht, grauer Guelfo! bin Dein Sohn nicht, sanftes Weib! Nun dann! ich ziehe mein Schwerdt, und beginne den Schwur – Ich armer Ritter Guelfo – laßt Eure Thräne nicht um mich in Staub fallen! mischt sie mit Ferdinandos Freudenthränen! – Ich armer Ritter und Bastard –

(v 1776)

4. Informiert euch über den weiteren Fortgang des Dramas.

5. Stellt Vermutungen an, warum Lyrik und Drama zur zentralen literarischen Ausdrucksform der Epoche des „Sturm und Drang“ wurden, epische Texte dagegen kaum eine Rolle spielten.

6. Sprecht darüber, ob es auch heute Texte junger Autorinnen oder Autoren gibt, die vergleichbare Merkmale wie die Texte des „Sturm und Drang“ aufweisen.

7 Friedrich Schiller (1759–1805): Kabale und Liebe [Auszug I, 7]

Kabale und Liebe ist neben dem Drama *Die Räuber* eines der populärsten Dramen des „Sturm und Drang“. Es thematisiert das Konfliktpotenzial einer ständeübergreifenden Liebesbeziehung. Ferdinand, der Sohn des Präsidenten, hat sich in die bürgerliche Luise Miller verliebt. Die Väter der beiden wollen die Beziehung wegen der Standesunterschiede nicht akzeptieren. Der Präsident ist mithilfe seines Sekretärs durch Intrigen und Mord zu seiner hohen Stellung bei Hofe gekommen. Er möchte, dass sein Sohn in seine Fußstapfen tritt. In der Szene 1,7 sprechen die beiden über die Zukunft Ferdinands.

Ferdinand. Der Präsident. Wurm, welcher gleich abgeht.

FERDINAND. Sie haben befohlen, gnädiger Herr Vater –

PRÄSIDENT. Leider muss ich das, wenn ich meines Sohns einmal froh werden will – Lass Er uns allein, Wurm! – Ferdinand, ich beobachte dich schon eine Zeit lang und finde die offene rasche Jugend nicht mehr, die mich sonst so entzückt hat. Ein seltsamer Gram brütet auf deinem Gesicht. Du fliehst mich – du fliehst deine Zirkel – Pfui! – *Deinen* Jahren verzeiht man zehn Ausschweifungen vor einer einzigen Grille. Überlass diese mir, lieber Sohn! Mich lass an deinem Glück arbeiten und denke auf nichts, als in meine Entwürfe zu spielen. – Komm! umarme mich, Ferdinand!

FERDINAND. Sie sind heute sehr gnädig, mein Vater.

PRÄSIDENT. Heute, du Schalk – und dieses Heute noch mit der herben Grimasse? (*Ernsthaft.*) Ferdinand! – *Wem* zu lieb hab' ich die gefährliche Bahn zum Herzen des Fürsten betreten? *Wem* zu lieb bin ich auf ewig mit meinem Gewissen und dem Himmel zerfallen? – Höre, Ferdinand! – Ich spreche mit meinem Sohn – *Wem* hab' ich durch die Hinwegräumung meines Vorgängers Platz gemacht – eine Geschichte, die desto blutiger in mein Inwendiges schneidet, je sorgfältiger ich das Messer der Welt verberge! Höre! sage mir, Ferdinand! *Wem* tat ich dies alles?

FERDINAND (*tritt mit Schrecken zurück*). Doch *mir* nicht, mein Vater? Doch auf *mich* soll der blutige Widerschein dieses Frevels nicht fallen? Beim allmächtigen Gott! es ist besser, gar nicht geboren zu sein, als dieser Missetat zur Ausrede dienen!

PRÄSIDENT. Was war das? Was? Doch ich will es dem Romanenkopfe zu gut halten! – Ferdinand! – ich will mich nicht erhitzen, vorlauter Knabe – Lohnst du mir *also* für meine schlaflosen Nächte? *Also* für meine rastlose Sorge? *Also* für den ewigen Skorpion meines Gewissens? – Auf mich fällt die Last der Verantwortung – auf mich der Fluch, der Donner des Richters – Du empfängst dein Glück von der zweiten Hand – das Verbrechen klebt nicht am Erbe.

FERDINAND (*streckt die rechte Hand gen Himmel*). Feierlich entsag' ich hier einem Erbe, das mich nur an einen abscheulichen Vater erinnert.

PRÄSIDENT. Höre, junger Mensch, bringe mich nicht auf! – Wenn es nach deinem Kopf ginge, du kröchest dein Leben lang im Staube.

FERDINAND. O, immer noch besser, Vater, als ich kröch' um den Thron herum.

PRÄSIDENT (*verbeißt seinen Zorn*). Hum! – Zwingen muss man dich, dein Glück zu erkennen. Wo zehn Andre mit aller Anstrengung nicht hinaufklimmen, wirst du spielend, im Schlafe gehoben. Du bist im zwölften Jahre Fähndrich. Im zwanzigsten Major. Ich hab' es durchgesetzt beim Fürsten. Du wirst die Uniform ausziehen und in das Ministerium eintreten. Der Fürst sprach vom Geheimen Rat – Gesandtschaften – außerordentlichen Gnaden. Eine herrliche Aussicht dehnt sich vor dir! – Die ebene Straße zunächst nach dem Throne – zum Throne selbst, wenn anders die Gewalt so viel wert ist, als ihr Zeichen – das begeistert dich nicht?

FERDINAND. Weil meine Begriffe von Größe und Glück nicht ganz die Ihrigen sind – *Ihre* Glückseligkeit macht sich nur selten anders, als durch Verderben bekannt. Neid, Furcht, Verwünschung sind die traurigen Spiegel, worin sich die Hoheit eines Herrschers belächelt – Tränen, Flüche, Verzweiflung die entsetzliche Mahlzeit, woran diese gepriesenen Glücklichen schwelgen, von der sie betrunken aufstehen und so in die Ewigkeit vor den Thron Gottes taumeln – Mein Ideal von Glück zieht sich genügsamer in mich selbst zurück. In meinem *Herzen* liegen alle meine Wünsche begraben. –

(v 1783)

1. „Zwingen muss man dich, dein Glück zu erkennen" (Z. 37 f.) – „Mein Ideal von Glück zieht sich genügsamer in mich selbst zurück" (Z. 53 f.). Erläutere anhand der Zitate, was der Präsident und sein Sohn Ferdinand unter Glück verstehen. Belegt eure Beobachtungen mit weiteren Zitaten.

2. a) Vergleicht die Beziehung des Präsidenten zu Ferdinand mit der des alten Guelfos zu seinem Sohn.

b) Vergleicht auch die Darstellungsweise im jeweiligen Drama, z. B. anhand von Regieanweisungen und der sprachlichen Gestaltung.

3. Diskutiert, inwieweit Ferdinands Protest gegen den Vater auch Ausdruck einer Rebellion gegen die politischen Zustände des Absolutismus ist.

Der „Sturm und Drang“

Nach dem Titel eines Dramas, das F. M. Klinger verfasst hatte, wurde die literarische Bewegung, die von einer Gruppe von Autoren während des Jahrzehnts von 1770 bis 1780 bestimmt wurde, „Sturm und Drang“ genannt. Die meist jungen Schriftsteller wehrten sich gegen die Autorität und die Vorschriften der älteren Generation, die noch von der Epoche der „Aufklärung“ und deren Vorstellung von der Vernunft als Maß aller Dinge geprägt war. Grundsätzlich richtete sich der Protest gegen alles, was die jungen Dichter als einengend erfuhren. Traditionen, Normen und Gesetze sowie die politischen Strukturen wurden grundsätzlich infrage gestellt. Auch für die Dichtung galt bisher ein System von Regeln, an die sich der einzelne Dichter zu halten hatte. Dagegen forderten die „Stürmer und Dränger“ Freiheit: Freiheit von den einengenden Regeln der Kunst, die das **„Genie“** des Künstlers, seine Schöpferkraft, nur begrenzten, ja sogar erstickten. Man kämpfte auch um Freiheit von den strengen Normen des Zusammenlebens, welche die von der Natur gewollte Entfaltung kraftvoller Gefühle und Leidenschaften verhinderten. Gefühl, Trieb, Kraft, spontanes Handeln wurden höher bewertet als Regeln, Vernunft, Besonnenheit, Ordnung. Ziel der Kritik war daher auch die herrschende politische und gesellschaftliche Ordnung des Absolutismus. Die Stellung des Monarchen war „absolut“ (< lat. legibus absolutus = der von den Gesetzen Losgelöste). Jeder „Untertan“ war aufgrund seiner Herkunft einem bestimmten Stand, z. B. dem Adel oder dem Bürgertum, zugeordnet, an den er für sein ganzes Leben gebunden war. Diese Ordnung wurde nicht länger als von Gott gewollt, sondern als ungerecht empfunden, weil sie dem Landesherrn und dem Adel Vorrechte (Privilegien) einräumte, während Bürger und Bauern benachteiligt waren. In Lyrik und Dramen drückte sich der politische Protest auch im Aufbegehren der Söhne gegen die Väter aus. Die Väter waren als Patriarchen zugleich auch Vertreter der politischen und gesellschaftlichen Hierarchie der Zeit. Die aufbegehrende Kritik der „Stürmer und Dränger“ war in Deutschland politisch jedoch weitgehend wirkungslos, sie blieb eine Angelegenheit der theoretischen Reflexion und Kunst.

8 Ernst Wilhelm Lotz (1890 – 1914): Aufbruch der Jugend

Die flammenden Gärten des Sommers, Winde, tief und voll Samen,
Wolken, dunkel gebogen, und Häuser, zerschnitten vom Licht.
Müdigkeiten, die aus verwüsteten Nächten über uns kamen,
Köstlich gepflegte, verwelkten wie Blumen, die man sich bricht.

Also zu neuen Tagen erstarkt wir spannen die Arme,
Unbegreiflichen Lachens erschüttert, wie Kraft, die sich staut,
Wie Truppenkolonnen, unruhig nach Ruf der Alarme,
Wenn hoch und erwartet der Tag überm Osten blaut.

***Ernst Wilhelm Lotz** wurde 1890 in Culm an der Weichsel geboren. Er verbrachte seine Kindheit an mehreren Orten: Köslin (Pommern), Karlsruhe (Baden), Wahlstatt (Schlesien) und Plön (Holstein). Ab 1906 begann er seine Ausbildung zum Soldat. Für die Dauer von anderthalb Jahren diente er als Offizier, 1911 gab er den Soldatenberuf auf und versuchte sich als Kaufmann für eine Hamburger Import-Export-Firma und als freier Schriftsteller. 1914 heiratete er, im August meldete er sich bei Kriegsbeginn freiwillig. Lotz starb am 26. September 1914 als Kompanieführer während eines Angriffs in einem französischen Schützengraben.*

Grell wehen die Fahnen, wir haben uns heftig entschlossen,
Ein Stoß ging durch uns, Not schrie, wir rollen geschwellt,
Wie Sturmflut haben wir uns in die Straßen der Städte ergossen
Und spülen vorüber die Trümmer zerborstener Welt.

Wir fegen die Macht und stürzen die Throne der Alten,
Vermoderte Kronen bieten wir lachend zu Kauf.
Wir haben die Türen zu wimmernden Kasematten zerspalten
Und stoßen die Tore verruchter Gefängnisse auf.

Nun kommen die Scharen Verbannter, sie strammen die Rücken,
Wir pflanzen Waffen in ihre Hand, die sich fürchterlich krampft,
Von roten Tribünen lodert erzürntes Entzücken,
Und türmt Barrikaden, von glühenden Rufen umdampft.

Beglänzt von Morgen, wir sind die verheißnen Erhellten,
Von jungen Messiaskronen das Haupthaar umzackt,
Aus unsern Stirnen springen leuchtende, neue Welten,
Erfüllung und Künftiges, Tage, sturmüberflaggt!

(e 1913)

9 Ernst Stadler (1883 – 1914): Der Aufbruch

Einmal schon haben Fanfaren
  mein ungeduldiges Herz blutig gerissen,
Dass es, aufsteigend wie ein Pferd,
  sich wütend ins Gezäum verbissen.
Damals schlug Tambourmarsch
  den Sturm auf allen Wegen,
Und herrlichste Musik der Erde
  hieß uns Kugelregen.
Dann, plötzlich, stand Leben stille.
  Wege führten zwischen alten Bäumen.
Gemächer lockten.
  Es war süß, zu weilen und sich versäumen,
Von Wirklichkeit den Leib
  so wie von staubiger Rüstung zu entketten,
Wollüstig sich in Daunen
  weicher Traumstunden einzubetten.
Aber eines Morgens
  rollte durch Nebelluft das Echo von Signalen,
Hart, scharf, wie Schwerthieb pfeifend. Es war
  wie wenn im Dunkel plötzlich Lichter aufstrahlen,
Es war wie wenn durch Biwakfrühe
  Trompetenstöße klirren,
Die Schlafenden aufspringen und die Zelte abschlagen
  und die Pferde schirren.

Ernst (Maria Richard) Stadler *war ein elsässischer Lyriker. Er wurde am 11.8.1883 in Colmar geboren. Von 1912 bis 1914 lehrte Stadler deutsche Philologie als Professor in Brüssel. Mit der Veröffentlichung seiner Gedichtsammlung „Der Aufbruch" (1914) wurde Stadler zu einer Leitfigur des literarischen Expressionismus. Er appellierte an seine Leser, zu einem besseren Dasein aufzubrechen.*
Er starb kurz nach Beginn des Ersten Weltkriegs als Soldat am 30. Oktober 1914 bei Zandvoorde nahe Ypern in Belgien.

1. Bereitet die Gedichte (Text 8 und 9) für einen Vortrag vor. Wählt auch Geräusche oder Musik aus, die zu den Gedichten passen und euren Vortrag ergänzen können. Begründet nach dem Vortrag eure Wahl.

2. Analysiert die beiden Gedichte. Geht dabei arbeitsteilig vor:

a) Stelle die Bilder aus dem Gedicht „Aufbruch der Jugend" zusammen, die die Aufbruchstimmung des lyrischen Ichs ausdrücken.

b) Untersuche den Aufbau des Gedichts „Der Aufbruch" und zeige, wie sich der Aufbruch des lyrischen Ichs gestaltet.

c) Vergleicht eure Ergebnisse.

3. a) Stelle Gemeinsamkeiten und Unterschiede der zwei Gedichte zusammen.

b) Erläutere, inwieweit die zwei Gedichte typischer Ausdruck von jugendlichem Denken und Handeln sind.

Ich war in Reihen eingeschient,
die in den Morgen stießen, Feuer über Helm und Bügel,
Vorwärts, in Blick und Blut die Schlacht,
mit vorgehaltnem Zügel.
Vielleicht würden uns
am Abend Siegesmärsche umstreichen,
Vielleicht lägen wir irgendwo ausgestreckt
unter Leichen.
Aber vor dem Erraffen
und vor dem Versinken
Würden unsre Augen sich an Welt und Sonne satt
und glühend trinken. (v 1914)

10 Else Lasker-Schüler (1869 – 1945): ???

Es ist ein Weinen in der Welt,
Als ob der liebe Gott gestorben wär,
Und der bleierne Schatten, der niederfällt,
Lastet grabesschwer.

Komm, wir wollen uns näher verbergen ...
Das Leben liegt in aller Herzen
Wie in Särgen.

Du! wir wollen uns tief küssen –
Es pocht eine Sehnsucht an die Welt,
An der wir sterben müssen. (v 1905)

11 Else Lasker-Schüler: ???

Ich will in das Grenzenlose
Zu mir zurück,
Schon blüht die Herbstzeitlose
Meiner Seele,
Vielleicht – ist's schon zu spät zurück!
O, ich sterbe unter euch!
Da ihr mich erstickt mit euch.
Fäden möchte ich um mich ziehn –
Wirrwarr endend!
Beirrend,
Euch verwirrend,
Um zu entfliehn
Meinwärts! (v 1902)

***Elisabeth (Else) Schüler**, wurde 1869 in Wuppertal geboren. Sie heiratete 1894 den Arzt Berthold Lasker und zog nach Berlin. Viele Liebschaften und eine zweite Ehe folgten. Lasker-Schüler gehörte zu den wenigen Lyrikerinnen ihrer Zeit. Wegen der Verfolgung der jüdischen Bevölkerung nach der Machtübernahme der NSDAP emigrierte sie in die Schweiz und reiste mehrmals nach Palästina. 1939 ließ sie sich endgültig dort nieder. Heimatlos und in Armut starb Else Lasker-Schüler am 22. Januar 1945 in Jerusalem. Sie wurde am Fuße des Ölbergs begraben. Erst 1969 wurde ihr Grabstein wiedergefunden, nachdem er zuvor umgestoßen und für den Straßenbau benutzt worden war. An anderer Stelle wurde der Stein 1976 wieder aufgestellt.*

1. Finde passende Titel für die zwei Gedichte von Else Lasker-Schüler. Begründe deine Wahl.

2. a) Beschreibe die Stimmung, die das lyrische Ich in beiden Gedichten ausdrückt.
b) Wähle zentrale Bilder aus und zeichne diese. Stelle dein Ergebnis der Klasse vor.

3. a) Vergleiche die Gedichte mit den Texten von Stadler und Lotz. Halte wesentliche Unterschiede stichwortartig fest.
b) Versuche die unterschiedlichen Stimmungen in den Gedichten zu erklären.

Der Expressionismus

Zwischen 1910 und 1925 verfassten zahlreiche junge Autoren und Künstler ihre Texte aus dem Krisenbewusstsein vor 1914 und der Krise des Ersten Weltkriegs selbst. Bekannte Autoren sind: Georg Trakl, Georg Heym, Ernst Stadler, Gottfried Benn und als einzige weibliche Vertreterin Else Lasker-Schüler. Die von ihnen geprägte Stilrichtung der Literatur und der bildenden Künste wurde unter dem Begriff des **Expressionismus** (< lat. expressio = Ausdruck) zusammengefasst. Die jungen Dichter und Maler der Epoche lehnten die Kunst am Ende des 19. Jahrhunderts ab. Sie wollten nicht einfach die Wirklichkeit genau abbilden wie im **Naturalismus**, noch wollten sie äußere Eindrücke wie im **Impressionismus** darstellen. Dichtung und Malerei wurden für sie stattdessen zu Mitteln des Ausdrucks innerer Erfahrungen und Erlebnisse. Die Expressionisten strebten nach einer Erneuerung des Menschen und einer neuen Sinngebung des Lebens in verbrüdernder Liebe und Menschenwürde. Sie versuchten, aus den Konventionen (< lat. conventio = Zusammenkunft, Übereinkunft: Bezeichnung für Regeln des Zusammenlebens, die den allgemeinen Erwartungen entsprechen) von Kunst und Leben auszubrechen und ein ekstatisches (< gr. ekstatein = außer sich sein: rauschhafter Zustand) Lebensgefühl zu leben und zu vermitteln. Der Künstler verstand sich dabei als Prophet mit dem quasireligiösen Auftrag, die „neue, bessere Welt" zu verkünden. Häufig wendeten sich die Expressionisten auch von den herkömmlichen Stil- und Gestaltungsmitteln ab, um dem inneren Erleben neue „Ausdrucks"-Formen zu schaffen.

Folgerichtig wurde der Erste Weltkrieg von dieser jungen Generation zunächst vielfach als Erlösung empfunden. Man hoffte darauf, dass der Krieg das Alte zerstören und Möglichkeiten schaffen würde, etwas Neues aufzubauen. Erst im Verlauf des Krieges wurden aus den zuvor Kriegsbegeisterten Kritiker und Kriegsgegner. Dieser Wandel führte bei vielen Schriftstellern auch zu einem Bruch in ihrem literarischen Schaffen. Kriegsmüdigkeit trat an die Stelle der Begeisterung. Mehrere der jungen expressionistischen Künstler konnten die Veränderung jedoch selbst nicht mehr literarisch umsetzen. Sie starben, so wie Ernst Stadler und Ernst Wilhelm Lotz, nur wenige Monate nach Kriegsausbruch an der Front.

2. Gegen die Ordnung! – Gedichte nach Form und Sinn analysieren

1 Gottfried August Bürger (1747 – 1794): Der Bauer. An seinen durchlauchtigen Tyrannen

Wer bist du, Fürst, dass ohne Scheu
Zerrollen mich dein Wagenrad,
Zerschlagen darf dein Ross?

Wer bist du, Fürst, dass in mein Fleisch
Dein Freund, dein Jagdhund, ungebleut[1]
Darf Klau' und Rachen haun?

Wer bist du, dass durch Saat und Forst
Das Hurra deiner Jagd mich treibt,
Entatmet, wie das Wild? –

Die Saat, so deine Jagd zertritt,
Was Ross und Hund und du verschlingst,
Das Brot, du Fürst, ist mein.

Du Fürst hast nicht, bei Egg' und Pflug,
Hast nicht den Erntetag durchschwitzt.
Mein, mein ist Fleiß und Brot! –

Ha! du wärst Obrigkeit von Gott?
Gott spendet Segen aus; du raubst!
Du nicht von Gott, Tyrann!

(v 1775)

Gottfried August Bürger *wurde am 31. Dezember 1747 in Molmerswende bei Harzgerode geboren. Er studierte klassische Philologie und Theologie in Halle, später Jura in Göttingen. Kurz nach der Heirat mit Dorette Leonhardt 1774 verliebte er sich in deren Schwester Auguste, die „Molly" seiner Gedichte. Nach zehn Ehejahren starb Dorette, im folgenden Jahr heiratete Bürger Auguste, diese starb aber schon nach siebenmonatiger Ehe. 1784 wurde er Privatdozent in Göttingen. 1789 erhielt er eine Anstellung als Professor für Ästhetik an der Universität Göttingen. Bürger war bekannt als Balladendichter. Zudem war er einer der Ersten, die Politisches zum Thema von Gedichten machten. Bürger starb am 8. Juni 1794 in Göttingen.*

1. a) Verfasse ein Parallelgedicht mit dem Titel „Der Schüler an seinen Lehrer" oder „Die Tochter/der Sohn an ihre/seine Eltern".

b) Besprecht an Beispielen, welche Gestaltungsmittel des Originalgedichts ihr in euren Texten aufgegriffen habt.

2. Arbeitet in Partnerarbeit wesentliche inhaltliche und sprachlich-stilistische Merkmale heraus und beschreibt deren Zusammenspiel.

3. Verfasse eine abschließende und begründete Gesamtwertung des Bürger-Gedichts.

Gedichtinterpretation (1) – Vorbereitung: Die Gedichtanalyse

Interpretieren heißt, einen Text zu beschreiben und zu deuten und dadurch besser zu verstehen. Dazu betrachtet man die Beziehung zwischen Form und Inhalt des Gedichtes genauer. So kann man auch das, was zuerst unklar und unverständlich war, Schritt für Schritt erklären und schließlich zu einer Interpretation des Gedichts kommen. Vor der Niederschrift einer Interpretation muss das Gedicht genau analysiert werden. Die folgende Vorgehensweise soll dabei helfen, eine schriftliche Interpretation vorzubereiten.

1 bleuen (< ahd/mhd. = schlagen): prügeln, schlagen. Dazu auch der „Bleuel": hölzerner Schlegel, Mörserkeule, Stampfer. Das Verb wird volksetymologisch auch an „blau" angelehnt und wird deswegen seit der Rechtschreibreform 2004 mit „äu" geschrieben.

1. Analyse der Aufgabenstellung
Die Aufgabenstellung bei einer Gedichtinterpretation lautet meistens „Interpretiere das vorliegende Gedicht“. Welche Anforderungen damit verbunden sind, wird in den folgenden Schritten deutlich gemacht.

2. a) Erster Leseeindruck; Einzelbeobachtungen im Text markieren
Die erste Annäherung an das Gedicht kann z. B. durch leises und lautes Lesen (Rezitieren), Sammeln der Erwartungen ausgehend von der Überschrift oder gestaltendes Arbeiten mit dem Text (z. B. ein Parallel- oder Gegengedicht entwerfen) geschehen. Auffälligkeiten, die man dabei entdeckt, und Themen des Gedichts werden aufgeschrieben und Fragen zum Text notiert. So gewinnt man einen ersten vorläufigen Eindruck vom Gedicht.

Schülerbeispiel: Randbemerkungen

Gliederung/zentrale Themen, Inhalte:

Sprachliche Mittel/Form:

Gegensatz?

Der Bauer. An seinen durchlauchtigen Tyrannen

lyrisches Ich: der Bauer

x x́ x x́ x x́ x x́

1. Wer bist du, Fürst, dass ohne Scheu
Zerrollen mich dein Wagenrad,
Zerschlagen darf dein Ross?

2. Wer bist du, Fürst, dass in mein Fleisch
Dein Freund, dein Jagdhund, ungebleut
Darf Klau' und Rachen hau'n?

3. Wer bist du, dass durch Saat und Forst,
Das Hurra deiner Jagd mich treibt,
Entatmet, wie das Wild? –

1. Die Saat, so deine Jagd zertritt,
Was Ross, und Hund und du verschlingst,
Das Brot, du Fürst, ist mein.

2. Du Fürst hast nicht, bei Egg' und Pflug,
Hast nicht den Erntetag durchschwitzt.
Mein, mein ist Fleiß und Brot! –

Ha! du wärst Obrigkeit von Gott?
Gott spendet Segen aus; du raubst!
Du nicht von Gott, Tyrann!

drei Vorwürfe des Bauern

Rechtfertigung des Bauern: Fleiß und Arbeit

Resümee, Urteil

Rhetorische Frage (wiederholt: Verstärkung!)

Jambus (4/3-hebig), Inversion

Neologismen

Parallelismus

Vokabular des bäuerlichen Lebens

Betonung der Anklage durch wiederholtes Possessivpronomen

Refrainartiger Strophenschluss

Gedankenstrich: Pause, Betonung

Interjektion/Ausruf = Emotionalität

Ellipse (bist)

b) Einzelbeobachtungen deuten und eine Stoffsammlung anlegen
Auf der Grundlage des ersten Eindrucks wird versucht, möglichst genau Auffälligkeiten des Inhalts und der Form wahrzunehmen und zu beschreiben.

Wichtig dabei ist, die Beziehung von Inhalts- und Formelementen zu erfassen und deren Wirkung zu beschreiben, um so zu einer Deutung zu kommen. Oft bietet es sich bei Gedichten an, Strophe für Strophe zu betrachten (= **chronologisches** bzw. **sukzessives Vorgehen**). Dabei kann man sich an die Abfolge der Strophen und Verse in einer tabellarischen Stoffsammlung halten.
Es kann aber auch sinnvoll sein, thematische Schwerpunkte zu setzen und das Gemeinsame mehrerer Strophen zusammenzufassen (= **problemorientiertes** oder **aspektorientiertes Vorgehen**).

Stoffsammlung

Strophen	Merkmale von Inhalt und Aufbau	Formmerkmale (Stilmittel)	→ Wirkung und Deutung
I.	Anklage des Bauern 1. Vorwurf: Willkür des Fürsten; Bezug zur rücksichtslosen Fahrweise fürstlicher Kutschen	• rhetorische Eingangsfrage • lyrisches Ich: Der Bauer (Rollenmonolog) • Wortwahl: ausdrucksstarke Verben • Inversion	→ Der Bauer klagt den Fürsten an. → Sympathie des Lesers gewinnen → Betonung der Dramatik des Geschehens → zusätzliche Hervorhebung der Verben
II.	2. Vorwurf: rücksichtsloses Verhalten der Jagdhunde	• anaphorische Wiederholung des Anfangs der Eingangsfrage • „dass in mein Fleisch [...] dein Jagdhund“ (V. 4 f.) Kontrast Mensch/Tier	→ Verstärkung des Vorwurfs → Abwertung des Bauern, Provokation des Lesers
III.	3. Vorwurf: Zwang zur Teilnahme bei fürstlichen Jagdgesellschaften	• Paralleler Aufbau wie in Str. I und II • „Entatmet“: Neologismus	→ Erweiterung/Verstärkung der Anklage → Betonung der Ausbeutung der Bauern; Veranschaulichung der Brutalität der Fürsten
IV.	1. Rechtfertigung des Bauern	...	...

4. Ergänzt die tabellarische Stoffsammlung.

Das Rollengedicht

In Rollengedichten werden die Gedanken einer typischen Figur (z. B. der Bauer, der Bürger, der Soldat) dargestellt, die meist durch die Überschrift bezeichnet wird. Das lyrische Ich vertritt die Gedanken und Gefühle seiner Rolle in monologischer Form. Das Rollengedicht ist somit nicht Ausdruck des individuellen Empfindens der Dichterin oder des Dichters, sondern des Selbstverständnisses der vorgestellten Rolle.

2 Auftakt einer Gedichtinterpretation von Bürgers „Der Bauer“ [Schülerbeispiel]

Das Gedicht „Der Bauer. An seinen durchlauchtigen Tyrannen“ von Gottfried August Bürger zeigt die brutale Ausbeutung der Bauern durch die Fürsten am Ende des 18. Jahrhunderts. Das Gedicht besteht aus sechs kurzen, dreizeiligen Strophen. Die Knappheit und Kürze schärft den Vorwurf gegenüber den Fürsten. In den ersten drei Strophen erhebt das lyrische Ich (= der Bauer) seine Anklagen gegenüber seinem Fürsten. In den folgenden zwei Strophen rechtfertigt sich das lyrische Ich und stellt seinen Fleiß und seine Arbeit dem Schmarotzertum des Adels gegenüber. Die abschließende sechste Strophe bringt Vorwürfe und Rechtfertigung auf einen gemeinsamen Nenner. Die angeblich gottgegebene Macht der Fürsten wird infrage gestellt. Die erste Strophe beginnt wie die zwei folgenden mit einer rhetorischen Frage. Durch ihre anaphorische Wiederholung wird bereits ihr anklagender Charakter deutlich. Besonders auffällig ist in der ersten Strophe die Anordnung der Syntax. Damit die beiden drastischen Verben „Zerrollen“ (V. 2) und „Zerschlagen“ (V. 3) an den Versbeginn rücken, wird die Satzstellung verändert (Inversion). Dadurch wird die brutale und menschenverachtende Vorgehensweise des Adels besonders unterstrichen. Ohne Rücksicht auf das Leben von Menschen fahren die adligen Kutschen und Wagen über alle Hindernisse hinweg. Das Leben des einfachen Mannes, des Bauern, zählt offensichtlich für den Adligen nichts. In der zweiten Strophe wird die Anklage gegen den Fürsten durch einen weiteren Vorwurf ergänzt. Die Strophe ist parallel zur ersten aufgebaut. Erneut beginnt der erste Vers mit der rhetorischen Leitfrage „Wer bist du, Fürst?“ (V. 4). Der Vorwurf an den Adel betrifft hier das rücksichtslose Verhalten der Jagdhunde des Adels, die willkürlich auf Untergebene gehetzt werden. Im 18. Jahrhundert mussten Bauern bei der Jagd des Adels die Jagdtreiber spielen und konnten dabei auch selbst zum Opfer werden. Auffällig ist die Apposition „dein Jagdhund“ zum Bezugswort „Freund“ (V. 5).
Offensichtlich zählt für den adligen Jäger das Tier mehr als ein Menschenleben. Die dritte Strophe zeigt erneut den gleichen Aufbau wie die ersten beiden. […]

5. Arbeite den Aufbau dieser Interpretation heraus.

6. Beurteile, wie in dem Interpretationsbeispiel die Verbindung von Beobachtungen zu Form und Inhalt gelungen ist.

7. a) Setze die Interpretation in der begonnenen Art fort.
b) Vergleicht eure Ergebnisse.

3 Christian Friedrich Daniel Schubart (1739 – 1791): An Ihro Gnaden

Es kennen Ihro Gnaden
Redouten, Maskeraden
Die Prüden und Koquetten
An ihren Toiletten.
Sie sprechen mit der Baase
Französisch durch die Nase:
Sie können Deutschland schimpfen;
Vornehm, mit Naserümpfen;
Den Bürger stolz verachten,
Und, die nach Weisheit trachten,
Bestraft Ihr kühner Tadel? –
Mein Seel'! Sie sind von Adel!

(v 1774)

Christian Friedrich Daniel Schubart *verlebte Kindheit und frühe Jugend im schwäbischen Aalen. 1758 begann er das Theologiestudium in Erlangen; 1763 erhielt er die Stelle eines Schulmeisters in Geislingen. Da er auch die Geistlichkeit attackierte, wurde er im Mai 1773 des Landes verwiesen. In Augsburg gab Schubart eine Zeitung heraus, die „Deutsche Chronik". Die publizistische Wirkung führte im Januar 1777 zu seiner Verhaftung durch Herzog Karl Eugen, der ihn mit falschen Versprechungen auf württembergisches Gebiet gelockt hatte, um ihn dort festnehmen zu können. Ohne Gerichtsurteil saß er 10 Jahre im Kerker auf dem Hohenasperg bei Ludwigsburg. Schubart starb 1791 in Stuttgart.*

4 Einen Gedichtvergleich durch eine Stoffsammlung vorbereiten

Vergleichsaspekte	Bürger: „Der Bauer"	Schubart: „An Ihro Gnaden"
Inhalt • Perspektive • …	der Bauer als lyrisches Ich (V. 4, V. 8, V. 12) …	lyrisches Ich nicht eindeutig festgelegt (V. 12 „Mein Seel'"!) …
• Kritik • …	Kritik am Fürsten (V. 18 „Tyrann!") …	(V. 9 „Den Bürger stolz verachten")
Form • Strophische Gliederung • …	6 Stropen á 3 Verse …	eine durchgängige Strophe
• Metrum • …	Jambus (4-hebig) …	Jambus (3-hebig)
Sprachliche Gestaltungsmittel • Satzbau • …	Verwendung der Inversion zur Betonung von ausdrucksstarken Verben (V. 2, V. 3, V. 4) …	
• Wortwahl • …	Verwendung von zeitgenössischen Begriffen (V. 5 „ungebleut") …	(V. 2 „Redouten"; V. 5 „Baase"…)

1. a) Erklärt, welches Bild das Gedicht vom Adel zeichnet.

b) Formuliert die Aussage des Gedichts in einem Satz.

c) Formt Schubarts Gedicht um in einen offenen Brief eines Bürgers an seinen Fürsten.

d) Recherchiert im Internet, welche Sonderrechte der Adel und welche Pflichten Bauern und Bürger am Ende des 18. Jahrhunderts besaßen. Beurteilt die Situation.

2. a) Erläutert, inwieweit Schubarts Gedicht eine Satire ist (vgl. S. 18).

b) Untersucht danach auch Bürgers Gedicht (Text 1) auf satirische Aspekte.

3. Vergleicht Schubarts Gedicht mit Text 1. Notiert Gemeinsamkeiten und Unterschiede in Form und Inhalt. Übernehmt dazu die Tabelle und setzt die Eintragungen in der Tabelle fort.

Der Zeitstil

Unter Zeitstil (oder Epochalstil < lat. stilus = Schreibstift, Schreibart) fasst man die Stilelemente einer bestimmten Zeitspanne zusammen, die – über den **Individualstil** einzelner Autoren hinaus – das gemeinsame Stilbild einer Epoche prägen (z. B. die wirklichkeitsgetreue und sprachlich detailgenaue Darstellung im sog. Realismus). Besonders im Wortschatz sind sehr deutlich geschichtliche Veränderungen fassbar: Manche Ausdrücke älterer Literatur muten heute ungewöhnlich an oder sind gar unverständlich. Aber auch heutige Modewörter werden späteren Lesern so erscheinen. Eine gerechte Einschätzung eines Epochenstils ist jeweils nur aus der Kenntnis von Tendenzen einer entsprechenden Zeit möglich.

*„**Ton Steine Scherben**" war eine populäre Rockgruppe in den 1970er- und frühen 1980er-Jahren. Die Band zeichnete sich durch ihre deutschsprachigen Texte aus. Sie beschäftigte sich vor allem mit gesellschaftskritischen und politischen Themen. Dabei vertrat die Band utopische und z. T. auch anarchische Überzeugungen. So wurde „Ton Steine Scherben" zum Wortführer und Vorbild der alternativen Szene, wie zum Beispiel der Hausbesetzerbewegung. Auch späteren Generationen blieb die Kultband um ihren Frontmann Rio Reiser ein Begriff. Er konnte noch nach der Auflösung der Band 1985 mit weiteren Veröffentlichungen den Erfolg fortsetzen. Rio Reiser starb 1996 an den Folgen eines Herz-Kreislauf-Kollaps im Alter von 46 Jahren.*

5 Ton Steine Scherben: Keine Macht für niemand

Ich bin nicht frei und kann nur wählen,
welche Diebe mich bestehlen, welche Mörder mir befehlen.
Ich bin tausendmal verblutet und sie ham mich vergessen.
Ich bin tausendmal verhungert und sie war'n vollgefressen.

Im Süden, im Osten, im Westen, im Norden,
es sind überall dieselben, die uns ermorden.
In jeder Stadt und in jedem Land,
schreibt die Parole an jede Wand.
Schreibt die Parole an jede Wand.
Keine Macht für Niemand!
Keine Macht für Niemand!

Reißen wir die Mauern ein, die uns trennen.
Kommt zusammen, Leute. Lernt euch kennen.
Du bist nicht besser als der neben dir.
Keiner hat das Recht, Menschen zu regier'n.

Im Süden, im Osten, im Norden, im Westen,
es sind überall die dieselben, die uns erpressen.
In jeder Stadt und in jedem Land
heißt die Parole von unserem Kampf,
heißt die Parole von unserem Kampf.
Keine Macht für Niemand!
Keine Macht für Niemand!

Komm rüber Bruder, reih dich ein,
komm rüber Schwester, du bist nicht allein.
Komm rüber Mutter, wir sind auf deiner Seite,
Komm rüber Alter, wir woll'n das Gleiche.
In Augsburg, in München, Frankfurt, Saarbrücken,

es sind überall dieselben, die uns unterdrücken.
In jeder Stadt und in jedem Land,
mach ne Faust aus deiner Hand.
Mach ne Faust aus deiner Hand.
Keine Macht für Niemand!
Keine Macht für Niemand! (v 1972)

(Text: Ralph Möbius, © David Volksmund VG, Berlin)

1. a) Hört euch das Lied an.

b) Sprecht über die Wirkung der musikalischen Umsetzung.

c) Erläutert, inwieweit es sich um ein Protestlied handelt und wer bzw. was das Ziel des Protests ist.

d) Schreibe einen Gegen- oder Antworttext, der Ziele und Mittel des Protests kritisch hinterfragt.

6 Rio Reiser (1950 – 1996): König von Deutschland

Jede Nacht um halb eins wenn das Fernsehen rauscht
Leg ich mich aufs Bett und mal mir aus
Wie es wäre wenn ich nicht der wäre der ich bin
Sondern Kanzler Kaiser König oder Königin
[...]

Das alles und noch viel mehr
Würd ich machen
Wenn ich König von Deutschland wär

Ich würd die Krone täglich wechseln würde zweimal baden
Würde die Lottozahlen eine Woche vorhersagen
Bei der Bundeswehr gäb es nur noch Hitparaden
Ich würd jeden Tag im Jahr Geburtstag haben
Im Fernsehen gäb es nur noch ein Programm:
Robert Lembke[1] vierundzwanzig Stunden lang
Ich hätte zweihundert Schlösser und wär nie mehr pleite
Ich wäre Rio der Erste, Sissi die Zweite

Das alles und noch viel mehr
Würd ich machen
Wenn ich König von Deutschland wär

Die Socken und die Autos dürften nicht mehr stinken
ich würd jeden Morgen erst mal ein Glas Champus trinken
[...]

Das alles und noch viel mehr
Würd ich machen
Wenn ich König von Deutschland wär (v 1986)

(Text: Rio Reiser, © SMPG Publishing (Germany) GmbH, Berlin)

2. a) Verfasse eine eigene Strophe mit Vorschlägen, was du als König von Deutschland machen würdet.

b) Besprecht eure Ergebnisse.

c) Diskutiert, ob und inwieweit sich der Text und die Art des vorgetragenen Protests von den Gedichten des Kapitels unterscheidet. Fügt als Belege konkrete Textstellen an.

3. Sucht aktuelle Lieder, die gesellschaftliche Zustände unserer Zeit kritisieren. Stellt die Lieder in der Klasse vor und diskutiert, inwieweit sich moderne Protestsongs von Gedichten aus der Zeit des „Sturm und Drang“ und des „Expressionismus“ unterscheiden.

[1] Robert Lembke (1913 – 1989): populärer deutscher Journalist und Fernsehmoderator

II. Krise und Neuorientierung

1. Gegen den Krieg! – Gedichte schriftlich interpretieren

1 Krieg in Bildern

1. Erstellt in Gruppen Mind-Maps zu den einzelnen Bildern und findet unterschiedliche Überschriften. Stellt eure Ergebnisse in der Klasse vor.

2. Verfasst unter Zuhilfenahme der Mind-Maps kurze Anti-Kriegsgedichte.

3. Sammelt Informationen über aktuelle Kriege. Benennt Teilnehmer und Gegner, Gründe und Betroffene.

2 Edwin Starr (1942 – 2003): War

War
What is it good for?
Absolutely nothing
War
What is it good for?
Absolutely nothing

War is something that I despise[1]
For it means destruction of innocent lives
War means tears in thousands of mother's eyes
When their sons go out to fight to give their lives

War
What is it good for?
Absolutely nothing
Say it again
War
What is it good for?
Absolutely nothing
War
It's nothing but a heartbreaker
War
Friend only to the undertaker[2]

War is an enemy to all mankind
The thought of war blows my mind
War has caused unrest within the
younger generation
Induction then destruction
Who wants to die?

[...]

War has shattered many young men's dreams
Made him disabled, bitter and mean
Life is too precious to be fighting wars each day
War can't give life it can only take it away

[...]

Peace love and understanding
Tell me is there no place for them today
They say we must fight to keep our freedom
But Lord knows there's got to be a better way
That's better than
War

(e 1969)

1. a) Vergleicht diesen Antikriegssong mit den von euch erstellten Gedichten. Findet Gemeinsamkeiten und Unterschiede.

b) Benennt die zentrale Aussage des Songs und diskutiert sie.

c) Notiert, welche Attribute dem Krieg zugeschrieben werden. Sammelt zudem Begriffe, die im Song dem Krieg gegenübergestellt werden.

3 Der Vietnamkrieg

Von 1965 bis 1973 führten die USA zur Unterstützung Südvietnams gegen das kommunistische Nordvietnam einen Krieg, den sie nicht gewinnen konnten. Trotz hochentwickelter Waffentechnik und dem Einsatz von zeitweise bis zu 550 000 amerikanischen Soldaten (1968) gelang es nicht, den Guerillakrieg der sogenannten Vietcong zu kontrollieren. Nach Abzug der US-Truppen besiegte der Norden den Süden und gründete die noch heute existierende Sozialistische Republik Vietnam.
Der Krieg kostete über zwei Millionen Menschenleben sowie zahlreiche Opfer in der vietnamesischen Zivilbevölkerung und traumatisierte Soldaten auf allen Seiten. Erstmals in der Mediengeschichte wurden der Krieg und seine Schrecken durch die TV-Berichterstattung bis in die Wohnzimmer der westlichen Welt getragen. Erschütternde Bilder, wie etwa die des Massakers von My Lai im März 1968, bei dem US-Soldaten wehrlose Frauen und Kinder töteten, gingen um die Welt und riefen nicht nur in Amerika starken Protest in der Bevölkerung, insbesondere seitens der Studenten, Musiker und Intellektuellen hervor.

2. a) Informiert euch anhand von Text 3 über den Vietnamkrieg und recherchiert unbekannte Begriffe.

b) Sucht in dem Songtext „War" nach Bezügen zur Entstehungszeit des Songs und versucht seinen Erfolg zu erklären.

[1] despise (< engl.): verachten
[2] undertaker (< engl.): Leichenbestatter

Vorder- und Hintergrund:

Können wir Bildern trauen?
Wir untersuchen das berühmteste Bild des Vietnamkrieges.

VORDER-GRUND

A

Das Bild des vietnamesischen Kriegsfotografen Nick Ut zeigt die nackte Phan Thi Kim Phúc nach einem Napalmangriff (Brandwaffe, die schwerste Verbrennungen verursacht) auf ihr Dorf Trang Bang am 8. Juni 1972. 1973 wurde das Bild mit dem renommierten Pulitzer-Preis ausgezeichnet und diente fortan als Kultbild der Anti-Kriegsbewegung.

- Findet einen möglichen Untertitel für das Bild.
- Führt eine Bildanalyse durch. Erstellt dafür eine Tabelle, in der ihr einzelne Bildelemente und deren Wirkung notiert.
- Überlegt, inwiefern das Bild zu Protesten gegen den Vietnamkrieg beigetragen haben könnte.

So wurde das Foto für den 1983 erschienenen Bildband „Bilder vom Krieg. 130 Jahre Kriegsfotografie – eine Anklage“ benutzt.

- Begründet, warum gerade dieser Ausschnitt für das Cover gewählt wurde.
- Diskutiert, ob sich eurer Meinung nach die Aussage des Bildes durch den Bildausschnitt oder den beigefügten Titel verändert hat.

Mit Bildmedien kritisch umgehen

HINTER-GRUND

B

- Führt auch für Bild C eine Bildanalyse durch. Achtet dabei insbesondere auf die Gruppe der Fotografen.
- Findet auch hier einen Untertitel.
- Vergleicht die Ergebnisse der beiden Bildanalysen.
- Überlegt, warum das Standbild des Filmstreifens kaum veröffentlicht wurde.
- Recherchiert nach Beispielbildern, die den im Kasten genannten Einflüssen unterliegen. Präsentiert im „Vorder- und-Hinter-Grund-Stil" die unterschiedlichen Wirkungen vor der Klasse.

C

Der Historiker Gerhard Paul recherchierte folgende Hintergrundinformationen:
Das Dorf Trang Bang, 25 km nordwestlich von Saigon gelegen, war ein vermeintlicher Stützpunkt der Vietcong und sollte deshalb von südvietnamesischer Seite zurückerobert werden.
Bild B zeigt die erste Reihe von zwölf Reportern, die den Luftangriff auf Trang Bang am 8. Juni 1972 fotografieren. Im Hintergrund explodieren Phosphor- und Napalm-Bomben, die Einheiten der südvietnamesischen Luftwaffe abgeworfen haben. Amerikanische Soldaten sind nicht beteiligt. In den nächsten Sekunden gerät den Fotografen die Gruppe um Kim Phúc in den Blick der Objektive. Kurz nach dem Foto (A) von Nick Ut entstand diese Aufnahme (C: Standbild eines Filmstreifens).

M Kritisch mit Bildmedien umgehen

Fotos müssen als Quellen sorgfältig geprüft und interpretiert werden, da ihre Aussage leicht verändert oder beeinflusst werden kann.

- Bereits dadurch, dass der Fotograf den Auslöser drückt, wird der Blick auf die **Wirklichkeit kanalisiert**. Das Bild zeigt nur den Augenblick, kein Davor und kein Danach. Der Fotograf entscheidet sich zudem für einen Ausschnitt und eine Perspektive.
- Die **Veränderbarkeit des Fotos** schränkt seinen Quellenwert ein. Beispiel: Wegretuschieren von unbeliebten Personen.
- Die **Beschneidung des Bildausschnitts** kann den Aussagewert stark verändern.
- **Bildlegenden** spielen eine große Rolle, da wir auf Zusatzinformationen angewiesen sind. Bildtexte können vorschnelle Deutungen anbieten.

Matthias Claudius, *1740 als Sohn eines norddeutschen Pfarrers geboren, studierte Theologie und Jura in Jena. Er arbeitete als Journalist und gab u. a. den „Wandsbecker Boten" heraus, eine volkstümliche Zeitung mit politischen, wissenschaftlichen und literarischen Beiträgen. Sein witziger und lockerer Stil machte ihn schnell berühmt. Namhafte Autoren wie Goethe oder Lessing veröffentlichten in seiner Zeitung Gedichte, Aufsätze, Buchbesprechungen oder Kommentare. Claudius selbst steuerte zumeist kurze Texte bei, so auch sein bekanntestes Gedicht „Der Mond ist aufgegangen" (1779). Um seine zwölfköpfige Familie zu ernähren, arbeitete er zudem als Hauslehrer und Bankrevisor in Hamburg, wo er 1815 verstarb.*

1. a) Diskutiert, welche gesellschaftliche Position das lyrische Ich mit Blick auf Vers 21 einnimmt.

b) Benennt die Einstellung zum Krieg, die das lyrische Ich hier äußert.

c) Überprüft, welche syntaktische Struktur das Gedicht prägt. Diskutiert die Wirkung auf den Leser.

4 Matthias Claudius (1740 – 1815): Kriegslied

's ist Krieg! 's ist Krieg! O Gottes Engel wehre,
Und rede du darein!
's ist leider Krieg – und ich begehre
Nicht schuld daran zu sein!

Was sollt ich machen, wenn im Schlaf mit Grämen
Und blutig, bleich und blass,
Die Geister der Erschlagenen zu mir kämen,
Und vor mir weinten, was?

Wenn wackre Männer, die sich Ehre suchten,
Verstümmelt und halb tot
Im Staub sich vor mir wälzten und mir fluchten
In ihrer Todesnot?

Wenn tausend tausend Väter, Mütter, Bräute,
So glücklich vor dem Krieg,
Nun alle elend, alle arme Leute,
Wehklagten über mich?

Wenn Hunger, böse Seuch und ihre Nöten
Freund, Freund und Feind ins Grab
Versammelten und mir zu Ehren krähten
Von einer Leich herab?

Was hülf mir Kron und Land und Gold und Ehre?
Die könnten mich nicht freun!
's ist leider Krieg – und ich begehre
Nicht schuld daran zu sein! (v 1779)

5 Kriege im 18. Jahrhundert

Das 18. Jahrhundert war das Jahrhundert der Kriege, es kannte nur 32 Friedensjahre auf europäischem Boden. Der Krieg galt als höchstes Mittel der Politik, das Kriegsglück war entscheidend für den Verlauf der Geschichte. In immer wechselnden Allianzen verbündeten sich Groß- und Kleinfürsten, um zu expandieren, ihren Territorialbestand zu verteidigen oder sich Titel einzuverleiben. So flossen zu Friedenszeiten zwei Drittel der Ausgaben eines Staates ins Militär.
Geführt wurden die Kriege von professionellen Söldnerheeren, noch oft kommandiert vom Fürsten selbst, wie im Fall des Preußenkönigs Friedrich II. der Große (hier in der Schlacht von Zorndorf 1758, nach einem Gemälde von Carl Röchling (1855 – 1920)). In einer Schlacht verlor die siegreiche Partei in etwa ein Viertel ihrer Männer.

Auch zu Claudius' Gedicht gab es einen konkreten Anlass. Trotz seiner Sympathien für den aufgeklärten preußischen König sah Claudius den Ausbruch des Bayrischen Erbfolgekrieges 1778, den Friedrich II. gegen den österreichischen Kaiser Joseph II. um Landgewinne in Bayern führte, mit Entsetzen.

2. Lest Text 5 und stellt einen Bezug zum Gedicht her.

3. a) Stellt in einer Tabelle zusammen, welche Folgen des Krieges in Claudius' Gedicht „Kriegslied" und im Songtext „War" (S. 179) genannt werden.

b) Vergleicht die Perspektiven der zwei Texte auf den Krieg.

6 Otto Dix (1881–1969) Der Streichholzhändler

(e 1920)

1. a) Beschreibe das Bild von Otto Dix.

b) Überlege, welchen Satz aus Schubarts Gedicht „Der Bettelsoldat" (Text 7) man dem „Streichholzhändler" von Otto Dix in den Mund legen könnte.

7 Christian Friedrich Daniel Schubart (1739 – 1791): Der Bettelsoldat

Mit jammervollem Blicke,
Von tausend Sorgen schwer,
Hink ich an meiner Krücke
In weiter Welt umher.

Gott weiß, hab viel gelitten,
Ich hab so manchen Kampf
In mancher Schlacht gestritten,
Gehüllt in Pulverdampf.

Sah manchen Kameraden
An meiner Seite tot,
Und musst' im Blute waten,
Wenn es mein Herr gebot.

Mir drohten oft Geschütze
Den fürchterlichsten Tod,
Oft trank ich aus der Pfütze,
Oft aß ich schimmlicht Brot.

Ich stand in Sturm und Regen
In grauser Mitternacht,
Bei Blitz und Donnerschlägen
Oft einsam auf der Wacht.

Und nun nach mancher Schonung,
Noch fern von meinem Grab,
Empfang ich die Belohnung
Mit diesem Bettelstab.

Bedeckt mit dreizehn Wunden,
An meiner Krück gelehnt,
Hab ich in manchen Stunden
Mich nach dem Tod gesehnt.

Ich bettle vor den Türen,
Ich armer lahmer Mann!
Doch ach! wen kann ich rühren?
Wer nimmt sich meiner an?

War einst ein braver Krieger,
Sang manch Soldatenlied
Im Reihen froher Sieger;
Nun bin ich Invalid.

Ihr Söhne, bei der Krücke,
An der mein Leib sich beugt,
Bei diesem Tränenblicke,
Der sich zum Grabe neigt,

Beschwör ich euch – ihr Söhne!
O flieht der Trommel Ton
Und Kriegstrommetentöne!
Sonst kriegt ihr meinen Lohn.

(e 1784)

2. Stelle dar, mit welchen inhaltlichen und sprachlichen Mitteln das lyrische Ich vor dem Krieg warnt.

3. Zeige an ausgewählten Stellen, dass man das Gedicht dem „Sturm und Drang" zuordnen kann.

4. a) Vergleiche die Art und Weise, mit der die drei Gedichte (Text 2, 4 und 7) Kritik am Krieg äußern.

b) Überlege mithilfe der Informationen aus den Texten 3 und 5, wer mögliche Adressaten der Kritik sein könnten.

8 Drei Einleitungen [Schülerbeispiele]

Beispiel A)

Das Gedicht von Christian Friedrich Daniel Schubart trägt den Namen „Der Bettelsoldat“ und stammt aus dem Jahre 1784. Es handelt sich dabei um ein Kriegsgedicht, das das Leben eines Soldaten beschreibt, der zum Bettler geworden ist. Im Folgenden werde ich das Gedicht interpretieren.

Beispiel B)

Christian Friedrich Daniel Schubarts Antikriegsgedicht „Der Bettelsoldat“ zeichnet das bemitleidenswerte Bild eines Kriegsinvaliden aus dem 18. Jahrhundert. Dieser schildert seine Kriegserlebnisse, eingerahmt von Mitteilungen über seine gegenwärtige Situation.

Beispiel C)

„Der Bettelsoldat“ von Christian Friedrich Daniel Schubart stellt eine ironische Abrechnung mit dem Krieg in Balladenform dar: Ein verkrüppelter Soldat klagt „mit jammervollem Blicke“ sein Schicksal und ruft am Ende sogar zur Fahnenflucht auf!

1. Diskutiert die Qualität der Einleitungen.

2. Verfasse eine eigene Einleitung.

Gedichtinterpretation (2) – Die Einleitung

Die Einleitung eines Interpretationsaufsatzes besteht normalerweise aus zwei Teilen:

1. Übersichtssatz

Im Übersichtssatz gibt man dem Leser einen ersten Überblick über das Gedicht. Er enthält fünf Aspekte:
- den vollen Namen des Autors,
- den Titel in Anführungszeichen,
- Entstehungszeit des Gedichts,
- die Art des Gedichts (z. B. Erlebnis-, Stimmungs- oder Naturgedicht; Rollengedicht, Ballade ...),
- eine Information zum Inhalt, z. B.
  - Hinweis auf den Kern (das zentrale Motiv, das Thema oder die Grundstimmung);
  - Mitteilung des ersten Grundeindrucks (*lehrhaft, ironisch, heiter, unverständlich, ...*).

2. Überleitung zum Hauptteil der Interpretation

9 Der Erste Weltkrieg (1914 – 1918)

1. Betrachtet die Fotos und tauscht euch über die Emotionen aus, die in euch geweckt werden.

2. Tauscht eure Kenntnisse über den Ersten Weltkrieg aus.

10 Wilhelm Klemm (1881–1968): An der Front

Das Land ist öde. Die Felder sind wie verweint.
Auf böser Straße fährt ein grauer Wagen.
Von einem Haus ist das Dach herabgerutscht.
Tote Pferde verfaulen in Lachen.

Die braunen Striche dahinten sind Schützengräben.
Am Horizont gemächlich brennt ein Hof.
Schüsse platzen, verhallen – pop, pop, pauuu.
Reiter verschwinden langsam in kahlem Gehölz.

Schrapnellwolken[1] blühen auf und vergehen. Ein Hohlweg
Nimmt uns auf. Dort hält Infanterie, nass und lehmig.
Der Tod ist so gleichgültig wie der Regen, der anhebt.
Wen kümmert das Gestern, das Heute oder das Morgen?

Und durch ganz Europa ziehen die Drahtverhaue.
Die Forts schlafen leise.
Dörfer und Städte stinken aus schweren Ruinen.
Wie Puppen liegen die Toten zwischen den Fronten.

(e 1914)

***Wilhelm Klemm**, geboren 1881, studierte Medizin, übernahm aber 1909 die Buchhandlung seines Vaters. Die Ehe mit der Tochter des Verlagsinhabers Alfred Kröner machte ihn finanziell unabhängig. Im Ersten Weltkrieg diente er als Oberarzt an der Westfront in Flandern. Aus dieser Zeit stammen auch seine literarischen Veröffentlichungen (Erstlingswerk „Gloria! Kriegsgedichte aus dem Felde" 1915). Von den Nationalsozialisten wurde er politisch verfolgt, weil seine Verlage weiterhin humanistisches Gedankengut publizierten. Nach dem Krieg lebte er bis zu seinem Tod 1968 in Wiesbaden.*

11 Assoziationen zu Klemm: An der Front (1. Strophe)

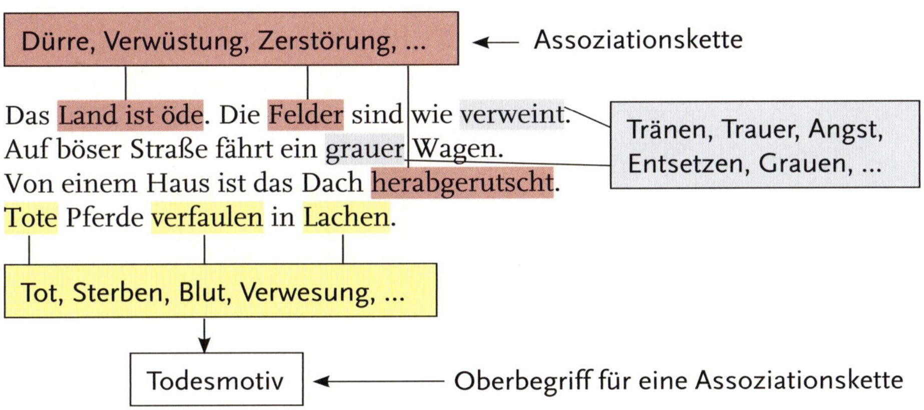

1. Notiert in Partnerarbeit eure ersten Eindrücke zu dem Gedicht in Form des stummen Schreibgesprächs.

2. a) Zitiert alle Stellen im Gedicht mit bildlicher Ausdrucksweise.

b) Notiert zu allen Stellen Assoziationen. Geht dabei auf einer Kopie des Textes wie im Beispiel (Text 11) vor.

c) Verknüpft inhaltlich ähnliche Assoziationsketten miteinander und findet für die einzelnen Assoziationsketten Oberbegriffe (z. B. Todesmotiv).

d) Diskutiert, welche Bilder auf euch am eindrucksvollsten wirken.

---

[1] das Schrapnell (< engl. nach dem britischen Offizier H. Shrapnel): Granate, gefüllt mit Metallkugeln. Durch die Ladung mit Schwarzpulver entsteht eine auffällig weiße Rauchwolke.

M Ein Schreibgespräch führen

Erinnert euch:
Ein Schreibgespräch bietet die Möglichkeit zum stummen Austausch über einen Text in schriftlicher Form. Der Text wird auf ein Plakat geklebt und in dieser Form mehreren Kleingruppen zur Verfügung gestellt. Die Teilnehmer jeder Gruppe notieren auf dem Plakat ihre Gedanken zum Text. Es darf dabei nicht gesprochen werden, schriftlich dürfen die Teilnehmer aber aufeinander Bezug nehmen.

L Bildliche Sprache (3): Die Personifikation und die Allegorie

In der Lyrik drücken sprachliche Bilder oftmals Erfahrungen und Reflexionen des lyrischen Ichs aus. Insbesondere die Lyrik des Expressionismus zeichnet sich durch eine starke Bildersprache aus. Im Gegensatz zu Sachtexten dient in der Literatur die Verwendung von Bildern dazu, abstrakte Zusammenhänge zu veranschaulichen. Die Bilder rufen beim Leser Emotionen hervor und regen seine Fantasie an. Visuelle Darstellungen können in der Literatur ausgedrückt werden in

- **Vergleichen** („Wie Puppen“, V. 16, vgl. Kapitel 3, S. 128),
- **Metaphern** („Schrapnellwolken blühen“, V. 9, siehe auch S. 8),
- **Personifikationen**, bei denen Gegenständen menschliche Eigenschaften zugeschrieben werden („Die Forts schlafen leise“, V. 14),
- **Allegorien**, die eine Sonderform der Personifikation ist, bei der ein abstrakter Begriff durch Attribute, Handlungsweisen und Reden verkörpert wird („Der Tod ist so gleichgültig wie der Regen“, V. 11).

S Gedichtinterpretation (3) – Das aspektorientierte Vorgehen im Hauptteil

Im Interpretationsaufsatz will der Interpret dem Leser sein Textverständnis vermitteln. Tipps zur Ausarbeitung:

- Wenn die Stoffsammlung quer (horizontal) auf einer Ebene gelesen wird, gelingt die Beschreibung der Wechselbeziehung von Inhalt, Aufbau und Form leichter.
- Anstatt schrittweise durch die einzelnen Zeilen des Gedichts zu gehen und Einzelstelle für Einzelstelle zu interpretieren, bietet sich das aspektorientierte Interpretieren an. Dies bedeutet, dass ein Aspekt (so z. B. ein Oberbegriff einer Assoziationskette) herausgegriffen und näher beleuchtet wird. Dazu werden alle aussagekräftigen Stellen zu diesem Aspekt miteinander in Beziehung gesetzt.
- Schlüsselwörter und -stellen des Gedichts erscheinen in der Interpretation als Zitate mit der Versangabe in Klammern.
- Fachbegriffe sollten verwendet werden.
- Offene Fragen dürfen auch im Interpretationsaufsatz geäußert werden. Mögliche, aber nicht sichere Antworten lassen sich als Vermutungen, gegebenenfalls im Konjunktiv, darstellen.

12 Aspektorientierter Hauptteil zu Klemms „An der Front“ [Schülerbeispiel]

Klemms Gedicht ist in vier Strophen zu je vier Versen angelegt. Diesem regelmäßigen Aufbau steht jedoch die Reimlosigkeit der Verse gegenüber. Nur vereinzelt antworten unreine Reime aufeinander (V. 2–V. 4; V. 9–V. 11; V. 15–V. 16). Diese Unvollständigkeit findet sich auch auf inhaltlicher Ebene in der ersten Strophe wieder, denn hier wird ein Bild der Zerstörung und des Jammers gezeichnet: Vermutlich wurde ein Hof dem Erdboden gleichgemacht. Eine verödete Landschaft und Felder (V. 1), zerfallene Häuser (V. 3) und totes Vieh (V. 4) zeugen davon. Zu dieser Einöde passen auch das uneinheitliche Versmaß sowie die kurzen Sätze in hypotaktischem Stil. Jedes Versende bildet auch ein Satzende mit der Ausnahme von den Versen 9 f. Dieser sogenannte Zeilenstil wirkt abgehackt und wie eine emotionslose Aufzählung von Kriegsbeobachtungen. Herausragend aus der Beschreibung ist das starke Bild der Blutlache der toten, verfaulenden „Pferde“ (V. 4), das unausgesprochen einen Farb- und Sinneskontrast zu dem visuellen Grau in Grau („grauer Wagen“, V. 3) der ersten Verse bildet, was die Darstellung des Todes noch verstärkt. Dieses in der ersten Strophe angelegte Todesmotiv zieht sich wie ein (blut-)roter Faden durch das gesamte Gedicht. Verben der Zerstörung und des Niedergangs wie „brennen“ (V. 6), „platzen“ (V. 7), „verhallen“ (V. 7), „verschwinden“ (V. 8), „vergehen“ (V. 9) kündigen die Erwähnung des Todes an, der in V. 11 schließlich beim Namen genannt wird. Allerdings hat laut Aussage des lyrischen Ichs, das erstmals und letztmals in V. 10 („nimmt uns auf“) seinen Beobachterplatz verlässt und in den Mittelpunkt des Geschehens rückt, der Tod an Wichtigkeit eingebüßt, denn „Wen kümmert das Gestern, das Heute oder das Morgen?“ (V. 12). „Gleichgültig wie der Regen“ (V. 12) ist der Tod geworden. Die Frage von Leben und Sterben scheint auf den Schlachtfeldern des Ersten Weltkriegs schon keinen mehr zu interessieren. Die Zerstörung des Krieges nimmt ihren Lauf: Ein Hof brennt „gemächlich“ (V. 6), Schüsse „platzen“ und „verhallen“ wieder (V. 7), „Schrapnellwolken blühen auf und vergehen“ (V. 9).

Es hat den Anschein, dass in der Einöde der Schützengräben jegliches Leben verlorengegangen ist. Statt Blumen „blühen“ (V. 9) nun Granaten, Europa entpuppt sich als ein Netz von „Drahtverhaue[n]“ (V. 13) und Dörfer und Städte gleichen „Ruinen“ (V. 15). Selbst im Sterben können die Soldaten nicht mehr Mensch sein. „Wie Puppen liegen“ sie „zwischen den Fronten“ (V. 16). So ist es auch zu erklären, dass in dieser menschenlosen Welt leblose Dinge durch Personifikationen menschliche Eigenschaften übernehmen. Die Felder erscheinen „wie verweint“ (V. 1) und sind somit die Einzigen, die ob der Zerstörung noch trauern können.

1. a) Lies das Schülerbeispiel und finde heraus, um welchen zentralen Aspekt der Autor seine Interpretation aufgebaut hat.

b) Begründe, warum dieser Schülertext überzeugt.

2. Verfasse zu diesem Hauptteil eine passende Einleitung.

3. Ergänze den Hauptteil um einen weiteren Aspekt des Gedichts.

13 Ludwig Meidner (1884 – 1966): Apokalyptische Landschaft

Meidners Gemäldetitel spielt auf die Apokalypse (< gr. apokalypsis = Enthüllung, Offenbarung) an: Die Offenbarung des Johannes, das abschließende Buch des Neuen Testaments, zeigt das Jüngste Gericht zum Weltende. Auf die „Endzeit“ der ganzen Welt folgt aber die Erschaffung einer neuen und himmlischen Welt. Unter Apokalypse versteht man heute vor allem Visionen von künftigen schrecklichen Ereignissen und der Zerstörung und dem Ende menschlichen Lebens.

A *Gewitterwolken, Mond (halb verdeckt), Blitzeinschlag, verdorrter Baum, zerstörtes Haus (verbrannt?), Ruine, Einöde, …*

B …

(e 1913)

C …

D …

1. a) Betrachte das Bild und ergänze auf einer Kopie die drei leeren Kästen mit Assoziationen wie im Beispiel.

b) Vergleicht eure Ergebnisse.

2. Verfasst arbeitsteilig zu jedem der vier Assoziationskästen ein Gedicht mit dem Titel „Apokalypse“ unter Berücksichtigung der Worterklärung.

3. a) Informiert euch auf Internetseiten (z. B. http://www.deutsche-expressionisten.de/index.html) über die expressionistische Malerei und ihre speziellen Merkmale und Motive.

b) Bildet Gruppen und wählt in jeder Gruppe drei Bilder aus.

c) Notiert eure Eindrücke und stellt Bezüge zu den literarischen Beispielen her.

d) Stellt eure Ergebnisse der Klasse vor.

14 Georg Heym (1887–1912): Der Krieg

Aufgestanden ist er, welcher lange schlief,
Aufgestanden unten aus Gewölben tief.
In der Dämmrung steht er, groß und unerkannt,
Und den Mond zerdrückt er in der schwarzen Hand.

In den Abendlärm der Städte fällt es weit,
Frost und Schatten einer fremden Dunkelheit,
Und der Märkte runder Wirbel stockt zu Eis.
Es wird still. Sie sehn sich um. Und keiner weiß.

In den Gassen fasst es ihre Schulter leicht.
Eine Frage. Keine Antwort. Ein Gesicht erbleicht.
In der Ferne wimmert ein Geläute dünn
Und die Bärte zittern um ihr spitzes Kinn.

Auf den Bergen hebt er schon zu tanzen an
Und er schreit: Ihr Krieger alle, auf und an.
Und es schallet, wenn das schwarze Haupt er schwenkt
Drum von tausend Schädeln laute Kette hängt.

Einem Turm gleich tritt er aus die letzte Glut,
Wo der Tag flieht, sind die Ströme schon voll Blut.
Zahllos sind die Leichen schon im Schilf gestreckt,
Von des Todes starken Vögeln weiß bedeckt.

Über runder Mauern blauem Flammenschwall
Steht er, über schwarzer Gassen Waffenschall.
Über Toren, wo die Wächter liegen quer,
Über Brücken, die von Bergen Toter schwer.

In die Nacht er jagt das Feuer querfeldein
Einen roten Hund mit wilder Mäuler Schrein.
Aus dem Dunkel springt der Nächte schwarze Welt,
Von Vulkanen furchtbar ist ihr Rand erhellt.

Und mit tausend roten Zipfelmützen weit
Sind die finstren Ebnen flackend überstreut,
Und was unten auf den Straßen wimmelt hin und her,
Fegt er in die Feuerwälder, dass die Flamme brenne mehr.

Und die Flammen fressen brennend Wald um Wald,
Gelbe Fledermäuse zackig in das Laub gekrallt.
Seine Stange haut er wie ein Köhlerknecht
In die Bäume, dass das Feuer brause recht.

Eine große Stadt versank in gelbem Rauch,
Warf sich lautlos in des Abgrunds Bauch.
Aber riesig über glühnden Trümmern steht
Der in wilde Himmel dreimal seine Fackel dreht,

A

B

1. Lest Heyms Gedicht und vergleicht es mit euren Texten zur Apokalypse. Stellt Gemeinsamkeiten und Unterschiede in der Bildlichkeit fest. Zitiert dazu aus Heyms Gedicht.

2. a) Erstelle eine Gliederung des Gedichts. Ordne deine Abschnitte folgenden Phasen des Krieges zu:

- Vorkriegssituation
- Kriegsausbruch
- Kriegsgeschehen
- Nachkriegssituation

b) Ordne die Standbilder (A, B) einzelnen Textpassagen zu.

c) Bildet Gruppen und entwerft arbeitsteilig zu den einzelnen Phasen ein Standbild. Versucht dabei, die Bildsprache des Gedichts umzusetzen.

d) Stellt eure Ergebnisse in der Klasse vor und bewertet sie gemeinsam.

e) Formuliert eine Synthese eurer Beobachtungen.

Über sturmzerfetzter Wolken Widerschein,
In des toten Dunkels kalten Wüstenein,
Dass er mit dem Brande weit die Nacht verdorr,
Pech und Feuer träufet unten auf Gomorrh[1]. (e 1911)

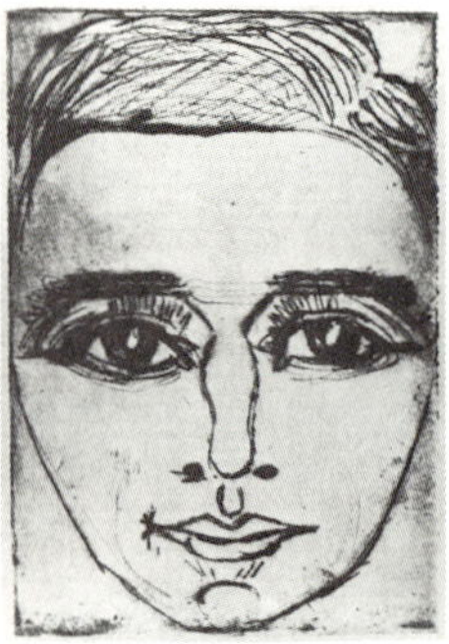

__Georg Heym__ wurde am 30.10.1887 in Hirschberg in Schlesien geboren. In seinem Wesen prägte sich früh Abneigung, ja Hass gegen Traditionen und Konventionen jeder Art aus. Insbesondere bezog sich dieser Hass auf Autoritäten wie seinen bürokratischen Vater, der für die künstlerischen Neigungen des Sohnes wenig übrighatte. Widerwillig studierte Heym Jura, das Metier seines Vaters, in Würzburg und Berlin; seine Dissertation wurde nicht angenommen. Er fühlte sich wie seine Vorbilder Kleist, Hölderlin und Büchner zum Dichter berufen und verstand sich als Revolutionär aus Verzweiflung. Als 1912 endlich dem wiederholten Eintrittsgesuch in die Offizierslaufbahn stattgegeben wurde, kam dies für Heym zu spät. Er war am 16.1. jenes Jahres bei dem Versuch, einem beim Schlittschuhlaufen eingebrochenen Freund zu helfen, in der Havel ertrunken.

1. Sucht für die unterstrichenen Stellen nach Zitaten aus Heyms Gedicht, die der Grundstimmung des Tagebucheintrags entsprechen.

2. Überlegt auch unter Berücksichtigung der Autoren-Information, wieso expressionistische Dichter wie Georg Heym einen Krieg sehnsüchtig erwartet haben.

3. Beschreibt, wodurch auf dem Foto Kriegsbegeisterung zum Ausdruck gebracht wird.

4. Diskutiert, welche Gründe es für die Kriegsbegeisterung in Europa gegeben haben könnte.

15 Georg Heym: Tagebuch [Auszug]

„Es ist immer das gleiche, so langweilig, langweilig, langweilig. Es geschieht nichts, nichts, nichts. Wenn doch einmal etwas geschehen wollte, was nicht diesen faden Geschmack von Alltäglichkeit hinterlässt.

Würden einmal wieder Barrikaden gebaut. Ich wäre der Erste, der sich daraufstellte, ich wollte noch mit der Kugel im Herzen den Rausch der Begeisterung spüren. Oder sei es auch nur, dass man einen Krieg begänne, er kann ungerecht sein. Dieser Frieden ist so faul, ölig und schmierig wie eine Leimpolitur auf alten Möbeln.“ (e 1910)

16 Kriegsbegeisterung

Deutsche Soldaten auf dem Weg zur Westfront 1914

---

[1] Gomorrh: Gomorrha. Stadt aus einer Erzählung im Alten Testament (1. Mose Kapitel 18 und 19), derzufolge Gomorrha und die Stadt Sodom durch Gott unter einem Regen aus Feuer und Schwefel begraben wurden, weil sie der Sünde anheimgefallen waren.

Gedichtinterpretation (4) – Der Schluss

Der Schluss einer Gedichtinterpretation dient der Abrundung und kann auf unterschiedliche Weise gestaltet werden:

- Durch eine **Anknüpfung an die Einleitung** kann der Ersteindruck bestätigt und differenziert werden. Auf diese Weise entsteht eine **Rahmenstruktur**, in der der gewonnene Verstehensfortschritt deutlich wird.
- Aufgeworfene **Fragen** oder Irritationen können – gestützt auf die Ergebnisse der Interpretation im Hauptteil – beantwortet oder aufgelöst werden.
- Möglich ist auch, einen Bezug zur eigenen Erfahrung herzustellen bzw. zu **einer persönlichen Schlussbewertung** zu finden.

17 Kontroverse Interpretationen im Schlussteil [Schülerbeispiele]

Beispiel A)

Der Krieg wird in diesem Gedicht von Georg Heym als eine böse und dämonische Gottheit dargestellt, die die Menschheit überall auf der Erde vernichtet, weil sie schuldig geworden ist.

Beispiel B)

Georg Heym hat bereits 1911 geahnt, dass ein Weltkrieg ausbrechen wird. Deshalb zeichnete er ein Bild des Schreckens vom Krieg, um seine Mitmenschen zu warnen. Leider vergebens.

Beispiel C)

Das Gedicht drückt die Hoffnung aus, dass eines Tages nicht unbedingt ein realer Krieg ausbricht, sondern vielmehr, dass das Alte, Überkommene, Erstarrte aufgesprengt wird, damit Neues entstehen kann. Hierzu kommt nur eine unheimlich große Kraft und Bewegung infrage, für die der Krieg Pate steht.

1. Diskutiert, welchen Schlussteil das Gedicht eurer Meinung nach zulässt. Argumentiert mit Textbelegen.

2. a) Überlege, ob du dich in deinem Schlussteil einem dieser Gedanken anschließen willst oder ob du eine weitere Interpretation findest, die du am Text belegen kannst.
b) Verfasse deinen eigenen Schlussteil.

3. Interpretiere schriftlich ein Gedicht aus diesem Kapitel.

Gedichtinterpretationen unter der Lupe:

August Stramm (1874 – 1915):
Patrouille

Die Steine feinden
Fenster grinst Verrat
Äste würgen
Berge Sträucher blättern raschlig
Gellen
Tod. (e 1915)

Julians erster Interpretationsversuch zu „Patrouille“

August Stramm (1874 – 1915) ist ein Dichter des Expressionismus. Sein Gedicht handelt vom Krieg. Das sechsversige Gedicht „Patrouille“ von diesem Dichter ist ein sehr kurzes Gedicht. Es werden in diesem Gedicht nur Dinge genannt: „Steine“, „Fenster“, „Äste“, „Sträucher“. Es wirkt alles dabei sehr bedrohlich. Es geht dabei Gefahr aus sowohl von Sachen als auch von Dingen. Es werden Dinge wie die Steine, die Äste oder auch die Fenster personifiziert und erhalten so eine zusätzliche bedrohliche Wirkung. Dabei verwendet der Autor Verben, die es eigentlich nicht gibt („feinden“, V. 1). In Vers 2 hat er vielleicht zerschossene Fensterscheiben vor Augen, hinter denen vielleicht ein feindlicher Soldat warten könnte. Alles läuft auf die letzte Zeile des Gedichtes hinaus, auf den „Tod“. Er wird durch seine isolierte Position in der Schlusszeile, verstärkt durch den unmittelbar folgenden Punkt in der letzten Zeile, zu etwas, dem man nicht entrinnen kann. Der Mensch tritt in dem Gedicht gar nicht auf. Seine Beobachtungen werden nicht direkt angesprochen, nur das, was die Patrouille wahrnimmt, Assoziationen, die den Tod ankündigen.

Die Textlupe als Korrekturinstrument:

Kommentar von:	Das hat mir gut gefallen!	Hier fällt mir etwas auf! Hier habe ich eine Frage! Hier stört mich etwas!	Meine Tipps! Meine Vorschläge!
Kirsten	*Stilmittel (Bsp. Personifikation) hast du erkannt und gedeutet.*	*Zitat in den Text einbauen.* *Warum ist der Autor so früh gestorben? Einleitung etwas ausbauen.*	*Z. 7: Dabei verwendet der Autor Verben wie „feinden“ (V. 1) …*
Peter	*Gut lesbar, kurze klare Sätze, überzeugend interpretiert.*	*Weitere Verben, die es „sonst nicht gibt“?* *Monotone Satzanfänge („Es …) variieren!* *Weitere Assoziationen zur Natur ergänzen …*	*Z. 3: Zudem wirkt alles sehr bedrohlich …* *Z. 4: Sowohl von Sachen geht Gefahr aus als auch …*
…		*Es fehlt ein Schlussteil!*	

Texte überarbeiten und verbessern

Julians Überarbeitung

August Stramm (1874–1915) ist ein bedeutender Vertreter des Expressionismus, der wie viele seiner Altersgenossen im Ersten Weltkrieg den Tod fand. Die Bedrohung und die Angst, die das Kriegserlebnis bei Stramm ausgelöst haben, drückt er in seinem Gedicht „Die Patrouille“ durch eine besondere formale Gestaltung aus.
Das Gedicht ist sehr knapp und auf Wesentliches reduziert. Sowohl die Objekte der Natur als auch das vom Menschen Erschaffene wirken bedrohlich, von allem scheint Gefahr auszugehen. Die Dinge wie die „Steine“ (V. 1), die „Fenster“ (V. 2) und die „Äste“ (V. 3) werden personifiziert und erhalten so eine zusätzlich bedrohliche Wirkung. Dabei verwendet der Autor Verben, die es eigentlich nicht gibt, wie etwa „feinden“ (V. 1) oder „blättern“ (V. 4). Die eigentlich harmlose Natur scheint Teil des Kriegsgeschehens zu werden, selbst die Steine erhalten einen „feindlichen“ Charakter. In Vers 2 hat die Patrouille wohl zerschossene Fensterscheiben vor Augen, hinter denen ein feindlicher Soldat warten könnte. Die „Äste“ (V. 3) von Bäumen werden zu lebensbedrohlichen Gegnern, die „Berge“ (V. 4) haben jeden Reiz verloren; sie werden nicht als harmonische Orte der Natur wahrgenommen, sondern nur als mögliches Versteck des Feindes. Alles läuft auf die letzte Zeile des Gedichts hinaus, auf den Tod. Er wird durch seine isolierte Position in der Schlusszeile, verstärkt durch den unmittelbar folgenden Punkt in der letzten Zeile, zu etwas, dem man nicht entrinnen kann. Der Mensch tritt in dem Gedicht gar nicht auf. Seine Beobachtungen werden nicht direkt angesprochen, nur das, was die Patrouille wahrnimmt: Assoziationen, die den Tod ankündigen. Stramms Gedicht ist ein eindruckvolles Antikriegsgedicht. Dem Dichter ist es gelungen, durch extreme Kürze die Reduzierung auf Wesentliches und die Personifikation von eigentlich harmlosen Gegenständen die zerstörerische Kraft des Krieges zu verdeutlichen.

- Beurteilt die Kommentare von Kirsten und Peter und ergänzt sie.
- Vergleicht Julians Überarbeitung mit seinem ersten Interpretationsversuch. Prüft, ob er die Hinweise von Kirsten und Peter umgesetzt hat.
- Beurteilt seine zweite Fassung.

August Stramm: Sturmangriff

Aus allen Winkeln gellen Fürchte Wollen
Kreisch
Peitscht
Das Leben
Vor
Sich
Her
Den keuchen Tod
Die Himmel fetzen.
Blinde schlächtert wildum das Entsetzen. (e 1914)

Interpretiere das Gedicht „Sturmangriff“ von August Stramm:

- Verfasse einen ersten Interpretationsversuch.
- Bildet Gruppen und gebt euch auf eure Entwürfe gegenseitig eine Rückmeldung mit der Textlupe.
- Überarbeite deinen ersten Entwurf auf der Basis dieser Textlupe und stelle dein Ergebnis in deiner Gruppe vor.
- Sprecht darüber, inwieweit euch die Hinweise eurer Mitschüler bei der Überarbeitung geholfen haben.

2. Gegen die Langeweile! – Gedichte multimedial präsentieren

1 Was ist dada?

1. a) Tauscht eure Vermutungen über den Begriff „Dada" aus.
b) Überlegt, was die Autoren dieser Schrift erreichen wollten.

2 Hugo Ball (1886 – 1927): Manifest zum 1. Dada-Abend in Zürich 1916 [Auszug]

„... Ich will keine Worte, die andere erfunden haben. Alle Worte haben andere erfunden. Ich will meinen eignen Unfug, und Vokale und Konsonanten dazu, die ihm entsprechen. Wenn eine Schwingung sieben Ellen lang ist, will ich füglich Worte dazu, die sieben Ellen lang sind. [...] Ich lasse die Laute ganz einfach fallen. Worte tauchen auf, Schultern von Worten; Beine, Arme, Hände von Worten. Au, oi, u. Man soll nicht zu viel Worte aufkommen lassen. Ein Vers ist eine Gelegenheit, möglichst ohne Worte und ohne die Sprache auszukommen. Diese vermaledeite Sprache, an der Schmutz klebt wie von Maklerhänden, die die Münzen abgegriffen haben. Das Wort will ich haben, wo es aufhört und wo es anfängt. Jede Sache hat ihr Wort; da ist das Wort selber zu Sache geworden. Warum kann der Baum nicht Pluplusch heißen, wenn es geregnet hat? Und warum muss er überhaupt etwas heißen? Müssen wir denn überall unseren Mund dran hängen? Das Wort, das Wort, das Weh gerade an diesem Ort, das Wort, meine Herren, das ist eine öffentliche Angelegenheit ersten Ranges." (e 1916)

2. Schreibe ein kurzes Gedicht, das den Anforderungen von Hugo Ball gerecht wird.

3. Stelle dein Ergebnis deiner Klasse vor und begründe deine Vorgehensweise.

3 Hugo Ball: Wolken

elomen elomen lefitalominal
wolminuscaio
baumbala bunga
acycam glastula feiroflim flinsi

elominuscula pluplubasch
rallalalaio

endremin saxassa flumen flobollala
feilobasch falljada follidi
flumbasch

cerobadadrada
gragluda gligloda glodasch
gluglamen gloglada gleroda glandridi

elomen elomen lefitalominai
wolminuscaio
baumbala bunga
acycam glastala feirofim blisti
elominuscula pluplusch
rallabataio

(e 1916/v 1928)

4 Hugo Ball: Karawane

KARAWANE
jolifanto bambla ô falli bambla
grossiga m'pfa habla horem
égiga goramen
higo bloiko russula huju
hollaka hollala
anlogo bung
blago bung
blago bung
bosso fataka
ü üü ü
schampa wulla wussa ólobo
hej tatta gôrem
eschige zunbada
wulubu ssubudu uluw ssubudu
tumba ba- umf
kusagauma
ba - umf

(e 1917/v 1920)

4. In seinem Manifest sprach Hugo Ball von „Pluplusch“, dem Baum, „wenn es geregnet hat“.

a) Versuche mit diesem Ansatz, Balls Gedicht „Wolken“ in reguläre Sprache und Syntax zu übertragen.

b) Stellt eure Ergebnisse vor und berichtet, wie ihr bei der Übertragung vorgegangen seid.

5. Verfasse gemäß Balls Manifests zu einem Thema deiner Wahl ein Dada-Gedicht.

6. Diskutiert, inwiefern Dada-Gedichte ein Aufbegehren ausdrücken können.

7. Bildet Gruppen und bereitet mithilfe einer der folgenden Präsentationsformen einen Vortrag des Gedichts „Karawane“ vor:

- Lesen
- Bebilderung
- Akustische Begleitung
- Standbilder/Szenisches Spiel

8. a) Stellt eure Ergebnisse der Klasse vor.

b) Sprecht über Möglichkeiten und Grenzen der ausgewählten Mittel.

c) Diskutiert, ob die Präsentation für das Verständnis des Gedichts hilfreich war.

9. a) Bildet Gruppen und stellt einen Kriterienkatalog auf, mit dem ihr Gedichtpräsentationen bewerten und beurteilen könnt. Orientiert euch dabei an folgenden Oberbegriffen:

Vortragsweise	Inhalt
Sprache, Gestik und Mimik, Medieneinsatz, Originalität	Aufbau und Gliederung, Qualität der Interpretation

b) Vergleicht eure Kriterienkataloge und einigt euch auf einen gemeinsamen Kriterienkatalog.

„Die Karawane zieht weiter“:

Live-Musik

Musik-Untermalung

Geräuschkulisse

- Bildet Gruppen und bereitet eine mediale Präsentation von Ivan Golls Gedicht vor. Dabei soll sich jeweils ein Sprechvortrag des lyrischen Textes mit einem der hier aufgeführten Medien zu einer Präsentation verbinden.
- Präsentiert eure Ergebnisse und gebt euch gegenseitig ein Feedback (vgl. Kap. 3, S. 145 f.).

Yvan Goll (1891–1950): Karawane der Sehnsucht

Unsrer Sehnsucht lange Karawane
Findet nie die Oase der Schatten und Nymphen[1]!
Liebe versengt uns, Vögel des Schmerzes
Fressen immerzu unser Herz aus.
Ach wir wissen von kühlen Wassern und Winden:
Überall könnte Elysium[2] sein!
Aber wir wandern, wir wandern immer in Sehnsucht!
Irgendwo springt ein Mensch aus dem Fenster,
Einen Stern zu haschen, und stirbt dafür,
Irgendeiner sucht im Panoptikum[3]
Seinen wächsernen Traum und liebt ihn –
Aber ein Feuerland brennt uns allen im lechzenden Herzen,
Ach, und flössen Nil und Niagara
Über uns hin, wir schrien nur durstiger auf!

---

1 Nymphe (< gr.): antike weibliche Naturgottheit
2 Elysium (< lat.): Paradies, Wohnsitz der Heiligen
3 Panoptikum (< gr. pan + optikos = zum Sehen gehörend): Wachsfigurenkabinett, Kuriositätenkabinett

Gedichte multimedial präsentieren

Malen/Zeichnen

Plastische Gestaltung

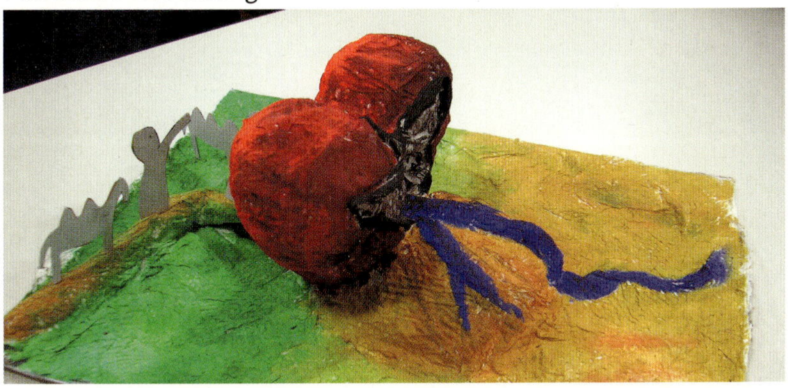

PowerPoint-Präsentation

Fotografie/Bildbearbeitung

Szenisches Spiel/Verkleidung

Fünftes Kapitel:

Die Welt der Medien

HOTEL ADLON
FAN FEST BERLIN
Fan Fest FIFA WM 2006™
Top Partner
TOSHIBA
PHILIPS
MasterCard
HYUNDAI
Coca-Cola
Football fever. Priceless.
MasterCard
PHILIPS
MasterCard

1. Medienkonsum

1. Medien im Wandel der Zeit – Die eigene Mediennutzung analysieren

1 Mediencollage

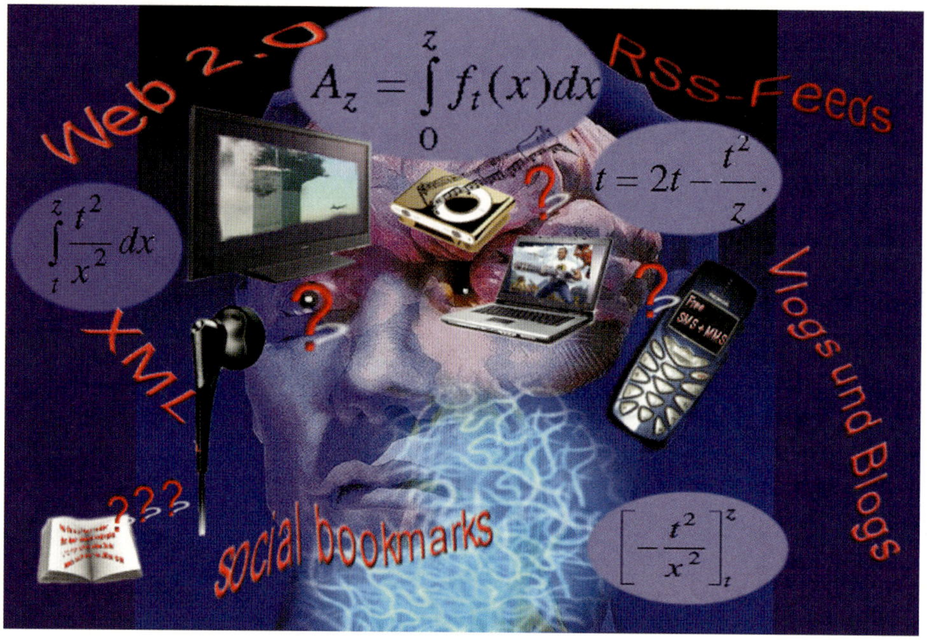

(SWR/Initiative Medienkompetenz, Chefredaktion Hörfunk, 2008)

1. Führt mithilfe der Blitzlicht-Methode in der Klasse ein erstes Brainstorming zum Thema Medien durch, um euer Vorverständnis zu klären.

2. a) Beschreibe die Collage.

b) Fasse deren Aussage in einem Satz zusammen.

3. Bringt euer persönliches Verständnis von Medien bzw. euer Verhältnis zu Medien in einer eigenen Collage zum Ausdruck.

Ein Blitzlicht durchführen

Die Blitzlicht-Methode dient dazu, wie der Name schon vermuten lässt, in möglichst kurzer Zeit Einschätzungen jedes einzelnen Teilnehmers abzurufen. Jeder Teilnehmer äußert sich reihum knapp in ein bis zwei Sätzen zu einer vorgegebenen Fragestellung. Die Äußerungen dürfen sich wiederholen, sie dürfen aber nicht kommentiert werden.
Das Blitzlicht eignet sich besonders als Abfrage einer Stimmung (= Form des Feedbacks bzw. der Evaluation), aber auch, um Assoziationen oder Ideen zu einem Thema zu sammeln. Will man anschließend über die Äußerungen im Plenum sprechen, bietet es sich an, während des Blitzlichts stichwortartig an der Tafel oder auf einer Folie mitzuschreiben.

2 Die Entwicklung des Menschen

1. a) Beschreibe und deute die Karikatur.

b) Besprecht, inwieweit ihr dieser Darstellung zustimmen könnt.

3 Eine kurze Geschichte der Massenmedien

Wenn man eine Geschichte der Massenmedien zusammenstellen möchte, dann muss man zunächst die Frage beantworten, was Massenmedien sind und sich dann überlegen, ab wann man wirklich von diesem Begriff sprechen kann. Zählen beispielsweise die ersten schriftlichen Bibelfragmente, die vor über 3000 Jahren verfasst wurden, bereits dazu, oder kann man in diesem Zusammenhang noch nicht von einem Massenmarkt sprechen?

Auf jeden Fall erfährt der Markt der Medien mit der Erfindung des Buchdrucks im 15. Jahrhundert einen deutlichen Wandel. Nur durch diese bahnbrechende Innovation konnten 1605 die erste Wochenzeitung und rund 50 Jahre später die ersten Tageszeitungen erscheinen. Diese hatten aber das Problem, dass die Nachrichten, die sie verbreiten wollten, nur sehr langsam und aufwändig weitergegeben wurden. Das änderte sich zunächst mit der Erfindung des elektrischen Telegraphen durch Samuel Morse (1837) und später durch das Telefon (1876). Schon wenige Jahre später eroberte mit dem Stummfilm (1895) ein völlig neues Medium die Welt. Ab dem Jahr 1923 setzte der Siegeszug des Radios ein und damit erreichte auch das gesprochene Wort die Wohnungen der deutschsprachigen Europäer. Gerade einmal zwei Jahre später wurde die Technik zum Übertragen von Bildern mithilfe von elektromagnetischen Wellen entwickelt. Der öffentliche Sendebetrieb des Fernsehens startete in Deutschland aber erst zu Beginn des Wirtschaftswunders im Jahr 1952. Seit den 1980er-Jahren verändern sich durch die Verbreitung des Computers die Massenmedien in einer nie dagewesenen Dynamik.

L Massenmedien

Der Begriff Massenmedien fasst alle technischen Hilfsmittel zusammen, die der massenhaften Verbreitung von Informationen dienen. Dabei sind die Informationen meist an ein anonymes Publikum gerichtet, das die Nachricht teilweise räumlich und zeitlich versetzt aufnimmt.

2. a) Stelle auf einem Zeitstrahl die Entwicklung der Massenmedien (vgl. Text 3) in den letzten 500 Jahren dar.

b) Ergänze den Zeitstrahl um die moderneren Kommunikationsmittel wie Internet, Handy, SMS, MMS etc.

c) Diskutiert, welches der wichtigste Entwicklungsschritt in der Geschichte der Massenmedien gewesen ist.

3. Brechts Text entspricht dem Stand seiner Zeit.

a) Ordne seine Vision vom „Kommunikationsapparat“ auf dem Zeitstrahl ein.

b) Diskutiert, inwieweit die Forderungen Brechts in den modernen Medien mittlerweile umgesetzt sind.

c) Überlegt, ob ein solcher „Kommunikationsapparat“ überhaupt möglich wäre.

4 Bertolt Brecht (1898 – 1956): Der Rundfunk als Kommunikationsapparat [Auszug]

[...] Und um nun positiv zu werden, das heißt, um das Positive am Rundfunk aufzustöbern, ein Vorschlag zur Umfunktionierung des Rundfunks: Der Rundfunk ist aus einem Distributionsapparat[1] in einen Kommunikationsapparat zu verwandeln. Der Rundfunk wäre der denkbar großartigste Kommunikationsapparat des öffentlichen Lebens, ein ungeheures Kanalsystem, das heißt, er wäre es, wenn er es verstünde, nicht nur auszusenden, sondern auch zu empfangen, also den Zuhörer nicht nur hören, sondern auch sprechen zu machen und ihn nicht zu isolieren, sondern ihn in Beziehung zu setzen. Der Rundfunk müßte demnach aus dem Lieferantentum herausgehen und den Hörer als Lieferanten organisieren. Deshalb sind alle Bestrebungen des Rundfunks, öffentlichen Angelegenheiten auch wirklich den Charakter der Öffentlichkeit zu verleihen, absolut positiv. [...]

(v 1932)

(Aus lizenzrechtlichen Gründen ist dieser Text nicht in reformierter Rechtschreibung abgedruckt.)

5 Die tägliche Mediennutzung

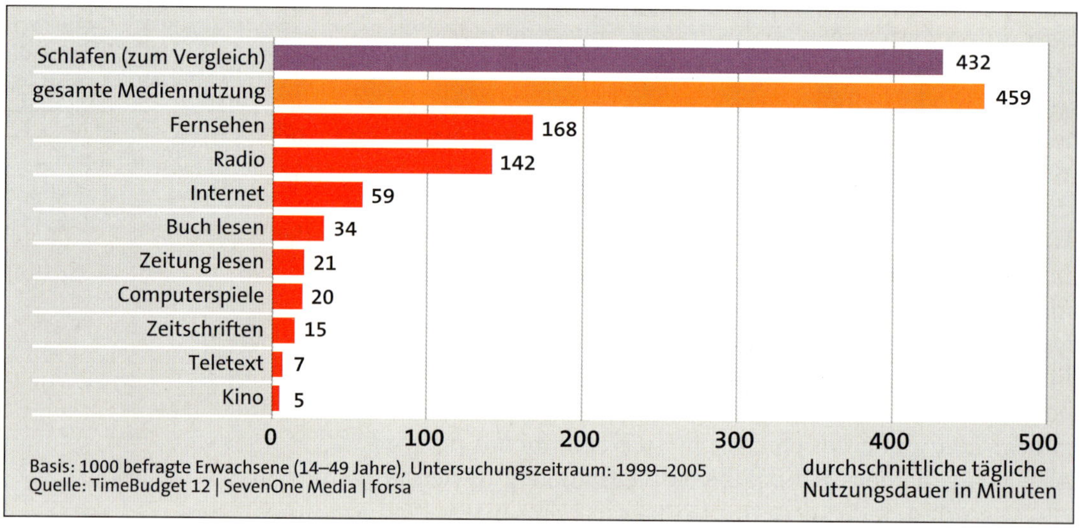

1. Besprecht anhand des Diagramms die Mediennutzung der deutschen Bevölkerung 1995 – 2005.

[1] die Distribution (< lat. distribuere = verteilen, austeilen): die Verteilung; der Distributionsapparat: Verteilungsapparat

6 Bestandsaufnahme: Meine Mediennutzung

	Mediennutzung zur Unterhaltung					Mediennutzung zur Information				
Meine tägliche Mediennutzung in Minuten	Fernsehen	Radio	Internet	Telefon und Handy	Printmedien	Fernsehen	Radio	Internet	Telefon und Handy	Printmedien
Einschätzung										
Montag										
[...]										
Sonntag										
Summe										

7 Anja Zimmermann: Internet-PC wird zum zentralen Medium

Die Stereoanlage verschwindet aus dem Jugendzimmer, der Discman ist schon längst verstaubt: Wenn Jugendliche heute Musik hören, dann hören sie meist MP3-Dateien vom PC oder mit mobilen Playern. Am Beispiel der Musiknutzung zeigt sich am deutlichsten, dass der Gebrauch von Computer und Internet zunehmend zur Ablösung von „alten" Trägermedien und Wiedergabegeräten führt. Die Langzeitstudie „Medienkonvergenz Monitoring" der Uni Leipzig hat 5000 Jugendliche im Alter zwischen zwölf und 19 Jahren online befragt. Fast 80 Prozent der befragten Jugendlichen hören Musik oft am PC, während weniger als 40 Prozent überwiegend den CD-Player zum Musikhören nutzen.

Und sollen es Musikvideos sein, setzen sich zwei Drittel nicht vor den Fernseher, sondern fahren den Computer hoch. Dabei ist es den Jugendlichen wichtig, sich die Lieblingssongs und -clips individuell in Playlists zusammenstellen zu können. [...] Auch wenn viele Jugendliche Web 2.0-Angebote, wie beispielsweise Videoplattformen zur Unterhaltung nutzen, ist für sie das Hochladen eigener Inhalte, um das Internet mitzugestalten, nicht in gleichem Maße relevant. So haben nur etwa 40 Prozent der Befragten schon einmal ein Video selbst ins Internet gestellt. Anders ist dies aber bei Bildern: 84 Prozent der befragten 12- bis 19-Jährigen laden Bilder ins Internet, die Hälfte davon tut dies sogar oft. Mit diesen Bildern, seien es Fotos von der letzten Party, Selbstporträts oder auch Bilder von den Lieblingsstars, präsentieren sich die Jugendlichen selbst im Internet. Sie gestalten damit ihr virtuelles Profil bei sozialen Netzwerken wie SchülerVZ und MySpace oder auch bei Messengerdiensten wie ICQ. (v 31.05.2008)

2. a) Überlege dir, wie viele Minuten du die in der Tabelle angegebenen Medien Tag für Tag nutzt und ob die Medien dir zu Unterhaltung oder Information dienen. Notiere deine Einschätzung in einer Tabelle.

b) Passe die Tabelle an deine persönliche Situation an und halte während einer Woche deine Mediennutzung exakt fest.

3. Stelle deine Mediennutzung in einem Diagramm dar. Vergleiche nun deine tatsächliche Nutzungsdauer mit
- deiner persönlichen Einschätzung,
- der Mediennutzung deiner Mitschülerinnen und Mitschüler,
- den statistischen Werten des forsa-Instituts (Text 5).

4. Wertet abschließend die Mediennutzung eurer gesamten Klasse nach verschiedenen Kriterien (z. B. Wochentag oder Geschlecht des Nutzers) aus. Diskutiert eure Ergebnisse.

5. Führt eine Umfrage zur Mediennutzung in eurer Jahrgangsstufe durch.

L **Web 2.0**
Unter dem Begriff Web 2.0 versteht man nicht etwa eine große technische Innovation, sondern lediglich eine veränderte Nutzung des Internets. Während anfänglich die Seiten des WWW statisch gestaltet waren, sind die Internetangebote bei Web 2.0 dynamisch. Die Benutzer erstellen und bearbeiten die Inhalte im Großen und Ganzen selbst.

6. Fasst zusammen, inwiefern sich laut Anja Zimmermann die Mediennutzung der Jugendlichen in den letzten Jahren verändert hat.

7. Besprecht, warum es für Jugendliche so wichtig ist, sich mit ausgewählten Bildern im Internet zu präsentieren.

8. Stellt Vermutungen an, wie sich die Medienlandschaft und -nutzung in 10 Jahren darstellen könnte.

Die Medien

In den Kommunikationswissenschaften bezeichnet man mit dem Begriff Medien (Singular: das Medium, < lat. medium = die Mitte) alle technischen Mittel zur Verbreitung von Informationen. Die **klassischen Medien** richten sich an ein großes, überwiegend anonymes Publikum, das unterschiedlich zusammengesetzt, zeitlich und räumlich zerstreut sowie ohne persönlichen Kontakt mit dem Vermittler ist, d. h. nicht unmittelbar mit ihm in einen Dialog treten kann. Beispiele: Rundfunk und Fernsehen, aber auch Tageszeitungen, Bücher etc. Weil sehr viele Empfänger erreicht werden können, spricht man auch von Massenmedien.

Unter **Neuen Medien** versteht man heute Kommunikationsmittel, zu deren Nutzung man in der Regel einen Computer benötigt: CD-ROM, DVD, Internet. Diese Medien unterscheiden sich von den klassischen Medien vor allem durch zwei Merkmale:

1. Sie bieten ein höheres Maß an Interaktivität. Das bedeutet, dass der Konsument die Inhalte auswählen, beeinflussen und sogar selbst gestalten kann. Diese Entwicklung hin zu immer mehr Interaktivität wird im World-Wide-Web unter dem Begriff **Web 2.0** zusammengefasst. Damit wird keine neue Technologie beschrieben; es wird lediglich unterstrichen, dass im Word-Wide-Web die Inhalte zu großen Teilen nicht mehr zentralisiert von großen Medienunternehmen erstellt werden, sondern von einer Vielzahl von Nutzern des Internets, der sogenannten Community. Typische Web 2.0-Beispiele sind etwa Wikis (z. B. Wikipedia), Chatrooms (z. B. ICQ), Foto- bzw. Videoportale (z. B. YouTube) und Blogs.
2. Sie eröffnen die Möglichkeit, verschiedene Kommunikationswege (Text, Ton, Bild) miteinander zu verbinden. Diese Eigenschaft wird auch unter dem Begriff **Multimedia** zusammengefasst.

Mit der Zunahme der Bedeutung von Information nimmt auch die Bedeutung der (neuen) Medien zu. Inzwischen ist ein gewisses Verschmelzen der einzelnen Medien zu beobachten. So dient etwa ein Mobiltelefon heute nicht mehr nur zum Telefonieren, sondern ist gleichzeitig MP3-Player, Fotoapparat und bietet Zugang zum Internet. Zeitungen sowie Radio- und Fernsehsender ergänzen ihre originären Angebote durch zusätzliche Präsenz im Internet.

2. Knallharte Informationen? – Nachrichtensendungen untersuchen

1 Welt-Online: Zuschauer verstehen „Tagesschau" nicht mehr [Auszug]

In vielen deutschen Haushalten ist es Tradition, um 20 Uhr am Wochentag die „Tagesschau" auf der ARD einzuschalten. Halb Deutschland sitzt dann auf dem Sofa vor dem Bildschirm und lässt sich die Welt erklären. Allerdings offenbart eine neue Studie, dass die meisten eigentlich nur noch „Bahnhof" verstehen. Die „Tagesschau" erreicht mit ihrer Sprache viele Zuschauer nicht mehr. Das hat eine Umfrage von TNS Enmid [...] ergeben. Manche Begriffe in der wichtigsten Nachrichtensendung im deutschen Fernsehen um 20.00 Uhr verstehe kein einziger der befragten Zuschauer. Demnach wissen alle der 1002 Befragten nicht, was eine Schutzschrift oder die Vorteilsabschöpfung ist. Auch Koalitionsfreiheit (99 Prozent), Pflegestützpunkte (98 Prozent) oder Basta-Politik (90 Prozent) sind weitgehend unbekannt. Die wenigsten Probleme bereitet der Begriff Tarifautonomie, aber selbst dabei müssen 89 Prozent der Befragten passen. [...] Alle genannten Begriffe [sind] im Zeitraum vom 1. bis 7. Oktober in der 20.00-Uhr-Ausgabe gefallen. (v 13.12.2007)

1. Informiert euch im Internet über die aktuellen Marktanteile der Tagesschau.

2. Nennt Gründe, warum viele Zuschauer die Tagesschau nicht mehr verstehen.

3. a) Sieh dir eine aktuelle „Tagesschau" an und notiere alle Begriffe, die du nicht genau verstehst.
b) Vergleicht und besprecht eure Ergebnisse in der Klasse.

2 www.tagesschau.de: Gibt es eine spezielle Tagesschau-Sprache?

Feste „Sprachregelungen" gibt es in der Redaktion nicht. Auch wenn sich die Meldungen in Aufbau und Wortwahl sehr ähneln, gibt es doch keine Vorschriften, wie sie zu formulieren sind. Es gelten nur die üblichen handwerklichen Regeln des Fernsehens: Möglichst kurze Sätze, möglichst wenig Zahlen, Fremdwörter nur, soweit sie allgemein gebräuchlich sind. Dennoch wird die Sprache der Tagesschau-Wortmeldungen und der Filmtexte immer wieder kritisiert. Sie sei zu einem hochstilisierten Ritual erstarrt, so ist zu lesen. Sie sei steif, habe zu viele Substantive und zu wenig Verben. Wissenschaftler haben der Tagesschau zudem ihren begrenzten Wortschatz vorgerechnet. Danach gibt es 450 typische Stichwörter, die in drei Viertel aller Tagesschau-Sätze wieder auftauchen, so etwa „erklären" und „untersuchen", „Gespräch" und „Ergebnis". Als Gegenbeispiel wird dann oft auf die angeblich aufgelockerte Sprache bei den Privatsendern verwiesen. Die sei näher an der Alltagssprache und damit auch verständlicher für den Zuschauer als der trockene Ton der Tagesschau.
In der Tagesschau-Redaktion ist man skeptisch im Umgang mit saloppen Texten. Zu leicht leidet die Genauigkeit der Meldung, zu schnell gehen Zusammenhänge und Hintergründe verloren, zu groß ist das Risiko, dass

die Freude an der flotten Formulierung den Blick für den korrekten Inhalt einer Nachricht trübt. Dann wird schnell ein Halbsatz zum ganzen Kommentar. Auf den Inhalt kommt es an, ihm muss sich die Form unterordnen. Und auch beim Zuschauer kommt der traditionelle Stil der Tagesschau gut an. Ein Kritiker hat das einmal so beschrieben: „Kann sein, dass gerade ihr sprödes Auftreten bewirkt, dass die Tagesschau als besonders glaubwürdig und zuverlässig gilt. Wer von sich weniger Aufhebens macht, dem traut man eben leichter."

4. a) Besprecht die Merkmale der „Tagesschau-Sprache", die in Text 2 genannt werden.
b) Beschreibt die Wirkung dieser Sprache auf jugendliche Zuschauer.

3 Tagesschau: Unfall in Atomkraftwerk (9.7.2008)

Im zweitgrößten Atomkraftwerk Frankreichs, der Anlage Tricastin, hat es einen Unfall gegeben. Nach Behördenangaben traten bereits vorgestern Abend bei der Reinigung eines Kessels dreißig Kubikmeter uranverseuchtes Wasser aus. Es bestehe ein geringes Gesundheitsrisiko für die Bevölkerung. In drei umliegenden südfranzösischen Gemeinden wurde das Baden und Angeln in Flüssen verboten. Umweltschützer kritisierten, dass der Vorfall erst mit deutlicher Verzögerung bekannt gegeben wurde.

5. Analysiere die spezielle Sprache der Nachrichtenmeldung: Achte dabei auf Merkmale, die uns in Alltagssituationen nur selten begegnen.

4 www.tagesschau.de: Zwischenfall in französischem Atomkraftwerk (9.7.2008)

Aus dem Atomkraftwerk Tricastin in Südfrankreich sind rund 30 000 Liter radioaktive Uranlösung ausgetreten. Ein Teil davon gelangte über Regenwasser in die Flüsse Gaffière und Lauzon, teilte die französische Atomaufsichtsbehörde ASN mit. Die Gefahr für die Bevölkerung sei aber gering, sagte der Sprecher der Behörde, Charles-Antoine Louet. Die ausgetretene Lösung enthalte insgesamt etwa 360 Kilogramm nicht angereichertes Uran, das nur schwach radioaktiv sei, sagte Louet. In einem der betroffenen Flüsse wurde eine Urankonzentration rund 1000 Mal über dem Normalwert gemessen. Der Wert gehe aber rasch zurück, hieß es seitens der Aufsichtsbehörde.

Drei Gemeinden verbieten Wassernutzung
Die Umweltschutzbewegung „Sortir du Nucléaire" erklärte dagegen, es sei „unmöglich", dass es keine Gesundheitsgefährdung gebe. Wer mit 360 Kilogramm Uran verseuchtes Wasser trinke, habe die Partikel im Körper. Auch bei geringer Strahlung entstehe dann erhebliche Krebsgefahr. In drei Gemeinden nahe Avignon wurde die Verwendung von Wasser vorläufig untersagt. Verboten wurden außerdem die Bewässerung von Feldern, Angeln und Wassersport.

6. a) Lege eine Tabelle an, in der du die Informationen, die du der Fernseh- und der Onlineausgabe der Tagesschau entnehmen kannst, einander gegenüberstellst.
b) Besprecht und erklärt die Unterschiede.

Unfall geschah bei Kesselreinigung
Der ASN zufolge lief in einer Anlage zur Behandlung von Uranlösungen ein Kessel über. Das Rückhaltebecken sei wegen Arbeiten undicht gewesen. Das Ausmaß der Umweltbeeinträchtigung soll in den kommenden Tagen geklärt werden.

7. Vergleiche die sprachlichen Besonderheiten der beiden Texte. Achte auch auf weitere Merkmale des „komprimierten" Stils.

Der komprimierte Stil

Eine Nachrichten-Redaktion steht unter dem Druck, dass die Sendezeit sehr knapp begrenzt ist, aber alle wichtigen Nachrichten des Tages unterzubringen sind. Neben der Beschränkung auf wenige Themen und der Auswahl zentraler Informationen trägt auch die verwendete Sprache zur Verknappung bei. Dies zeigt sich vor allem in der Syntax und der Wortbildung der Nachrichtensprache: Durch die Verwendung von Ellipsen und **Nominalphrasen** sowie **Kompositabildungen** werden ganze Sätze zu Satzteilen verkürzt. Zum Beispiel:

Nach Behördenangaben ... (= Nominalphrase)	→ Wie die zuständige Behörde angab/mitteilte, ...
... bei der Reinigung eines Kessels ... (= Nominalisierung)	→ ... während der Kessel gereinigt wurde ...
... uranverseuchtes Wasser ... (= Adjektivkompositum)	→ ... Wasser, das mit Uran verseucht worden ist, ...

Auf diese Weise entsteht ein **komprimierter Satz**, in dessen Grundaussage zusätzlich mehrere andere Aussagen eingebettet sind. Der Zuhörer muss diesen komprimierten Satz wieder rekonstruieren. Je nachdem, wie stark ein Satz verdichtet ist, können dabei Verständnisprobleme entstehen. Eine andere Folge des komprimierten Stils ist die Ungenauigkeit mancher Meldung. Im oben genannten Beispiel bleiben folgende wichtige Fragen offen: Welche Behörde machte diese Mitteilung? Wie viele Menschen reinigten den Kessel? Wie stark ist die Uranbelastung des Wassers?

5 Nachrichtenthemen für den 9.7.2008

Deutsche Bergsteiger entführt
Drei Bergsteiger wurden nach Informationen der türkischen Behörden von der kurdischen Separatistengruppe PKK entführt.

Boygroup-Recycling
Comeback-Versuch der Boyband „New Kids on the Block"

Elefantenrettung in Ost-Indien
Zwei wilde Elefanten wurden aus einem Wasserloch gerettet.

Soft-News und Hard-News

Bei Nachrichten unterscheidet man zwischen Hard-News und Soft-News. Zu den Hard-News zählen Nachrichten aus den Themenbereichen Politik, Wirtschaft, Kultur etc. Unter Soft-News versteht man dagegen die sogenannten bunten Nachrichten, die auf Emotionen aufbauen und über Beziehungsgeschichten, Affären, Skandale usw. berichten.

Ferienbeginn in vier Bundesländern
Schmuddelwetter an der Ostsee, Supersommer auf Mallorca

Narkosearzt missbraucht Kinder
Klinikarzt aus dem bayerischen Amberg soll mehrere Mädchen in sein Büro gelockt und sexuell missbraucht haben.

Buschbrände in Kalifornien
Immer noch brennt es in Kalifornien an über 300 Stellen.

1. a) Die dargestellten Themen wurden alle am 9.7.2008 auf unterschiedlichen Kanälen gesendet. Ordne die einzelnen Meldungen den Kategorien Soft- und Hard-News zu.

b) Da die Sendezeit begrenzt ist, können nicht alle Meldungen präsentiert werden. Wähle für die Hauptausgabe einer Nachrichtensendung zehn Themen aus, die du für deine Altersgruppe für relevant hältst.

c) Bildet Gruppen und besprecht eure Auswahl. Einigt euch auf eine gemeinsame Nachrichtenliste.

d) Vergleicht eure Gruppenergebnisse in der Klasse.

e) Besprecht, wie sich die Auswahl der Themen ändern würde, wenn die Adressatengruppe eine andere wäre (z. B. eure Eltern bzw. Großeltern).

Unfall in Atomkraftwerk
30 Kubikmeter uranverseuchtes Wasser sind ausgetreten. Es bestehe ein geringes Gesundheitsrisiko für die Bevölkerung.

Säbelrasseln am persischen Golf
Der Iran hat bei einem Großmanöver neun Mittel- und Langstreckenraketen getestet.

Taschengeld-Studie
Neue Erkenntnisse: Mehr als 2 000 Euro haben deutsche Jugendliche pro Jahr zu Verfügung.

Lebensmittelpreise steigen
Ankündigungen von Preissteigerungen von mehreren deutschen Lebensmittelkonzernen. Grund: Boom beim Biosprit.

Anschlag auf US-Konsulat in Istanbul
Botschafter und Behörden gehen von einem Terror-Angriff aus. Fünf Polizisten und der Attentäter fanden den Tod.

Abschluss des G8-Treffens in Japan
Staats- und Regierungschefs werten Ergebnisse des Treffens zum Klimaschutz als Fortschritt. Opposition in Deutschland nannte die Vereinbarungen unzureichend.

Neue Ausschreibung für US-Tankflugzeuge
Das US-Verteidigungsministerium will den milliardenschweren Auftrag für Tankflugzeuge, den das europäische EADS-Konsortium erhalten hatte, neu ausschreiben.

Tarifverhandlungen bei der Lufthansa haben begonnen
Gehälter der 52 000 Beschäftigten der Lufthansa sollen um 6,7 Prozent angehoben werden.

Renovierungen in Mietwohnungen
Bundesgerichtshof entschied, dass Vermieter keinen Zuschlag zur Miete verlangen dürfen, wenn sie die Renovierung übernehmen.

Einbürgerungstest für Ausländer
Integrationsbeauftragte der Bundesregierung, Böhmer, wirbt dafür, sich einbürgern zu lassen.

Lockangebote für Flüge
Richtlinie zum Verbraucherschutz: Preise müssen inkl. aller Aufschläge, Steuern und Gebühren angegeben werden.

5. Etappe der Tour de France
Schumacher fährt weiterhin im gelben Trikot.

6 www.tagesschau.de: Die Reihenfolge der Themen in der Tagesschau [Auszug]

[...] Die Relevanz einer Nachricht bestimmt Platz und Länge des Beitrags. Der „Aufmacher“ ist die Topnachricht des Tages. Dabei spielt es keine Rolle, ob die Meldung aus dem Inland oder dem Ausland kommt [...]. Aus der Entscheidung über den Aufmacher ergibt sich dann häufig die Reihenfolge der übrigen Themen. So wird zum Beispiel nach Möglichkeit ein Block mit aufeinanderfolgenden Wortmeldungen, Reporterberichten und „NiFs“[1] aus dem Inland gebildet und ein weiterer mit Auslandsnachrichten. Auch die Wirtschaftsthemen und die Sportmeldungen werden jeweils gebündelt. Auf diese Weise ergibt sich eine erkennbare Dramaturgie der Sendung. Politische Nachrichten aus dem In- und Ausland beanspruchen den größten Teil der Zeit, gefolgt von Wirtschaftsmeldungen, die in den letzten Jahren in der Berichterstattung von ARD-aktuell erheblich an Gewicht gewonnen haben. Weitere Themengebiete sind Wissenschaft, Medizin, Technik, Soziales, Kultur, Zeitgeschichte und andere. [...]

2. Erstelle einen Sendeplan, in dem du deine ausgewählten Nachrichten in eine sinnvolle Reihenfolge bringst.

3. Prüft am Beispiel aktueller Nachrichtensendungen (ARD oder ZDF sowie RTL oder einem anderen Privatsender), ob das in Text 6 beschriebene Schema erkennbar ist.

4. Schätzt, wie lange im Durchschnitt ein einzelner Beitrag dauert.

7 Manfred Muckenhaupt (*1946): Der rundfunkpolitische Rahmen [Auszug]

Das öffentlich-rechtliche Fernsehen in Deutschland verfolgt andere Ziele als die privat-kommerzielle Konkurrenz. Die Organisationsform des Fernsehens hat nicht nur Einfluss auf das Nachrichten-, sondern auf das gesamte Fernsehprogramm. Unterschiede in der Auswahl, Darstellung und Präsentation von Nachrichten sind also nicht nur Ausdruck unterschiedlicher nationaler Interessen, eigener Mentalität oder besonderer Tradition, sie sind auch Ausdruck rundfunkpolitischer Rahmenbedingungen, die den Auftrag und den Spielraum einer Nachrichtensendung definieren.
So ist z. B. der sachlich-distanzierte Stil der Tagesschau geprägt von der strikten Forderung, Nachricht und Meinung zu trennen. Das war eine der wichtigsten Auflagen der Alliierten nach dem Zweiten Weltkrieg. Die deutschen Rundfunkanstalten sollten dem staatlichen Einfluss entzogen und vor politischer Propaganda geschützt werden. Die Auflagen der Alliierten haben Eingang gefunden in die Rundfunkgesetze und Staatsverträge der Bundesländer. Sie prägen bis heute den Nachrichtenstil. Die wichtigsten Vorschriften lauten: „Die Nachrichtengebung muss allgemein, unabhängig und objektiv sein. Kommentare sind deutlich von Nachrichten zu trennen und unter Nennung des Verfassers oder der Verfasserin als solche zu kennzeichnen.“ (e 2000)

5. Informiere dich über das öffentlich-rechtliche und das privat-kommerzielle Fernsehen.

6. Besprecht, welche Forderungen an die Nachrichtensendungen des öffentlich-rechtlichen Fernsehens gestellt werden.

---

[1] NiF = Nachricht im Film

8 Sendeplan der Tagesschau vom 9.7.2008:

Thema	Zeitpunkt innerhalb der Sendung	Art der Präsentation	Dauer des Beitrags	Screenshot
Vorspann	0.00	Animation + Sprechtext	0.13	
Anschlag auf US-Konsulat	0.13 0.38	Sprechtext NiF	0.25 1.19	
Bergsteiger entführt	1.57 2.15 2.55 3.09	Sprechtext Interview Sprechtext NiF	0.18 0.40 0.14 1.29	
Abschluss des G8-Treffens	4.38 5.09	Sprechtext NiF	0.31 1.26	
Unfall in Atomkraftwerk	6.35	Sprechtext + Videobilder	0.29	
Ausschreibung für US-Tankflugzeuge	7.04	Sprechtext + Videobilder	0.31	
Lockangebote für Flüge	7.35 7.57	Sprechtext NiF	0.24 0.28	
Einbürgerung von Ausländern	9.25	Sprechtext	0.27	
Tarifverhandlungen bei der Lufthansa	9.52	NiF	0.10	
Renovierungen in Mietwohnungen	10.02 10.41	Sprechtext NiF	0.39 0.28	
5. Etappe der Tour de France	12.09 12.29	Sprechtext NiF	0.20 0.34	
Lottozahlen	13.03	Sprechtext + Animation	0.57	
Wettervorhersage	14.00	Animation	1.04	
Ankündigung der nächsten Sendung/ Abspann	15.04	Sprechtext	0.18	

7. Analysiert den Sendeplan der Tagesschau vom 9.7.2008. Achtet dabei besonders auf den Sendeplatz, die Länge und die Präsentationsform der einzelnen Beiträge.

9 Sendeplan der RTL-II-News vom 9.7.2008

Thema	Zeitpunkt innerhalb der Sendung	Art der Präsentation	Dauer des Beitrags	Screenshot
Vorspann	0.00	Animation	0.06	
Überblick über die Meldungen	0.06	Sprechtext + Vorschau-videos	0.30	
Deutsche entführt	0.36 1.02	Sprechtext NiF	0.26 1.15	
Anschlag	2.17	Sprechtext + Videobilder	0.27	
Weitere Nachrichten: • Abschluss des G8-Gipfels • Großmanöver im Iran • Großrazzia bei Drogenhändlern • Polizeiwagen rast in Fußgängergruppe	2.44 2.47 3.09 3.31 3.54	Sprechtext NiF NiF NiF NiF	0.03 0.22 0.22 0.23 0.23	
Unfall in Atomanlage	4.17	Sprechtext + Videobilder	0.38	
Sondereinheit gegen Jugendgewalt	4.55 5.20	Sprechtext NiF	0.25 1.19	
Deutschland-Quiz (= Einbürgerung von Ausländern)	6.39 6.59	Sprechtext NiF	0.20 1.20	
Taschengeldstudie	8.19 8.43	Sprechtext NiF	0.24 0.14	

8. Analysiert den Sendeplan der RTL-II-News. Achtet dabei vor allen Dingen auf die Länge der Beiträge und die Schwerpunkte, die gesetzt werden.

9. Vergleicht zu zweit die RTL-II-News mit der Tagesschau. Achtet dabei auf:
- Schnittmenge der Themen (Sendeplatz? Dauer?)
- Unterschiede in der Themenauswahl
- Verhältnis Hard- und Soft-News
- Länge der Beiträge (Durchschnittliche Dauer? Kürzester/längster Beitrag?)
- Anteil von Filmbeiträgen
- ...

Thema	Zeitpunkt innerhalb der Sendung	Art der Präsentation	Dauer des Beitrags	Screenshot
Hinweise auf weiteres Programm	9.57	Sprechtext + Videobilder	0.12	
Promimeldungen des Tages • „Kleiner Kleiderständer“ • Neue CD von Carla Bruni • Styling vor Sicherheit • Kinocharts	10.09 10.11 10.36 11.02 11.29	Sprechtexte + Videobilder	0.02 0.25 0.26 0.25 0.24	
Elefantenrettung in Ostindien	11.53	Sprechtext + Videobilder	0.30	
Boygroup-Recycling	12.23 12.44	Sprechtext NiF	0.21 1.36	
Wetter	14.20	Animation	0.16	

10 Bildfenster der Tagesschau vom 9.7.2008

Sämtliche Fernsehnachrichten werden mit einer sehr hohen Informationsdichte gesendet. Die damit verbundenen Verständnisprobleme versuchen die Sender mithilfe von Zusatzinformationen in Bildfenstern abzuschwächen.

Kurzfassung des Themas

Unterstützendes Bild

Geographische Angabe

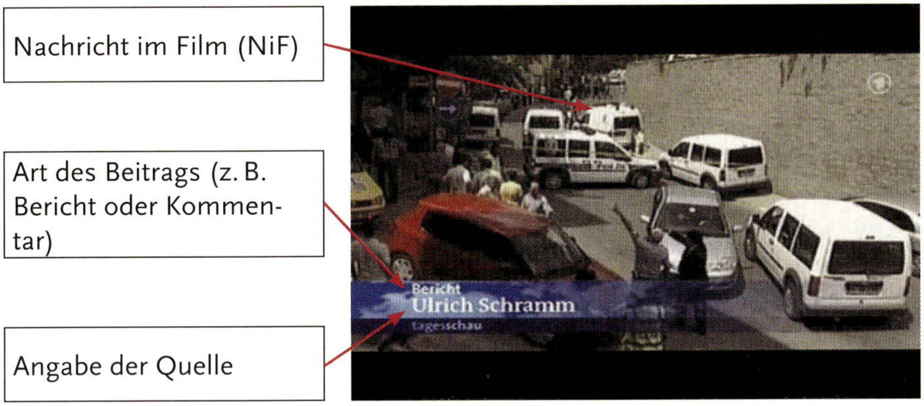

1. Besprecht, warum die Angaben auf den Bildfenstern wichtig sind.

2. Untersucht die Bildfenster weiterer Nachrichtensendungen auf Verständnisunterstützungen.

3. Vergleicht die Bildfenster anderer Sender (ZDF, RTL, ...).

11 Die Bluebox-Technik

Die Bluebox-Technik wird in der Film- und Videotechnik eingesetzt, um Gegenstände oder Personen nachträglich vor einen Hintergrund oder eine Computergrafik zu stellen.
Hierzu wird der Vordergrund zunächst vor einer blauen Wand aufgenommen und anschließend technisch mit einem neuen Hintergrund kombiniert.

4. Diskutiert, warum die Bluebox-Technik bei Nachrichtensendungen besonders häufig zum Einsatz kommt.

12 Elemente der Internetseite www.tagesschau.de vom 19.07.2008 [Auszug]

Bereits 1996 wurden die ersten Nachrichten der Tagesschau ins Internet gestellt. Damit war die ARD der erste Fernsehsender Europas, der konsequent das noch junge Medium nutzte. Nachdem anfänglich lediglich einfache Text- und Bild-Informationen der aktuellen Sendung präsentiert wurden, hat sich der Internetauftritt immer mehr zum zweiten Standbein entwickelt, der inzwischen aktueller und umfangreicher als die Fernsehausgabe ist und der nahezu alle Möglichkeiten des Web 2.0 bietet.

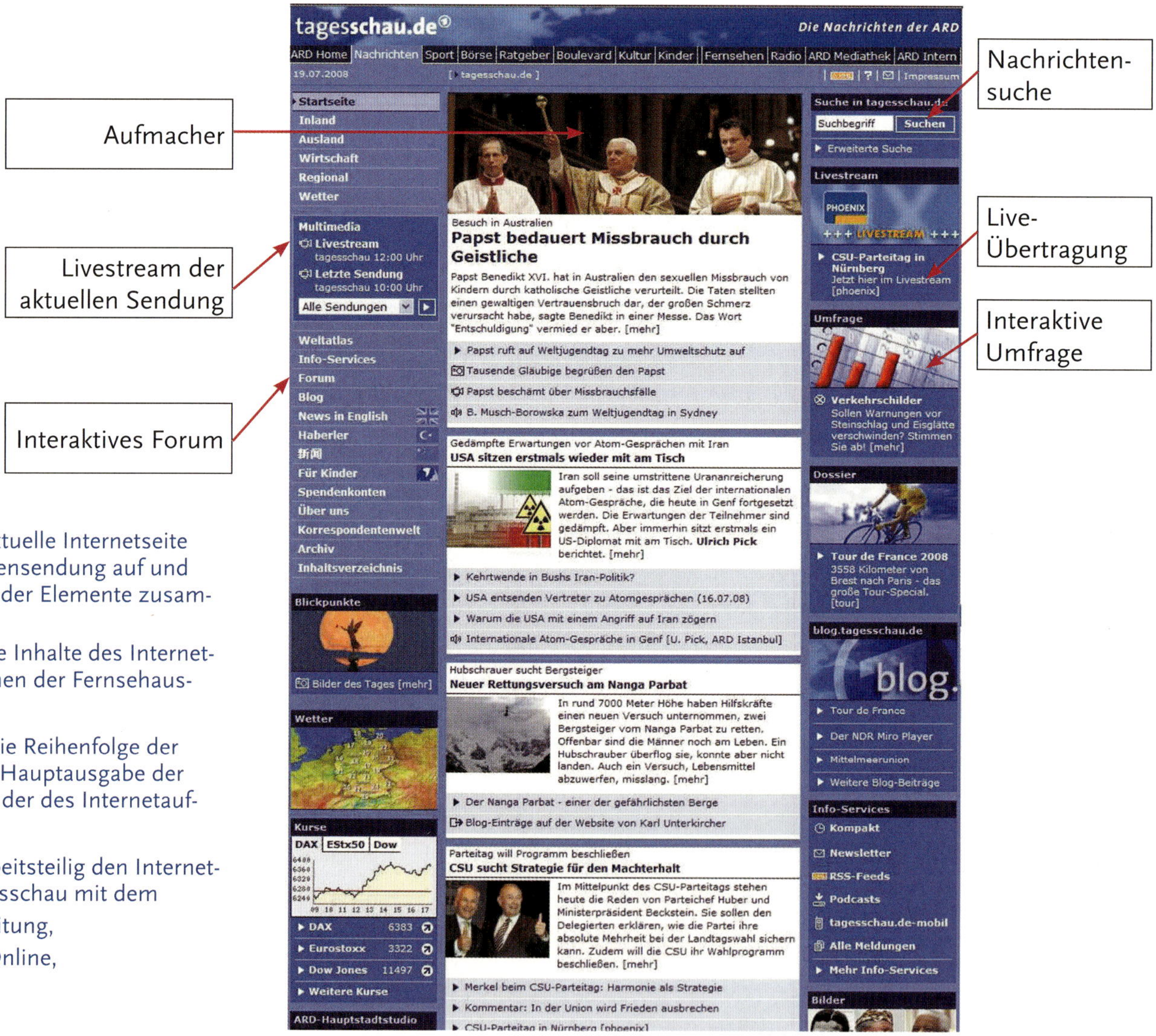

1. a) Rufe die aktuelle Internetseite einer Nachrichtensendung auf und stelle eine Liste der Elemente zusammen.

b) Vergleiche die Inhalte des Internetauftritts mit denen der Fernsehausgabe.

2. Untersuche die Reihenfolge der Meldungen der Hauptausgabe der Tagesschau mit der des Internetauftritts.

3. Vergleicht arbeitsteilig den Internetauftritt der Tagesschau mit dem

- einer Tageszeitung,
- von Spiegel-Online,
- des ZDF,
- von RTL.

Der Hypertext

Normalerweise werden Texte linear, d. h. von der ersten zur letzten Seite geschrieben und gelesen. Genau diese Linearität kann mithilfe von Hypertextstrukturen aufgelöst werden. Verweise, sogenannte **Hyperlinks**, innerhalb des Textes ermöglichen dem Leser zu bestimmten Stellen zu springen und damit die gewünschten Informationen schnell zu finden. Obwohl diese Technik bereits seit vielen Jahrhunderten in Form von Inhalts- und Stichwortverzeichnissen sowie Fußnoten eingesetzt wird, hat sie sich erst mit der Einführung der **Hypertext Markup Language** (HTML) im Internet wirklich etabliert. Hier ist es nicht nur möglich, innerhalb eines Textes oder einer Internetseite zu navigieren, sondern auch auf andere Quellen zu verweisen.

13 Hypertexte im Einsatz – Das WIKI

Ein Wiki[1] ist die mehr oder weniger konsequente Umsetzung eines Hypertextes im Web 2.0. Hier werden Informationen von den Nutzern gemeinsam zusammengetragen und miteinander geteilt. Um eine gewisse Einheitlichkeit zu erhalten, müssen sich alle Nutzer an Regeln halten, die teilweise von der Software vorgegeben werden.

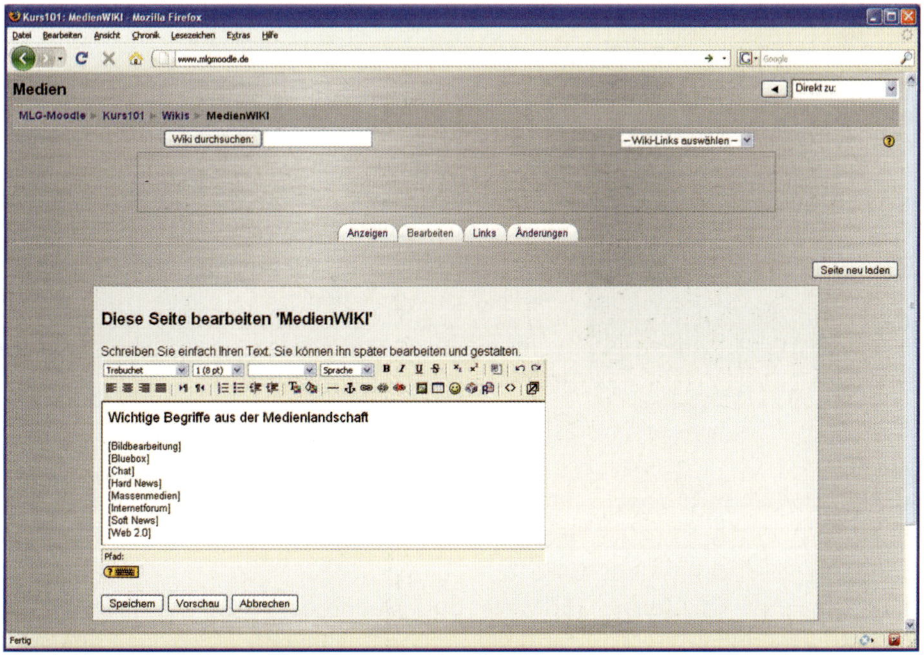

[1] hawaiisch für „schnell"

Ein Wiki in Moodle erstellen

Um ein Wiki auf der Lernplattform Moodle erstellen zu können, muss man lediglich auf die Schaltfläche „Bearbeiten" klicken. Hier kann man in einem Editor den Text einer Seite bearbeiten, Bilder einfügen und das Aussehen der Seite anpassen.
Neue Unterseiten erstellt man, indem der zu verlinkende Begriff in eckige Klammern gestellt wird. Bei anderen Wikis, wie z. B. der Wikipedia, müssen die Begriffe in doppelte eckige Klammern gestellt werden.

1. a) Erstellt innerhalb eurer Klasse ein Wiki zum Thema Medien.

b) Besprecht, welche Begriffe sinnvoll verlinkt werden können und welche nicht.

c) Diskutiert wichtige Unterschiede zwischen einem öffentlichen und einem privaten Wiki.

Wie eine Lüge entstehen kann (1):

Häufig werden in der Medienwelt Videosequenzen nachvertont. Dies ist beispielsweise bei den Filmbeiträgen in den Nachrichten so.

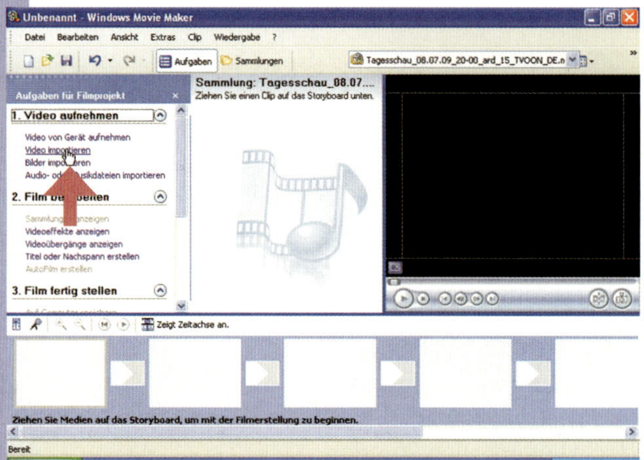

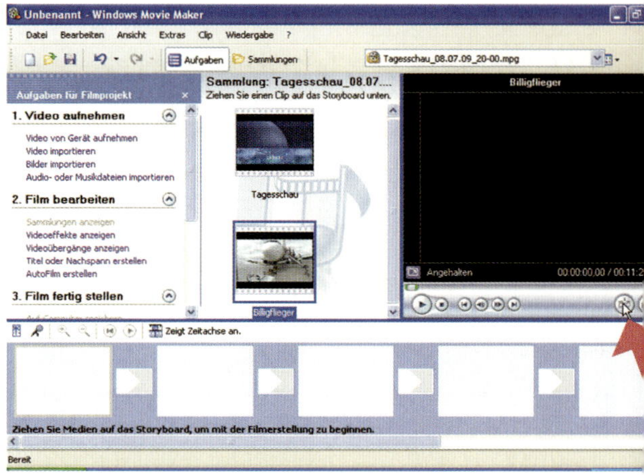

1. Importiere zunächst eine aufgenommene Videodatei in das Programm Movie Maker.

2. Teile die Nachrichtenblöcke in einzelne Clips.

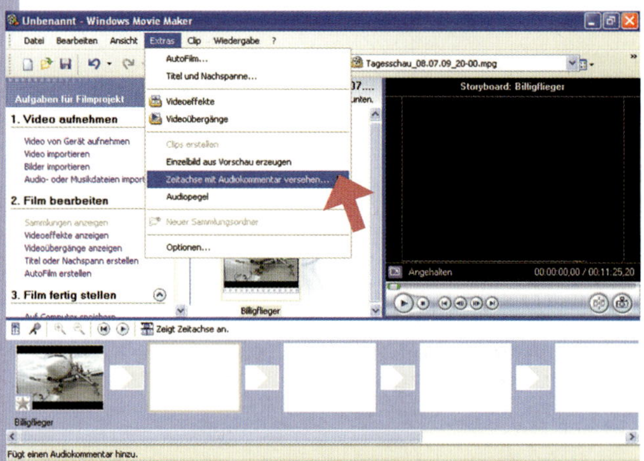

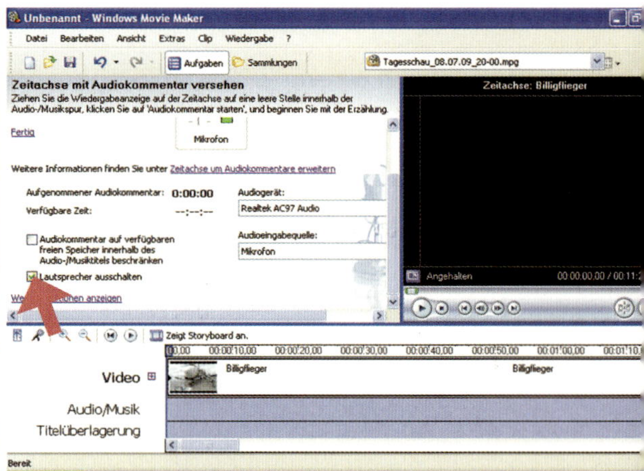

5. Aktiviere unter „Extras" die Funktion „Zeitachse mit Audiokommentar versehen ...".

6. Damit du während deiner Aufnahme nicht den Originalton hörst, wähle die „Optionen anzeigen" setze einen Haken vor „Lautsprecher ausschalten"

Den Ton einer Videosequenz manipulieren

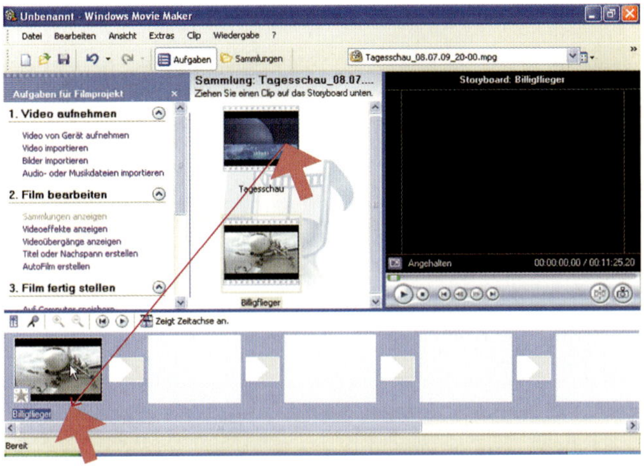

3. Ziehe die Clips mit der Maus auf das Storyboard.

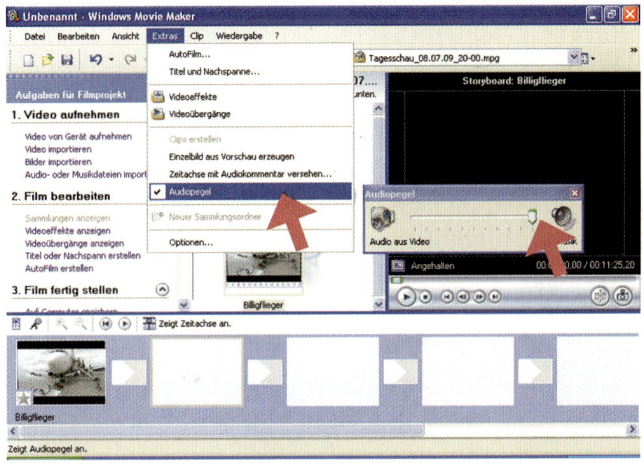

4. Deaktiviere den Originalton, indem du unter „Extras" den Regler bei „Audiopegel" ganz nach rechts schiebst.

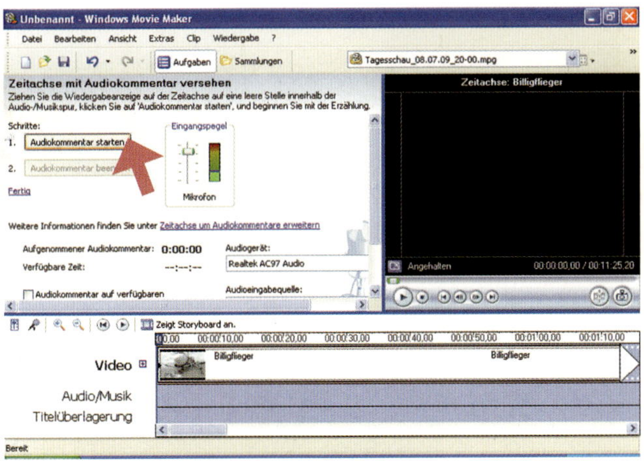

7. Nimm mit „Audiokommentar starten" deinen Text auf und speichere ihn unter einem passenden Dateinamen.

- Nehmt eine aktuelle Hauptausgabe der Tagesschau mit einem digitalen Gerät auf oder ladet sie aus dem Internet herunter[1].
- Schneidet die einzelnen Beitrage in Sequenzen.
- Schaut euch in Gruppen jeweils eine der Meldungen ohne Ton an und informiert euch mithilfe anderer Medien über das entsprechende Thema.
- Formuliert zur jeweiligen Meldung einen eigenen Sprechertext.
- Kombiniert nun nach dieser Anleitung die Bildnachricht mit dem von euch gesprochenen Text.

[1] Leider kann der Windows Movie Maker bislang das Dateiformat von www.tagesschau.de nicht lesen. Deshalb muss die Datei konvertiert werden. Hierfür bietet sich zum Beispiel das kostenfreie Programm XMedia Recode an.

Wie eine Lüge entstehen kann (2): Bilder selbst manipulieren

Die Fotos und Bilder, die wir in den Medien sehen, haben schon lange nicht mehr viel mit der Realität zu tun. Digitale Techniken ermöglichen es, Fotos nachträglich zu verändern, zu verfremden und zu manipulieren. Mit wenigen Mausklicks lässt sich ein störender Pickel entfernen und die Farbe eines Kleidungsstücks ändern. Dabei können Bilder auch so stark verändert werden, dass sie scheinbar Dinge beweisen, die gar nicht existieren oder stattgefunden haben.

1. Das originale Hintergrundbild im Bildbearbeitungsprogramm THE GIMP.

2. In einem zweiten Fenster wird das Bild des Leuchtturms, der in den Hintergrund eingefügt werden soll, geöffnet.

7. Nun muss der Leuchtturm nur noch an die richtige Stelle verschoben werden.

6. Die Größe des Vordergrunds wird mit der Funktion „Skalieren“ angepasst.

5. Nun wird der neue Vordergrund in das Hintergrundbild kopiert.

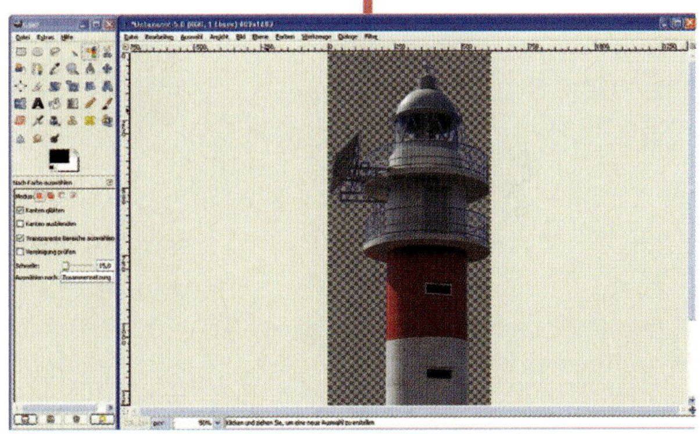

4. Um den Himmel des Originalbilds vollständig zu entfernen, benutzt man die automatische Farbauswahl.

3. Der Leuchtturm kann beispielsweise mit dem Werkzeug „magnetische Schere“ ausgeschnitten werden.

- Verfasst Zeitungsmeldungen, die den Bau von Leuchttürmen in den Alpen kommentieren.
- Diskutiert, inwieweit solche Fotomontagen Einzug in die tägliche Pressearbeit gehalten haben.
- Probiert selbst ein Bildbearbeitungsprogramm aus und verändert die Realität.

3. Zwischen Virtualität und Realität – Die eigene Position im Medienalltag finden

1 Reality-TV

1. a) Verfasse spontan eine kurze Definition des Begriffs „Reality-TV“.
b) Vergleicht eure Ergebnisse.

2 Andrea Kaiser (*1964): Reality-TV – Die Billigen und die Willigen [Auszug]

[...] Tatsächlich scheint die Trennlinie zwischen fiktivem (also Geschichten erzählendem) und dokumentarischem (das heißt aus der Realität berichtendem) Fernsehen in Auflösung begriffen. So wurden die Nachmittagstalks weitgehend von Gerichtsshows und Beratungssendungen abgelöst. Die Richter sind echt, die Delinquenten[1] sind in Wirklichkeit Laiendarsteller. Sie hoffen, dass zwar der Kegelklub, aber nicht ausgerechnet der Chef zuguckt, wenn sie den Vergewaltiger mimen. Der Echtmenschen-Appeal der Gerichtssendungen kam so gut an, dass Weiterentwicklungen dieser Schauprozesse den Sprung in den Vorabend geschafft haben. In Serien wie Lenßen & Partner (Sat.1) bearbeiten ein echter Anwalt und vier vom Sender angelernte Detektive erfundene Fälle. Gefilmt wird mit elektronischen

2. Notiere, mit welchen Mitteln die Produzenten des Reality-TV versuchen, ihre Sendungen möglichst wirklichkeitsnah wirken zu lassen.

3. Erstellt eine Tabelle, in der ihr verschiedene Fernsehsendungen dem fiktiven bzw. dem dokumentarischen Fernsehen zuordnet. Sendungen, die ihr nicht klassifizieren könnt, schreibt ihr zwischen die Spalten.

4. Besprecht, welche Gründe ein Laiendarsteller haben könnte, der sich für eine Rolle im Reality-TV bewirbt.

---

[1] der Delinquent (< lat. delinquere = sich vergehen, einen Fehltritt begehen): Straftäter

Kameras im dokumentarisch wirkenden Billiglook. Alles soll aussehen, als ereigne es sich wirklich. [...]
Was die Fernsehindustrie von der Echtmenschelei hat, ist offensichtlich: Billigeres und willigeres Sendematerial gibt es schlechterdings nicht. Selbst wenn die Sendungen aufwändig produziert werden, den Rohstoff Normalmensch gibt es massenhaft – und damit konkurrenzlos günstig. (v 2003)

3 Christoph Kuhlmann (*1965): Mediennutzung und Einsamkeit [Auszüge eines Interviews]

Der Kommunikationswissenschaftler Christoph Kuhlmann arbeitet im Fachgebiet empirische Medienforschung an der TU Ilmenau. Dort untersucht er unter anderem die Zusammenhänge zwischen Mediennutzung und Einsamkeit.

Fördert Mediennutzung die Einsamkeit der Menschen?
Es lassen sich verschiedene Zusammenhänge vermuten: Erstens, intensive Mediennutzung fördert Einsamkeit: Wer ständig vor dem Fernseher sitzt, kann nicht gleichzeitig Sozialkontakte pflegen. Zweitens, Mediennutzung vertreibt Einsamkeit: Per Telefon, Chat oder Onlinespielen können alte Kontakte gepflegt, vor allem aber neue geknüpft werden. Drittens, Mediennutzung betäubt Einsamkeit: Wer seine Abende allein vor dem Fernseher verbringt, ist zwar vielleicht einsam, merkt es aber womöglich gar nicht mehr.

Ein klassisches Massenmedium vertreibt also die Einsamkeit?
Dahinter steckt ein großes Problem für die Forschung: Wenn Fernsehen oder auch Computerspiele als Betäubungsmittel gegen Einsamkeit wirken, dann fühlen sich die Vielseher nicht mehr einsam und werden deshalb auch keine Einsamkeit berichten können. Im Gegenteil könnte es sogar passieren, dass sich die objektiv weniger Einsamen für einsamer halten, weil sie das Betäubungsmittel eben nicht genommen haben. Zugespitzt ließe sich zur Verteidigung der Massenmedien dann fragen, ob ein Einsamer, der sich nicht einsam fühlt, überhaupt einsam genannt werden kann?

Ist das nicht ein wenig paradox?
Wenn moderne Gesellschaften notwendig Einsamkeit produzieren, müssen wir dann nicht für hilfreiche Drogen dankbar sein? Letztlich läuft diese Überlegung dann auf die Alternative bewusstes Unglück oder bewusstlose Zufriedenheit hinaus. Zufriedenheit sollte man aber in Anführungszeichen setzen, weil die Vertreibung von Einsamkeit durch stundenlanges Zappen durch ein Fernsehprogramm, das auch noch meist als miserabel erlebt wird, wohl kaum als Glückszustand erlebt wird.

Sie haben in einer Studie die Zusammenhänge zwischen Einsamkeit und Mediennutzung untersucht – zu welchem Ergebnis sind Sie dabei gekommen?
Was den Nutzungsumfang verschiedener Medien betrifft, finden sich nur beim Telefon starke Zusammenhänge: Einsame Menschen telefonieren häufiger und länger. Fernsehnutzung hängt nur mit ökonomischer Einsamkeit, also Arbeitslosigkeit positiv zusammen. Schließlich hören emotional/sexuell Einsame, sprich: unglückliche Singles, beim Autofahren und beim Essen häufiger Musik.

Woran kann das liegen?
Eine andere Studie hat gezeigt, dass Singles gerade das Allein-Essen als besonders einsam empfinden und dort mediale Begleitkulissen suchen. Insgesamt scheint obige Annahme zu stimmen: Man findet die plausiblen Zusammenhänge zwischen Vielsehen und Einsamkeit wahrscheinlich deshalb nicht, weil die Vielseher ihre Einsamkeit nicht mehr bemerken.

Konsumieren einsame Menschen auch andere Inhalte als sozial besser Vernetzte?
Dass unglückliche Singles sich besonders für Kontaktanzeigen interessieren, ist wohl trivial. Was Fernsehgenres angeht, so hängt vor allem kognitive Einsamkeit mit vielen Genres zusammen, am stärksten mit Liebesfilmen. Über die Ursache kann ich nur spekulieren: Vielleicht erlebt der sich unverstanden Fühlende hier die Utopie des Einander-Verstehens. Interessant ist auch, dass sowohl kognitive als auch emotional/sexuelle sowie kulturelle Einsamkeit positiv mit dem Konsum von Horrorfilmen zusammenhängen. Da im Horrorfilm das Grauen ja meist zuschlägt, wenn sich das Opfer gerade von der Gruppe entfernt hat, also „einsam" ist, erlebt der Zuschauer hier womöglich, dass es ja noch viel schlimmere Formen von Einsamkeit gibt. Aber auch das muss vorerst Spekulation bleiben.

Wie erfahren intensive Mediennutzer das Gefühl, temporär keinen Zugang zu Medien zu haben? Stellt sich dann schneller ein Gefühl der Einsamkeit ein?
Das ist sicher so, allerdings schwer zu erforschen, da solche Situationen in modernen Gesellschaften kaum noch vorkommen. Denkbar sind aber Situationen etwa nach einem Umzug, wenn der Fernsehanschluss noch nicht freigeschaltet ist, in denen man plötzlich merken kann, wie viel Leere an „normalen" Abenden vom Fernseher übertüncht wird. Auffällig ist, dass der durchschnittliche Deutsche über 3,5 Stunden täglich vor dem Fernseher verbringt, aber gleichzeitig meist über das Programm schimpft. So zappen wir dann durch die 30 Kanäle, stellen 30-mal fest, dass nichts Interessantes läuft, beschließen dann aber nicht, dass dieses Medium nichts taugt, sondern fangen bei Kanal I wieder an. Eine solche massive Verschwendung von Lebenszeit lässt sich nur erklären, wenn dieses Verhalten eine zentrale Funktion erfüllt. Und meine Untersuchungen zeigen, dass das „Totschlagen" von Zeit und die Vertreibung von Einsamkeit mit die stärksten Motive für massiven Fernsehkonsum sind.

(v 2006)

1. a) Skizziere, welchen Zusammenhang Kuhlmann zwischen Medienkonsum und Einsamkeit sieht.
b) Überlege, welche Genres einsame Menschen am stärksten ansprechen.
c) Sprecht über die Thesen Kuhlmanns: Welche erscheinen euch einleuchtend und welche nicht?

4 Rebecca Casati u. a.: Alles im Wunderland [Auszug]

„Second Life“ wurde 2003 von dem Physiker Philipp Rosedale gegründet. Die simple Idee: Im endlosen digitalen All des Internets wird ein virtueller Planet geschaffen und besiedelt. Er besteht aus einem Hauptland sowie einer Kette von Inseln, die sich erforschen und erwerben lassen, und zwar von Avataren. Die Bezeichnung Avatar kommt aus dem Sanskrit und bedeutet übersetzt Herabkunft. Im „Second Life“ versteht man darunter den grafischen Stellvertreter eines Spielers in dieser virtuellen Welt.

SPIEGEL-Redakteurin Rebecca Casati trat über die Schwelle ins „Zweite Leben“ – und besorgte sich als Erstes eine neue Identität:

Am Anfang eines Spiels steht wie immer dieselbe Frage: Wer will ich sein? Der Grüne, Rote oder Blaue? Der Cowboy oder der Indianer? Das verführerische Fräulein Ming – oder doch lieber Paul Newman in „Die Farbe des Geldes“? Die Wahl ist grenzenlos im „Second Life“.

Aber ist sie das wirklich? Die Spielfiguren, die Avatare, sind zu Anfang noch simple Rohlinge. Ich kann meinen Avatar aus zwölf verschiedenen Prototypen auswählen. Es gibt Frauen, Männer – und zwei Pelztiere. Füchse? Waschbären? So hat der Spieler die Chance, das zu werden, was die Natur ihm verwehrt. Mir wäre es schon das dringendste Anliegen zu erfahren, wie sich ein Mann fühlt. Das mit den Tieren ist mir nicht ganz so wichtig. Und die langbeinige Sexbombe kann man bei Gelegenheit noch mal hinterherschieben. [...]

Statt voluminöser Gesetzestexte gibt es hier lediglich sechs Benimmregeln, lauwarme kategorische Imperative für die hippe Freizeitgesellschaft der Metropolen: Belästigen Sie niemand, stören Sie nicht den öffentlichen Frieden, verraten Sie vor allem nie etwas Persönliches Ihrer Mitspieler. [...]

Anders als beim Karneval, wo die Mädchen gerne Prinzessin spielen und die Jungs gerne Seeräuber, ist hier schnell klar: Die Verkleidungen sagen über die Spieler nichts aus. Es gibt keine Gesetzmäßigkeiten. Frauen verkleiden sich hier als Männer. Oder als sehr dickbusige Frauen. Männer verkleiden sich als Frauen [...]. *Der Dealer dort an der Straßenecke ist wahrscheinlich ein schwitziger Streber aus irgendeiner 12 a. Möglicherweise aber auch eine Streberin* [...]. *Bei einem Ausflug auf die Anomalie-Insel stehe ich plötzlich vor einem kleinen Hasen. Der Hase macht ein paar Kunststücke, offenbar nur für mich* [...]. *Er zeigt mir, wie ich noch schneller chatten kann. Er erklärt mir, was das ständig benutzte Akronym „LOL“ bedeutet (Laughing Out Loud). Er nimmt meine Freundschaft ohne Zögern an und erzählt mir, dass er in Kalifornien wohnt. Dass es dort ungewöhnlich kalt ist. Dass er schon seit fast einem Jahr Mitglied ist. Dass er ein „Furry“ ist, also ausschließlich Tiergestalten annimmt. Und als ich frage, welches seiner beiden Leben ihm lieber ist – wahrscheinlich die unpassendste Frage, die je ein Avatar gestellt hat –, antwortet er: „Ich habe neun Leben.“* [...] *Die erste halbe Stunde in diesem Spiel war verschwendet. Es war nie wichtig, ob die Winkel meiner Avatar-Augen nach oben oder nach unten zeigen, ob ich*

L MMORPG

Obwohl sich die Herstellerfirma davon distanziert, kann „Second Life“ (SL) eindeutig zu den sogenannten MMORPGs, den Massively Multiplayer Online Role-Playing Games (Online-Rollenspiele für sehr viele Spieler) gezählt werden.
Bei diesen Spielen schlüpft jeder Teilnehmer in eine selbst gewählte Rolle, die er dann in der virtuellen Welt des Computerspiels verkörpert. Da sämtliche Spieler über das Internet miteinander verbunden sind, entstehen, wie im wirklichen Leben, Kontakte und Interaktionen zwischen den Teilnehmern. Zu den berühmtesten Spielen dieses Genre gehören *Everquest* und *World of Warkraft* (WoW).

1. Informiert euch im Internet über die aktuellen Entwicklungen im „Second Life“ (SL) und anderen MMORPGs.

2. Diskutiert, warum die SPIEGEL-Reporterin gerade in die Rolle eines Mannes schlüpfen will.

Vokuhila[1] *oder Stirnglatze trage oder eine Ponyfrisur. Gut aussehen kann hier jeder. Und da jeder eine Maske trägt und jeder seine eigene Augenstellung und Strumpflänge bestimmen kann, ist es sogar egal, ob ich als Mann, Frau oder als Elch auftrete [...]. Ich weiß nun, wie es ist, ein hübscher Idiot zu sein, der miniberockte Frauen belästigt [...] und der in Nachtclub-Käfigen strippt [...]. Aber ich weiß immer noch nichts darüber, wie es ist, ein Mann zu sein. Und wie sich das im wirklichen Leben anfühlen würde.* (v 2007)

3. a) Diskutiert, warum es auch im SL Regeln geben muss.

b) Besprecht, warum im SL eine der wichtigsten Regeln „Verraten Sie vor allem nie etwas Persönliches Ihrer Mitspieler" ist.

5 Aussagen von Spielern zum Second Life

4. a) Wähle eines der Statements aus und versetze dich in die Lage des Spielers bzw. der Spielerin.

b) Spekuliere darüber, in welcher Lebenssituation sich der jeweilige Spieler befindet.

5. Diskutiert, was hinter den Aussagen der Spieler stecken könnte.

Medien und die drei Wirklichkeiten

Bei Mediennutzung unterscheidet man drei verschiedene Ebenen der Wirklichkeit:

Die **primäre Wirklichkeit (W1)** ist die reale Situation, in der man sich gerade befindet. *Man sitzt also beispielsweise in einer Wohnung und spielt ein Computerspiel oder schaut fern.*

Die **mediale Wirklichkeit (W2)** wird durch das Medium vermittelt. Wenn man z. B. eine Talkshow schaut, dann ist die mediale Wirklichkeit *die Diskussion, die im Studio stattfindet.*

Die **wahrgenommene mediale Wirklichkeit (W3)** ist diejenige, welche in der Wahrnehmung des Zuschauers, Hörers oder Lesers besteht. Sie ist von der subjektiven Sichtweise des Betrachters abhängig, d. h. es findet keine Trennung mehr zwischen dem eigenen realen Leben einerseits und der Realität, die im Medium abgebildet wird, andererseits statt. Zum Beispiel: *In einer Fernsehserie gibt eine Person ihre Wohnung auf – tags darauf erreichen den ausstrahlenden Sender zahlreiche ernst gemeinte Bewerbungen für die „freistehende" Wohnung.*

6. Macht euch die drei Wirklichkeiten am Beispiel einer beliebigen Fernsehshow klar und formuliert jeweils ein Beispiel für W1–W3.

7. Auch bei virtuellen Welten kann man verschiedene Wirklichkeiten unterscheiden. Versucht, dieses Modell auf „Second Life" anzuwenden. Passt dabei, falls nötig, die Modellvorstellung den geänderten Voraussetzungen an.

[1] Vokuhila: Abkürzung für eine Frisur, die vorne kurz und hinten lang ist.

6 Leserbriefe zum Thema „Second Life"

a)

Menschliche Bedürfnisse lassen sich nicht zwischen Bits & Bytes befriedigen. Wer als Kunstfigur durch den Cyberspace geistert, wird irgendwann merken, dass er nicht glücklich, sondern in Wahrheit ziemlich einsam ist.

Hamburg, Rasmus Ph. H.

b)

Was ist denn daran so neu? Ich mache das seit 49 Jahren – seitdem ich lesen kann: Man nehme ein spannendes Buch, identifiziere sich mit dem Haupthelden und vertraue auf die „virtuelle Welt" im eigenen Kopf! Wohl dem, der fantasieren kann.

St. Gallen (Schweiz), Dr. Martina Sch.

c)

Wenn man diesen digitalen Mummenschanz mal nüchtern betrachtet, bleibt unterm Strich nichts als eine gigantische Geldquelle für clevere Geschäftemacher.

Kiel, Helga M.-S.

d)

Darstellungen des schönen zweiten Lebens in virtuellen Welten vergessen gern etwas Wesentliches: Jede Minute, die man „anderswo" verbringt, kümmert man sich nicht um die reale Welt, die zwar oft langweilig ist, aber weiterhin die Grundlage aller Fantasiewelten bleiben wird. Und gegen die drohenden Umweltkatastrophen, die wir alle selbst gemacht haben, wird auch ein Verstecken in der Cyberwelt nichts helfen.

Berlin, Prof. Dr. Dagmar Sch.

e)

Man nehme es als Elegie eines alternden Mannes: Auch meine Generation schuf sich eine Welt in der Fantasie, träumte sich auf Inseln und verwandelte sich in Heldengestalten. Aber sie konnte sich auch noch die reale Welt erobern. Das taunasse Gras, die Sonnenauf- und Sonnenuntergänge waren wirklich, der Duft der heißen Kartoffel in der Glut des Lagerfeuers oder die luftige Baumbude. Wir jagten noch ein wenig der blauen Blume, dem Göttlichen nach, bis dieses schließlich im Internet feilgeboten wurde. Die reale Welt ist jetzt auf Bildschirmgröße zusammengeschnurrt und gebiert nur noch virtuelle Kreaturen. Finis homo sapiens sapiens.

Puhlheim (Nordrh.-Westf.), Winfried B.

1. a) Fasse die Aussage der einzelnen Leserbriefe jeweils in einem Satz zusammen.
b) Sprecht darüber, inwieweit ihr den einzelnen Verfassern zustimmen könnt.

2. Analysiere Sprache und Aufbau der einzelnen Leserbriefe.

3. Verfasse einen eigenen Leserbrief, der sich auf den Spiegel-Artikel „Alles im Wunderland" (Text 4) bezieht. Achte dabei auf die Hinweise zum Leserbrief (S. 37).

Das Internetforum

Ein Internetforum bietet seinen Nutzern einen virtuellen Platz zum Austausch von Meinungen, Informationen und Fragen. Da jeder seine Eintragungen nur dann vornimmt, wenn er online ist, kommt es dabei häufig zu zeitversetzten Diskussionen. Die meisten Internetnutzer beteiligen sich nur selten an den eigentlichen Diskussionen und lesen lediglich im Forum mit.

7 Das Forum von Spiegel-Online [Auszug]

Bei Spiegel-Online handelt es sich nicht nur um das Internetangebot der Zeitschrift DER SPIEGEL. Zwar können die gedruckten Artikel teilweise kostenpflichtig online aufgerufen werden, weitere Inhalte stellt aber die eigenständige Redaktion von Spiegel-Online zusammen.

13.02.2007, 10:46	#1
sysop Administrator Registriert seit: 08.03.2005 Beiträge: 5 403	**Sog des Virtuellen: Machen Medien Menschen schizophren?** In der Online-Welt Second Life führen die Spieler ein Traumleben, das sie sich in der Wirklichkeit nie leisten könnten. Studien haben ergeben, dass unser Wahrnehmungsapparat Virtuelles und Reales nur schwer auseinanderhalten kann. Verlieren wir uns zusehends in der Scheinwelt?

13.02.2007, 10:52	#2
Dunedin Erfahrener Benutzer Registriert seit: 13.12.2005 Ort: Deutschland Beiträge: 1 807	**Heute Second Life – Morgen das Holodeck** Erstaunlich ist, wie viel Zeit, Muße, aber auch Geld in so ein Spiel investiert wird, da tut sich schnell die Frage auf, warum solche Energien nicht für das reale Leben verwendet werden.

13.02.2007, 11:40	#4
DJ Doena Erfahrener Benutzer Registriert seit: 11.04.2005 Ort: Herxheim/Pfalz Beiträge: 3 674	Ist denn diese Welt hier real? Und die wichtigste Frage von allen: Was ist die Matrix?

14.02.2007, 10:37	#17
Knuth Konrad Neuer Benutzer Registriert seit: 16.12.2005 Beiträge: 36	Gegenfrage: Ist denn SL oder WoW – von der Technik einmal abgesehen – etwas anderes wie der Modelleisenbahnclub, in dem wunderschöne Miniaturlandschaften gebaut werden? Oder der Besuch der Operette „Die Fledermaus“? Oder die 90-minütige Jagd nach einer Kugel durch 22 erwachsene Menschen? Ja, die Technik hat sich geändert. Allerdings scheint mir die Lust am Verlieren in eine Scheinwelt ein sehr altes, menschliches Streben zu sein.

26.03.2008, 08:05	**#60**
H. Hipper Erfahrener Benutzer Registriert seit: 28.04.2005 Beiträge: 309	**Ironie** Ist es nicht sehr ironisch, dass wir diese Frage in der Scheinwelt eines Internetforums diskutieren? Handelt es sich bei Internetforen nicht in Wahrheit um riesige Meinungs- und Datenklos? Geben wir uns nicht auch einer Täuschung hin, wenn wir glauben, dass unsere Meinungsäußerung in einem Internetforum in der Realität einen Unterschied macht? Fragen über Fragen!

26.03.2008, 13:59	**#61**
Taraxacum Neuer Benutzer Registriert seit: 03.07.2007 Beiträge: 399	Internetforen *sind* Teil der Realität. Wenn ich hier irgendetwas schreibe und jemand liest diesen Beitrag, dann ist dieses eine ganz gewöhnliche Form von Kommunikation, die mit Scheinwelten nichts zu tun hat.

1. Entscheide, welchen Eintrag du am interessantesten findest. Besprecht eure Einschätzungen in der Klasse.

2. Analysiere die sprachliche Form der Eintragungen im Forum.

3. Arbeite Unterschiede zum Leserbrief heraus.

4. Neben den eigentlichen Forumseinträgen werden dem Leser noch einige weitere Informationen übermittelt. Besprecht, inwiefern diese interessant sind.

8 Die Netiquette bei Spiegel-Online [Auszug]

Forumsrichtlinien

Das Forum ist ein Bestandteil von SPIEGEL ONLINE. Wir möchten, dass hier ein offenes, freundschaftliches und respektvolles Diskussionsklima herrscht. Bitte achten Sie darauf, in den Diskussionen einen fairen und sachlichen Ton zu wahren, auch wenn in der Sache einmal Streit aufkommt. [...]

Bitte beachten Sie auch, dass die Beiträge stets eng mit dem Thema der Diskussion zu tun haben sollen. Häufungen von off-topic-Inhalten innerhalb eines Stranges sind im Interesse aller daher dringend zu vermeiden. [...] Das Forum soll ein Medium für verbale Auseinandersetzung sein. Darüber hinaus sollten keine langen Kopien von Quellen gepostet werden, ein Link stattdessen ist ausreichend.

Eine Nutzung des Forums zu kommerziellen Zwecken ist nicht erlaubt. Die Redaktion behält sich vor, Beiträge, die werblichen, strafbaren, beleidigenden oder anderweitig inakzeptablen Inhalts sind, zu löschen bzw. sie nicht freizuschalten. Sollten Sie auf Beiträge stoßen, deren Inhalt Ihnen zweifelhaft erscheint, wenden Sie sich bitte an den Forumsmoderator („sysop“).

Das Copyright für die Beiträge, soweit diese urheberrechtsschutzfähig sind, verbleibt grundsätzlich beim Verfasser, mit der naheliegenden Einschränkung, dass der Verfasser SPIEGEL ONLINE mit dem Einstellen seines Beitrags natürlich das Recht gibt, den Beitrag dauerhaft auf den Forumssei-

5. Diskutiert, ob Netiquette nötig ist.

6. Beim Forum von Spiegel Online handelt es sich um ein moderiertes Forum. Besprecht die Unterschiede zu einem unmoderierten Forum.

7. a) Führt in der Klasse die Diskussion über den „Sog des Virtuellen“ weiter und schreibt eigene Forumseinträge.

b) Achtet dabei auf die Regeln der Netiquette.

8. a) Erarbeitet Unterschiede zwischen einem Forum und einem Chat.

b) Überlegt, warum im Chat andere Regeln herrschen.

9. Lest bei einem Internetchat mit und analysiert die spezifische Sprache.

ten vorzuhalten. Die Eigentümer von SPIEGEL ONLINE Forum haben das Recht, Themen und Beiträge zu löschen, zu bearbeiten, zu verschieben oder zu schließen. Jede Veröffentlichung der Forumsbeiträge durch Dritte bedarf jedoch der Zustimmung des Verfassers.
Ihre angegebene E-Mail-Adresse kann für andere Teilnehmer und Besucher des Forums sichtbar geschaltet werden, so dass Sie auch auf diesem Wege miteinander kommunizieren können.
Teilnehmer, die gegen die explizite Forums-Etikette oder die Grundprinzipien der ‚Netiquette‘ verstoßen, können von der Teilnahme an den Diskussionen ausgeschlossen werden. [...]
Wir wünschen Ihnen viel Spaß bei der Diskussion in unserem Forum.

(v 2008)

Der Chat

Unter Chat (< engl. to chat = plaudern) versteht man die elektronische Kommunikation über das Internet in Echtzeit. Im Gegensatz zum Forum sind hier Sender und Empfänger gleichzeitig online und unterhalten sich über das Netz. Während früher der Chat lediglich textbasiert war, so sind in den letzten Jahren der **Audio-** und **Videochat** dazugekommen, bei denen man, ähnlich einem Bildtelefon, kommuniziert.
Um einen Gesprächspartner zu finden, begibt man sich in sogenannte **Chatrooms**, eine Art Treffpunkt für Chatwillige. Die Sprache beim Chat entspricht nicht der üblichen Schriftsprache und wird hauptsächlich von pragmatischen Aspekten geprägt. So haben Abkürzungen, umgangssprachliche Ausdrücke und die Vernachlässigung der Zeichensetzung und Rechtschreibung in den meisten Chatrooms Einzug gehalten. Normalerweise wird beim Chatten konsequent kleingeschrieben.

II. Schöne neue Medienwelt?!

1. „… denn sie wissen nicht, was sie tun" – Textgebunden erörtern

1 Casting-Shows im Fernsehen

BOHLEN BESCHIMPFOMAT

„Das war super. Super schlecht."

„Also der Werbevertrag für Clearasil ist dir jedenfalls sicher."

„Wir sind hier nicht bei ‚Deutschland sucht das Mittelmaß'."

„In so einem Outfit geht meine Freundin Unkraut jäten."

100 000 Euro Strafe für RTL, weil die Sendung „Deutschland sucht den Superstar" (DSDS) jugendgefährdend ist: So lautet der Antrag der Kommission für Jugendschutz der Landesmedienanstalten (KJM). „Beleidigende Äußerungen und antisoziales Verhalten werden genau wie in der letzten Staffel als Normalität dargestellt. So werden Verhaltensmodelle vorgeführt, die den Erziehungszielen wie Toleranz und Respekt entgegenwirken und eine desorientierende Wirkung auf Kinder ausüben", begründet der KJM-Vorsitzende Wolf-Dieter Ring die Einleitung eines Ordnungswidrigkeiten-Verfahrens. (v 4.3.2008)

1. a) Kannst du dir vorstellen, an einer Casting-Show wie „Deutschland sucht den Superstar" (DSDS) teilzunehmen? Begründe deine Meinung.

b) Haltet die unterschiedlichen Meinungen und Argumente fest.

2. a) Diskutiert die abgedruckten Äußerungen Dieter Bohlens gegenüber den Teilnehmern seiner Show.

b) Bereitet eine Debatte zu der Frage vor, ob weitere Staffeln von DSDS stattfinden sollten. Bezieht dabei eure spontanen Äußerungen aus Aufgabe 1 mit ein.

M Eine Pro-Kontra-Debatte durchführen

Eine Pro-Kontra-Debatte ist eine argumentative Auseinandersetzung, die auf Problem- bzw. Entscheidungsfragen basiert. Sie ist eine formalisierte, an strengen Regeln orientierte Methode zur Meinungs- und Urteilsbildung. Dies erfordert von allen Teilnehmern eine gründliche Vorbereitung auf ihre Rollen:

Ein **Moderator**/eine **Moderatorin**	Mehrere **Anwälte** (Pro bzw. Kontra)
• führt in die Thematik so ein, dass Interesse für das Thema geweckt wird (= Anmoderation), • stellt die Teilnehmerinnen und Teilnehmer der Debatte vor, • ermahnt die Teilnehmer, falls diese nichts zur Debatte beitragen oder davon abweichen, • ermutigt zurückhaltende Teilnehmerinnen und Teilnehmer zu Beiträgen, • achtet auf eine gerechte Verteilung und Einhaltung von Redezeiten und • beendet die Debatte durch eine Abstimmung im Publikum bzw. ein Fazit oder Schlusswort.	• bereiten sich sorgfältig auf das Thema vor, indem sie ihre jeweiligen Argumente sammeln und gewichten, • überlegen sich möglichst konkrete Beispiele, um die Argumente zu veranschaulichen, • versetzen sich in die Gegenseite, um deren mögliche Argumente zu ermitteln und passende Gegenargumente vorzubereiten.

Das **Publikum** (Jury)

- darf sich während der Debatte nicht einmischen, sondern beurteilt als neutrale Gruppe die Qualität der Debattenbeiträge und der Moderation,
- erstellt in der Vorbereitungsphase auf die Debatte einen Beobachtungskatalog und erarbeitet ein Punktesystem, das für die spätere Bewertung der Debatte herangezogen wird.

Der **Bewertungskatalog** sollte folgende Aspekte enthalten:

- Inhalt: Sachliche Richtigkeit und Überzeugungskraft der Argumente und der Beispiele (= Sachkompetenz),
- Sprache: treffende und anschauliche Ausdrucksweise,
- Körpersprache: Blickkontakt, angemessene Gestik und Mimik, … (vgl. S. 253).

Möglicher Ablauf:

1. **Phase:** Der Moderator/die Moderatorin führt in das Thema ein und stellt die Teilnehmer der Debatte vor.
2. **Phase:** Die Teilnehmer beziehen nacheinander Stellung zum Thema (= Statement).
3. **Phase:** Die Teilnehmer können nun direkt auf die Gegenseite eingehen, deren Argumente entkräften und neue Argumente vorbringen; der Moderator/die Moderatorin steuert die Wortmeldungen/Beiträge.
4. **Phase:** Der Moderator/die Moderatorin fasst die Beiträge zusammen, formuliert ein Fazit und beendet die Debatte.

5. Phase: Das Publikum wertet die Beobachtungen aus und gibt das Ergebnis den Teilnehmern der Debatte bekannt.

6. Phase: Austausch im Klassenplenum über die Debatte.

Raumgestaltung:

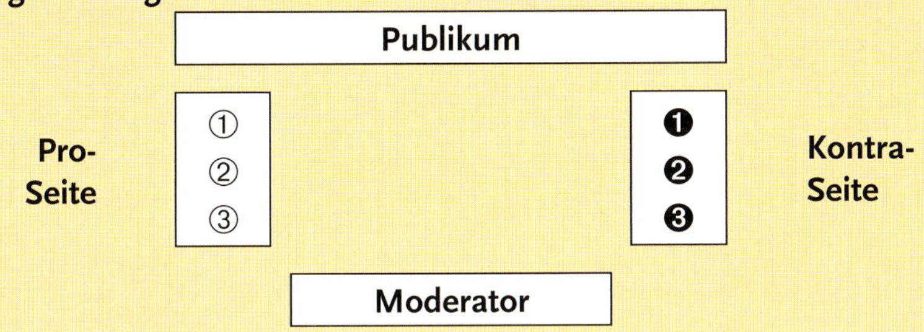

Mündliche Debatte und schriftliche Erörterung

„Erörtern", „debattieren" und „diskutieren" werden oft synonym gebraucht. Tatsächlich unterscheiden sich diese Begriffe hinsichtlich ihrer Bedeutung nur unwesentlich. Man kann aber sagen, dass die Erörterung eine Diskussion bzw. Debatte ist, die eine Person mit sich selbst in Schriftform führt. Dies zeigt, wie komplex diese Aufgabenform ist, da der Verfasser bzw. die Verfasserin einer Erörterung mehrere Aufgaben bewältigen muss. Hinsichtlich des Ablaufs der Debatte und dem Aufbau der Erörterung ergeben sich folgende Parallelen:

Verlauf/ Inhalt	Debatte/Diskussion (mündlich)	Erörterung (schriftlich)
Akteure	Moderator/Moderatorin, Pro- und Kontra-Seite, Publikum	Verfasser/Verfasserin
1. Einstieg	Der Moderator/die Moderatorin führt zum Thema hin, stellt die Teilnehmer vor.	Einleitung, die Interesse weckt und zum Thema hinführt
2. Hauptteil	Personen, die gegensätzliche Positionen äußern; der Moderator/die Moderatorin leitet den Austausch, greift inhaltlich aber nicht ein.	(Dialektische) Erörterung einer Frage-/Problemstellung aus unterschiedlicher Perspektive. Der Verfasser muss Zusammenhänge deutlich herausstellen.
3. Ergebnis	Der Moderator/die Moderatorin fasst die Positionen zusammen und formuliert ein Fazit.	Begründetes Fazit
4. Schluss	Der Moderator/die Moderatorin verabschiedet die Gäste und sich.	Abschließende Bemerkungen, Ausblick etc.

3. Erarbeitet arbeitsteilig mit der gesamten Klasse aus eurer Debatte zum Thema: „Sollen weitere Staffeln von DSDS stattfinden?" eine schriftliche Erörterung. Geht dabei folgendermaßen vor:

a) Die Moderatorengruppe verfasst in Anlehnung an die Anmoderation eine Hinführung zum Thema, die Interesse weckt.

b) Die Gruppe der Anwälte verfasst – getrennt nach Pro und Kontra – ihren Hauptteil der Erörterung, ausgehend von den Argumenten und Beispielen der Debatte.

c) Die Moderatorengruppe verfasst das Fazit dieses Hauptteils.

d) Abschließend überarbeitet die Jurygruppe die komplette Erörterung hinsichtlich gedanklich-logischem Aufbau und Sprache.

2 Jo Reichertz (*1949): „… denn sie wissen nicht, was sie tun“. Von James Dean zu Alexander Klaws [Auszug]

Das Aufkommen zahlreicher Casting-Shows hat in allen gesellschaftlichen Bereichen unterschiedliche Reaktionen hervorgerufen. Sowohl Wissenschaftler als auch Publizisten haben sich die Frage gestellt, worin die Gründe für den Aufschwung derartiger Shows zu finden seien. In seinem Fachbuch *Die Macht der Worte und der Medien* setzt sich der Soziologe und Kommunikationswissenschaftler Professor Reichertz in einem eigenen Kapitel mit dieser Frage auseinander.

Aber die eigentlich spannende Frage ist die, weshalb sich so viele junge Menschen zwischen 16 und 30 weltweit dem wertenden Urteil von Jury und Publikum stellen. Gewiss sind einige der Kandidaten nur wegen einer Wette oder einer Mutprobe vor Ort, andere wenige leiden an einer krankhaften Störung der Selbstwahrnehmung, andere suchen Spaß, Jux oder den Thrill des Fernsehauftritts, aber die meisten meinen es ernst. Bitterernst. Sie suchen ein, nein das Urteil. Gewiss auch, weil sie eine (wenn auch geringe) Chance sehen.
Doch was erhoffen sie sich? Gerne angesehen zu sein, begehrt und berühmt und somit auch reich zu werden? Geht es also letztlich um Lebensglück, das bekanntlich nie gefahrlos erlangt werden kann? Gewiss spielt all dies eine Rolle. Gewiss wollen die Kandidaten Zuwendung, Ansehen und Reichtum. Und die Casting Shows öffnen manchen dorthin einen Weg und viele sind bereit, ihren Wegzoll in der Währung der Medien zu entrichten, also in den Medien ihre soziale Identität zu riskieren, aufs Spiel zu setzen, sich vor den Augen und zum Ergötzen der anderen lächerlich zu machen.
Weiter kommt man m. E., wenn man sich fragt, weshalb die jungen Kandidaten auf diese Weise ihr (vor allem materielles) Glück machen wollen. Denn insbesondere materielles Glück lässt sich doch viel zuverlässiger durch Ausbildung und Ausdauer, also durch eine besondere, erworbene persönliche Fähigkeit erreichen. Der hier gern erhobene Einwand, eine solche Ansicht sei reichlich weltfremd, da es den Bewerbern doch gerade nicht darum ginge, das Glück durch zeitraubende Arbeit, sondern sofort und ohne Mühe zu erlangen, klingt nur im ersten Moment gut. Dennoch bleibt die Frage offen, was es bedeutet, dass eine Gesellschaft ihrer Jugend einen solchen Weg zum schnellen und materiellen Glück eröffnet. In anderen Zeiten stellten Gesellschaften zum gleichen Zweck Lotterien zur Verfügung, belohnten den Mut von Stier-

kämpfern, Fußballern, Sportlern oder Künstlern. Sie alle riskierten sich (und oft auch ihr Leben) in der Öffentlichkeit und dafür belohnte sie die Gesellschaft mit Anerkennung und schnellem Reichtum. Doch was riskieren die Superstars?

Ein Blick auf die Besonderheit der Bewährungsprobe der Casting Shows hilft vielleicht weiter. Ganz sicher (das war schon gesagt) steht nicht die Suche nach dem Besonderen, dem Individuellen auf der Agenda, sondern man sucht Typen – den Coolen, die Verführerische, einen wie Robbie Williams und eine wie Britney Spears. Und auch Daniel Kübelböck war ein Typ: schrill und crazy und wie man hört, soll Lorenzo aus Ravengiersburg (Hunsrück) der neue Kübelböck werden. Das Aufgehen im Typischen, das sich Anpassen, das So-zu-sein-wie alle-anderen ist das Besondere aller Casting Shows. Nicht für Individualisierung, sondern für Vergemeinschaftung erhalten die Kandidaten ihren Lohn – nämlich Anerkennung. Eigentlich geht es also um Anerkennung. Aber auch das ist noch nicht alles. Denn neben dem ganz offensichtlichen Vergemeinschaftungsdruck findet sich ein weiteres zentrales Element in diesen Shows: die persönliche Probe und das wertende Urteil. Und das Besondere dieses Urteils ist, dass es hart und manchmal auch schmerzlich ist, aber eins ist es nie: ambivalent. Das Urteil der Jury und des Publikums ist deutlich und eindeutig. Hier gibt es nicht mehr nur Gewinner, sondern der zweite Sieger ist der erste Verlierer. Nach der Entscheidung weiß man klar, was man wert ist. Immer wieder gibt es (oft ganze) Generationen, die aus unterschiedlichen Gründen nicht wissen, was sie wert sind – sei es, dass die Eltern keine Zeit für sie finden oder sie zu sehr in Watte einpacken. So gab es auch in den 50er-Jahren des letzten Jahrhunderts eine solche Jugendgeneration auf der Suche nach dem eigenen Wert. Hollywood verdichtete und dramatisierte das Problem vieler Heranwachsender dieser Zeit in dem Filmmythos „... denn sie wissen nicht, was sie tun“ (Rebel without a cause – 1955). James Dean verkörperte darin den verzweifelt um Anerkennung kämpfenden Jugendlichen. Von den Eltern, die anderes und Besseres zu tun haben, übersehen, spielte er mit anderen von der anbrechenden Wohlstandsgesellschaft übersehenen Jugendlichen draußen vor den Toren der Kleinstadt mit seinem Leben. Mit Schrottautos fuhren sie mit hohem Tempo auf Klippen zu und wer zuerst aus dem Auto sprang, hatte verloren: das Spiel und die Anerkennung der anderen.

Abseits der Gesellschaft sich riskieren, um so zu erfahren, was man bei aller Nichtbeachtung der Erwachsenen (noch) wert ist, das ist das, was viele (im Film) noch in den 50-ern und 60-ern bevorzugten. Heute riskieren sich (im Fernsehen) dagegen viele Jugendliche im Zentrum gesellschaftlicher Aufmerksamkeit, um so einen Hinweis darüber zu erhalten, was sie anderen, was sie in der Gesellschaft (noch oder schon) wert sind. Und das scheint ihnen viel wert zu sein. Alexander Klaws took his chance, aber was weiß er, da er Superstar von Deutschland geworden ist, jetzt wirklich über sich?

(e 2007)

1. Lies die Texte 2 und 3 und wähle einen der beiden zur intensiveren Bearbeitung aus.
Gehe folgendermaßen vor:

- Schlage unbekannte Begriffe, Namen etc. nach.
- Notiere die Thesen mit den entsprechenden Argumenten des Autors.
- Wähle die These aus, die sich besonders dafür eignet, die Hauptaussage dieses Textauszugs wiederzugeben.
- Gehe von dieser Hauptaussage aus und stelle den Gedankengang des Autors anhand der nachgeordneten Thesen dar.
- Gib den Text in eigenen Worten wieder, indem du die Thesen und die entsprechenden Argumente in einen logischen Zusammenhang bringst.

2. Sucht einen Partner, der den anderen Text bearbeitet hat, und stellt euch gegenseitig eure Textwiedergaben vor.

3. Besprecht in der Klasse, welcher der beiden Texte euch stärker angesprochen und welcher euch mehr überzeugt hat.

3 Henryk M. Broder (*1946): Denn sie wissen, was sie tun [Auszug]

So kommt nun bei „DSDS“ zusammen, was zusammengehört: ein alternder Pop-Proll mit der Weisheit gefühlter 150 Jahre Jugend-, Musik- und vor allem Boulevarderfahrung. Und Zehntausende Teenager, bei deren Stimmchen selbst stressresistente Wanderratten glatt zerplatzen – und die vor allem eines gemeinsam haben: ihr kaum noch zu überbietendes Maß an Selbstüberschätzung, deren Bedeutung für jede Gesellschaft aber gar nicht hoch genug veranschlagt werden kann.

Denn gerade diese Selbstüberschätzung ist eine extrem produktive Haltung, ja letztlich der Motor jedes Fortschritts überhaupt. Von Gutenberg bis Bill Gates, von Luther bis Lassalle, von Marco Polo über Humboldt bis zu Steve Fossett, Realisten treten immer auf der Stelle, Fantasten kommen voran – oder stürzen ab. Und natürlich stürzen die meisten ab, auch bei „DSDS“.

Dabei schafft es der Zeremonienmeister Bohlen, sich immer wieder selbst zu toppen. Kaum hat er einem „DSDS“-Kandidaten bescheinigt, „Scheiße zu singen ist auch 'ne Begabung“, fällt ihm zu einem anderen Kandidaten ein noch deftigeres Kompliment ein: „Das klingt, als wenn sie dir den Arsch zugenäht haben.“

Solche Sätze sind es, mit denen er sich den Vorwurf der „Menschenverachtung“ hart erarbeitet hat. Freilich geht die Klage am Kern der Sache vorbei: „DSDS“ ist keine Selbsthilfegruppe für Legastheniker, die man nur liebevoll auf ihre Rechtschreibfehler hinweisen darf, damit sie nicht verschreckt reagieren. Es ist ein Spiel, dessen erste und einzige Regel lautet: „Survival of the fittest“.

Folglich kommt es nicht nur auf ein wie immer definiertes musikalisches „Talent“ an, sondern noch mehr auf Originalität, Selbstvertrauen und Durchsetzungsvermögen; Eigenschaften, die in der Welt der Wirtschaft, der Wissenschaft und selbst der Kultur heute von jedem verlangt werden, der was werden möchte. Im Sport sowieso. Alle Übrigen können ja bei Attac[1] oder Greenpeace als ehrenamtliche Helfer anheuern.

Obwohl also die Voraussetzungen klar sind und kein Kandidat unter Androhung oder Anwendung körperlicher Gewalt in den Ausleseprozess getrieben wird, hagelt es nun Abscheu und Empörung. Der Deutsche Kulturrat, von dem man auf Anhieb nicht sagen kann, was er sonst so macht, fordert bereits Maßnahmen gegen die RTL-Verantwortlichen, nachdem einer der Kandidaten, Raymund R., vor laufender Kamera zusammengeklappt war. [...]

Was also tun mit Menschen, die zu Tausenden Schlange stehen, um auf

---

[1] Attac: association pour une taxation des transactions financières pour l'aide aux citoyens = Vereinigung für eine Besteuerung von Finanztransaktionen zum Nutzen der Bürger

dem Altar ihrer eigenen Hoffnungen geopfert zu werden, entsprechend der Maxime von Herbert Achternbusch: „Du hast keine Chance, aber nutze sie.“ […]
Über 100 000 haben sich laut RTL für die fünf „DSDS“-Staffeln seit 2002 beworben. Das ist die Einwohnerzahl einer Stadt wie Erlangen, Cottbus oder Trier. Das sind 100 000 Menschen, die mit dem Leben, das sie schon hinter oder noch vor sich haben, nicht zufrieden sind und aus einem Gehege ausbrechen wollen, in dem nur ein Flachbildschirm vom Media Markt etwas Besseres verheißt. Menschen, die jeden Tag „Exclusiv“ und „Explosiv“, „taff“ und „Leute heute“ schauen und wenig Ahnung davon haben, was in der Welt sonst so passiert. […]
So betrachtet ist „DSDS“ kein Grund, die Endzeitglocken läuten zu lassen wie weiland schon bei „Big Brother“ oder dem Dschungelcamp. Es ist auch kein Festival der Schadenfreude, bei dem Menschen „zum bloßen Objekt“ („SZ“) der Schaulust degradiert werden. Erstens trifft es keine Unschuldigen: Wer mit 14 strafmündig wird, mit 16 allein bis Mitternacht Kneipen besuchen darf, mit 18 heiraten, den Führerschein machen und wählen darf, der muss auch wissen, worauf er sich einlässt, wenn er bei „DSDS“ mitmacht. Die Menschen vor sich selbst zu schützen, ist eine schöne, aber tendenziell totalitäre Idee, die am Ende zu einer Auslagerung jeder Verantwortung führt.
Wer nach Sanktionen gegen „DSDS“ ruft, der müsste konsequenterweise auch jede Werbung verbieten und dazu auch gleich Bergsteigen, Bungeejumping und alle anderen Extremsportarten.
Zweitens: Wenn Kurt Beck Bundeskanzler werden möchte, kann man es dann dem 24-jährigen Politologiestudenten Oliver verübeln, dass er von einer Karriere als Superstar träumt? Er sang den patinierten Bohlen-Hit „You can win if you want“, fiel durch – und war glücklich. Am Ende sagte er: „Danke schön, dass ich dabei sein durfte.“ (v 2008)

Die textgebundene Erörterung (1): Aufgabenstellung und Textwiedergabe

Im Unterschied zur freien Erörterung liegt der textgebundenen Erörterung immer ein Text zugrunde, in dem sich ein Autor mit einem Problem auseinandersetzt oder ein Thema von verschiedenen Seiten beleuchtet und dabei einen eigenen Standpunkt vertritt. Hierbei ist es wichtig, dass man zwischen seinen eigenen Gedanken und denen des Verfassers unterscheidet. Erst dann kann man zu den einzelnen Positionen der Textvorlage Stellung nehmen und eigene Gesichtspunkte vorstellen.
Die **Textwiedergabe** sollte dabei deutlich kürzer sein als die eigentliche Erörterung. Sie steht im Präsens und sollte möglichst keine wörtlichen Zitate enthalten.

1. Entscheidet, für welchen Aufgabenschwerpunkt bei einer textgebundenen Erörterung sich die Texte 2, 3, 6 und 7 eignen.

Bei der textgebundenen Erörterung gibt es – je nach Aufgabenstellung und Ausgangstext – zwei mögliche Schwerpunktsetzungen:

- **Aufgabenschwerpunkt Erörterung**: Der Text wird zunächst analysiert (Inhalt, Sprache, Gedankengang), doch liegt der Schwerpunkt auf der kritischen Auseinandersetzung mit den Positionen des Autors. Hierbei sollte das Thema in einem weiteren Bezugsrahmen dargestellt und eine eigene Position argumentativ ausgeführt werden. Der Schwerpunkt in der Auseinandersetzung mit der Textvorlage liegt also auf einer kritischen Bewertung von Position und Argumentation des Autors.
- **Aufgabenschwerpunkt Analyse**: Hierbei ist der Ausgangstext ein Text, der besondere sprachliche bzw. formale Gestaltungsmittel aufweist (z. B. Essay, Rede, Glosse, Kommentar etc.). Bei der Auseinandersetzung mit dem Ausgangstext steht eine intensive Beschäftigung mit diesen Besonderheiten des Textes im Zentrum. Die zweite Arbeitsanweisung verlangt eine eher knappe Stellungnahme zur Problemstellung des Ausgangstextes. Diese kann auch adressatenorientiert erfolgen, z. B. in Form eines Leserbriefes. Der Schwerpunkt in der Auseinandersetzung mit der Textvorlage liegt also auf der Analyse der sprachlichen und formalen Gestaltung.

4 Textwiedergabe zu „Denn sie wissen, was sie tun" [Entwurf einer Schülerin]

Der Autor Henryk M. Broder beschäftigte sich in seinem Text „Denn sie wissen, was sie tun" mit Casting Shows im deutschen Fernsehen wie zum Beispiel „Deutschland sucht den Superstar" (DSDS).
Broder sagt, dass zwei Parteien hier aufeinandertreffen: „Ein alternder Popp-Proll mit der Weisheit gefühlter 150 Jahre Jugend-, Musik- und vor allem Boulevarderfahrung. Und Zehntausende Teenager [...] und [...] ihr kaum zu überbietendes Maß an Selbstüberschätzung [...]".
Er sagt weiter, dass vor allem Fantasten vorankommen und Realisten auf der Stelle treten. Er sagt, dass Bohlen menschenverachtende und empörende Sprüche für die Kandidaten übrig hat, was aber durchaus in Ordnung ist bei dem Show-Prinzip „Survival of the fittest".
Neben musikalischem Talent bräuchten die Kandidaten, so Broder, auch „Originalität, Selbstvertrauen und Durchsetzungsvermögen". Was ja heute durchaus überall gefragt ist.
Broder äußert weiter, dass die über 100 000 Bewerber mit ihrem bisherigen Leben unzufrieden sein müssen, da sie sich an der Fernsehwelt messen, die durch Sendungen wie „Exklusiv", „Explosiv", „taff" oder „Leute heute" vermittelt werden.

Dennoch gelangt Broder zu dem Schluss, dass die Kandidaten selbst entscheiden und verantwortlich sind für ihre Teilnahme.
Wer DSDS verbieten will, müsse auch Werbung, Bergsteigen oder andere Extremsportarten verbieten, um die Menschen vor sich selber zu schützen.

Stephanie, 16 Jahre

5 Mögliche Aufgabenstellung einer Klassenarbeit, Aufgabentyp: Textgebundene Erörterung

Textbasis
Jo Reichertz (* 1949): „... denn sie wissen nicht, was sie tun. Von James Dean zu Alexander Klaws“ – Auszug aus dem Fachbuch *Die Macht der Worte und der Medien.* VS Verlag 2007.

Aufgabenstellung
1. Fasse zusammen, welche Gründe Reichertz für das große Interesse von Jugendlichen nennt, an Casting Shows teilzunehmen.
2. Erörtere ausgehend von Reichertz' Text, ob Casting Shows mit jugendlichen Teilnehmerinnen und Teilnehmern weiterhin produziert werden sollen.

2. a) Untersuche das Schülerbeispiel. Was ist gelungen, was muss unbedingt verbessert werden?

b) Fertige eine verbesserte Fassung an.

3. Verfasse eine textgebundene Erörterung gemäß der nebenstehenden Aufgabenstellung. Greife dabei auf die bereits vorhandenen Vorarbeiten in deiner Klasse zurück:

a) Verfasse eine Einleitung, indem du dich an Reichertz' Auftakt orientierst (vgl. Hinweise S. 240) und daran einen Übersichtssatz anschließt.

b) Überarbeite eine der entstandenen Textwiedergaben (vgl. S. 235).

c) Überarbeite die schriftliche Erörterung, die im Anschluss an die Debatte entstanden ist (vgl. S. 233).

d) Verfasse einen eigenen Schluss.

4. Gebt euch in der Klasse gegenseitig eine Rückmeldung zu euren Entwürfen. Verwendet dazu die Methode der Schreibkonferenz oder der Textlupe.

5. Überarbeite auf der Basis der Rückmeldungen deine textgebundene Erörterung.

Die textgebundene Erörterung (2): Aufbau

Im Unterschied zur freien Erörterung liegt der textgebundenen Erörterung ein Sachtext zugrunde, z. B. ein Zeitungstext oder Auszüge aus wissenschaftlichen Veröffentlichungen, Reden etc. Die Vorgehensweise ähnelt den dir bekannten fünf Schritten beim Aufsatzschreiben:

1. Analyse der Aufgabenstellung
- Soll der Schwerpunkt des Aufsatzes auf der Auseinandersetzung mit dem Ausgangstext oder der Erörterung liegen? (vgl. Hinweis S. 238).
- Ist im Erörterungsteil lineares oder dialektisches Erörtern verlangt?

2. Textanalyse
- mehrmaliges Durcharbeiten des Textes
- Notizen anfertigen: Markieren von Schlüsselbegriffen/Hauptthesen, Randbemerkungen zur Argumentationsweise, Gliederung des Textes mit Zwischenüberschriften, Festhalten erster Einfälle zur kritischen Auseinandersetzung mit dem Text, ...

3. Gliederung/Stichwortkonzept

4. Ausarbeitung

I. Einleitung

Den Anfang bildet – wie bei jedem Aufsatz – die Einleitung. Sie hat bei jeder Form der Erörterung die Aufgabe, zunächst zum Thema hinzuführen (z. B. durch einen geschichtlichen Rückblick, einen aktuellen Bezug, einen persönlichen Gedanken bzw. eine eigene Erfahrung, ein Zitat einer Persönlichkeit, eine aktuelle Statistik, eine Reihe von Fragen oder die Definition eines im Text verwendeten Schlüsselbegriffs, ...). Die Einleitung soll den Leser zudem zum Weiterlesen ermuntern.
Beispiel:

Nun pöbelt Bohlen wieder. Öffentlich. Im Fernsehen. Er darf nicht nur. Er soll sogar! Auf diese Weise erfährt so mancher gerade mündig Gewordene, dass er „unterirdisch", „absolut talentfrei" oder dass er weniger als ein Frosch sei – aus dem könne man wenigstens noch ein Kilo Hackfleisch machen. Freundlich ist das gerade nicht und niemand weiß, was die so Gescholtenen sich später angetan haben. Und mancher wird sich fragen, weshalb [...] (Jo Reichertz)

Die Einleitung schließt mit dem Übersichtssatz zum vorgelegten Text (Autor, Textsorte, Titel, Kernaussage) und bildet somit die Überleitung zum Hauptteil.
Beispiel:

- *Mit eben diesem Themenkomplex/dieser Fragestellung/... befasst sich auch Jo Reichertz in seinem ...*
- *In diesem Zusammenhang habe ich mit Interesse den Aufsatz von Jo Reichertz mit dem Titel ... gelesen.*

II. Hauptteil

a) Textwiedergabe

Hierbei ist eine Wiedergabe der Textvorlage gemäß der Aufgabenstellung unter einem bestimmten Gesichtspunkt gefordert, d. h. die Thesen des Autors werden nicht gleichgewichtig dargestellt, sondern der Verfasser des Aufsatzes muss eine Auswahl treffen. Zudem müssen die Kernaussagen des Autors nicht in ihrer chronologischen Reihenfolge wiedergegeben werden, sondern in einem nachvollziehbaren gedanklich-logischen Zusammenhang.

b) Eigene Erörterung

In diesem Teil der Arbeit müssen die im Text vertretenen Positionen kritisch geprüft und auf ihre Schlüssigkeit hin bewertet werden. Darüber hinaus wird v. a. beim Aufgabentyp mit Schwerpunkt „Erörterung" eine über den Text hinausgreifende Pro-Kontra-Erörterung erwartet. Diese eigenständige argumentative Auseinandersetzung mit dem Text schließt mit einem begründeten Urteil des Schreibers.

III. Schluss
Der Schluss dient dazu, den Aufsatz abzurunden – besonders geschickt ist es, wenn man an dieser Stelle einen Bezug zur Einleitung herstellen kann, indem man die dort aufgeworfenen Fragen beantwortet, Beobachtungen relativiert, das Thema des Textes um einen Aspekt erweitert etc.

5. Überarbeitung

6 Hans Ulrich Gumbrecht (*1948): Die Jugend von morgen [Auszug]

Die Medienwelt hat sich in den letzten Jahren rasant verändert, was insbesondere durch technische Entwicklungen möglich gemacht wurde. Diese Entwicklungen haben zum großen Teil ihren Ursprung im Silicon Valley (USA). Dieser Name steht deshalb synonym für die Elektronik- und Computerindustrie.

Sie sind die erste Generation, die das Schreiben per Lehrplan-Beschluss auf den Tasten von Keyboards lernte, noch bevor sie einen Bleistift oder einen Kuli in die Hand nahmen; sie sind die erste Generation, welche sich wohl einsam und hilflos fühlen müsste in einer Welt ohne Elektronik, weil sie die Gegenwart der Elektronik nicht mehr als Privileg erleben, sondern als unvordenklich. Nun sind die Überflieger unter den Kindern der Bay Area um San Francisco in den Anfängervorlesungen der Universitäten angekommen, und die Colleges haben gerade noch rechtzeitig ihre Hörsäle präpariert. In keinem Raum fehlt mehr der Riesenbildschirm für Power-Point-Präsentationen, und die Hörsäle sind durchgängig mit WLAN und genügend Steckdosen für Laptops ausgerüstet, was manchen Studenten die Möglichkeit gibt, Vorlesungen in wunderbar komplexen Gliederungen mitzuschreiben – und den anderen immerhin ungestörte Zeit für E-Mails und Computerspiele schenkt. [...]

Leben ohne Technik für diese Generation undenkbar.

Universitäten vor Herausforderung: ...

Der Alltag der heute 17- oder 18-Jährigen, die meist frei von wirtschaftlichem Druck in Familien der amerikanischen Mittelklasse aufgewachsen sind, ist eine Fusion von Software und Bewusstsein, jenseits derer man keine Welt mehr braucht, die eine ganz andere wäre. Zu den Highschool- und Campus-Katastrophen von Columbine und Virginia Tech ist es ja gekommen, weil die Fähigkeit verschwunden war, zwischen der Welt der Bildschirme und jener anderen Welt zu unterscheiden, in der die Körper nur einmal sterben. „Mein Laptop ist wie mein Gott“, sagt ohne Ironie Teresa, die in Georgia

geboren, Afroamerikanerin und Studentin in Stanford ist, „er begleitet mich immer, und ihm kann ich alles anvertrauen.“ Tatsächlich stellt ihr der Laptop, der schweigend alles absorbiert und bewahrt, was Teresa ihm tippend sagt, wie ein großzügiger Gott die Allwissenheit des Webs zur Verfügung. Heute gibt es keine auf Konkretes gerichtete Lehrerfrage mehr, welche die laptopgerüsteten Studenten nicht in Sekundenschnelle beantworten, weil Elektronik alle Dinge der Welt in der Aggregatform von Information dem Zugriff ihrer Benutzer öffnet. Wissen, weiß jeder, ist nicht mehr eine Funktion der Gedächtniskapazität, sondern der schnellen Zugrifftechniken – und an diese Realität passen sich langsam auch Prüfungsfragen und Einstellungsbedingungen an.

Wem aber wirklich alles in der Form von Information und zum Zweck der Kommunikation zur Verfügung steht, für den wird es schwer, sich die Welt in irgendeiner anderen („höheren“ oder „niederen“) Dimension vorzustellen. [...]

Um wirkliche Welten sind die Kinder von Silicon Valley also entfernt von ihren Eltern und Lehrern, mit denen sie den Raum des Zuhauses, der Schule und bald auch der Arbeitsplätze teilen. Jene Momente intensivster physischer und mentaler Konzentration, von denen die Dichter seit der Renaissance geschwärmt, für die die alten Philosophen gelebt und mit denen Schauspieler im zwanzigsten Jahrhundert viele Millionen verdient haben, sie scheinen der neuen Generation ziemlich gleichgültig zu sein. Sie lebt ziellos, aber behänd, unaufgeregt, aber hellwach, ohne Leidenschaft – und in wenigen glücklichen Fällen auch ohne Leiden. Wenn die Kinder von Silicon Valley (oder die von Stuttgart und Potsdam) aber leiden, dann scheinen ihre Schmerzen von Versatzstücken einer vorigen Welt ausgelöst, die wie eine Sucht – und vielleicht für immer – in ihre neue Welt ragen. Um zu leben, müssen auch sie regelmäßig essen – und kommen damit doch oft nicht zurecht; sie sind bis auf Weiteres konfrontiert mit den Vorstellungen ihrer Eltern und Lehrer von guter Liebe und gutem Leben und weil sie oft nicht einmal ahnen, was gemeint ist, halten sie das eigene Leben für so wertlos wie das Leben in einem Computerspiel. Beim Studieren aber zeigen die Kinder von Silicon Valley eine neue, fast erschreckend effiziente Intelligenz, wie sie ohne elektronische Potenzierung nicht einmal vorstellbar war. Ein Junge, der mit seinen Eltern vor wenigen Jahren aus Korea eingewandert ist, lernt in drei Sommermonaten Deutsch, weil er sich in den Kopf gesetzt hat, Hölderlins Hymnen im Original zu lesen. Dass er das inzwischen kann, hat er gerade in einer Seminarsitzung mit strahlender analytischer Schärfe vorgeführt. Davor und danach schien er zu schlafen. Oder wollte sein müdes Gesicht mir gegenüber „etwas ausdrücken“, was ich noch nicht verstehe und vielleicht nie verstehen werde? Inzwischen hat er mich jedenfalls in seiner Evaluierung des Seminars wissen lassen, wie sehr ihn die Ungenauigkeit meiner „auf persönlichen Intuitionen beruhenden Kommentare“ zu Hölderlin nervt.

(v 4. April 2008, Süddeutsche Zeitung)

1. Äußert euch spontan zum Text von Hans Ulrich Gumbrecht.

2. a) Recherchiere unbekannte Begriffe und Aussagen.

b) Exzerpiere die Hauptaussagen des Autors und ordne ihnen passende Oberbegriffe zu.

c) Beantworte nun in einem Satz, wie die Jugend von morgen, laut Gumbrecht, beschaffen ist.

d) Besprecht eure Ergebnisse und überlegt, wer mit „der Jugend von morgen“ gemeint ist.

3. a) Wähle Textstellen aus, die dir besonders aufgefallen sind (starke Zustimmung, deutliche Ablehnung).

b) Verfasse einen Leserbrief (vgl. S. 37) an die Redaktion der Süddeutschen Zeitung, aus der Text 6 stammt, in dem du auf die von dir ausgewählten Textstellen Bezug nimmst.

4. Organisiert eine Redaktionskonferenz, die aus den Leserbriefen eine Auswahl von fünf Einsendungen zur Veröffentlichung trifft.

7 Oliver Bendel (*1968): Vom Duzen, Siezen und Euchzen [Auszug]

Problem erkannt

Heute wurde ich, wenn ich richtig gezählt habe, 6-mal geduzt. Ich bin 40 Jahre alt, sehe aus wie 42 und fühle mich wie 44. Es handelte sich nicht um Menschen und Automaten, mit denen ich mich genderungerecht[1] verbrüdert oder cyborgmäßig[2] vereinigt hätte. Und wir sind im deutschsprachigen Raum, wo man jahrzehntelang nicht ohne Weiteres geduzt wurde. Seit Kurzem wohne und arbeite ich wieder in der Schweiz, wo man sich viel und gerne duzt. Ich mag das, man kann Vertrautheit herstellen, auf einer Ebene kommunizieren. Vielleicht wird die Bedeutung des Duzens diesbezüglich übertrieben; aber angenehm ist es ohne jeden Zweifel. Trotzdem wurde ich, wenn ich heute 6-mal geduzt wurde, 4-mal zu viel geduzt. Mindestens.

Hallo Brad

Um 8.30 Uhr besuche ich das studiVZ, das ein Objekt meiner Untersuchungen ist. Auf der Startseite werde ich wie üblich mit „Hallo Vorname des Pseudonyms" begrüßt. Statt „Vorname des Pseudonyms" muss man sich natürlich einen anderen Namen denken, z. B. Brad. Seit die AGB geändert wurden, haben etliche Mitglieder des studiVZ „non-real names", Nicknames, Fake-Namen. [...]

Kurz darauf suche ich meinVZ auf, das ein Gegenstand meiner Untersuchungen werden könnte. Die Betreiber des Holtzbrinck-Konzerns haben erkannt, dass Studierende irgendwann Alumni[3] sind und es zudem Menschen gibt, die nie studiert haben und nie studieren werden. Für all diese Noch-Nicht-, Nicht-mehr- oder Niemals-Akademiker gibt es meinVZ. Der Name ist nicht ganz konsequent, weil auch schülerVZ und studiVZ „unser VZ" sind; aber man versteht, was gemeint ist. Die Mitglieder von meinVZ sind tendenziell jung und potenziell alt. Sogar Scheintote findet man dort. Und für danach gibt es eines Tages hölleVZ. himmelVZ würde nicht so gut laufen. meinVZ duzt mich – es ist 9 Uhr – gleichermaßen.

Das Duzen greift in der Online-Welt wie ein Feuer um sich. Ein brandneues Phänomen ist das freilich nicht. Ich erinnere mich, dass man bereits vor zehn, zwanzig Jahren – ja, liebe Kinder, das Internet ist nicht eure Erfindung – fleißig geduzt hat und wurde, in Diskussionsforen (seit Ende der 70er-Jahre), in Chats (seit Ende der 80er-Jahre), in Blogs (seit Anfang der 90er-Jahre, wobei das Tool erst seit fünf, sechs, sieben Jahren im allgemeinen Bewusstsein ist). Die Online-Welt war klein, war die Kneipe,

---

1 das Gender (< engl.): Bezeichnung für die Geschlechtsidentität des Menschen im sozialen Zusammenhang, z. B. in seinem Rollenverhalten als Mann bzw. Frau

2 der Cyborg (< engl. = Kunstwort aus: cybernetic organism): Mischwesen aus lebendigem Organismus und Maschine

3 der Alumnus (Plural: Alumni < lat. von alere = ernähren, aufziehen): steht für Veranstaltungen und Organisationen, die sich um den Erhalt der Beziehungen zwischen Ehemaligen (Auszubildende, Studierende und Mitarbeiter) bemühen

in die man regelmäßig schlenderte und in der man die Formalitäten und Formalien im Rausch des Lebens und des Wandels vergaß. Neu ist womöglich, dass die Automaten und Systeme, dass die Programme und Computer uns duzen. Wir haben uns früher dafür entschieden, dem Gegenüber das „Du“ zu erlauben oder anzubieten, heute wird für uns entschieden, wird uns das „Du“ angeboten, ohne dass wir das Angebot ablehnen könnten. Auf diese Entscheidung oder Abnahme der Entscheidung werde ich unten zu sprechen kommen. In E-Mails sind wir weniger informell. Die E-Mail ist immer noch eine Art Brief, auch wenn manche von uns rasant und schlampig schreiben. Ich erinnere mich an einen meiner Professoren, der absichtlich Fehler in seine E-Mails einbaute, um zu beweisen, dass man es mit einem neuartigen, schnellen Medium zu tun hat. Als Dozent bekommt man durchaus E-Mails von Studierenden, die mit „Hallo Dozent“ oder „Hi“ beginnen. Doch geduzt wird man selten, außer man hat das „Du“ dem gesamten Kurs in einem Anflug von „Sitzen wir nicht alle in einem sinkenden Boot?“ angeboten. Dann wird man auf dem Flur, wenn man mit Kolleginnen und Kollegen zusammensteht, locker von Studierenden begrüßt: „Na, Oliver, alles klar auf der Andrea Doria?“ Sie denken, man sei mit Udo Lindenberg aufgewachsen. Und sie haben nicht Unrecht. Ähnlich die SMS: Wer sich siezt im nichtvirtuellen Leben, wird dies ebenso tun im mobilen, vernetzten, verteilten.

Traditionen werden gepflegt

Wo noch duzt man sich, abgesehen von der Kneipe, in duzfernen deutschsprachigen Ländern? (v 28. April 2008)

[...]

1. a) Analysiere den Text, indem du stichwortartig die im Text angesprochenen Themen notierst.

b) Visualisiere den gedanklichen Aufbau des Textes mithilfe eines passenden Diagrammtyps.

2. Vergleiche die sprachliche Gestaltung dieses Textes mit Text 2. Besprecht die Unterschiede und erklärt die jeweilige Wirkung.

3. Setze den Text fort mit weiteren Situationen, in denen geduzt, gesiezt oder geeuchzt wird. Versuche dabei, die sprachlichen Eigenheiten der Textvorlage zu treffen.

M Gedankengänge visualisieren

Eine Möglichkeit, den Gedankenverlauf eines Autors wiederzugeben, ist die grafische Darstellung.

Stellt man fest, dass der Gedankenverlauf sich nicht streng an das vorgegebene Thema hält, eignet sich eine um das Thema angeordnete Aufstellung der Gedankenschritte:

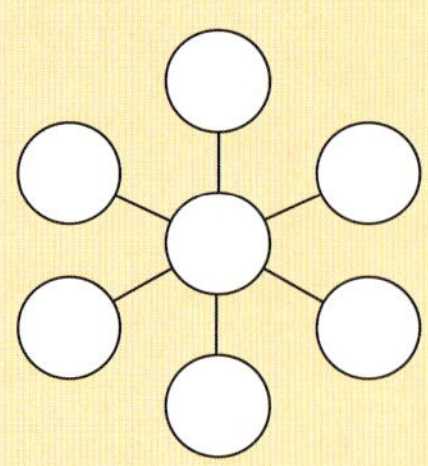

Baut der Autor dagegen seine Gedanken aufeinander auf, so lassen sich diese wie an einer Kette, durch Verbindungslinien verbunden, darstellen:

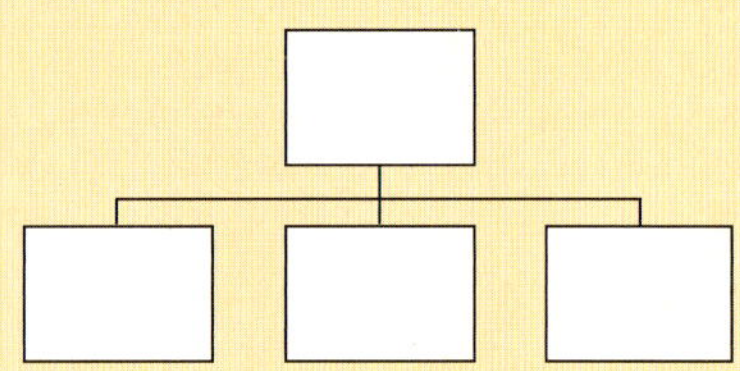

Der Essay

Der Essay (< altfrz.: essai = Probe, Versuch) ist eine Form des Erörterns. Der Leser soll sowohl von einer Meinung überzeugt als auch geistvoll unterhalten werden. Das bedeutet, dass der Leser nicht nur vom Inhalt und der Struktur, sondern insbesondere von der sprachlichen Gestaltung angesprochen werden soll, z. B. durch die gezielte Verwendung von Pointen, Metaphern, Wortspielen, Ironie etc.
Anders als die Erörterung, die sich an einer relativ festen Systematik orientiert, hat der Essay mehr Gestaltungsspielraum: Der Schreiber kann seinen Einfällen folgen, er muss nicht alle Behauptungen begründen und belegen, er darf abschweifen. Das Ziel besteht nicht darin, ein Thema erschöpfend oder wissenschaftlich abzuhandeln, sondern eher die persönliche Sichtweise darzustellen, persönliche Aspekte in den Vordergrund zu stellen.

2. Informieren oder überreden? – Wie Werbung arbeitet und wirkt

1 Die Welt der Werbung

1. a) Notiert Werbesprüche, die euch spontan einfallen.
b) Sprecht über eure Ergebnisse und überlegt, weshalb euch gerade diese eingefallen sind und worauf deren Wirkung beruht.
c) Haltet eure Ergebnisse in einer Tabelle fest:

Werbetext	Gestaltungsmittel	Wirkung
Ich heiße Norma	Firmenname „Norma" wird gleichgesetzt mit dem Namen „Norma" (= Norma Jean, d. i. der bürgerliche Name von Marilyn Monroe).	positive Besetzung des Firmennamens durch Konnotationen zu Marilyn Monroe wie „etwas Besonderes", „unvergesslich", …
…	…	…

Die Denotation und die Konnotation

Die **Denotation** (< lat. denotare = bezeichnen) ist die Grundbedeutung eines Wortes, also eine sachliche „Beschreibung“, z. B. ist „Norma“ der bürgerliche Vorname Marilyn Monroes. Die **Konnotationen** (< lat. con = mit; notare = kennzeichnen), die Nebenbedeutungen, sind vom jeweiligen Zusammenhang (dem Kontext bzw. der Situation) abhängig und zeigen gefühlsmäßige Assoziationen. Im Zusammenhang mit Marilyn Monroe sind diese sicher positiv für die Firma „Norma“.

2. a) Halte in einem Protokoll fest, wo dir an einem Tag überall Werbung begegnet (akustisch und visuell).

b) Vergleicht eure Ergebnisse, sortiert sie nach Arten und sucht Oberbegriffe (Produktanzeigen, Heirats-, Veranstaltungs-, Stellenanzeigen etc.).

c) Sprecht über sprachliche Auffälligkeiten.

d) Untersucht, wie Bilder Texte ersetzen können.

3. Formuliere möglichst exakt in einem Satz, was die Grafik darstellt.

4. a) Sammelt Fragen, die mit der Grafik beantwortet werden können, z. B.: *Welche Medien haben einen besonders hohen Marktanteil bei den Werbungen?*

b) Deutet das Schaubild ausgehend von euren Fragen.

c) Sprecht über die Bedeutung der Informationen, die es euch liefert.

Die Werbung

Mit Werbung will man auf ein Produkt aufmerksam machen. Werbung möchte durch geschickte Sprach- und Ausdrucksmittel zum Kauf anregen. Dabei nutzt sie die vier Stufen der in den USA entwickelten Wirtschaftswerbung, die sog. **AIDA-Formel**: A = Attention, I = Interest, D = Desire und A = Action. Bei der oben abgebildeten „Norma“-Werbung weckt das große Bild von Marilyn Monroe die Aufmerksamkeit (= A). Der Betrachter interessiert sich für das ganze Plakat (= I); die dargestellten Güter wecken Bedürfnisse (= D) und er geht in ein „Norma“-Geschäft, um einzukaufen (= A).

Die **Sprache der Werbung** ist geprägt durch:

- neu gebildete Zusammensetzungen von Substantiven, z. B. Preis-Hammer,
- Aufwertung und Doppelung von Adjektiven, z. B. *porentief*,
- Betonung von Schlüsselwörtern, z. B. *Jugend, Schönheit, Gesundheit* etc.,
- Slogans, z. B.: *happy hour*,
- Steigerungen, z. B.: *Weißer geht's nicht*,
- Personifizierungen, z. B.: *der magenfreundliche Kaffee*.

In den modernen Medien ersetzen immer häufiger entsprechende Bilder oder Gesprochenes geschriebene Texte.

2 Werbeaufwendungen in der Bundesrepublik Deutschland

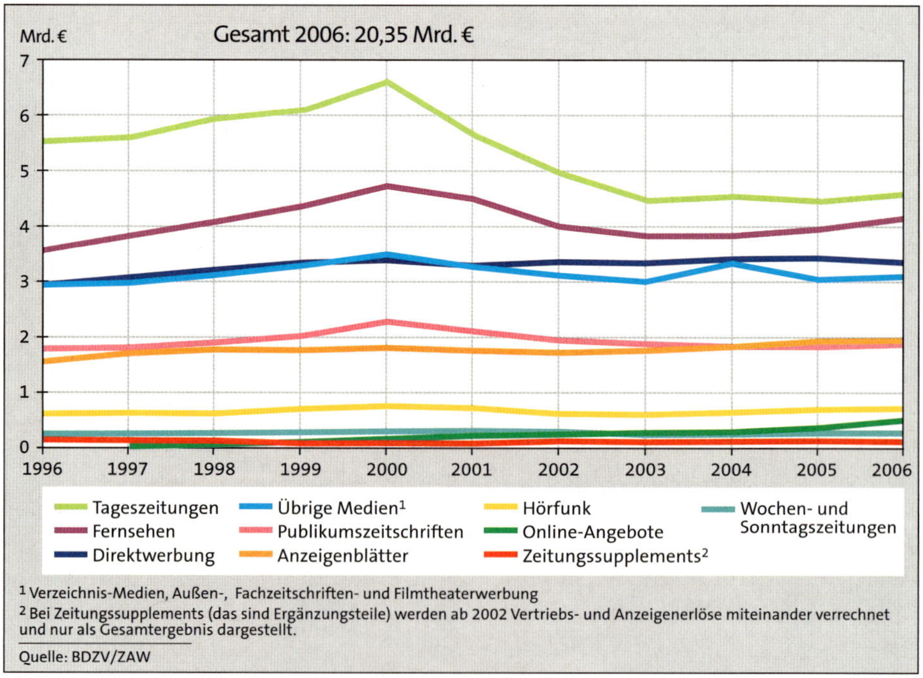

[1] Verzeichnis-Medien, Außen-, Fachzeitschriften- und Filmtheaterwerbung
[2] Bei Zeitungssupplements (das sind Ergänzungsteile) werden ab 2002 Vertriebs- und Anzeigenerlöse miteinander verrechnet und nur als Gesamtergebnis dargestellt.

Quelle: BDZV/ZAW

3 Katharina Weichert (*1982): Eine verhängnisvolle Affäre: Werbung und Medien

Er gilt als Meister der Schleichwerbung: Thomas Gottschalk, Moderator von „Wetten dass ..?".

Die Werbung regiert die Medien. Fast 40 Milliarden DM[1] Werbegelder fließen jährlich in die Medien. Einerseits sinken so die Kosten für den Medienkonsum: Privatfernsehen ist quasi „umsonst", Zeitungen und Zeitschriften „erschwinglich". Für die Befürworter und Lobbyisten der Werbung und ihre „Almosengänger" in den Medienkonzernen ist der Fall daher klar: Werbung schafft vielfältige Inhalte, unterstützt den Pluralismus, die Pressefreiheit und letztlich die Demokratie. Andererseits hängen die Medien allerdings gleichzeitig am Tropf der Werbung und bemühen sich sichtlich, ein möglichst gutes „Werbeumfeld" darzustellen. Welchen Einfluss nimmt die Werbung also auf die Inhalte der Medien? Wie gestaltet sich das Spannungsverhältnis zwischen dem publizistischen Auftrag der Medien und dem Wettlauf um die Werbemilliarden, dem ökonomischen Wettbewerb?
In den USA gehört die Bestimmung von Inhalten durch Unternehmen bereits seit 1933 zum Programmalltag. Procter & Gamble (P&G), seit Langem Spitzenreiter unter den globalen Werbegiganten, bot damals einem Radiosender einen Geschichte machenden Tauschhandel (heute als „Bartering" bekannt) an: Der Konzern würde eine eigene Sendung „kostenlos" produzieren und der Station so die teure Produktion von Inhalten ersparen. Im Gegenzug wollte der Konzern seine Spots verbreitet wissen und seine Produkte natürlich auch während der „Show" in Szene setzen. So entstand die Serie „Ma Perkins", die P&G geschickt als Werbemedium für Oxydol, die damals führende Waschmittelmarke, nutzte. Die Soap Opera war geboren und wurde im neuen Fernsehmedium zu ihrer ganzen Blüte (Strahlkraft, Reine, Weißheit?) gebracht [...].
Doch auch wenn die Fernsehsendungen nicht immer ganz von Unternehmen produziert werden, so präsentiert inzwischen doch längst „Whiskas" das Wetter, „Focus" das Kulturmagazin oder eine Kulmbacher Brauerei den langen und „werbefreien" Spielfilmgenuss am Sonnabend. Da Spots in Hülle und Fülle über den Schirm gejagt werden, ist die Suche nach „Sonderwerbeformen", nach Werbung „below the line" gerade im Fernsehen ausgebrochen. Sponsoring ist die bekannteste Form, Schleichwerbung – bzw. schöner ausgedrückt Product Placement – seine geheimgehaltenen Geschwister. „Vernetzte Kommunikationslösungen und „integriertes Marketing" sind angesagt, um die Aufmerksamkeit der Zuschauer zu erhaschen: Keine „Wetten, dass ...?"-Sendung ohne Gottschalks vielgeliebte Gummibärchen, kein Münchner Tatort ohne BMW und immer öfter Götz George als „Paroli-Lutscher" oder Kenner der Nummer der „Telegate"-Telefonauskunft. Selbst die Bild-Zeitung konnte kürzlich angesichts dieser

[1] 40 Milliarden DM entsprechen ca. 20 Milliarden Euro.

1. a) Notiere, was dir zum Thema „Eine verhängnisvolle Affäre: Werbung und Medien“ einfällt.

b) Sucht im Fernsehen weitere Belege für die Behauptungen der Autorin.

c) Sprecht über Chancen und Gefahren dieser Art von Produktplatzierung.

2. a) Sucht Werbeanzeigen und gestaltet sie um. Mit Anzeigen aus Zeitungen und Zeitschriften ist das einfacher, mit Anzeigen z. B. aus dem Internet ist das anspruchsvoller, denn ihr müsst die technischen Mittel dafür haben.

b) Gestaltet Werbeanzeigen für Veranstaltungen eurer Schule.

Form der „Promotion“ nicht mehr stillhalten: „Das war schon keine Schleichwerbung mehr. Dieser Krimi wirkte wie ein einziger Werbespot.“ Wahrscheinlich hatten die Bild-Journalisten kurzzeitig vergessen, dass der beanstandete Thriller im Sender Sat.1 lief, an dem der Springer-Verlag mit einem nicht unbedeutenden Anteil beteiligt ist.

Die Grenzen zwischen Werbung und Medien, zwischen ästhetischen und ökonomischen Aspekten der Medien verschwimmen so immer mehr. Was August Fischer, Vorstandsvorsitzender des Axel Springer Verlags, als „bewährte Partnerschaft von Medien und Werbung“ bezeichnet [...], ist für Kritiker nichts weiter als die Unterwanderung der publizistischen Aufgaben und Freiheiten. Der frühere RTL-Chef Helmut Thoma nahm da kein Blatt vor den Mund. Seiner Ansicht nach sollen und können Privatsender keinem Programmauftrag dienen, sondern ausschließlich dem Unternehmensziel, nämlich der „Akzeptanz durch die Werbewirtschaft und durch die Zuschauer“. Die Prioritätensetzung sagt in dieser Reihenfolge eigentlich alles über die „Programm“gestaltung des Privatfernsehens aus. Im TV-Bereich ist die Einflussnahme auf die Inhalte sogar noch einfacher: Online-Buchungen von Werbeblöcken sollen es schon bald möglich machen, Spots direkt je nach „Quotenlage“ und Thema einer Sendung ein- bzw. auszubuchen. Schon heute verschärfen „Schnellbuchungsservices“ die Schlacht um den enger werdenden Werbemarkt. Der Programmchef sitzt nicht mehr in der Redaktion, sondern „im Marketingbüro“ [...].

Bleibt noch das Argument der Werber, dass Anzeigen und Spots den Wettbewerb befördern und nicht nur Medienprodukte billiger machen. Spätestens seit die Süddeutsche Zeitung im vergangenen Jahr eine Debatte um die heimliche „Werbesteuer“ eingeführt hat, ist diese Segnung der Werbung mehr als umstritten. Werber und Marketer sind nun mal keine Wohltäter, sie wollen Produkte und Dienstleistungen verkaufen. Die Waren müssen das Geld für die Werbung also wieder einfahren (und zwar möglichst doppelt und dreifach). Der Verbraucher zahlt also letztlich doch wieder den Preis, Werbung schichtet höchstens zwischen den verschiedenen „Konsumetats“ um. (v 14.09.1999)

M Werbeanzeigen umgestalten

Es gibt viele Möglichkeiten, wie man Werbeanzeigen umgestalten kann. Hier einige Beispiele, gleichermaßen geeignet für Schere und Kleber sowie Rechner:

- Man kann ein Rätsel entwerfen, z. B.:
  Zu welchem Produkt gehört welcher Werbespruch:
  – *Wer wird denn gleich in die Luft gehen?*
  – *Ich bin doch nicht blöd.*
  – *Reinheit, die von innen kommt.*
  – *Nichts ist unmöglich.*
  – *I'm loving it.*
  – ...
- Man kann mit Werbeslogans ein Gedicht verfassen, z. B.:
  Wir kaufen alles
  Aus Liebe zum Leben,
  Aus Liebe zum Menschen,
  Aus Liebe zum Spiel,
  Aus Liebe zum Automobil.
- Man kann Werbeanzeigen und Illustrationen sammeln und eine Text-Bild-Collage zu einem „neuen" Produkt anfertigen.
- Man kann Werbeanzeigen farbig gestalten, um Aussage und Wirkung zu steigern.
- Man kann mehrdeutig formulierte Werbeanzeigen umgestalten, indem man mit Konnotationen spielt, z. B. bei *Norma*.
- Man kann Anzeigen mit beschönigenden Inhalten relativieren, so gibt es z. B. von „weiß" keine Steigerung.
- Man kann Anzeigen verfremden, z. B. durch Farbwahl oder Bedeutungsänderungen. Was weiß ein Elektrogerätehersteller schon davon, „was Frauen wünschen"?
- Man kann Werbetexte aus dem Internet bearbeiten etc.

Sechstes Kapitel:

Macht-Spiele

I. „Denn ich bin eine Königin“ – Friedrich Schillers Drama „Maria Stuart“

1. Frauen und Macht – Anspruch oder Widerspruch?

1. Führt ein Blitzlicht zur Eingangsfrage durch: „Frauen und Macht – Anspruch oder Widerspruch?“

2. Nehmt Stellung zu den Zitaten von Janis Joplin und Sokrates.

3. a) Beschreibe das Foto und die Assoziationen, die es in dir weckt.
b) Nimm selbst die Haltung ein und beschreibe das Gefühl.

4. Beschreibe und deute die Karikatur.

5. Erstellt eine Liste mit Fähigkeiten und Eigenschaften, die Führungskräfte mitbringen müssen.

6. Erkundige dich über die Situation auf dem Arbeitsmarkt:
- Kann man heute noch von einer Benachteiligung der Frau sprechen?
- In welchen Branchen ist der Männeranteil auffallend höher und in welchen der Frauenanteil?
- Welche Ursachen gibt es für die unterschiedliche Geschlechterverteilung in einigen Branchen?

M Karikaturen entschlüsseln

Erinnert euch:
Karikaturen sind Zeichnungen, die zum Nachdenken anregen und Einsichten hervorrufen wollen sowie durch Übertreibungen zum Lachen reizen. Folgende Schritte helfen zur Entschlüsselung:
1. Eine Beschreibung der Karikatur geben,
2. die Darstellungsmittel nennen,
3. die Aussage der Karikatur formulieren.

1 Zwei Zitate

2 Dieter Hanitzsch (*1933): Frauenpower

3 Frauen in der Politik

Merkel noch immer mächtigste Frau der Welt
New York, 31. August 2007 – Im zweiten Jahr in Folge hat das US-Magazin „Forbes" die deutsche Bundeskanzlerin Angela Merkel (CDU) zur mächtigsten Frau der Welt gekürt.

7. a) Recherchiert im Internet über weitere bedeutende Frauen der Weltpolitik oder Frauen in einflussreichen Organisationen.

b) Erstellt eine Collage bzw. eine Liste mit den einflussreichsten Frauen.

L Die Körpersprache

Der Mensch macht sich innerhalb der ersten Sekunden einer Begegnung intuitiv anhand von Aussehen, Kleidung, Sprache und Körpersprache ein erstes Bild von seinen Gegenüber. Die Körpersprache, Teil der **nonverbalen Kommunikation**, verrät dabei viel über den momentanen Gefühlszustand der Person, aber auch über seine Wesenseigenarten.

Als **positive Signale der Körpersprache** gelten z. B.:
- ein offener Blick und eine aufrechte Körperhaltung (= interessierte Haltung),
- ein freundliches Lächeln (kein übertriebenes Zähneblecken),
- eine lebendige Mimik,
- eine ruhige und entspannte Handhaltung oder lebhaftes und aktives Spiel der Hände passend zum Redeinhalt.

Als **negative Signale** gelten hingegen z. B.:
- Vermeidung des Blickkontakts und vor der Brust verschränkte Arme (= abweisende Haltung),
- Sitzen auf der äußersten Stuhlkante,
- Verdecken des Gesichts mit den Händen oder Blick leicht von unten (= Skepsis).

Häufige **Verlegenheitsgesten** sind: Zupfen an Ohr, Bart, Krawatte oder Halskette; das Anfassen der Nase; das Reiben oder Einklemmen der Hände.

4 Kanzlerduell Schröder contra Merkel

Das Fernseh-Duell zwischen Angela Merkel und Gerhard Schröder im Wahlkampf 2005 wurde nicht nur inhaltlich diskutiert, auch die Körpersprache der beiden Kontrahenten wurde genauestens analysiert.
Was lässt sich aus Gestik und Mimik herauslesen?
Wer hat aufgrund seiner Körpersprache das Duell gewonnen?

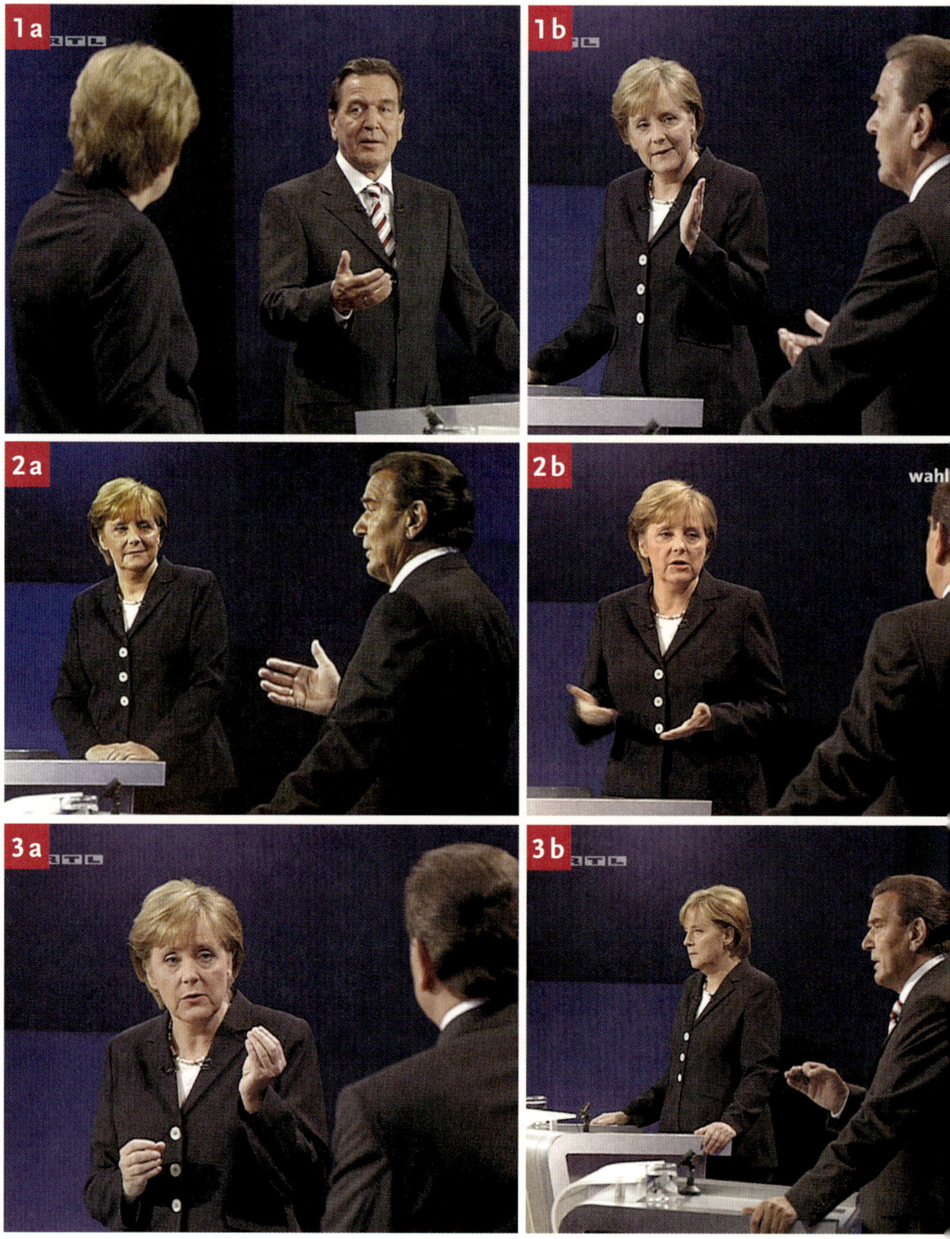

8. a) Beschreibt zu zweit die Körpersprache auf den Fernsehfotos genau.
b) Deutet die Körpersprache, indem ihr den Bildern eine Überschrift gebt und eure Beschreibung um einen Kommentar erweitert.

9. Vergleicht eure Ergebnisse in der Klasse und erstellt ein Meinungsbild, welcher Kandidat überzeugender auf euch wirkt.

10. a) Stellt die Szenen möglichst genau mit einem Mädchen und einem Jungen nach und wechselt danach die Rollen.
b) Sprecht darüber, inwieweit das Geschlecht der Duellgegner einen Einfluss auf die Wirkung hat.

11. a) Erstellt eine Liste, in der ihr verschiedene Kopf-, Arm, Hand- und Beinbewegungen sowie Bewegungen des Oberkörpers benennt und deutet.

Bewegung	Wirkung
direkter Blickkontakt	Sicherheit, Interesse, forsch, ehrlich
Kopf senken	…

b) Formuliert fünf Tipps zur Körpersprache für einen Redner.

12. Informiert euch über Körpersprache und vergleicht die Informationen mit eurer Bewertung.

2. Frauen kämpfen um Macht – Den Höhepunkt im Drama „Maria Stuart“ erschließen und interpretieren[1]

Maria Stuart (1542–1587)

Schiller hat ein Drama geschrieben, in dem zwei Frauen im Mittelpunkt stehen. Da einem Dramatiker kein Erzähltext zur Verfügung steht, hat er nicht die Möglichkeit, seine Figuren langsam einzuführen und dabei ihre Charakterzüge herauszuarbeiten. In einem Drama sind die ersten Sätze einer Figur wesentlich, durch sie gewinnt der Zuschauer den ersten Eindruck vom Charakter der Figur.

1 Maria: Rollenbeschreibung

Du wurdest als Königin von Schottland entmachtet und suchtest Zuflucht bei Elisabeth. Im Gegensatz zu ihr bist du durch den Einfluss deiner französischen Mutter, die Erziehung in Frankreich und die Ehe mit dem Thronfolger fest im Katholizismus verwurzelt. Nach dem Tod deines Vaters nur wenige Tage nach deiner Geburt wurdest du schottische Königin und hast am französischen Hof ein prachtvolles und verschwenderisches Leben geführt. Als dein erster Gatte jung starb, kehrtest du in die von Glaubenskämpfen zerrissene Heimat zurück und hast dort deinen Vetter Henry Darnley geheiratet. Dieser kam bei einem Anschlag ums Leben, an dem du dich mitschuldig fühltest. Mit dem Attentäter Bothwell, deinem Geliebten, gingst du drei Monate später die Ehe ein.
Seit deiner Flucht aus Schottland befindest du dich in englischer Gefangenschaft. Du erwartest das Urteil des Gerichts, das dir vorwirft, du habest Elisabeth umbringen wollen.

2 Friedrich Schiller (1759–1805): Maria Stuart (I,2) [Auszug]

MARIA *mit Schleier, ein Kruzifix in der Hand.*
DIE VORIGEN.

KENNEDY (*ihr entgegeneilend*).
O Königin! Man tritt uns ganz mit Füßen,
Der Tyrannei, der Härte wird kein Ziel,
Und jeder neue Tag häuft neue Leiden

---

[1] Versangaben, die auf Textstellen verweisen, die nicht im Buch abgedruckt sind, beziehen sich auf: Friedrich Schiller, *Maria Stuart*, Stuttgart (Reclam) 2001.

Geht im Folgenden arbeitsteilig vor: Die eine Hälfte der Klasse beschäftigt sich mit Maria, die andere mit Elisabeth.

1. a) Fühle dich anhand des Rollentextes in Maria (Text 1) bzw. Elisabeth (Text 3) ein.

b) Lies aus dieser Innenperspektive die Dramenszene. Was erfährst du Neues über dich? Wie erlebst du die Situation?

c) Sprecht in der Gruppe über „euch" in der jeweiligen Rolle:

- Wie siehst du aus?
- Wie ist deine Körperhaltung?
- Wie schätzt du deinen Alltag ein?
- Welche Menschen und Dinge sind dir wichtig und warum?
- Wie ist dein Selbstwertgefühl?
- Wie nimmst du dich wahr und was halten andere Menschen von dir?
- Wie ist deine Gefühlslage und dein Temperament?

2. a) Erarbeite die **äußere Haltung** deiner Figur:

- Welche Körperhaltungen sind typisch für sie?
- Welche Gestik, welche Mimik ist kennzeichnend?
- Welche Sprachhaltung ist charakteristisch?

b) Rezitiere im Sitzen, Stehen und Gehen einen charakteristischen Satz aus dem jeweiligen Dramenauszug (Text 2 bzw. 4).

3. Stellt den anderen die Figur vor, mit der ihr euch vertraut gemacht habt. Präsentiert dazu im Plenum die Ergebnisse der Aufgaben 1 c und 2 b.

4. a) Erstellt an der Tafel eine Sympathieskala für Maria und Elisabeth (S. 121).

b) Besprecht das Ergebnis.

Und Schmach auf dein gekröntes Haupt.
MARIA. Fass dich!
Sag an, was neu geschehen ist?
KENNEDY. Sieh her!
Dein Pult ist aufgebrochen, deine Schriften,
Dein einz'ger Schatz, den wir mit Müh gerettet,
Der letzte Rest von deinem Brautgeschmeide
Aus Frankreich ist in seiner Hand. Du hast nun
Nichts Königliches mehr, bist ganz beraubt.
MARIA. Beruhige dich, Hanna. Diese Flitter machen
Die Königin nicht aus. Man kann uns niedrig
Behandeln, nicht erniedrigen. Ich habe
In England mich an viel gewöhnen lernen,
Ich kann auch das verschmerzen. Sir, Ihr habt Euch
Gewaltsam zugeeignet, was ich Euch
Noch heut zu übergeben willens war.
Bei diesen Schriften findet sich ein Brief,
Bestimmt für meine königliche Schwester
Von England – Gebt mir Euer Wort, dass Ihr
Ihn redlich an sie selbst wollt übergeben,
Und nicht in Burleighs ungetreue Hand.
PAULET. Ich werde mich bedenken, was zu tun ist.
MARIA. Ihr sollt den Inhalt wissen, Sir. Ich bitte
In diesem Brief um eine große Gunst –
– Um eine Unterredung mit ihr selbst,
Die ich mit Augen nie gesehn – Man hat mich
Vor ein Gericht von Männern vorgefodert,
Die ich als meinesgleichen nicht erkennen,
Zu denen ich kein Herz mir fassen kann.
Elisabeth ist meines Stammes, meines
Geschlechts und Ranges – Ihr allein, der Schwester,
Der Königin, der Frau kann ich mich öffnen.
PAULET. Sehr oft, Mylady, habt Ihr Euer Schicksal
Und Eure Ehre Männern anvertraut,
Die Eurer Achtung minder würdig waren.
MARIA. Ich bitte noch um eine zweite Gunst,
Unmenschlichkeit allein kann mir sie weigern.
Schon lange Zeit entbehr ich im Gefängnis
Der Kirche Trost, der Sakramente Wohltat,
Und die mir Kron' und Freiheit hat geraubt,
Die meinem Leben selber droht, wird mir
Die Himmelstüre nicht verschließen wollen.

(e 1799/1800)

3 Elisabeth: Rollenbeschreibung

Du regierst als Königin von England, nachdem dein eigener Vater Heinrich VII. dich zunächst von der Thronfolge ausgeschlossen hatte. Du stützt dich auf die Zustimmung des Volkes, für dessen Wohl du pflichtbewusst sorgst, und verstehst dich als Garantin des protestantischen Glaubens. Gleichwohl lässt du es aus machtpolitischen Gründen zu, dass ein Mitglied des katholischen französischen Königshauses um dich wirbt, bindest dich aber nicht endgültig. Du siehst deine Herrschaft insbesondere durch die mit dir verwandte Maria Stuart bedroht, die ebenfalls Ansprüche auf den englischen Thron erhebt und als attraktive Frau größere Anziehungskraft besitzt. Du lässt sie deshalb wegen der Beteiligung an einer Verschwörung anklagen und zum Tode verurteilen, doch vor einer Vollstreckung schreckst du zurück.

Elisabeth I. (1533–1603)

4 Friedrich Schiller (1759–1805): Maria Stuart (II,2) [Auszug]

DIE VORIGEN. ELISABETH, *von* LEICESTER *geführt.* GRAF AUBESPINE, BELLIEVRE, GRAF SHREWSBURY, LORD BURLEIGH *mit noch andern französischen und englischen Herren treten auf.*

ELISABETH (*zu Aubespine*).
Graf! Ich beklage diese edeln Herrn,
Die ihr galanter Eifer über Meer
Hieher geführt, dass sie die Herrlichkeit
Des Hofs von Saint Germain bei mir vermissen.
Ich kann so prächt'ge Götterfeste nicht
Erfinden als die königliche Mutter
Von Frankreich – Ein gesittet fröhlich Volk,
Das sich, sooft ich öffentlich mich zeige,
Mit Segnungen um meine Sänfte drängt,
Dies ist das Schauspiel, das ich fremden Augen
Mit ein'gem Stolze zeigen kann. Der Glanz
Der Edelfräulein, die im Schönheitsgarten
Der Katharina blühn, verbärge nur
Mich selber und mein schimmerlos Verdienst.
AUBESPINE. Nur eine Dame zeigt Westminsterhof
Dem überraschten Fremden – aber alles,
Was an dem reizenden Geschlecht entzückt,
Stellt sich versammelt dar in dieser einen.
BELLIEVRE. Erhabne Majestät von Engelland,
Vergönne, dass wir unsern Urlaub nehmen,
Und Monsieur, unsern königlichen Herrn,
Mit der ersehnten Freudenpost beglücken.
Ihn hat des Herzens heiße Ungeduld
Nicht in Paris gelassen, er erwartet

Zu Amiens die Boten seines Glücks,
Und bis nach Calais reichen seine Posten,
Das Jawort, das dein königlicher Mund
Aussprechen wird, mit Flügelschnelligkeit
Zu seinem trunknen Ohre hinzutragen.
ELISABETH. Graf Bellievre, dringt nicht weiter in mich.
Nicht Zeit ist's jetzt, ich wiederhol es Euch,
Die freud'ge Hochzeitfackel anzuzünden.
Schwarz hängt der Himmel über diesem Land,
Und besser ziemte mir der Trauerflor
Als das Gepränge bräutlicher Gewänder.
Denn nahe droht ein jammervoller Schlag
Mein Herz zu treffen und mein eignes Haus.
BELLIEVRE. Nur dein Versprechen gib uns, Königin,
In frohern Tagen folge die Erfüllung.
ELISABETH. Die Könige sind nur Sklaven ihres Standes,
Dem eignen Herzen dürfen sie nicht folgen.
Mein Wunsch war's immer, unvermählt zu sterben,
Und meinen Ruhm hätt ich darein gesetzt,
Dass man dereinst auf meinem Grabstein läse:
„Hier ruht die jungfräuliche Königin."
Doch meine Untertanen wollen's nicht,
Sie denken jetzt schon fleißig an die Zeit,
Wo ich dahin sein werde – Nicht genug,
Dass jetzt der Segen dieses Land beglückt,
Auch ihrem künft'gen Wohl soll ich mich opfern,
Auch meine jungfräuliche Freiheit soll ich,
Mein höchstes Gut, hingeben für mein Volk,
Und der Gebieter wird mir aufgedrungen.
Es zeigt mir dadurch an, dass ich ihm nur
Ein Weib bin, und ich meinte doch, regiert
Zu haben, wie ein Mann und wie ein König.
Wohl weiß ich, dass man Gott nicht dient, wenn man
Die Ordnung der Natur verlässt, und Lob
Verdienen sie, die vor mir hier gewaltet,
Dass sie die Klöster aufgetan, und tausend
Schlachtopfer einer falschverstandnen Andacht
Den Pflichten der Natur zurückgegeben.
Doch eine Königin, die ihre Tage
Nicht ungenutzt in müßiger Beschauung
Verbringt, die unverdrossen, unermüdet,
Die schwerste aller Pflichten übt, die sollte
Von dem Naturzweck ausgenommen sein,
Der eine Hälfte des Geschlechts der Menschen
Der andern unterwürfig macht –

5 Christian Grawe: Zu „Maria Stuart"

Schillers Drama spielt in der zweiten Hälfte des 16. Jahrhunderts, im Zeitalter der Glaubenskämpfe also, die die Spannungen in den einzelnen Staaten und zwischen ihnen ständig verstärkten. So muss Maria Stuart, Königin von Schottland, wegen innerer Streitigkeiten im schottischen Königreich ihr Land verlassen und flieht geradewegs ins Land ihrer Feindin. Elisabeth I., Königin von England, lässt Maria gefangen nehmen und einen Prozess gegen sie einleiten. Die Flucht Marias hatte verschiedene Gründe.

Schottische Politik im 16. Jahrhundert wird von drei Faktoren bestimmt: 1. England unternimmt immer neue, auch militärische Versuche, Schottland in seine politische Abhängigkeit zu zwingen, so dass das nördliche Land immer wieder die alte Allianz mit Frankreich, dem englischen Erbfeind, erneuert, was zu wiederholten Teilbesetzungen durch beide Mächte führt. Schottland ist also ein Spielball ausländischer Interessen. 2. Aus dieser politischen Konstellation versucht der Adel, in feindliche, oft wechselnde Gruppierungen aufgesplittert, seine eigenen Vorteile zu ziehen, was die Königsmacht schwächt, zumal nahezu das ganze 16. Jahrhundert hindurch minderjährige Monarchen den Thron innehaben und die Regentschaft einen weiteren Zankapfel des Adels bildet. 3. Beide Faktoren beeinflussen die Situation in Schottland noch stärker, als die Reformation nach Norden vordringt und das protestantische England Heinrichs VIII. und das katholische Frankreich Heinrichs II. Exponenten[1] religiöser Kräfte werden. Maria wird der Preis für französische Unterstützung im Kampf gegen England und wird 1548 zur Erziehung nach Frankreich gebracht. 1558 heiratet sie den Dauphin[2], der 1559 als Franz II. König wird und 1560 stirbt. Für Marias späteres Schicksal sind diese Jahre entscheidend: Unter der Aufsicht ihrer Guise-Verwandten[3] wird sie zur überzeugten Katholikin, und unter dem Einfluss des französischen Königs erkennt sie Elisabeth 1558 nicht als englische Königin an, sondern erhebt selbst den Anspruch, rechtmäßige englische Thronfolgerin zu sein, da ihre Großmutter Margarete Tudor die Schwester Heinrichs VIII. war und Elisabeth aus katholischer Sicht nur dessen illegitime Tochter. Damit wird sie zur ständigen Bedrohung Elisabeths. (v 1973)

„Der Thron von England ist durch einen Bastard entweiht!": Friederike Bethmann-Unzelmann (1760 bis 1815) als Maria Stuart in Schillers Trauerspiel, bei einer Aufführung des Berliner Hoftheaters, um 1808/10; von Henschel während einer Vorstellung skizziert.

1. a) Exzerpiere die Aspekte des historischen Hintergrundes, die für eine dramatische Handlung interessant sein könnten.

b) Vergleicht eure Vorschläge und entwerft einen möglichen Handlungsplot.

---

[1] der Exponent (< lat. exponere = öffentlich darstellen): herausgehobener Vertreter einer Sache

[2] der Dauphin: Titel des französischen Thronfolgers

[3] Guise: Nebenzweig des Hauses Lothringen. Herzog Franz (1519–1563) und sein Sohn, Herzog Heinrich I. (1550–1588), sind als fanatische Katholiken wesentlich an der Verfolgung der Hugenotten (ab 1562) beteiligt. Die Hugenotten waren Anhänger des französisch-schweizerischen Reformators Johann Calvin (1509–1564).

6 Georg Hensel: „Maria Stuart" – Inhaltsangabe und Personenverzeichnis

a)

Wo und wann? England. 1587.

Was? Elisabeth, Königin von England, hält auf Schloss Fotheringhay Maria, Königin von Schottland, gefangen. Maria, als Mörderin ihres Gatten aus Schottland vertrieben, hatte bei Elisabeth Schutz gesucht, doch die unehelich geborene Elisabeth ließ Maria, in der sie als Königin und als Frau eine Rivalin erblickt, einsperren. Der junge Mortimer verschafft sich als Neffe Paulets, der Maria bewacht, Zutritt zu Maria und gesteht ihr, dass er in Frankreich katholisch geworden und nun entschlossen ist, sie mit Gewalt aus ihrem Gefängnis zu befreien. Doch Maria hofft mehr auf den Grafen Leicester, Elisabeths Günstling, der einst Maria geliebt hat, und schickt ihm durch Mortimer ihr Bildnis. Lord Burleigh, Großschatzmeister von England, verkündet Maria das Todesurteil. Sie erkennt weder die Richter noch das Urteil an, das durch falsche Zeugenaussagen zustande gekommen sei. Burleigh hält den Tod der katholischen und insgeheim den englischen Thron beanspruchenden Maria aus staatspolitischen Gründen für notwendig. Graf Shrewsbury stimmt für Begnadigung. Leicester hat zwar im Gericht für die Verurteilung Marias gestimmt, tritt aber im Staatsrat gegen die Vollstreckung ein; er hofft damit, Zeit zu gewinnen, und Maria, die er liebt, durch eine von ihm arrangierte Begegnung mit Elisabeth freizubekommen. ...

2. a) Lest den Auftakt der Inhaltsangabe (Text 6 a).
b) Stellt für diesen Teil der Handlung die Figurenkonstellation im Klassenzimmer als Standbild nach.

Elisabeth, *Königin von England*
Maria Stuart, *Königin von Schottland, Gefangene in England*
Robert Dudley, *Graf von Leicester*
Georg Talbot, *Graf von Shrewsbury*
Wilhelm Cecil, *Baron von Burleigh, Großschatzmeister*
Graf von Kent
Wilhelm Davison, *Staatssekretär*
Amias Paulet, *Ritter, Hüter der Maria*
Mortimer, *sein Neffe*
Graf Aubespine, *französischer Gesandter*
Graf Bellievre, *außerordentlicher Botschafter von Frankreich*
Okelly, *Mortimers Freund*
Drugeon Drury, *zweiter Hüter der Maria*
Melvil, *ihr Haushofmeister*
Burgoyn, *ihr Arzt*
Hanna Kennedy, *ihre Amme*
Margareta Kurl, *ihre Kammerfrau*
Sheriff der Grafschaft
Offizier der Leibwache
Französische und englische Herren
Trabanten
Hofdiener der Königin von England
Diener und Dienerinnen der Königin von Schottland

b)

... Diese Begegnung, von der sich Maria ihre Freiheit erhofft, besiegelt ihren Untergang: Als sie, um Gnade bittend, von Elisabeth als Frau gedemütigt wird, nennt sie Elisabeth einen Bastard und sich selbst die rechtmäßige Königin. Unter den Papieren Marias hat man einen Brief gefunden, der beweist, dass Leicester Beziehungen zu ihr unterhält. Um sich zu retten, lässt Leicester den ihn zum offenen Handeln drängenden Mortimer verhaften; Mortimer ersticht sich, Leicester kann sich aus der Schlinge ziehen, doch Burleigh durchschaut sein Doppelspiel: „Graf! Dieser Mortimer starb euch sehr gelegen." Leicester tritt nun für den Tod Marias ein; Elisabeth befiehlt, dass er und Burleigh der Hinrichtung beiwohnen sollen. Elisabeth unterzeichnet das Todesurteil, händigt es dem Staatssekretär Davison aus und weigert sich, ihm einen klaren Befehl zu erteilen, ob er das Urteil weiterleiten oder aufbewahren soll. Burleigh entreißt Davison das Todesurteil und bereitet die Vollstreckung vor. Maria nimmt Abschied von ihrer Dienerschaft; ihr Haushofmeister Melvil, der heimlich Priester geworden ist, um ihr die Beichte abzunehmen, erteilt ihr die Absolution. Maria empfindet nun das Unrecht, das ihr Elisabeth zufügt, als ein höheres Recht, als Buße für die Schuld ihrer Vergangenheit: „Gott würdigt mich, durch diesen unverdienten Tod die frühe schwere Blutschuld abzubüßen." Leicester, außerstande, die Hinrichtung anzusehen, bleibt zurück und bricht zusammen, als er die Geräusche vom Schafott hört. Elisabeth, triumphierend über den Tod Marias, will doch den Schein der Milde wahren, lässt den Staatssekretär Davison verhaften und verbannt Burleigh: „Euch gebührte nicht, der Milde unsres Herzens vorzugreifen –." Shrewsbury, den sie zu ihrem Berater und Freund machen möchte, nimmt seinen Abschied: „Ich habe deinen edlern Teil nicht retten können." Elisabeth bleibt allein; sie verlangt nach Leicester, doch: „Der Lord lässt sich entschuldigen, er ist zu Schiff nach Frankreich." (v 1966)

3. a) Lest den Rest der Inhaltsangabe (Text 6 b).

b) Einigt euch, wo die Schlüsselstelle dieses Abschnitts liegt, und erstellt ein zweites Standbild.

c) Tauscht euch darüber aus, wie sich die Figurenkonstellation geändert hat.

4. Haltet eine mögliche Figurenkonstellation um Maria als Spielerin (Protagonistin) und Elisabeth als Gegenspielerin (Antagonistin) fest.

5. Gliedert die Inhaltsangabe von *Maria Stuart* in fünf Akte.

Lesehilfen: Den Überblick über ein

Es gibt unterschiedliche Möglichkeiten, wie man sich einen Überblick über ein Drama verschaffen und Zusammenhänge aufzeigen kann. Im Folgenden werden dazu verschiedene Möglichkeiten aufgezeigt.

- Wähle eine Form der Übersicht aus und bearbeite sie.
- Stelle das Ergebnis der Klasse vor.
- Besprecht, welche Darstellungsform euch am hilfreichsten erscheint.

1. Erinnere dich: Lesezettel

Notiere dir beim Lesen des Dramas zu den einzelnen Szenen
- den Schauplatz,
- die Handlungsträger,
- Stichwörter zum Inhalt,
- Themen, Konflikte, Charakterisierungen,
- offene Fragen und Beobachtungen.

2. Szenarium

Akt/ Auftritt	Elisabeth	Maria	Leicester	Talbot	Burleigh	Graf von Kent	Davison	Paulet	Mortimer	Drury	Melvil	Burgoyn	Kennedy	Kurl	Frz. Gesandter	Offizier	Diener	Ort/Zeit	Leitmotiv
I/1								x		x			x					Schloss zu Fotheringhay – ein Zimmer	Verdacht der Verschwörung, Marias Hoffnung auf Rettung, Roms Glanz, Marias Anklage, Mordversuch?
2		x						x		x			x						
3		x						x	x	x			x						
4		x											x						
5		x							x				x						
6		x							x										
7		x			x			x											
8					x			x											
II/1						x	x											Palast zu Westminster, ein Tag später	Brautwerbung um Elisabeth, Beratung über Marias Schicksal, Mortimer als Schlüsselfigur? Einfluss auf Elisabeth
2	x		x	x	x	x	x								x				
3	x		x	x	x														
4	x		x	x	x			x	x										
5	x								x										
6									x										
7								x	x										
8			x						x										
9	x		x																
III/1																			
2																			
3																			

- Formuliere mithilfe des Szenariums Erkenntnisse zu Akt I und II.
- Legt (in arbeitsteiliger Gruppenarbeit) zu den weiteren Akten ein Szenarium an.
- Besprecht, welche Erkenntnisse sich auf diese Weise gewinnen lassen.

5. Charakteristik

Wähle je eine der Figuren aus und verfasse
- eine Charakteristik oder
- eine Rollenbiografie.

klassisches Drama gewinnen

3. Strukturskizze zur Beziehung der Personen

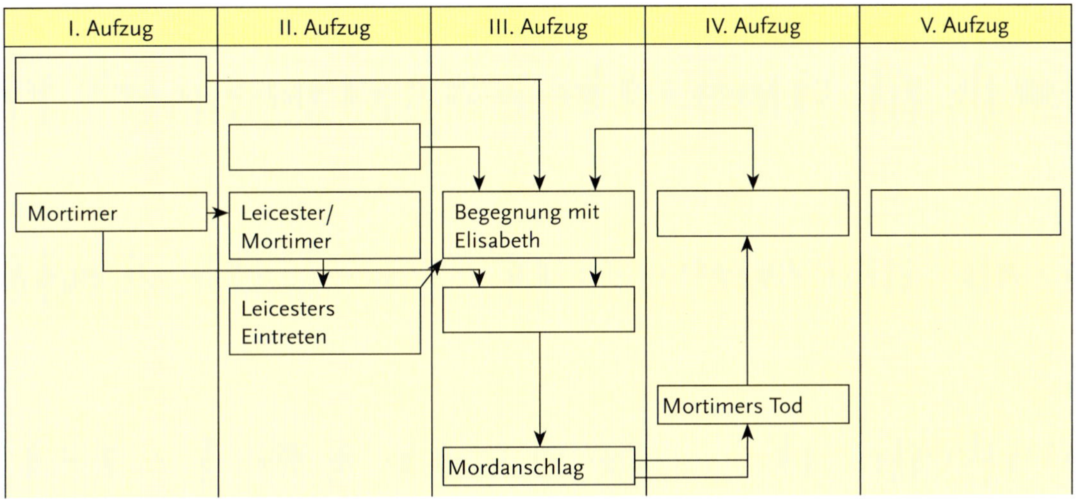

- Übernimm die Strukturskizze auf ein DIN-A4-Blatt im Querformat.
- Ergänze die fehlenden Stichworte.
- Schreibe zu den Stichworten die genauen Szenenangaben.

4. Der Aufbau des Dramas

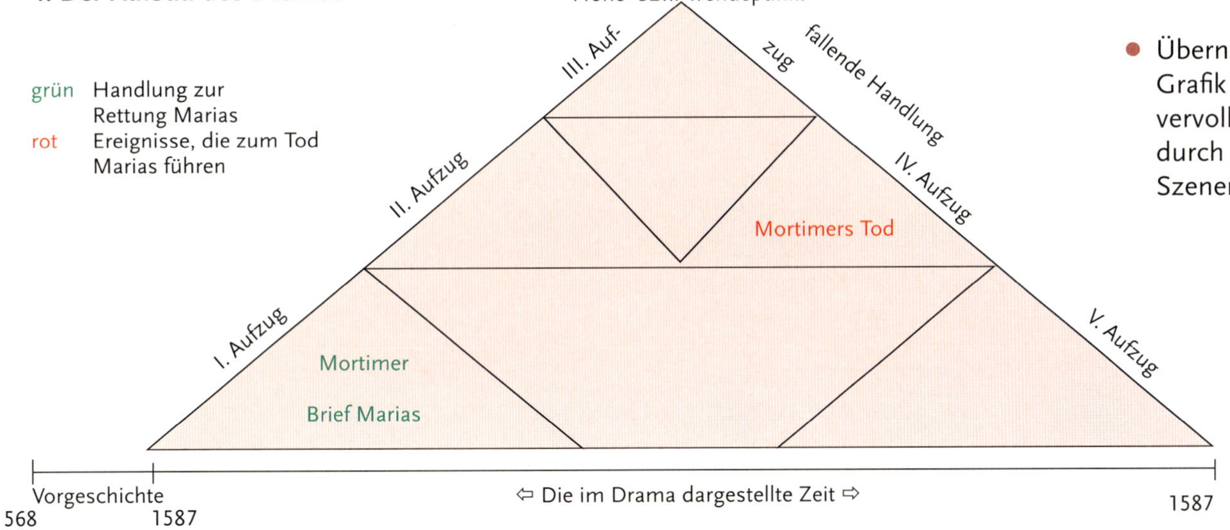

- Übernimm die Grafik und vervollständige sie durch genaue Szenenangaben.

6. Optische Aufarbeitung

- Rollenbesetzung: Suche in Zeitschriften nach Bildern für die passende Besetzung.
- Erstelle mithilfe der Bilder eine Figurenkonstellation.
- Trage die Hauptfiguren in ein Stimmungsbarometer ein.
- Stelle die Entwicklung der Hauptpersonen grafisch dar.
- …

***Friedrich Schiller** wurde 1759 in Marbach am Neckar geboren. Nach der Schulzeit bestimmte ihn der Landesherr, Herzog Karl Eugen von Württemberg, zum Studium der Medizin an der „Hohen Karlsschule", der von ihm gegründeten Militärakademie: Schiller sollte „Regimentsmedikus" werden. Die Erfahrungen mit dem niederdrückenden Regime des Herzogs flossen in Schillers erstes Drama „Die Räuber" ein, das 1782 in Mannheim uraufgeführt wurde. Der Herzog bestrafte ihn mit Arrest, weil er zur Uraufführung seines Dramas ohne Erlaubnis ins „Ausland", das kurpfälzische Mannheim, gereist war. Dem zusätzlich verhängten Schreibverbot entzog sich Schiller durch Flucht nach Mannheim, wo er als Theaterdichter arbeitete. Schillers Leben war bestimmt durch finanzielle und sehr frühe gesundheitliche Probleme, so dass er auf Hilfe von Freunden angewiesen war. Durch Goethes Vermittlung wurde er 1788 als Professor für Geschichte an die Universität Jena berufen, erhielt aber erst nach seiner Heirat 1790 festes Gehalt. Wegen einer lebensgefährlichen Lungenentzündung und deren Folgen konnte er seine „klassischen" Dramen, „Wallenstein", „Maria Stuart" und „Wilhelm Tell" nur unter Aufbietung seiner letzten Kräfte schreiben. Nach langer Krankheit starb er am 19.05.1805.*

7 Friedrich Schiller (1759–1805): Maria Stuart (III,4) [Auszug] – Dialog der Königinnen –

Im 3. Akt, dem Höhe- und Wendepunkt des Dramas, treffen die beiden Kontrahentinnen zum ersten Mal zusammen. Historisch kam es nie zu dieser Begegnung, sie ist ein dramaturgisches Mittel. Schiller macht hier also von seiner dichterischen Freiheit Gebrauch.

SHREWSBURY. Lass dich erbitten, königliche Frau,
Dein Aug auf die Unglückliche zu richten,
Die hier vergeht vor deinem Anblick.
(*Maria rafft sich zusammen und will auf die Elisabeth zugehen, steht aber auf halbem Weg schaudernd still, ihre Gebärden drücken den heftigsten Kampf aus.*)
ELISABETH. Wie, Mylords?
Wer war es denn, der eine Tiefgebeugte
Mir angekündigt? Eine Stolze find ich,
Vom Unglück keineswegs geschmeidigt.
MARIA. Sei's!
Ich will mich auch noch diesem unterwerfen.
Fahr hin, ohnmächt'ger Stolz der edeln Seele!
Ich will vergessen, wer ich bin, und was
Ich litt, ich will vor ihr mich niederwerfen,
Die mich in diese Schmach herunterstieß.
(*Sie wendet sich gegen die Königin.*)
Der Himmel hat für Euch entschieden, Schwester!
Gekrönt vom Sieg ist Euer glücklich Haupt,
Die G o t t h e i t bet ich an, die Euch erhöhte!
(*Sie fällt vor ihr nieder.*)
Doch seid auch I h r nun edelmütig, Schwester!
Lasst mich nicht schmachvoll liegen, Eure Hand
Streckt aus, reicht mir die königliche Rechte,
Mich zu erheben von dem tiefen Fall.
ELISABETH (*zurücktretend*).
Ihr seid an Eurem Platz, Lady Maria!
Und dankend preis ich meines Gottes Gnade,
Der nicht gewollt, dass ich zu Euren Füßen
So liegen sollte, wie Ihr jetzt zu meinen.
MARIA (*mit steigendem Affekt*).
Denkt an den Wechsel alles Menschlichen!
Es leben Götter, die den Hochmut rächen!
Verehret, fürchtet sie, die schrecklichen,
Die mich zu Euren Füßen niederstürzen –
Um dieser fremden Zeugen willen, ehrt
In mir Euch selbst, entweihet, schändet nicht

Das Blut der Tudor, das in meinen Adern
Wie in den Euren fließt – O Gott im Himmel!
Steht nicht da, schroff und unzugänglich, wie
Die Felsenklippe, die der Strandende
Vergeblich ringend zu erfassen strebt.
Mein Alles hängt, mein Leben, mein Geschick,
An meiner Worte, meiner Tränen Kraft,
Löst mir das Herz, dass ich das Eure rühre!
Wenn Ihr mich anschaut mit dem Eisesblick,
Schließt sich das Herz mir schaudernd zu, der Strom
Der Tränen stockt, und kaltes Grausen fesselt
Die Flehensworte mir im Busen an.

Elisabeth (*kalt und streng*).
Was habt Ihr mir zu sagen, Lady Stuart?
Ihr habt mich sprechen wollen. Ich vergesse
Die Königin, die schwer beleidigte,
Die fromme Pflicht der Schwester zu erfüllen,
Und meines Anblicks Trost gewähr ich Euch.
Dem Trieb der Großmut folg ich, setze mich
Gerechtem Tadel aus, dass ich so weit
Heruntersteige – denn Ihr wisst,
Dass Ihr mich habt ermorden lassen wollen.

Maria. Womit soll ich den Anfang machen, wie
Die Worte klüglich stellen, dass sie Euch
Das Herz ergreifen, aber nicht verletzen!
O Gott, gib meiner Rede Kraft, und nimm
Ihr jeden Stachel, der verwunden könnte!
Kann ich doch für mich selbst nicht sprechen, ohne Euch
Schwer zu verklagen, und das will ich nicht.
– Ihr habt an mir gehandelt, wie nicht recht ist,
Denn ich bin eine Königin wie Ihr,
Und Ihr habt als Gefangne mich gehalten,
Ich kam zu Euch als eine Bittende,
Und Ihr, des Gastrechts heilige Gesetze,
Der Völker heilig Recht in mir verhöhnend,
Schlosst mich in Kerkermauern ein, die Freunde,
Die Diener werden grausam mir entrissen,
Unwürd'gem Mangel werd ich preisgegeben,
Man stellt mich vor ein schimpfliches Gericht –
Nichts mehr davon! Ein ewiges Vergessen
Bedecke, was ich Grausames erlitt.
– Seht! Ich will alles eine Schickung nennen,
Ihr seid nicht schuldig, ich bin auch nicht schuldig,
Ein böser Geist stieg aus dem Abgrund auf,
Den Hass in unsern Herzen zu entzünden,
Der unsre zarte Jugend schon entzweit.
Er wuchs mit uns, und böse Menschen fachten
Der unglücksel'gen Flamme Atem zu.
Wahnsinn'ge Eiferer bewaffneten
Mit Schwert und Dolch die unberufne Hand –
Das ist das Fluchgeschick der Könige,
Dass sie, entzweit, die Welt in Hass zerreißen,
Und jeder Zwietracht Furien entfesseln.
– Jetzt ist kein fremder Mund mehr zwischen uns,
(*nähert sich ihr zutraulich und mit schmeichelndem Ton*)
Wir stehn einander selbst nun gegenüber.
Jetzt, Schwester, redet! Nennt mir meine Schuld,
Ich will Euch völliges Genügen leisten.
Ach, dass Ihr damals mir Gehör geschenkt,
Als ich so dringend Euer Auge suchte!
Es wäre nie so weit gekommen, nicht
An diesem traur'gen Ort geschähe jetzt
Die unglückselig traurige Begegnung.

Elisabeth. Mein guter Stern bewahrte mich davor,
Die Natter an den Busen mir zu legen.
– Nicht die Geschicke, Euer schwarzes Herz
Klagt an, die wilde Ehrsucht Eures Hauses.
Nichts Feindliches war zwischen uns geschehn,
Da kündigte mir Euer Ohm, der stolze,
Herrschwüt'ge Priester, der die freche Hand
Nach allen Kronen streckt, die Fehde an,
Betörte Euch, mein Wappen anzunehmen,
Euch meine Königstitel zuzueignen,
Auf Tod und Leben in den Kampf mit mir
Zu gehn – Wen rief er gegen mich nicht auf?
Der Priester Zungen und der Völker Schwert,
Des frommen Wahnsinns fürchterliche Waffen,
Hier selbst, im Friedenssitze meines Reichs,
Blies er mir der Empörung Flammen an –
Doch Gott ist mit mir, und der stolze Priester
Behält das Feld nicht – Meinem Haupte war
Der Streich gedrohet, und das Eure fällt!

Maria. Ich steh in Gottes Hand. Ihr werdet Euch
So blutig Eurer Macht nicht überheben –

Elisabeth. Wer soll mich hindern? Euer Oheim gab
Das Beispiel allen Königen der Welt,
Wie man mit seinen Feinden Frieden macht,
Die Sankt Barthelemi sei meine Schule!
Was ist mir Blutsverwandtschaft, Völkerrecht?
Die Kirche trennet aller Pflichten Band,

Den Treubruch heiligt sie, den Königsmord,
Ich übe nur, was Eure Priester lehren.
Sagt! Welches Pfand gewährte mir für Euch,
Wenn ich großmütig Eure Bande löste?
Mit welchem Schloss verwahr ich Eure Treue,
Das nicht Sankt Peters Schlüssel öffnen kann?
Gewalt nur ist die einz'ge Sicherheit,
Kein Bündnis ist mit dem Gezücht der Schlangen.

MARIA. O das ist Euer traurig finstrer Argwohn!
Ihr habt mich stets als eine Feindin nur
Und Fremdlingin betrachtet. Hättet Ihr
Zu Eurer Erbin mich erklärt, wie mir
Gebührt, so hätten Dankbarkeit und Liebe
Euch eine treue Freundin und Verwandte
In mir erhalten.

ELISABETH. Draußen, Lady Stuart,
Ist Eure Freundschaft, Euer Haus das Papsttum,
Der Mönch ist Euer Bruder – Euch, zur Erbin
Erklären! Der verräterische Fallstrick!
Dass Ihr bei meinem Leben noch mein Volk
Verführtet, eine listige Armida
Die edle Jugend meines Königreichs
In Eurem Buhlernetze schlau verstricktet –
Dass alles sich der neu aufgehnden Sonne
Zuwendete, und ich –

MARIA. Regiert in Frieden!
Jedwedem Anspruch auf dies Reich entsag ich.
Ach, meines Geistes Schwingen sind gelähmt,
Nicht Größe lockt mich mehr – Ihr habt's erreicht,
Ich bin nur noch der Schatten der Maria.
Gebrochen ist in langer Kerkerschmach
Der edle Mut – Ihr habt das Äußerste an mir
Getan, habt mich zerstört in meiner Blüte!
– Jetzt macht ein Ende, Schwester. Sprecht es aus,
Das Wort, um dessentwillen Ihr gekommen,
Denn nimmer will ich glauben, dass Ihr kamt,
Um Euer Opfer grausam zu verhöhnen.
Sprecht dieses Wort aus. Sagt mir: „Ihr seid frei,
Maria! Meine Macht habt Ihr gefühlt,
Jetzt lernet meinen Edelmut verehren!"
Sagt's, und ich will mein Leben, meine Freiheit
Als ein Geschenk aus Eurer Hand empfangen.
– Ein Wort macht alles ungeschehn. Ich warte
Darauf. O lasst mich's nicht zu lang erharren!
Weh Euch, wenn Ihr mit diesem Wort nicht endet!
Denn wenn Ihr jetzt nicht segenbringend, herrlich,
Wie eine Gottheit von mir scheidet – Schwester!
Nicht um dies ganze reiche Eiland, nicht
Um alle Länder, die das Meer umfasst,
Möcht ich vor Euch so stehn, wie Ihr vor mir!

ELISABETH. Bekennt Ihr endlich Euch für überwunden?
Ist's aus mit Euren Ränken? Ist kein Mörder
Mehr unterweges? Will kein Abenteurer
Für Euch die traur'ge Ritterschaft mehr wagen?
– Ja, es ist aus, Lady Maria. Ihr verführt
Mir keinen mehr. Die Welt hat andre Sorgen.
Es lüstet keinen Euer – vierter Mann
Zu werden, denn Ihr tötet Eure Freier
Wie Eure Männer!

MARIA (*auffahrend*). Schwester! Schwester!
O Gott! Gott! Gib mir Mäßigung!

ELISABETH (*sieht sie lange mit einem Blick stolzer Verachtung an*). Das also sind die Reizungen, Lord Leicester,
Die ungestraft kein Mann erblickt, daneben
Kein andres Weib sich wagen darf zu stellen!
Fürwahr! Der Ruhm war wohlfeil zu erlangen,
Es kostet nichts, die a l l g e m e i n e Schönheit
Zu sein, als die g e m e i n e sein für a l l e!

MARIA. Das ist zu viel!

ELISABETH (*höhnisch lachend*). Jetzt zeigt Ihr Euer wahres
Gesicht, bis jetzt war's nur die Larve.

MARIA (*von Zorn glühend, doch mit einer edeln Würde*).
Ich habe menschlich, jugendlich gefehlt,
Die Macht verführte mich, ich hab es nicht
Verheimlicht und verborgen, falschen Schein
Hab ich verschmäht, mit königlichem Freimut.
Das Ärgste weiß die Welt von mir und ich
Kann sagen, ich bin besser als mein Ruf.
Weh Euch, wenn sie von Euren Taten einst
Den Ehrenmantel zieht, womit Ihr gleißend
Die wilde Glut verstohlner Lüste deckt.
Nicht Ehrbarkeit habt Ihr von Eurer Mutter
Geerbt, man weiß, um welcher Tugend willen
Anna von Boleyn das Schafott bestiegen.

SHREWSBURY (*tritt zwischen beide Königinnen*).
O Gott des Himmels! Muss es dahin kommen!
Ist das die Mäßigung, die Unterwerfung,
Lady Maria?

MARIA. Mäßigung! Ich habe
Ertragen, was ein Mensch ertragen kann.

Fahr hin, lammherzige Gelassenheit,
Zum Himmel fliehe, leidende Geduld,
Spreng endlich deine Bande, tritt hervor
Aus deiner Höhle, langverhaltner Groll –
Und du, der dem gereizten Basilisk
Den Mordblick gab, leg auf die Zunge mir
Den gift'gen Pfeil –

SHREWSBURY. O sie ist außer sich!
Verzeih der Rasenden, der schwer Gereizten!
(*Elisabeth, für Zorn sprachlos, schießt wütende Blicke auf Marien.*)

LEICESTER (*in der heftigsten Unruhe, sucht die Elisabeth hinwegzuführen*). Höre
Die Wütende nicht an! Hinweg, hinweg
Von diesem unglücksel'gen Ort!

MARIA. Der Thron von England ist durch einen Bastard
Entweiht, der Briten edelherzig Volk
Durch eine list'ge Gauklerin betrogen.
– Regierte Recht, so läget Ihr vor mir
Im Staube jetzt, denn ich bin Euer König.
(*Elisabeth geht schnell ab, die Lords folgen ihr in der höchsten Bestürzung.*)

1. a) Lest die Szene mit verteilten Rollen und achtet dabei auf Betonung und Lesetempo.

b) Vergleicht eure Eindrücke von den Figuren in diesem Auszug mit dem Ergebnis der Sympathieskala (vgl. S. 257).

2. Analysiert das Gespräch – ggf. am Computer:

a) Markiert bzw. schreibt zentrale Begriffe heraus.

b) Versucht die jeweilige Redestrategie optisch deutlich zu machen: Wie verfahren die Frauen im Rededuell?

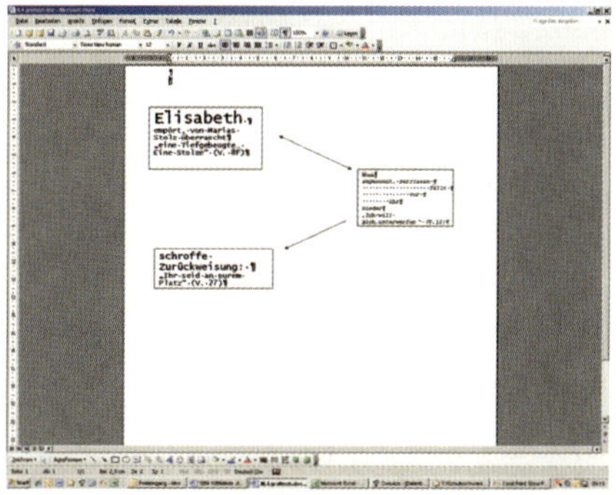

c) Beurteilt, wer den Dialog dominiert.

3. a) Ergänzt zusätzliche Regieanweisungen und macht Stellproben.

b) Haltet 4–5 Momente des Rededuells in Standbildern fest und fotografiert diese.

c) Wertet die Körpersprache beider Figuren aus (vgl. S. 254).

4. Begründet auf der Basis eurer Analyse, wer eurer Meinung nach das Rededuell gewonnen hat.

5. Verfasse in der Rolle Shrewsburys oder Leicesters, die bei der Begegnung zwischen Maria und Elisabeth in Szene III,4 anwesend sind, einen ausführlichen Tagebucheintrag. Der Schreiber macht sich Gedanken über den Verlauf und den Ausgang des Dialogs, malt sich Folgen aus, überdenkt sein künftiges Verhalten und äußert seine Gefühle.

8 Die Begegnung der Königinnen auf der Bühne (III,4)

Burgtheater Wien 1955, mit Käthe Dorsch als Elisabeth und Paula Wessely als Maria Stuart

Lessing-Theater Berlin 1932, Regie Leo Reuß, mit Agnes Straub als Maria und Tilla Durieux als Elisabeth

6. a) Ordne die Szenenfotos mit genauer Angabe der Textstelle in den Gesprächsverlauf ein.

b) Beschreibe und beurteile die jeweils erkennbare Rollenauffassung.

Die Begegnung der Königinnen in der Maria-Stuart-Inszenierung von Donald Berkenhoff, Badisches Staatstheater Karlsruhe 2008.

9 Interpretation einer Dramenszene (III,3)

Unmittelbar vor dem Treffen der beiden Königinnen informiert Shrewsbury, der das Treffen in die Wege geleitet hat, Maria darüber und versucht sie darauf vorzubereiten.

GRAF SHREWSBURY *zu den* VORIGEN.

MARIA. Es ist nicht darum! Gott, mir ist ganz anders
Zumut – Ach edler Shrewsbury! Ihr kommt
Vom Himmel mir ein Engel zugesendet!
– Ich kann sie nicht sehn! Rettet, rettet mich
Von dem verhassten Anblick –

SHREWSBURY.
Kommt zu Euch, Königin! Fasst Euren Mut
Zusammen. Das ist die entscheidungsvolle Stunde.

MARIA. Ich habe drauf geharret – jahrelang
Mich drauf bereitet, alles hab ich mir
Gesagt und ins Gedächtnis eingeschrieben,
Wie ich sie rühren wollte und bewegen!
Vergessen plötzlich, ausgelöscht ist alles,
Nichts lebt in mir in diesem Augenblick,
Als meiner Leiden brennendes Gefühl.
In blut'gen Hass gewendet wider sie
Ist mir das Herz, es fliehen alle guten
Gedanken, und die Schlangenhaare schüttelnd

Die Kommunikationssituation

Kommunikation findet immer in unterschiedlichen Situationen statt. Das Gelingen bzw. Misslingen hängt von mehreren Faktoren ab:

- der **persönlichen Situation** der am Gespräch Beteiligten (deren Vorgeschichte kann in diesem Zusammenhang wichtig sein), z. B.: Maria wartet seit Langem auf dieses Gespräch,
- der jeweiligen **gesellschaftlichen Stellung** der Gesprächspartner, z. B.: Königin in Gefangenschaft,
- ihrer **persönlichen Einstellung** zueinander, z. B.: freundschaftliches Verhältnis,
- ihren **Interessen und Absichten**, die sie im Gespräch verfolgen, z. B.: Shrewsbury will, dass Maria Elisabeth besonnen begegnet.

Umstehen mich die finstern Höllengeister.
SHREWSBURY. Gebietet Eurem wild empörten Blut,
Bezwingt des Herzens Bitterkeit! Es bringt
Nicht gute Frucht, wenn Hass dem Hass begegnet.
Wie sehr auch Euer Innres widerstrebe,
Gehorcht der Zeit und dem Gesetz der Stunde!
Sie ist die Mächtige – demütigt Euch!
MARIA. Vor ihr! Ich kann es nimmermehr.
SHREWSBURY. Tut's dennoch!
Sprecht ehrerbietig, mit Gelassenheit!
Ruft ihre Großmut an, trotzt nicht, jetzt nicht
Auf Euer Recht, jetzo ist nicht die Stunde.
MARIA. Ach mein Verderben hab ich mir erfleht,
Und mir zum Fluche wird mein Flehn erhört!
Nie hätten wir uns sehen sollen, niemals!
Daraus kann nimmer, nimmer Gutes kommen!
Eh mögen Feur und Wasser sich in Liebe
Begegnen und das Lamm den Tiger küssen –
Ich bin zu schwer verletzt – sie hat zu schwer
Beleidigt – Nie ist zwischen uns Versöhnung!
SHREWSBURY. Seht sie nur erst von Angesicht!
Ich sah es ja, wie sie von Eurem Brief
Erschüttert war, ihr Auge schwamm in Tränen.
Nein, sie ist nicht gefühllos, hegt Ihr selbst
Nur besseres Vertrauen – Darum eben
Bin ich vorausgeeilt, damit ich Euch
In Fassung setzen und ermahnen möchte.
MARIA (*seine Hand ergreifend*).
Ach Talbot! Ihr wart stets mein Freund – dass ich
In Eurer milden Haft geblieben wäre!
Es ward mir hart begegnet, Shrewsbury!
SHREWSBURY. Vergesst jetzt alles. Darauf denkt allein,
Wie Ihr sie unterwürfig wollt empfangen.
MARIA. Ist Burleigh auch mit ihr, mein böser Engel?
SHREWSBURY. Niemand begleitet sie als Graf von Leicester.
MARIA. Lord Leicester!
SHREWSBURY. Fürchtet nichts von ihm. Nicht er
Will Euren Untergang – Sein Werk ist es,
Dass Euch die Königin die Zusammenkunft
Bewilligt.
MARIA. Ach! Ich wusst es wohl!
SHREWSBURY. Was sagt Ihr?
PAULET. Die Königin kommt!
(*Alles weicht auf die Seite; nur Maria bleibt, auf die Kennedy gelehnt.*)

1. a) Beschreibe die Ausgangssituation des Gesprächs.

b) Weise jeder Äußerung einen Sprechakt zu, z. B. Maria (V. 1–5) –> fleht um Hilfe; Shrewsbury (V. 7 f.) –> ermutigt Maria.

c) Analysiere die Figurensprache, durch die der Sprechakt deutlich wird, z. B. Imperative V. 1, 2, 3, Wiederholung V. 4 „rettet" …

2. Vergleiche Marias Verhalten mit dem im 1. Akt.

I	III,3
• stolz … • …	• sie ist außer sich (V. 4) • …

3. Gestaltet eine szenische Lesung.

Der Sprechakt

Ein Drama ist in erster Linie Sprachhandlung, d. h. die Personen handeln durch sogenannte Sprechakte; die Personen „tun" etwas, indem sie sich äußern. Bei der Beschreibung solcher Sprechakte gilt es, das treffende Verb zu finden und den Sprechakt dadurch genau zu kennzeichnen, z. B.: *bestreiten, bestätigen, vorwerfen, bedrohen etc.* Für die Interpretation eines Sprechaktes ist es außerdem notwendig, die Gesprächsart (z. B. Streit, Unterhaltung), die Sprechabsichten, -taktiken und -anteile zu benennen und die Art der Kommunikation und Ergebnis des Gesprächs zu beurteilen.

10 Mögliche Aufgabenstellung einer Klassenarbeit

Arbeitsauftrag:

- Fasse den Inhalt der Szene III,3 knapp zusammen.
- Interpretiere die Szene, indem du auf das Gesprächsverhalten der beiden Figuren und den Gesprächsverlauf eingehst.

Interpretation einer Dramenszene (1)

Die Szene III,3 – das Gespräch zwischen Maria und Shrewsbury – soll nach den bekannten fünf Phasen (S. 114 f.) interpretiert werden, wobei die besonderen Schwierigkeiten beim Drama darin liegen, dass ein Haupttext (Dialoge und Monologe) und ein Nebentext (Regieanweisungen) vorhanden sind. Das heißt, dass der Inhalt, die Konflikte und der Verlauf der Handlung aus den Gesprächen zu erschließen sind.

1. Analyse der Aufgabenstellung

Achte auf die in der Aufgabenstellung verwendeten Operatoren (vgl. Kapitel 2, S. 112 f.).

- Im ersten Teil der oben genannten Aufgabenstellung wird keine Einordnung der Textstelle in den Gesamtzusammenhang des Dramas gefordert, sondern lediglich eine knappe Zusammenfassung der Szene III,3.
- Der Operator „interpretiere" erfordert eine sorgfältige Analyse des Textauszugs sowie eine Deutung, bei der die wechselseitige Beziehung von Inhalt und Form herausgearbeitet wird.

2. Textanalyse (z. B. Einzelbeobachtungen im Text markieren)

- Dies gelingt am besten, wenn der Text so vorliegt, dass nicht nur Markierungen, sondern rechts und links vom Text Annotationen (am besten für die beteiligten Gesprächspartner getrennt) möglich sind.

Einzelbeobachtungen zu Shrewsbury:

Maria und Shrewsbury (III,3)

Einzelbeobachtungen zu Maria:

MARIA. Es ist nicht darum! Gott, mir ist ganz anders
Zumut – Ach edler Shrewsbury! Ihr kommt,
Vom Himmel mir ein Engel zugesendet!
– Ich kann sie nicht sehn! Rettet, rettet mich
Von dem verhassten Anblick!
SHREWSBURY.
Kommt zu Euch, Königin! Fasst Euren Mut
Zusammen. Das ist die entscheidungsvolle Stunde.
MARIA. Ich habe darauf geharret – jahrelang
Mich drauf bereitet, alles hab ich mir
Gesagt und ins Gedächtnis eingeschrieben,
Wie ich sie rühren wollte und bewegen!

Sie hat Angst. (→ ganz anders Zumut)
Vertrauen zu S. (→ Vom Himmel mir ein Engel zugesendet!)
spricht ihr Mut zu (→ Kommt zu Euch, Königin! Fasst Euren Mut Zusammen)
weiß, wie wichtig die Begegnung ist (→ entscheidungsvolle Stunde)
reflektiert ihre Situation/Stimmung (→ jahrelang Mich drauf bereitet)
Sie weiß, wie wichtig die Begegnung ist.
taktisches Vorgehen (→ rühren wollte und bewegen!)

Vergessen plötzlich, ausgelöscht ist alles,
Nichts lebt in mir in diesem Augenblick,
Als meiner Leiden brennendes Gefühl.
In blut'gen Hass gewendet wider sie
Ist mir das Herz, es fliehen alle guten
Gedanken, und die Schlangenhaare schüttelnd
Umstehen mich die finstern Höllengeister.
[...]

kann ihr nicht verzeihen, wie sie jahrelang mit ihr umgegangen ist

böse Vorahnungen

Problemschwerpunkt
...

Problemschwerpunkt: Er hat das Ziel, Maria auf das Treffen vorzubereiten: Sie muss Elisabeth demütig begegnen.

1. a) Prüfe die Textmarkierungen.
b) Führe sie für die restliche Szene weiter.

3. Gliederung/Stichwortkonzept

Für die Gliederung des Aufsatzes kommt es darauf an, ob die Interpretation entlang des Textverlaufs (**chronologisch-sukzessives Vorgehen**) einen sinnvollen Aufbau ergibt oder ob ein Vorgehen nach Konfliktbereichen (**problemorientiertes Vorgehen**) ergiebiger erscheint.
Bsp.: *Bei der vorliegenden Aufgabenstellung bietet sich das chronologische Vorgehen an, weil dadurch die Beeinflussung Marias durch Shrewsbury deutlicher wird.*

4. Ausarbeitung

- Der erste Aufgabenteil legt die Richtung fest, in die die **Einleitung** gehen sollte. Im vorliegenden Beispiel ist neben dem obligatorischen **Übersichtssatz** (Autor, Titel, Gattung, Erscheinungsjahr und Thema bzw. Kernaussage) vor der eigentlichen Interpretation eine knappe inhaltliche Zusammenfassung der Textstelle gefordert.
- Der **Hauptteil** muss Marias Verfassung deutlich machen sowie die Art und Weise, wie Shrewsbury schrittweise auf die schottische Königin einwirkt.
- Den **Schluss** bildet ein begründetes Gesamtverständnis der Szene. Ferner sind ein Rückbezug auf die Einleitung oder eine Einschätzung der Bedeutung der Szene für das Gesamtdrama möglich.

5. Überarbeitung

Das Ergebnis der Interpretation stellt einen ersten Entwurf dar, der noch einmal hinsichtlich Inhalt, gedanklich-logischem Aufbau und Sprache überarbeitet werden muss (vgl. Kapitel 4, S. 194 f.).

11 Übersichtssätze zur Dramenszene III,3

a) In der Szene III,3 geht es um Maria, die sich kurz vor dem Treffen mit Elisabeth sehr unsicher fühlt.

2. a) Überprüfe die vorgeschlagenen Übersichtssätze auf Vollständigkeit bzw. Richtigkeit.

b) Überarbeite einen der Übersichtssätze oder schreibe einen eigenen.

b) Der 3. Aufzug des 3. Aktes von Friedrich Schillers Drama „Maria Stuart“ beinhaltet ein Gespräch zwischen Maria und Shrewsbury, welcher die aufgeregte Maria auf ein bevorstehendes Treffen mit Elisabeth vorbereiten will.

c) In der 3. Szene des dritten Aktes stimmt Shrewsbury Maria auf das bevorstehende Treffen mit Elisabeth ein und ermahnt sie, sich vor der mächtigen Elisabeth zu demütigen.

12 III,3: Hinführung – Gelungenes Schülerbeispiel

Maria ist kurz vor dem Eintreffen Shrewsburys von Paulet über das unmittelbar bevorstehende Treffen mit Elisabeth unterrichtet worden. Sie sieht sich der Lage, die für sie so überraschend eingetreten ist, nicht ohne Weiteres gewachsen. Daher will sie sich zurückziehen, um erst einmal zur Ruhe zu kommen. Paulet weist sie aber darauf hin, dass sie an Ort und Stelle die Königin zu erwarten habe. In dieser Situation trifft Shrewsbury ein, der der Hofgesellschaft vorangeeilt ist, um Maria auf das Treffen einzustimmen und ihr ein paar Ratschläge zu geben. Maria stellt das Treffen jedoch grundsätzlich in Frage. Sie ist erst bereit, die gut gemeinten Ratschläge anzunehmen, nachdem sie von Shrewsbury davon unterrichtet wurde, dass Elisabeth beim Lesen ihres Briefes Rührung gezeigt habe.

13 III,3: Interpretation der Dramenszene – Gelungenes Schülerbeispiel [Auszug]

Shrewsbury wird von Maria wie ein Freund begrüßt: „Ach edler Shrewsbury!“ (V. 2 f.). Dass sie ihn als „edel“ (V. 2) bezeichnet und mit einem vom Himmel gesandten Engel vergleicht (vgl. V. 2 f.), zeigt, dass sie in der für sie so beängstigenden Situation ihre ganze Hoffnung auf Shrewsbury setzt, den sie anfleht, sie zu retten. Auch den Grund für ihre Angst spricht sie ihm gegenüber offen aus: „Ich kann sie nicht sehn“ (V. 4 f.). Die ganze Zeit hat sie ein Treffen herbeigesehnt, doch jetzt ist sie darauf nicht vorbereitet, sie kann sich nicht vorstellen, den „verhassten Anblick“ (V. 5) Elisabeths zu ertragen.
Shrewsbury, der weiß, wie wichtig die Begegnung für Maria ist („Das ist die entscheidungsvolle Stunde.“ V. 8), versucht sie zu beruhigen und ihr Mut zu machen: „Kommt zu Euch, Königin! Fasst Euren Mut zusammen!“ (V. 7 f.) Dass er, der Elisabeth treu zur Seite steht, Maria als „Königin“ bezeichnet, zeigt, dass er ihr Respekt entgegenbringt. Die Ausrufe und die kurzen Sätze unterstreichen die Eindringlichkeit seiner Worte. Auch Maria weiß, wie wichtig das Treffen mit Elisabeth für sie ist. Dies wird daran deutlich, dass sie Shrewsbury sagt, dass sie jahrelang auf dieses Treffen gewartet und sich darauf vorbereitet habe

Dramen lesen und verstehen

Die Eigenart des Dramas besteht darin, **gesprochene Handlung** zu sein. Die Gesprächspartner tauschen nicht lediglich Informationen aus, sie verfolgen vielmehr bestimmte Absichten, haben Beweggründe und hegen unausgesprochene Hintergedanken für ihre Äußerungen. Auch die **Beziehung der Gesprächspartner** muss wahrgenommen werden (z. B.: Wer hat die Oberhand? Verstehen sich die Figuren oder reden sie aneinander vorbei?).
Um das **Sprachhandeln** wahrzunehmen und in seiner Eigenart zu erfassen, ist es notwendig, treffende Verben zu finden, d. h. **Sprechakte** zu benennen. Hinter einer Frage kann z. B. ein Vorwurf stecken; eine Figur „antwortet“ nicht nur, sondern „rechtfertigt“ sich. Außerdem muss man beim Lesen beachten, dass Gesprächsinhalte immer in den Handlungszusammenhang eingebettet sind (Bsp.: „Weil sich B durch die Frage von A in die Enge getrieben fühlt, greift er ihn an, indem er …“).

(vgl. V. 10 f.), dass sie es sich „ins Gedächtnis eingeschrieben“ (V. 11) habe. Dieser metaphorische Ausdruck zeigt deutlich, wie sehr sie sich im Vorfeld auf dieses Treffen vorbereitet hat. Dennoch sieht sie sich außerstande, ihre eigenen wohldurchdachten und auf Rührung Elisabeths ausgerichteten Vorsätze für den Fall eines Zusammentreffens umzusetzen, denn „nichts lebt in [ihr] in diesem Augenblick, als [ihrer] Leiden brennendes Gefühl“ (V. 14 f.). Sie kann Elisabeth nicht verzeihen, wie diese jahrelang mit ihr umgegangen ist. Ihren Hass und ihre bösen Vorahnungen bringt sie in eindrücklichen Bildern zum Ausdruck: „Die Schlangenhaare schüttelnd umstehen mich die finstern Höllengeister.“ (V. 18 f.). [...]

3. a) Besprecht, inwiefern der Interpretationsaufsatz gut gelungen ist. Achtet auf
- die Hinführung,
- den Umgang mit den Zitaten,
- die Sprache (insbesondere Sprechakte),
- die Fachkenntnis,
- ...

b) Setze die Interpretation mithilfe deiner Stoffsammlung fort.

Interpretation einer Dramenszene (2)

Ähnlich dem Vorgehen bei der Romaninterpretation kann die Ausarbeitung der Interpretation einer Dramenszene entweder dem Gang des Gesprächs folgen (**sukzessives Vorgehen**) oder sich an thematischen Schwerpunkten orientieren (**problemorientiertes Vorgehen**). Beides setzt eine gründliche Detailarbeit am Text voraus.

- Die Interpretation einer Dramenszene als Aufsatzform erfordert ein methodisches Vorgehen, das für diese Textart spezifisch ist. Die Dramenszene besteht ja nicht einfach aus einer Folge von sprachlichen Äußerungen der beteiligten Figuren. Es geht vielmehr darum, diese als **sprachlich Handelnde** zu verstehen, die bestimmte Absichten haben und auf ihre Partner bzw. Gegner reagieren. Ihre Sprachhandlungen sind durch entsprechende Verben als **Sprechakte** zu beschreiben: *drohen, ermahnen, einschüchtern, ermutigen, urteilen, vermuten, ...*

Wichtige Fragen zur Texterschließung:

- Um welche **Art von Gespräch** handelt es sich? (Verhör, Streit, Unterhaltung, ...)
- Wie versuchen die Gesprächspartner ihre **Ziele** zu erreichen und inwieweit können sie ihre Absichten verwirklichen?
- Wie sind die **Gesprächsanteile** der Partner verteilt? Was lässt sich daraus schließen?
- Gehen die Gesprächspartner aufeinander ein oder reden sie aneinander vorbei?
- Gehen sie offen miteinander um oder verstellen sie sich, um ihre Interessen durchzusetzen?
- Mit welchen **sprachlichen Mitteln** (Wortwahl, Satzarten und Satzbau) ist der Dialog gestaltet?
- Führt der Dialog zu einem **Ergebnis** (z. B.: Durchsetzung einer Position, Kompromiss), ist ein Ergebnis der Auseinandersetzung im weiteren Verlauf der Handlung zu erwarten oder bleibt alles offen?

3. „Der Herrscher muss hart sein können …“ – Eine literarische Erörterung verfassen

1 Friedrich Schiller: Maria Stuart (IV,10) [Auszug] – Elisabeths Entscheidungsmonolog –

In den Szenen II,3 und IV,9 wird die Frage der Hinrichtung im Kreise der Lords zweimal ausführlich beraten. Elisabeth muss nun allein entscheiden, ob sie das Todesurteil unterschreibt.

ELISABETH *allein.*

O Sklaverei des Volksdiensts! Schmähliche
Knechtschaft – Wie bin ich's müde, diesem Götzen
Zu schmeicheln, den mein Innerstes verachtet!
Wann soll ich frei auf diesem Throne stehn!
Die Meinung muss ich ehren, um das Lob
Der Menge buhlen, einem Pöbel muss ich's
Recht machen, dem der Gaukler nur gefällt.
O der ist noch nicht König, der der Welt
Gefallen muss! Nur der ist's, der bei seinem Tun
Nach keines Menschen Beifall braucht zu fragen.
   Warum hab ich Gerechtigkeit geübt,
Willkür gehasst mein Leben lang, dass ich
Für diese erste unvermeidliche
Gewalttat selbst die Hände mir gefesselt!
Das Muster, das ich selber gab, verdammt mich!
War ich tyrannisch, wie die spanische
Maria war, mein Vorfahr auf dem Thron, ich könnte
Jetzt ohne Tadel Königsblut versprützen!
Doch war's denn meine eigne freie Wahl
Gerecht zu sein? Die allgewaltige
Notwendigkeit, die auch das freie Wollen
Der Könige zwingt, gebot mir diese Tugend.
   Umgeben rings von Feinden hält mich nur
Die Volksgunst auf dem angefochtnen Thron.
Mich zu vernichten streben alle Mächte
Des festen Landes. Unversöhnlich schleudert
Der röm'sche Papst den Bannfluch auf mein Haupt,
Mit falschem Bruderkuss verrät mich Frankreich,
Und offnen, wütenden Vertilgungskrieg
Bereitet mir der Spanier auf den Meeren.
So steh ich kämpfend gegen eine Welt,

Ein wehrlos Weib! Mit hohen Tugenden
Muss ich die Blöße meines Rechts bedecken,
Den Flecken meiner fürstlichen Geburt,
Wodurch der eigne Vater mich geschändet.
Umsonst bedeck ich ihn – Der Gegner Hass
Hat ihn entblößt, und stellt mir diese Stuart,
Ein ewig drohendes Gespenst, entgegen.
Nein, diese Furcht soll endigen!
Ihr Haupt soll fallen. Ich will Frieden haben!
– Sie ist die Furie meines Lebens! Mir
Ein Plagegeist vom Schicksal angeheftet.
Wo ich mir eine Freude, eine Hoffnung
Gepflanzt, da liegt die Höllenschlange mir
Im Wege. Sie entreißt mir den Geliebten,
Den Bräut'gam raubt sie mir! Maria Stuart
Heißt jedes Unglück, das mich niederschlägt!
Ist sie aus den Lebendigen vertilgt,
Frei bin ich, wie die Luft auf den Gebirgen.
(*Stillschweigen.*)
Mit welchem Hohn sie auf mich nieder sah,
Als sollte mich der Blick zu Boden blitzen!
Ohnmächtige! Ich führe bessre Waffen,
Sie treffen tödlich und du bist nicht mehr!
(*Mit raschem Schritt nach dem Tische gehend und die Feder ergreifend.*)
Ein Bastard bin ich dir? – Unglückliche!
Ich bin es nur, so lang du lebst und atmest.
Der Zweifel meiner fürstlichen Geburt
Er ist getilgt, sobald ich dich vertilge.
Sobald dem Briten keine Wahl mehr bleibt,
Bin ich im echten Ehebett geboren!
(*Sie unterschreibt mit einem raschen, festen Federzug, lässt dann die Feder fallen, und tritt mit einem Ausdruck des Schreckens zurück. Nach einer Pause klingelt sie.*)

1. a) Fasse den Inhalt des Monologs in Stichworten zusammen.
b) Veranschauliche mit deren Hilfe den Verlauf des Monologs.

2. a) Schreibe die Ausdrücke heraus, mit denen Elisabeth ihre Gegnerin benennt.
b) Erkläre, warum sie diese Ausdrücke gebraucht.

3. a) Betrachte die sprachliche Gestaltung des Monologs und notiere sprachliche Mittel.
b) Benenne deren Funktion.

4. Bereite einen (ggf. auswendigen) Vortrag des Monologs vor.

5. Plant für die Auftritte IV/10, V/13 und den „Letzten Auftritt" eine szenische Lesung. Macht dabei besonders Elisabeths inneren Konflikt deutlich.

2 Mögliche Aufgabenstellung einer Klassenarbeit, Aufgabentyp: Literarische Erörterung

„Der Herrscher/Muss hart sein können, und mein Herz ist weich." (V. 3160 f.)

- Ordne das Zitat in den Zusammenhang der Dramenhandlung ein und erläutere knapp, was Elisabeth mit dieser Selbsteinschätzung meint.
- Erörtere, ausgehend von diesem Zitat, ob Elisabeth als Herrscherin geeignet ist.

Literarische Erörterung

Im Zentrum einer literarischen Erörterung steht oft ein Zitat aus einem literarischen Werk oder eine Meinung zu einem literarischen Werk. Im Folgenden werden die einzelnen Schritte einer literarischen Erörterung vorgestellt und erarbeitet.

1. Themenanalyse

Zunächst ist ein genauer Blick auf die in der Aufgabenstellung verwendeten **Operatoren** nötig (vgl. S. 112 f.).

Im vorliegenden Beispiel:

- *einordnen* → kurze Darstellung, an welcher Stelle des Dramas und in welchem Handlungszusammenhang das Zitat steht. Hilfreich sind hierbei die W-Fragen: Wer? Wann? Warum? Wem gegenüber?
- *erläutern* → Verdeutlichung des Zitats in eigenen Worten, ohne bereits zu deuten oder zu werten. Wichtig ist es, Schlüsselbegriffe wie „Herrscher", „hart" und „weich" genauer in den Blick zu nehmen.
- *erörtern* → argumentative Auseinandersetzung mit der vorgegebenen Fragestellung aus verschiedenen Blickwinkeln.

2. Analyse des Zitats

(Warum) muss ein Herrscher hart sein können?

Hat ein weiches Herz nicht auch Vorteile?

Welche Fähigkeiten „muss" ein Herrscher haben?

„Der Herrscher/Muss hart sein können, und mein Herz ist weich." (V. 3160 f.)

Sind Frauen zum Herrschen nicht geeignet? Geschlechterrolle!

Wie sieht Elisabeth sich selbst?

Warum sagt Elisabeth dies? Was passierte zuvor?

3. Stoffsammlung und Gliederung zur Erörterung der Frage, ob Elisabeth als Herrscherin geeignet ist. Ausgangspunkt der Stoffsammlung bildet das Zitat Elisabeths:

„… Muss hart sein können …“	„… mein Herz ist weich.“
• Sie lässt Burleigh für sein hartes Vorgehen großen Spielraum (I/7, z. B. V. 846). • Sie will Maria ohne eigenes Zutun beseitigen lassen (Gerichtsverfahren, Meuchelmord) (II/5, V. 1592 f.; V. 1604–1631). • Sie weist Davisons nachdrückliche Bitten um klare Anweisungen schroff zurück (IV/11, V. 3303, V. 3310). • Sie bestraft ihn und Burleigh hart (V/letzter Auftritt, V. 4002–4012).	• Sie bittet Talbot um einen „mildern Rat“ (II/3, V. 1300). • Sie orientiert sich am Willen und an den Bedürfnissen des Volkes (II/3, V. 1254; IV/9, V. 3151 f.). • Sie lässt sich von Leicester zur Begegnung mit Maria überreden (II/9, V. 2067–2072). • Sie schiebt die Entscheidung über die Hinrichtung auf (IV/10, V. 3185–3189). • Sie will Frieden, Gerechtigkeit und Wohlstand sichern (IV/10, V. 3200).

Synthese/Fazit:
→ Welche Seite überwiegt bei Elisabeth?
→ Was ist für eine gute Herrscherin letztlich wichtiger?

4. Ausarbeitung der literarischen Erörterung

Schematische Übersicht:

Einleitung
- a) Allgemeine Hinführung zum Thema [fakultativ]
- b) Übersichtssatz [obligatorisch]
- c) Überleitung zum Hauptteil:

Hauptteil

Pro-Kontra-Argumentation

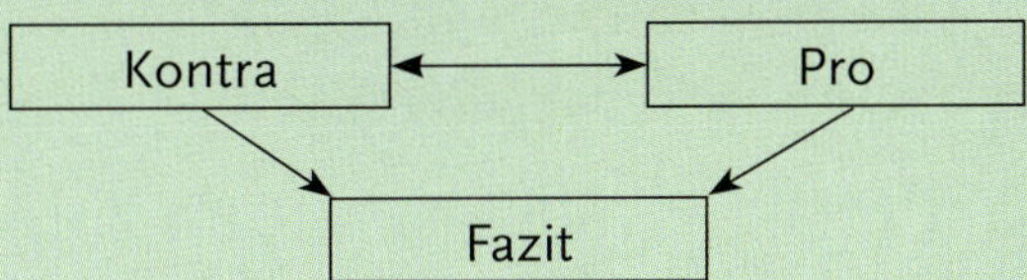

Schluss
- d) Schluss [fakultativ]

1) Die **Einleitung**
Sie soll Orientierung geben und zum Erörterungsthema hinführen.
- Man kann in der Einleitung allgemein zum Thema hinführen, indem man z. B. eine Begrifflichkeit aus dem Zitat definiert oder von einem aktuellen Ereignis bzw. einer allgemeinen Situation ausgeht.

Im vorliegenden Beispiel könnte man auf das Spannungsverhältnis „Frauen und Macht“ (vgl. S. 252 ff.) allgemein eingehen.

- Zumindest muss dem Hauptteil der literarischen Erörterung jedoch ein aussagekräftiger Übersichtssatz vorangestellt werden.
- Als Überleitung zum Hauptteil wird das Thema bzw. die Fragestellung der Erörterung genannt.

2) Der **Hauptteil** einer literarischen Erörterung folgt denselben Prinzipien wie die freie Erörterung: **Pro- und Kontra-Argumente** werden entweder blockweise oder im direkten Wechsel einander gegenübergestellt und durch Argumente sowie Beispiele und Belege (hier: Textzitate) untermauert. Der Hauptteil der Erörterung schließt mit einem Fazit bzw. einer Synthese. Hierbei wird die Erörterungsfrage beantwortet.

3) Der **Schluss** des Aufsatzes dient dazu, den Blick noch einmal zu öffnen und weiterführende Gedanken anzuschließen.

- Man kann einen **Rückbezug zur Einleitung** herstellen, indem z. B. noch einmal die Frage nach dem Spannungsverhältnis „Frauen und Macht“ ausgehend vom konkreten Fall Elisabeth aufgegriffen wird.
- Es kann aber auch ein **weiterführender Gedanke** oder
- eine **offene Frage** formuliert werden.

5. Überarbeitung

Das Ergebnis der Erörterung stellt einen **Entwurf** dar, der noch einmal hinsichtlich Inhalt, gedanklich-logischem Aufbau und Sprache überarbeitet werden muss (vgl. S. 194 f.).

3 Hauptteil einer literarischen Erörterung [Schülerbeispiel, Auszug]

[...] Der Szene vorausgegangen ist das Zusammentreffen der beiden Königinnen. Maria hat eigentlich Elisabeth um Gnade bitten wollen, fühlt sich von dieser aber so herausgefordert, dass sie ihre demütige Haltung aufgibt. Sie zeigt sich als stolze Königin Schottlands und verurteilt sich dadurch praktisch selbst.
Anschließend ist Elisabeth nur knapp einem Attentat entkommen. Dadurch, dass Maria als Anstifterin des Anschlags betrachtet wird, rückt ihre Hinrichtung, die das Volk fordert, noch näher. Die Mit-

glieder der Thronratssitzung (IV/9) vertreten hierzu unterschiedliche Ansichten. Burleigh, der Lordkanzler, fordert die Unterzeichnung des Dokuments, da er die Hinrichtung Marias schon lange verfolgt. Elisabeth selbst fühlt sich bedrängt. Shrewsbury versucht, Elisabeth von der Unterzeichnung der Hinrichtungsurkunde abzubringen. In ihrer ausführlichen Antwort an Shrewsbury fällt der Satz: „Der Herrscher muss hart sein können, und mein Herz ist weich“ (V. 3160 f.).

Das Zitat macht deutlich, dass Elisabeth amtsmüde und resigniert ist. Sie ist gerade einem Attentat entkommen und fühlt sich nicht in der Lage, eine wichtige Entscheidung zu treffen, was sie an ihren Fähigkeiten zu herrschen stark zweifeln lässt. Ihrer Meinung nach muss ein Herrscher „hart“ sein, sie selbst schätzt sich aber als „weich“ ein. Für diese Selbsteinschätzung spricht, dass sie in der Staatsratssitzung nicht sofort eine Entscheidung trifft, sondern sich zu einer Zwiesprache mit Gott zurückzieht. In dem Monolog in der folgenden Szene entscheidet sich Elisabeth zur Unterzeichung der Hinrichtungsurkunde, jedoch keineswegs aus Gründen der Staatsräson, sondern aus persönlicher Rivalität.

Elisabeth erscheint in dieser Situation in einem zwiespältigen Licht: Einerseits ist sie ihres Amtes müde und will sich dem Willen des Volkes ergeben, andererseits unterzeichnet sie aus egoistischen Motiven die Hinrichtungsurkunde. Mit der Frage, ob sie eine harte oder milde Herrscherin ist, ist unmittelbar auch die Frage verbunden, ob Elisabeth als Herrscherin geeignet ist. Diese Frage werde ich im Folgenden erörtern.

Dafür, dass Elisabeth eine eher weiche Königin ist, sprechen mehrere Gründe: So erbittet sie beispielsweise von Talbot einen „mildern Rat“ (II,3 V. 1300). Dieser hat ihr dargelegt, dass das englische Volk den Tod der Maria Stuart wünsche: „Es fordert das Haupt der Stuart“ (V. 1254 f.). Außerdem hat er sie davor gewarnt, dass ihr Leben durch schottische Attentäter bedroht sei, und folgert: „Ihr Leben ist dein Tod! Ihr Tod dein Leben!“ (V. 1295). Dieser Chiasmus verdeutlicht, wie sehr Marias und Elisabeths Schicksal miteinander verknüpft sind. Elisabeth lobt zwar daraufhin Talbots „reinen Trieb“ (V. 1296) und seine „gediegne Weisheit“ (V. 1297), doch sie gesteht, dass sie „diese Weisheit, welche Blut [befehle]“ (V. 1298) aus tiefster Seele hasse. Sie hat offensichtlich Mitleid mit Maria und befiehlt keineswegs leichtfertig den Tod eines Menschen. Dies kennzeichnet nach unserer heutigen Einschätzung zweifelsohne einen guten Herrscher. Des Weiteren zeigt sich ihre Milde [...]

Doch hat Elisabeth nicht nur die bisher gezeigte weiche Seite. Oft wird auch ihre harte, strenge Seite sichtbar. Dies ist z. B. [...]

1. Besprecht Aufbau, Inhalt und Stil des Erörterungsaufsatzes: Was ist gelungen? Was würdet ihr verbessern?

2. Setze den Aufsatz fort. Arbeite je ein weiteres Argument dafür aus, dass Elisabeth „mild“ bzw. „hart“ ist.

3. Besprecht eure Fortführungen des Hauptteils in der Klasse.

4 Fazit und Schluss einer literarischen Erörterung [Schülerbeispiele]

a) Es wurde deutlich, dass beide Herrschaftsprinzipien, das der Milde und das der Strenge, bei Elisabeth zum Tragen kommen.
Auffallend ist allerdings, dass sie v. a. dann Strenge walten lässt, wenn es um Maria, ihre Kontrahentin geht. Maria, die im Gegensatz zu ihr attraktiv ist, trifft mit ihrer Schönheit einen wunden Punkt bei Elisabeth. So unterschreibt sie das Todesurteil nicht nur, weil sie ihre Herrschaft bedroht sieht, sondern auch aus persönlicher Kränkung – ein Akt, der durchaus von Härte zeugt. Oder müsste man besser von Schwäche reden?

b) Die Frage, ob Elisabeth nun eine harte oder weiche Herrscherin ist, lässt sich nur sehr schwer bzw. situationsgebunden beantworten. Hinterfragt werden muss allerdings der in dieser Aussage mitschwingende negative Ton: Warum darf ein Herrscher nicht auch ein weiches Herz haben? Ist dies nicht vielmehr wünschenswert? Beantwortet man diese Frage positiv, dann muss man Elisabeth als gute Herrscherin betrachten, da sie nicht nur rational regiert, sondern sich auch von ihren Gefühlen und dem Wohl ihrer Mitmenschen leiten lässt – nur gegenüber Maria versagt sie in diesem Punkt.

c) Elisabeth hat zweifelsohne auch weiche Seiten in sich, gegen Ende des Dramas überwiegt aber ihre Härte. Diese mag sich in den Vordergrund drängen, da sich bei Elisabeth mit den Herrschaftsprinzipien auch die Machtfrage verbindet: Ist sie schwach oder stark? Sie sieht ihre Stärke als Herrscherin dadurch bedroht, dass sie eine Frau ist und in diesem Rollenklischee gefangen empfindet sie auch ein weiches Herz als Schwäche. Sie versucht von Anfang an, das geschlechtsspezifische Rollenbild zu widerlegen, und kann bis zum Schluss die beiden Sphären Herrscherin und Frau nicht ausgewogen miteinander vereinen.

4. Unterscheide bei den drei Beispielen jeweils zwischen dem Fazit des Hauptteils und einem weiterführenden Schlussgedanken.

5. a) Verfasse einen kurzen Kommentar zu allen drei Varianten.
b) Begründe, welcher Schluss dich am meisten überzeugt.

Das klassische Drama

Der griechische Philosoph Aristoteles (389–323 v. Chr.) verfasste eine Theorie der antiken Tragödie, bei der er eine **Einheit von Ort, Zeit und Handlung** betonte. Dieser **Dramentyp des geschlossenen Dramas** prägte unterschiedliche Literaturepochen. Die vollendete Ausprägung der geschlossenen Form erfolgte in den sog. klassischen Literaturepochen: der griechischen Klassik (im 5. Jh. v. Chr.) durch Sophokles mit Tragödien wie *König Ödipus* und *Antigone* ebenso wie in der Weimarer Klassik (um 1800) durch Goethe (z. B. *Iphigenie auf Tauris*) und Schiller.

Volker Klotz äußert sich in seinem Werk „Geschlossene und offene Form im Drama" (Hanser 1962) wie folgt: „Äußerer Kampf der Gegner, innerer Kampf des Gewissens und der Leidenschaften in klarer, übersichtlicher Gegnerschaft – das ist die eigentliche Begebenheit des geschlossenen Dramas; Kampf, Duell mit einem erkannten, profilierten Gegner, nach festen Spielregeln, [ist] die Grundfigur des dramatischen Geschehens. So bilden denn auch Kampf oder Duell häufig den Höhepunkt der Auseinandersetzung zweier Antagonisten." (Der Antagonist < gr. antagonistes = Gegenspieler: vor allem im Drama Gegenspieler des Haupthelden, des Protagonisten < gr. protagonistes = erster Kämpfer.)
Kennzeichnend für ein klassisches Drama der Neuzeit ist die **Einteilung in fünf Akte**, wobei jeder Akt eine bestimmte Funktion zu erfüllen hat (**Exposition – steigerndes Moment – Peripetie – retardierendes Moment – Katastrophe**). Zudem spielt die sog. **Fallhöhe** des Protagonisten eine wichtige Rolle. Als Fallhöhe bezeichnet der französische Theoretiker Charles Batteux den tragischen Fall eines Helden, der umso stärker empfunden werde, je höher dessen sozialer Rang sei. Deshalb waren noch im 18. Jahrhundert in der **Tragödie** die Hauptrollen den hochgestellten Personen vorbehalten (**Ständeklausel**), während das Personal der **Komödie** niederen Standes sein musste.

6. Begründe, warum Schillers Drama *Maria Stuart* ein Beispiel für ein „geschlossenes Drama" ist.

5 Inszenierung der „Maria Stuart" am Badischen Staatstheater Karlsruhe 2008

1. Betrachte die Bilder genau und ordne sie dann in den Handlungszusammenhang ein, indem du die Nummer des Aufzugs und des Auftritts sowie die Namen der Personen notierst.

2. Benenne Besonderheiten der Karlsruher Aufführung.

6 Andreas Jüttner: Monarchinnen-Machtkampf im Museum [Auszug aus einer Rezension]

Wenn das Theater mit seinen Klassikern im Multimedia-Zeitalter als verstaubtes Museum gilt, dann kann man einen Klassiker ja gleich in einem Museum spielen – oder? Timo Plaths Bühnenbild zu Boris von Posers Schiller-Inszenierung am Badischen Staatstheater Karlsruhe sieht jedenfalls aus wie ein Raum einer Ausstellung „Maria Stuart und ihre Zeit“: Gedämpftes Licht, schwarze Stellwände mit Bildern und Texten, leise dudelnde Dudelsackmusik (es geht ja um die Königin von Schottland) und in der Mitte eine große Vitrine, in der anmutig drei Damen lagern, gewandet in ausladende Röcke mit Schottenkaros (Kostüme: Ursina Zürcher), platziert vor der Postertapete einer wildromantischen Landschaft mit den „grauen Nebelbergen“ von Marias Reich. Ein eigenwillig-ästhetisches, ruhiges Bild, das Neugier verbreitet. Wie wird sich in diesem Umfeld die Tragödie der schottischen Ex-Herrscherin, die vom Parlament ihrer englischen Halbschwester Elisabeth wegen angeblichen Hochverrats zum Tod verurteilt wird, wohl abspielen?

Gut drei Stunden später lautet die Antwort: Ziemlich genau so wie ohne Museum. Denn die Regie verzichtet darauf, das Spielpotenzial des stark gesetzten Raumes auszuloten. Zwar kommt Marias Bewacher hier als Museumswärter daher (schön tapsig: Georg Krause), der mal die Vitrine aufschließen und einen losgehenden Alarm abschalten darf. Doch seiner Gefangenen wie auch allen anderen elisabethanisch gewandeten Figuren gegenüber verhält er sich so, als sei er einer von ihnen, weshalb statt produktiver Reibung zwischen den arrangierten Bildern und dem gesprochenen Text bestenfalls unbefriedigende Irritation hervorgerufen wird.

[...] In Karlsruhe treibt das dramaturgische Konzept des musealen Ambientes dem Stück leider über weite Strecken die Dramatik aus, wenn man eher rätselt, warum Mortimer (Robert Besta) auch mal in eine Vitrine krabbeln und sich am Ende dort erschießen (statt erstechen) muss, warum Marias Bedienstete immer mal wieder frei herumlaufen und in einer Szene sogar die sonst von Geisterhand gesteuerten Musikeinspielungen (Nina Wurman/ Johannes Bartmes) kontrollieren, oder warum der für diesen Raum zuständige Wärter sich zwischendurch verzieht und die Figuren machen lässt, was sie wollen, bzw. was Schiller ihnen vorgeschrieben hat. (v 2008)

Das Bühnenbild

Die besondere Bedeutung des Bühnenbildes für eine Inszenierung spiegelt sich im Produktionsprozess: Der Bühnenbildner gehört zusammen mit dem Kostümbildner, dem Musiker und dem Dramaturgen zum Team, das den Regisseur von Anfang an bei dessen konzeptioneller Erarbeitung der Dramenvorlage begleitet und berät. Falls der Bühnenbildner auch die Kostüme erarbeitet (was oft der Fall ist), spricht man in der Theaterkritik von **Ausstattung**. Diese frühzeitige Vorarbeit (ca. vier Monate vor den Leseproben) ist notwendig, weil der maßstabsgetreue Bühnenentwurf in den Werkstätten des Theaters noch gebaut und dann auf der Bühne realisiert werden muss. Ähnlich wie bei den ganz unterschiedlichen Regiekonzepten unterscheidet man folgende Bühnentypen:

a) **Historisierende Bühnenbilder** waren im Theater der Nachkriegszeit noch häufig üblich. Das Königsschloss aus Shakespeares *Hamlet* lässt sich z. B. durch einen festlichen Kronleuchter oder eine üppige Tafel der Herrschenden räumlich symbolisieren.

b) Im Regietheater der 1990er-Jahre erfreuten sich **aktualisierende Bühnenbilder** verstärkter Beliebtheit, auch aus Abgrenzungsgründen gegen ein als „verstaubt" begriffenes Werkverständnis. So ließ das Hamburger Schauspielhaus Anfang der 1990er-Jahre eben jenen Hamlet sein berühmtes Gespräch mit dem verstorbenen Vater in einem riesigen, auf der Bühne vorhandenen Radarspiegel führen.

c) Im Gegenwartstheater dominiert mittlerweile das **abstrahierende Bühnenbild**. Es versucht, aus der Raumnot des Theaters eine Tugend zu machen: Wenige Vorgaben symbolisieren notwendige äußere Handlungssituationen, wie etwa ein Notausgangsschild den Katastrophencharakter der Handlung oder ein Rechteck mit Kreide auf dem Boden das Dachgeschoss eines Hochhauses, von dem zwei Todeskandidaten springen wollen. Das Hauptaugenmerk kann so auf die **innere Handlung** gelegt werden: Schiefe Ebenen als Sinnbild für tragische Fallhöhe; verengte Räume, in denen sich die Figuren immer weniger bewegen können, als Chiffre für zunehmend eingeschränkte Handlungsmöglichkeiten. **Abstrakte Spielorte** ermöglichen nicht zuletzt den effektiven Einsatz von Licht und Schatten und lassen der Fantasie der Zuschauer freien Lauf.

a) Die Hochzeit des Figaro, Straßburg 2008

b) Woyzeck, Berlin 2003

c) RÄUBER, Freiburg 2005

7 Benjamin Henrichs: Rezension einer Aufführung in Bremen, 1978 [Auszug]

Langsam, wie in Trance, schreiten die beiden Königinnen zur Rampe, keine wagt es, zur Seite zu blicken, die andere anzuschauen. Dann ein zögerndes, angstvolles Umwenden, ein endloses Anstarren, ein gelähmtes Schweigen. Dann, als seien sie Wesen von zwei verschiedenen Sternen, fassen die beiden einander ungläubig an, wie fassungslos jede, dass auch die andere ein Mensch ist aus Fleisch. Einen Moment lang scheinen sich Hass und Angst zu lösen, entsteht eine seltsame, schöne Schwesterlichkeit zwischen den beiden Frauen – die dann abrupt in Jähzorn wieder umschlägt: Elisabeth schleift die Stuart wie eine große Puppe über den Bühnenboden, schmiert ihr Lippenstift ins Gesicht, reißt ihr, höhnisch keifend, das Kleid von den Schultern. Dabei gelingt es Brieger tatsächlich, beide Seiten der Affäre zu beschreiben, die erhabene und die lächerliche: den Endkampf zweier Königinnen, das Gezänk zweier Dirnen.

8 MaWozniak: Rezension zur Inszenierung an der Schaubühne Berlin, 2006 [Auszug]

Es wurde aber auch die Rolle beider Frauen in einer Männerwelt nicht thematisiert. Ein positiver Zuschauerinnenkommentar meinte, die Schlussworte zeigen einen typischen Mann, so etwas würden die Männer heute immer noch machen. Ja, genau deswegen hat Schiller das Stück auch geschrieben. Nur, warum waren die Frauen so schwach dargestellt, obgleich sie doch zu ihren Waffen der Frau (die sie ja zur Genüge einsetzen mussten) auch noch die legitime Macht hatten? Warum musste sich Elisabeth wie ein Kind bevormunden lassen und hysterisch schreien und Maria die Psychopathin mimen? Was macht die angebliche Überlegenheit der Männer aus? Hätte man damit nicht mal arbeiten können? Für Perceval war die Dreiecksbeziehung zwischen Maria, Elisabeth und Leicester das Wichtigste, also die Liebe. Aber: Die Königinnen sind doch eben nicht zur freien Liebe legitimiert! Das Emanzipatorische nur in diesem Punkt zu sehen, ist eine typische Sicht, die aber das Stück nicht allein ausmacht. Natürlich steht die Liebe für das Emanzipatorische (ein Paradox), aber woran leiden denn die Frauen, wovon müssen sie sich denn emanzipieren? Ein gutes Wort hat Perceval nun doch gesagt, dass nämlich den Menschen das Gewissen vom Tier unterscheidet. Demnach muss das auch das tragische Moment für Elisabeth sein, dass sie Maria tötet, weil sie die Buhlerin, die Gejagte aus der Welt schaffen will (sie handelt eben nicht aus Staatsräson), dass sie aber immer ihr Gewissen mit sich herumtragen muss.

1. Beschreibe die in den Rezensionen erkennbare Akzentsetzung der Regisseure Brieger und Perceval.

2. a) Besprecht, was den Rezensenten A. Jüttner (Text 6) am Regiekonzept der Karlsruher Inszenierung stört.

b) Notiert eigene Regieeinfälle, die zu dem gewählten Raum Museum passen.

3. Überlegt, welche Räume zu den Inszenierungen in Bremen und Berlin passen.

II. Ein klassisches Drama als Projektionsfläche für Zeitgeschichte – Elfriede Jelineks „Ulrike Maria Stuart"

1. Vorbereitungen – Den geschichtlichen Hintergrund eines Stückes erschließen

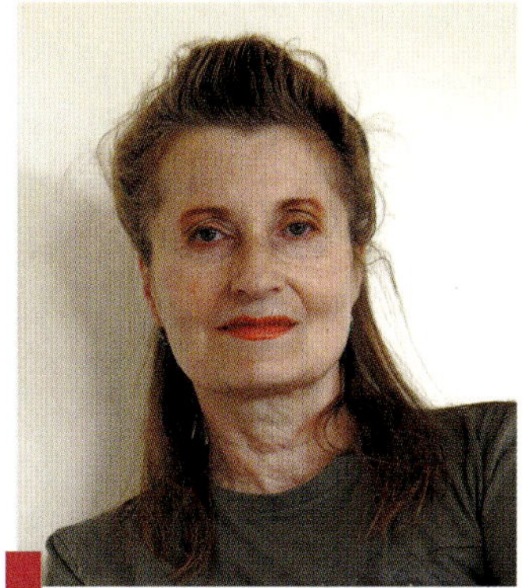

Elfriede Jelinek *(* 20.10.1946) ist eine österreichische Schriftstellerin, die in Wien und München lebt. E. Jelinek studierte in Wien Theaterwissenschaften, Kunstgeschichte und Musik. Seit 1966 arbeitet sie als freie Schriftstellerin. In ihren Werken übt sie u. a. Kritik an der kapitalistischen Lebensauffassung und setzt sich für die unterprivilegierten Schichten ein. Für ihre Werke erhielt sie zahlreiche Auszeichnungen, darunter 2004 den Nobelpreis für Literatur.*

1 Elfriede Jelinek (*1946): Sprech-Wut – ein Vorhaben (1)

An den Schiller'schen Dramen interessiert mich am meisten diese Sprech-Wut der Personen. Ich will ihnen sofort meine eigene Wut dazulegen, es ist ja, als warteten sie nur darauf, immer noch mehr Wut aufzusaugen. Die Figuren Schillers sind immer sozusagen aufgeladen. Ihre Armut kann noch verarmen, ihr Reichtum verreichern, er verrichtet dann Entsetzliches, weil er zu Missbrauch einlädt. Ich möchte mich so gern in Schillers „Maria Stuart" hineindrängen, nicht um sie zu etwas andrem aufzublasen wie einen armen Frosch, der dann platzt, sondern um mein eigenes Sprechen in diese ohnehin schon bis zum Bersten vollen Textkörper der beiden großen Frauen, dieser Protagonistinnen, auch noch hineinzulegen. Bis man mit vollem Mund spricht, alles davonsprüht, und man endlich weiß, warum man eben nicht mit vollem Mund sprechen sollte. Es ist unpraktisch. Diese wunderbaren Streitereien zwischen den beiden, von denen jede ihr Ich auf unerträglichste, uneinträchtigste Weise zum Fenster der Bühne in die Zuschauer hinausschmeißt! Ich möchte da gleich mitfliegen. Ich denke mir, dass zwei Frauen wie sagen wir mal Ulrike Meinhof und Gudrun Ensslin diese Aufgabe für mich übernehmen könnten. Ulrike wäre Maria, Gudrun Elisabeth. Und sie könnten den Abgrund im Theater, in dem sonst die Leute sitzen, den Zuschauerraum, mit ihrem Flug auffüllen. [...]

1. E. Jelinek spricht von „Sprech-Wut" (Z. 1) der Schiller'schen Figuren:

a) Suche hierfür Beispiele in Schillers Drama (vgl. S. 264 ff.).

b) Tauscht euch über eure Ergebnisse aus.

2 Ein Fahndungsplakat

E. Jelinek stellt die Person auf dem Fahndungsplakat in den Mittelpunkt ihres Stückes *Ulrike Maria Stuart.*

1. Lest das Plakat und fasst zusammen, warum Ulrike Meinhof 1970 gesucht wurde.

2. a) Tragt Gründe zusammen, warum die Terroristin als Hauptfigur eines Stückes interessant sein könnte.

b) Tauscht euch über einen möglichen Konflikt aus, der im Zentrum eines Dramas stehen könnte.

MORDVERSUCH
in Berlin
10.000 DM BELOHNUNG

Am Donnerstag, dem 14. Mai 1970, gegen 11.00 Uhr wurde anläßlich der Ausführung des Strafgefangenen ANDREAS BAADER in Berlin-Dahlem, Miquelstr. 83, und seiner dabei durch mehrere bewaffnete Täter erfolgten Befreiung der Institutsangestellte Georg Linke durch mehrere Pistolenschüsse lebensgefährlich verletzt. Auch zwei Justizvollzugsbeamte erlitten Verletzungen.

Der Beteiligung an der Tat dringend verdächtig ist die am 7. Oktober 1934 in Oldenburg geborene Journalistin

Ulrike Meinhof

geschiedene ROHL.

Personenbeschreibung: 35 Jahre alt, 165 cm groß, schlank, längliches Gesicht, langes mittelbraunes Haar, braune Augen.

Die Gesuchte hat am Tattage ihren Wohnsitz in Berlin-Schöneberg, Kufsteiner Str. 12, verlassen und ist seitdem flüchtig. Wer kann Hinweise auf ihren jetzigen Aufenthalt geben?
Für Hinweise, die zur Aufklärung des Verbrechens und zur Ergreifung der an der Tat beteiligten Personen führen, hat der Polizeipräsident in Berlin eine Belohnung von 10.000.- DM ausgesetzt. Die Belohnung ist ausschließlich für Personen aus der Bevölkerung bestimmt und nicht für Beamte, zu deren Berufspflichten die Verfolgung strafbarer Handlungen gehört. Ihre Zuerkennung und Verteilung erfolgt unter Ausschluß des Rechtsweges.
Mitteilungen, die auf Wunsch vertraulich behandelt werden, nehmen die Staatsanwaltschaft in Berlin, 1 Berlin 21, Turmstr. 91 (Telefon 35 01 11) und der Polizeipräsident in Berlin, 1 Berlin 42, Tempelhofer Damm 1 - 7 (Telefon 69 10 91) sowie jede andere Polizeidienststelle entgegen.

Berlin im Mai 1970

Der Generalstaatsanwalt
bei dem Landgericht Berlin

Literaturtipp:

Bei Stücken, die auf einem historischen Hintergrund basieren, ist es notwendig, sich auch als Zuschauer in diesen Hintergrund einzuarbeiten – denn sonst kann man die Handlung nicht verstehen.
Wie man bereits am Titel erkennen kann, bezieht sich Jelineks Stück auf Schillers Drama *Maria Stuart* – allerdings projiziert sie die Handlung auf Deutschland in der Zeit von 1969–1998, die Zeit der Roten Armee Fraktion (RAF).

3 Die Rote Armee Fraktion (RAF)

Die **Rote Armee Fraktion (RAF)** war eine terroristische Gruppierung, die in der Zeit von 1969 bis 1998 in der Bundesrepublik Deutschland operierte, bevor sie sich wegen Erfolglosigkeit ihrer Aktionen selbst auflöste. Am Ende der 60er-Jahre veränderte die **Studentenbewegung** die politische und gesellschaftliche Landschaft der Bundesrepublik. Die Studenten traten für eine freiheitlichere und demokratischere Gesellschaft ein. Kritisiert wurde nach 25 Jahren, in denen die CDU den Bundeskanzler gestellt hatte, die konservative Atmosphäre. Die Studenten forderten zudem die Gesellschaft und ihre Repräsentanten auf, sich endlich offen und ehrlich mit der Hinterlassenschaft des Dritten Reichs auseinanderzusetzen, was bis dorthin noch nicht geschehen war. So geriet die Bundesrepublik immer wieder in den Verdacht, an einer wirklichen Aufarbeitung nicht wirklich interessiert zu sein. Viele Studenten vertraten zudem basisdemokratische, sozialistische und kommunistische Ideale. Große Konzerne und der Kapitalismus als Wirtschaftssystem wurden als Urheber von Unfreiheit und Unterdrückung verstanden.

Zu Beginn der 70er-Jahre verlor die Studentenbewegung auch wegen fehlender organisatorischer Möglichkeiten an Durchschlagskraft. Ihre Anhänger überlegten, auf welchen Wegen sie ihre Ziele in Zukunft verwirklichen könnten. Die sowieso in ihren Zielen wenig einheitliche Bewegung spaltete sich auf, ihre Mitglieder gingen getrennte Wege. So gründeten sich zum Beispiel im Jahr 1979 DIE GRÜNEN als politische Partei, die Ideale der Studentenbewegung aufgriffen, dazu aber vor allem ökologisch geprägte Intentionen ins Parteiprogramm aufnahmen.

Andere dagegen verweigerten sich der Möglichkeit, über legale politische Organisationen Einfluss auf Veränderungen in Politik und Gesellschaft zu nehmen. Die **Mitglieder der RAF** waren der **Überzeugung**, dass das System der Bundesrepublik nicht mit legalen und gewaltfreien Mitteln zu verändern sei. Für die RAF war die Bundesrepublik Ausdruck eines tyrannischen und ausbeuterischen Systems, das seine Bürger wie in einem faschistischen Staat unterjochte. Das Wirtschaftssystem des Kapitalismus war für die Mitglieder der RAF Grundlage der Unterdrückung der Bürger der Bundesrepublik. Der Staat galt den Terroristen als postfaschistisch, letztendlich also als in seiner Wertigkeit eine Verlängerung oder Fortsetzung des nationalsozialistischen Regimes. In Anlehnung an andere revolutionäre Denker und Aktivisten wie Marx, Lenin und Trotzki waren die Mitglieder der RAF fest davon überzeugt, dass das System der Bundesrepublik gewaltsam beseitigt werden müsse. Sie gingen davon aus, dass durch ihre gewaltsamen Aktionen später auch weitere Teile der Bevölkerung die Notwendigkeit erkennen würden, gegen den Staat und seine Organe vorzugehen und einen revolutionären Umsturz zu begleiten. Die Terroristen dachten in vieler Hinsicht nicht im Sinne der Bevölkerung der Bundesrepublik, fanden aber vor allem im linken politischen Spektrum viele Sympathisanten.

3. Lies den Text über die RAF sorgfältig.

4. a) Verteilt die am Textrand angegebenen Rechercheaufträge in der Klasse.

b) Haltet eure Ergebnisse schriftlich fest.

c) Präsentiert eure Ergebnisse, z. B. in Form einer Ausstellung.

Recherche: Studentenbewegung
– Chronologie
– Ziele
– Vertreter
– Orte
Interview eines Politikers, der damals aktiv war (z. B. Bundeskanzler Schmidt)

Recherche und Analyse:
Jargon der RAF – Sprachliche Analyse eines typischen Bekennerschreibens

Recherche:
– Ideologie des Marxismus, Sozialismus
– Lenin als revolutionärer Aktivist, der die Theorien umsetzt

Recherche:
Organisation und Struktur der RAF

Um unbeobachtet und geheim operieren zu können, mussten die Aktivisten der RAF in den **Untergrund** gehen. Sie mieteten geheime Wohnungen an und überfielen Banken, um sich Geld zu beschaffen. Ihre angeblich politischen Aktionen richteten sich zunächst gegen Sachen. Die erste für Aufsehen sorgende Aktion war ein Brandanschlag auf zwei Frankfurter Kaufhäuser im Jahr 1968. Später richteten sich die Aktionen auch direkt gegen Menschen, die die RAF für Vertreter des von ihnen verhassten Systems hielt.

Recherche:
– Gudrun Ensslin
– Andreas Baader
– Ulrike Meinhof

Die **erste Generation der RAF** wurde im Laufe der frühen 70er-Jahre inhaftiert. Im Stuttgarter Stadtteil Stammheim wurde ein Gefängnis zum Hochsicherheitstrakt umgebaut. Trotz der Inhaftierung führender Mitglieder ihrer Gruppe, zu denen **Gudrun Ensslin, Andreas Baader und Ulrike Meinhof** gehörten, existierte die RAF weiter. Im Laufe der 70er-Jahre wurde der Kampf des Staates gegen die RAF immer schärfer.

Recherche:
– Maßnahmen und Vorgehen der Regierung und des Staates gegen die RAF (Isolationshaft, Kontaktsperrengesetz, Änderung der Strafprozessordnung, …)

Die Regierung um Bundeskanzler Schmidt (SPD) weigerte sich, den Terroristen mit Zugeständnissen entgegenzukommen. Die Unnachgiebigkeit und Härte, mit der der Staat und die Polizei gegen die Terroristen vorging, war umstritten. Seinen Höhepunkt erreichte der deutsche Terrorismus im sogenannten **Deutschen Herbst** im September und Oktober 1977. Sympathisanten der inhaftierten Terroristen entführten den Arbeitgeberpräsident Hans-Martin Schleyer und hielten ihn als Geisel. Sie forderten die Freilassung ihrer Gesinnungsgenossen im Stammheimer Gefängnis. Da die Bundesregierung nicht auf die Forderungen der Entführer einging, sollte der Druck auf die Bundesregierung erhöht werden. Zu diesem Zweck entführten arabische Terroristen die Lufthansa-Maschine „Landshut“. In Mogadishu konnte die GSG 9, eine Spezialeinheit der deutschen Polizei, die Passagiere befreien. Wegen des Scheiterns dieser Aktion begingen noch in derselben Nacht die inhaftierten Mitglieder der RAF (Andreas Baader, Gudrun Ensslin und Jan Carl Raspe) in Stammheim Selbstmord. Ulrike Meinhof hatte sich bereits ein halbes Jahr zuvor in Stammheim erhängt, nachdem es zu schweren Konflikten zwischen ihr und Gudrun Ensslin

Recherche:
– Hintergründe der Flugzeugentführung, genauer Ablauf
– weitere Aktionen der RAF

gekommen war. Der entführte Hans-Martin Schleyer wurde kurz darauf tot aufgefunden. Als **zweite RAF-Generation** werden jene deutschen Linksterroristen bezeichnet, die als Nachfolger der Baader-Meinhof-Gruppe in der zweiten Hälfte der 70er-Jahre aktiv gewesen sind (unter anderem Christian Klar, Brigitte Mohnhaupt). Auch deren Mitglieder wurden Anfang der 80er-Jahre verhaftet. Über die Mitglieder und die Organisation der **dritten Generation** weiß die historische Forschung bisher am wenigsten, die Aktionen im Sinne der RAF wurden bis in die 90er-Jahre weitergeführt. Erst im Jahr 1998 lösten die verbliebenen Mitglieder die Gruppe auf.

Recherche:
– Personen und Aktionen der zweiten Generation

Recherche:
RAF-Mitglieder der dritten Generation

Einen Sachtext auswerten

Im Rahmen einer Recherche gibt es bei der Auswertung von Texten mehrere Möglichkeiten, um wesentliche Informationen zu filtern.

Markieren:
Textmarkierungen erleichtern durch Hervorhebungen, Annotationen und grafische Zeichen die inhaltliche und formale Erfassung eines Textes.

Paraphrasieren:
Zentrale Aussagen eines Sachtextes werden in knapper, übersichtlicher Form in eigenen Worten zusammengefasst. Wichtig: Fundstelle notieren!

Exzerpieren:
Informationen eines Textes werden ganz gezielt unter einer bestimmten Fragestellung ausgewählt und in einer knappen Übersicht, häufig stichwortartig, zusammengestellt. Dabei können Zusammenhänge durch Skizzen oder eine schematische Darstellung verdeutlicht werden.

2. Vor, während und nach der Aufführung – Ein Stück kommt auf die Bühne

Der Inszenierung einer dramatischen Idee am Theater geht ein sehr langer Prozess voraus: Angefangen bei der Textauswahl über die Auswahl der Schauspieler, deren Vertrautwerden mit den Figuren und dem Stoff, Entwürfen zum Bühnenbild, die Requisite, die Maske und natürlich viele Proben bis hin zur Aufführung. Bettina Weiler, Intendantin am Karlsruher Staatstheater, gab den Schauspielern zur Vorbereitung auf die Proben folgenden Text:

1 Bettina Weiler: Erste Annäherung an „Ulrike Maria Stuart“

30 Jahre Deutscher Herbst – der öffentlichen RAF-Aufarbeitungsdebatte kann sich längst niemand mehr entziehen, und Literaturnobelpreisträgerin Elfriede Jelinek „wirft eben ein Stück Literatur dazu“ (Jelinek). Bereits der Titel ihres „Königinnendramas“ assoziiert: Es geht um Ulrike Meinhof und es geht um Schillers Maria Stuart. Zwei Themen, die man nicht unbedingt sofort miteinander in Verbindung bringen würde. Bereits beim ersten Lesen entsteht so etwas wie eine Ahnung davon, warum Jelinek die Publikation des Stücks ausdrücklich untersagt und es ausschließlich zur Inszenierung freigibt. Die Texte werden erst lebendig, wenn man sie mit Theater konfrontiert und dabei ist alles erlaubt: Die Autorin gibt ihren Text völlig frei nach dem Motto „macht damit, was ihr wollt“. In einer Art Regieanweisung weist Jelinek jedoch ausdrücklich darauf hin, dass die Figuren nicht mit sich selbst identisch sind, obwohl sie den Text – im Gegensatz zu ihren letzten Stücken – Figuren zuordnet.

Und tatsächlich lassen sich zwischen Jelineks Ulrike und Gudrun und den Schiller'schen Dramenfiguren Maria Stuart und Elisabeth hinsichtlich ihres Kampfes um Macht Ähnlichkeiten finden. Doch die Gemeinsamkeit der beiden Dramen besteht weniger auf inhaltlicher Ebene, denn im Umgang mit Ereignissen und Personen der Geschichte. Auch Schiller wollte kein historisches, sachlich verbürgtes Drama schreiben, sondern sah im geschichtlichen Stoff vielmehr das Material seiner poetischen Freiheit.

„Wer spricht hier eigentlich?“, könnte als Motto über dem gesamten Abend stehen; es gibt keine Charaktere, denn „der Charakter des Einzelnen zählt nur wenig, die Verhältnisse zählen viel mehr“ (Jelinek), und auch das Zeitgefüge scheint nicht festgelegt. Jelinek springt willkürlich durch verschiedene historische Zeiten, verknüpft die unterschiedlichsten Perspektiven und Haltungen. Nicht der Handlungsablauf steht im Vordergrund, sondern die Aussage. Jelineks literarische Sprache erfordert eine andere Art und einen anderen Zugang des Verstehens, sie erzählt nicht aus erster Hand, sondern schöpft ihre Realität und ihr Wissen vor allem aus dem Fernsehen. Die Bedeutung einer Quelle liegt für sie nicht in der Beschreibung dessen, was war, sondern darin, wie es aufgeschrieben ist. Struktur in den nicht enden wollenden Textflächen der Originalfassung geben oft einzig die zahlreich vorhandenen Zitate von Schiller, Shakespeare, Büchner, RAF-Kassibern und vielen anderen mehr, die im Text jedoch nicht als solche gekennzeichnet sind. Fast der komplette Dialog zwischen Schillers Maria Stuart und Elisabeth I. ist in „Ulrike Maria Stuart“ wiederzufinden. Jelinek benutzt diese Zitate auch als eine Art formale Stütze, die sie einsetzt, wenn der Sprech- bzw. Schreibfluss zu weit ausufert.

In ständigen Vor- und Rückgriffen auf Ereignisse im Leben Ulrike Meinhofs während ihrer Zeit in der RAF wird nicht nur der Anspruch auf Macht zweier konkurrierender Frauen thematisiert, sondern auch die Frage nach der Vereinbarkeit von Mutterschaft und politischer (radikaler) Tätigkeit.

Jelineks Texte fordern heraus – zum Kampf mit der Sprache genauso wie zur Stellungnahme. „Ulrike Maria Stuart“ liefert keine Wertung der Autorin, was die Geschichte des deutschen Terrorismus angeht. Jelinek verarbeitet im Grunde (auch) ihr eigenes vergangenes politisches Engagement. Dabei gelingt es ihr, fiktiv eine Lücke zu füllen – indem sie diejenigen Personen zu Wort kommen lässt, deren Stellungnahmen in der heutigen Debatte vielleicht fehlen: die Mitglieder der ersten Generation Ulrike Meinhof, Gudrun Ensslin und Andreas Baader, die sich als Untote an ihre terroristischen Aktionen und Motive erinnern und über ihre damaligen Vorstellungen im politischen bewaffneten Kampf reflektieren. (e 2007)

1. Excerpiere anhand des Textes den Konflikt, zentrale Inhalte und Besonderheiten des Stücks.

2. Stelle dir vor, du bist einer der Schauspieler bzw. eine der Schauspielerinnen. Formuliere Fragen an die Regisseurin zur bevorstehenden Produktion.

2 Elfriede Jelinek (*1946): Sprech-Wut – ein Vorhaben (2)

Auch die Autorin hat sich selbst zu ihrem Stück *Ulrike Maria Stuart* geäußert:

[...] Es wird geredet und geredet in meinen Theater-Vorstellungen. Es wird nichts als geredet, und die Redenden warten sofort, kaum haben sie ausgesprochen (nicht: sich ausgesprochen), darauf, dass noch mehr Rede ankommt, die sie gleich weitergeben können. Was sollte auch sonst kommen? Sie haben ja nichts zu erwarten. Sie bestehen ja nur aus Sprechen, diese Menschenblasen. Ich bediene mich an der Ankunft von Schillers Personal, es ist geschultes Personal, daher kann ich mich immer an ihm bereichern, wenn ich ihm nur sein Trinkgeld gebe. Dieses Personal schafft mir gewiss Mehrwert. Je mehr Schiller getan hat, desto weniger muss ich tun. Ich nehme mir sein Schweigen genauso, ich schmücke mich damit, nur kommt das seltener vor. Daher: als Schmuck besonders geeignet. Sogar das Schweigen entspringt jedoch den Figuren, kaum dass sie es über die Lippen gebracht haben. Dieses manische Sprechen, das die Weite eines Text-Auslaufraums erst erzeugt! Wohin sollen denn die Figuren mit ihrer Wut, mit ihrer Wucht? Schiller habe ich mir ausgesucht als, nein, nicht als Hirten, als Führer schon gar nicht, denn wie könnte er mich irgendwohin führen, in irgendeinen Raum, den er selbst ja durch Sprechen erst geschaffen hat? Und selbst in dieser Leere, in die unaufhörlich hineingesprochen wird, nicht, damit sie gefüllt werde, wieder mit Sprechen natürlich, nein, auch nicht mit widernatürlichem Schweigen, weil mir Schweigen auf der Bühne sofort auf den Geist geht, also gegen meine Natur, sondern damit diese Leere sich als Leere überhaupt erst konstituieren kann. Und in dieser Leere tritt dann, als Hauptdarstellerin, die Ruhe auf, die nie eintritt, sondern eben: auf. Ich meine damit, dass nicht die Ruhe das Ziel dieses unaufhörlichen Sprechens ist, dass dieses Sprechen nicht gestillt werden soll wie eine Blutung aus einem lebenswichtigen, verzweifelt um Sauerstoff pulsierenden Organ, sondern die Ruhe soll erreicht werden, indem sie gerade nicht erreicht wird, sondern immer nur fast. Man spürt, das Schweigen, endlich, ist das Ziel, aber es wird immer nur fast erreicht. Nicht dass es verfehlt würde, dass man am Ziel vorbeischießen würde, das vielleicht auch, denn wenn so viel gesprochen wird wie in meinen Texten, dann schießt das meiste ohnehin gezwungenermaßen am Ziel vorbei; die Ruhe ist vielleicht ein ersehnter Zustand, der aber mehr als ersehnt wird, eben ganz nüchtern: angestrebt. Aber das Schweigen kann nicht erreicht werden, auch wenn man mit lautem Trara in die Stille einzieht, damit sich die Stille von dem dauernden Gerede schön abhebt. Es herrscht also nur selten Schweigen, was ich auch einfacher hätte sagen können; die Figuren sprechen aufeinander ein, als gälte es ihr Leben. [...] Schiller zieht da immer alle Register, damit die Personen der Stücke in ihr aufbereitetes, beredtes Schweigen nicht hineinfallen (weil sie „davon“ nicht sprechen können und daher „darüber“ schweigen müssten), sondern das Schweigen mit dem Sprechen aufgefüllt wird. Es wird den Personen der Dramen nicht überlassen, ob sie über etwas sprechen oder schweigen wollen, ob sie etwas ahnen, andeuten oder skizzieren wollen. Sie sprechen über alles, auch wenn sie nicht sprechen, fortwährend. Die Wesen, die nach Wahrheiten tasten, greifen ineinander, das Getriebe treibt es mit sich selbst, indem es sich in den Widerpart, den Anderen, hineinschraubt. Diese Personen sind Getriebene, weil sie sprechen müssen. Sie haben nicht die Wahl. Wie das Tier, das auch nicht die Wahl hat und schweigen muss. Die Figuren haben die Wahl. Daher müssen sie sprechen und auch noch das Schweigen sprechen. Es geht nicht anders. Die Natur fürchtet die Leere und trachtet sofort danach, sie wieder aufzufüllen. Sie haben keine andre Möglichkeit, diese Figuren. Und die, die sie vielleicht haben könnten, nehme ich ihnen jetzt und sage: Sprechen Sie nach dem Signalton, aber sprechen Sie auch sonst immer, damit Sie den Signalton nicht hören müssen oder damit Sie ihn besonders deutlich hören können, weil er sich abhebt von allem. Es ist ja sonst keiner da, der abheben könnte.

(v 2005)

3. Die Autorin gibt in diesem Aufsatz Einblick in die Entstehungsgeschichte von *Ulrike Maria Stuart*. Arbeite heraus, wie es dazu kam, dass sie Schiller als „Vorlage“ bzw. als „Projektionsfläche“ für ihr Stück ausgesucht hat.

4. E. Jelinek bekam 2004 den Literaturnobelpreis für „den musikalischen Fluss von Stimmen und Gegenstimmen in Romanen und Dramen, die mit einzigartiger sprachlicher Leidenschaft die Absurdität und zwingende Macht der sozialen Klischees enthüllen“. Nenne Beispiele, mit welchen sprachlichen Mitteln E. Jelinek ihre Begeisterung für ihr Thema zum Ausdruck bringt.

3 Fotos der Karlsruher Inszenierung 2007

1

1. a) Entnehmt den Fotos der Karlsruher Inszenierung Einzelheiten über das Regiekonzept. Beschreibt dazu
- das Bühnenbild,
- die Kostüme,
- die Gestik und Mimik,
- die Gruppierung der Personen.

b) Auf Bild 2 streicht sich Gudrun Ensslin (Anja Lechle) roboterhaft die Haarsträhnen aus dem Gesicht. Deutet diese sich immer wieder wiederholende Geste.

2. Formuliere Fragen zu den Bildern.

3. a) Vergleiche die auf den Fotos eingefangene Handlung mit Schillers *Maria Stuart*. Benenne Gemeinsamkeiten und Unterschiede.

b) Überlege, welche Szene in den Bildern dargestellt ist.

4. Was sagen die Figuren? Ordne den Figuren folgende Aussagen zu und begründe deine Wahl.

- „Es ist so sinnlos, alles sinnlos."
- „Ich glaube, du willst nicht mehr meine Schwester sein, so wie du dich äußerst."
- „Ach von mir aus, mach das doch und häng dich auf!"
- „Fahr zur Hölle Schwester!"
- „Einst war ich eine Königin wie du, doch wie hast du zu mir gesprochen?"
- „Auch wenn es mir recht schwerfällt, Stolz, fahr hin."
- „Schluchz, schluchz, wie ist das alles traurig."

4 Karlsruher Theaterfassung [Auszug]

Eine Besonderheit von Jelineks Stück besteht darin, dass die schriftliche Vorlage auf Wunsch der Autorin nicht publiziert werden darf, sondern nur den Regisseuren am Theater vorliegt. Diese wiederum dürfen mit Jelineks Stück *Ulrike Maria Stuart* machen, was sie wollen – was sie auch tun müssen, da die reine Lesezeit des Ursprungstextes sechs Stunden beträgt. Die Karlsruher Regisseurin sah nach eigenen Angaben die größte Schwierigkeit darin, den Text zumindest in Ansätzen zu dialogisieren. Im Folgenden ist ein Auszug aus ihren Ergebnissen abgedruckt.

3. Teilstück Sanctus[1]

und: action!

GUDRUN/ANJA *Mikro vorne:* Wer war es denn, der eine Tiefgebeugte uns hat angekündigt? Eine immer noch zu Stolze finden wir, vom Unglück keineswegs geschmeidig oder untertänig!

ULRIKE/LISA: Auch wenn es mir recht schwerfällt. Stolz, fahr hin. Ich will vor dir mich niederwerfen, Schwester, ja, das mach ich glatt, darauf kommt es mir nicht mehr an, den Boden unter meinen Füßen hab ich längst verloren.

GUDRUN/ANJA: Wir sind für vieles schuldig, auch uns selber sind wir vieles

---

1 das Sanktus: (< lat. sanctus = heilig): Lobgesang vor der Eucharistie in der katholischen Messfeier

schuldig noch geblieben, doch wir haben, und drauf bin ich stolz, das CIA-Hauptquartier und das Hauptquartier des 5. US-Corps angegriffen und auch das US-Hauptquartier in Heidelberg, na und, ein andres war da nicht. Ich und die Genossen, wir waren verantwortlich für die Aktionen der Kommandos, nur für eine warn wirs nicht, und das sage ich in aller Deutlichkeit: Der Angriff gegen diese große Zeitung, deren Namen ich nicht nennen muss, denn alle kennen ihn, wir distanzieren uns in aller Deutlichkeit, das warn wir nicht. Das ging voll in die Hose. Nur eine dumme Kuh wie du kann in ner Zeitung eine Gegnerin bekämpfen.

ULRIKE/LISA *Mikro vorne:* Als ich dir damals sagte, dass wir umsichtiger vorgehn müssten und mehr Sicherheitsmaßnahmen brauchten und nicht sinnlos von der einen Stadt in eine andre, fremdere noch, fahren könnten und Aktionen starten, ohne mit der Örtlichkeit vertraut zu sein, da hatte ich ganz sicher Recht, doch ihr habt nicht auf mich gehört, ihr wolltet immer vorwärts, doch ihr habt nie gesehn wohin. Dieses planlos Rennen, das ganze Hetzen, bloßer Aktionismus, von dem hat keiner jemals was gehabt. Es ist so sinnlos, alles sinnlos.

GUDRUN/ANJA: Ich glaube, du willst nicht mehr meine Schwester sein, so wie du dich äußerst. Du kommst an diesem Tag nicht zum Prozess, an dem ich mich von deinem Tun bezüglich dieser Zeitung da in aller Öffentlichkeit distanziere, und deshalb hängst du dich gleich auf.
Ach, von mir aus, mach das doch und häng dich auf!

ULRIKE/LISA: Gekrönt von deinem Sieg sei jetzt dein Haupt, es steht dir gut, fast besser als dein eignes Haar. Eine Gottheit bet ich an, die dich erhöht hat, oder auch den Teufel und ich küss die Erde unter deinen Füßen, wenn du an so etwas überhaupt Intresse hast. Sei bitte edelmütig, Schwester, vielleicht ja sogar großmütig, bittebitte!

GUDRUN/ANJA: Du nützt in der Zwischenzeit, bis auch wir sterben, gar nichts mehr, du bringst es nicht. Mach deine Fresse zu und bleib im Loch.

ULRIKE/LISA: Neinnein, ich versuchs noch mal, ein letztes Mal: Lass mich bitte hier nicht schmachvoll liegen, deine Hand, streck sie doch aus und reich mir deine königliche Rechte, Gudrun, ja, auch ich hab Rechte, aber du hast mehr davon, ich meine, du hast alle Rechte, und ich hab keine. Schluchz, schluchz, wie ist das alles traurig.
Gib mir die Hand, um mich im letzten Augenblick zu retten vor dem tiefen Fall in diese Schlinge, sie liegt lose um den Hals mir

ULRIKE/TERESA *holt Mikro auf schwebenden Tisch: (Lisa spricht nach und mit):* und erdrückt mich dort schon fast. Für mich ist das Zerwürfnis zwischen uns schon wie der Tod im Leben, denn ihr wollt nicht, dass ich noch zu euch gehöre, und damit verlier ich mich im Nichts.

GUDRUN/ANNIKA *holt Mikro auf schwebenden Tisch: (Anja spricht nach und mit):* Du bleibst an deinem Platz, den du dir selber ausgesucht, und der ist außerhalb von uns, Ulrike, das ist endgültig!
[...]

Ulrike/Teresa *(Lisa mit)*: Wenn du mich jetzt so unglaublich gemein behandelst, schändest du doch unsre eignen Taten, die das letzte sind, was uns noch bleibt, ach Gott im Himmel oder wer auch immer! Steh nicht da, so schroff und unzugänglich (Gudrun), du bist meine Schwester, steh nicht da wie eine Klippe, Ulrike/Timo *Tischmikro hinten (Lisa mit)*: Sag, weißt du noch, warum wir angetreten sind, der Dritten Welt zu helfen und damit auch uns in unsrer eignen Welt? Weißt du es überhaupt noch, schließlich ist so lang das her?

Gudrun/Annika *(Anja mit)*: Das ist es, was du mir zu sagen hast? Viel ist das nicht, das musst du selber zugeben.

Ulrike/Teresa *(Lisa mit)*: Wir kommen schließlich beide aus dem Pfarrhaus nicht demselben, aber beide, oder hast du das vergessen?

Ulrike/Timo *(Lisa mit)*: Wenn du mich anschaust mit dem Eisesblick, schließt sich das Herz mir schaudernd zu, der Strom der Tränen stockt, und kaltes Grauen fesselt mir die Worte in der Brust.

Ulrike/Lisa *ohne Mikro*: Mein Alles hängt, mein Leben, mein Geschick, an meinen Worten.

Ulrike/Timo *(Lisa mit)*: und Schreiben ist das Einzige, was ich noch habe, Schreiben und die Gruppe.

Ulrike/Lisa *ohne Mikro*: Nur manchmal noch hab Sehnsucht ich nach meinen Kindern, doch solche Anwandlungen von Schwäche werden von dir, Königin, ja ganz besonders attackiert.

Gudrun/Gunnar *(Anja mit)*: Du willst mich sprechen, doch wenn du mich dann siehst, so laberst du daher nur endlos, aber du sagst nichts.

Ulrike/Teresa: Du bürgerliche Fotze, nichts höre ich öfter als das Wort, das Blasen wirft.

Gudrun/Gunnar: Uns haben sie gekriegt, sie haben uns geschnappt, das Volk will uns, doch will es uns gefesselt und am liebsten tot und gargekocht, [...]

Gudrun/Anja *ohne Mikro*: für uns ist sie gelaufen, diese Sache, nur noch du bist da, bringen wir halt dich um, bevor du mit uns dasselbe machen kannst.

Ulrike/Teresa: Die RAF oder der Tod, sonst gibt es nichts mehr, denn ich weiß nicht, wann der Anfang war, wo bin ich hingekommen, wie soll ich mich meinen Worten, die so kläglich klingen, stellen,

Ulrike/Timo: denn du, meine Schwester, sollst doch ergriffen sein, nicht mich verletzen! Gott, gib meiner Rede Kraft und nimm ihr jeden Stachel, doch die Wahrheit bleibt, ich kann sie nicht mehr ändern,

Ulrike/Teresa: und die Wahrheit ist die Kapitulation.

[...]

Gudrun/Gunnar: Du hast dich ausschließlich nach Andreas und mir zu richten, das hab ich dir auszurichten.

Gudrun/Annika: Also halt die Fresse, bis du was verändert hast, oder geh zum Teufel, geh auch von mir aus zu dem Macker, den du hattest oder zu den Kindern, die sind auch nur eine Ware und nichts weiter,

1. a) Geht in Gruppen zusammen und bereitet den Text zur szenischen Lesung vor.

b) Sprecht auch darüber, warum eine Figur mit mehreren Schauspielern besetzt ist.

c) Spielt den Text vor.

2. a) Diskutiert, ob man hier von einem Dialog sprechen kann.

b) Benennt sprachliche Besonderheiten.

c) Sprecht darüber, worin der Unterschied zwischen literarischer Sprache und Alltagssprache liegt.

d) Zeigt auf, dass die Sprache hier ein eigenständiges Handlungselement ist.

3. Vergleiche diesen „Königinnenstreit" mit dem bei Schiller.

a) Suche die Originalzitate in Schillers Werk und vergleiche die Stilebenen.

b) Benenne Gemeinsamkeiten und Unterschiede.

4. Besprecht, ob diese moderne Umsetzung euer Interesse weckt.

5. Gestalte
- ein Infoblatt oder
- ein Plakat zu *Ulrike Maria Stuart*.

GUDRUN/GUNNAR: alles andre ist Fürsorge-Scheiße,

GUDRUN/ANJA *ohne Mikro:* fahr zur Hölle, Schwester!

ULRIKE/TERESA: du, Schwester, wirst dich an der Macht noch überheben, und du endest so wie ich, so viel kann ich dir heute schon versprechen.

ULRIKE/TIMO: Nenn mir meine Schuld, wenn du den Mut hast, oder schweig! Einst war ich eine Königin wie du, doch wie hast du zu mir gesprochen? Was hast du zu mir gesagt?

ULRIKE/TERESA: Du bist eine bürgerliche Fotze, das hast du zu mir gesagt, hast du das, ja oder nein? Und warst du denn was anderes? Es spricht die eine Königin zu einer andern, die sie wohl damit entthront hat, hast du das gesagt, ja oder nein?

GUDRUN/ANNIKA: Du warst doch schon tot, bevor du uns gesehn hast, meinen Andreas und mich, zum ersten Mal! Denn zwischen ihn und mir, da passt nicht mal ein Blatt Papier. Es ist dein Grundirrtum, dass du noch was beschreibst, es ist alles unbeschreiblich, solang Beziehungen der Menschen nichts als Waren sind wie all ihre Verhältnisse.

ULRIKE/TIMO: Du hast gesagt, da gibt es keinen Ausweg, keinen Ausweg, keinen für uns beide und auch keinen für je eine von uns zwein, denn wir müssen beide sterben.

ULRIKE/TIMO: Sieg oder Tod, RAF oder Tod, [...] (v 2007)

5 Andreas Jüttner: Requiem für eine Raserei [Auszug aus einer Rezension]

Interessiert sich das Publikum derzeit besonders dafür, wann und warum aus Unrechtsempfinden Gewalt erwächst? Oder kommt Jelineks Text, jüngst zum „Stück des Jahres" gewählt, gerade recht zum Erinnerungsauflauf anlässlich von 30 Jahren „Deutschem Herbst"?

[...] Crescentia Dünßer hat am Badischen Staatstheater Karlsruhe nun einen anderen, eindrücklich ernsthaften Tonfall gefunden. Die Regisseurin [...] lenkt die durch offene Denkschleusen schießende Wortvirtuosität der Literaturnobelpreisträgerin Jelinek in szenische Bahnen. Aus der Suada[1] über Machtverteilung und Mutterschaft, patriarchale Politik und weibliche Wut, Kampf und Konkurrenz destilliert sie ein Requiem, das von Streichtrio-Stücken der famosen Bühnenmusikerin Nina Wurman begleitet und strukturiert wird.

Dunkles Zentrum des Textes ist Ulrike Meinhofs Selbstmord im Mai 1976 (dem in der RAF-Todesliste elf Monate später die Ermordung von Generalstaatsanwalt Siegfried Buback in Karlsruhe folgte). Zu diesem Selbstmord wird Meinhof hier durch Gudrun Ensslin getrieben, die einen Spalt zwischen Meinhof und die Gruppe treibt. Über diese Linie zieht Jelinek die

---

[1] die Suada (< suadere = überzeugen, überreden): wortreiche Rede, Redeschwall

Verbindung zum Machtkampf zwischen Königin Elisabeth und Maria Stuart, der bekanntermaßen mit einem Todesurteil endete.

Wie in Schillers Drama, an dem Jelinek die „Sprech-Wut" der Personen schätzt, wird zunächst die Situation und Position von Ulrike/Maria vorgestellt. Darstellerin Lisa Schlegel sitzt im Hintergrund des fast leeren Raumes zwischen nackten Betonwänden (Bühne: Otto Kukla), weit entfernt von dem überdimensionalen Mittagstisch, wo ihre Kinder (Annika Martens, Teresa Trauth) die Suppe auslöffeln und auf das Tischtuch die Liste der 61 Toten der Jahre 1971 bis 1993 projiziert wird. Die „Väter" (Gunnar Schmidt, Timo Tank) beklagen die Verhältnisse durch abwandernde Arbeitsplätze und Wirtschaftskrise („Die Menschen sind überflüssig, nur flüssig sind sie leider nicht mehr") – doch wehe, eine Frau will eingreifen. Als Schlegel mit Meinhof-Perücke zum Mikrofon greift, wird sie weggeschubst. Und als sie einfach keine Ruhe geben will, fragt Schmidt mal ganz lakonisch ins Publikum: „Ist da denn keiner, der sie endlich liquidiert?" Was die Texte Schillers Elisabeth frappierend[1] mit manchem Stammtischgerede kurzschließt.

Im weiteren Verlauf machen Schüsse einen Polizisten (André Wagner) zum Engel, der lakonisch die Grundirrtümer der RAF erläutert, Gudrun Ensslin (Anja Lechle) erinnert sich mit königlich-roboterhaftem Haarsträhnestreichen an die Peinlichkeit ihrer Verhaftung in einer Boutique, die mediale Trennung von öffentlichem Bild und Person (bei Terroristen und Herrschern) wird per Video ebenso angedeutet wie die Unheilbarkeit der Wunden, wenn unter einer heutigen Aufnahme der Kreuzung, an der Buback und seine Begleiter starben, geisterhaft Bilder von damals durchschimmern. Auch darstellerisch glänzend zeigt der Abend, mit welcher stilistischen Bandbreite das Karlsruher Schauspiel Themen verfolgt, geht es doch [...] um das Scheitern von Utopien. Dünßers Inszenierung ist eine vielschichtige, herausfordernde Kritik, weder anbiedernd noch abfällig. Letzteres mag es dem Premierenpublikum erleichtert haben, das Schlusswort „Die Wütenden hört man nicht gerne an, man schämt sich ihrer immer" nicht zu bestätigen: anhaltender Applaus. (v 2007)

1. Entscheide, ob du nach dem Lesen dieser Rezension in das Stück gehen würdest.

2. Untersucht Aufbau und Sprache der Rezension (Textbelege!).

3. a) Halte fest, was du von einer Rezension erwartest.

b) Vergleicht eure Ergebnisse.

4. a) Beschreibe das Bild, das mit der Rezension in der Zeitung abgedruckt war.

b) Überlege, warum gerade dieses Bild zum Abdruck in der Zeitung ausgewählt wurde.

[1] frappieren (< frz. frapper = schlagen): in Erstaunen versetzen, befremden

III. Was soll das Theater? – Aristotelisches und episches Theater im Vergleich

1. Früher und heute – Theater sollte …!

1 Friedrich Schiller (1759–1805): Die Schaubühne als moralische Anstalt betrachtet [Auszug]

(Vorgelesen bei einer öffentlichen Sitzung der kurfürstlichen deutschen Gesellschaft zu Mannheim im Jahr 1784.)

Die Gerichtsbarkeit der Bühne fängt an, wo das Gebiet der weltlichen Gerichte sich endigt. Wenn die Gerechtigkeit für Gold verblindet und im Solde der Laster schwelgt, wenn die Frevel der Mächtigen ihrer Ohnmacht spotten und Menschenfurcht den Arm der Obrigkeit bindet, übernimmt die Schaubühne Schwert und Wage und reißt die Laster vor einen schrecklichen Richterstuhl. Das ganze Reich der Phantasie und Geschichte, Vergangenheit und Zukunft stehen ihrem Wink zu Gebot. Kühne Verbrecher, die längst schon im Staub vermodern, werden durch den allmächtigen Ruf der Dichtkunst jetzt vorgeladen und wiederholen zum schauervollen Unterricht der Nachwelt ein schändliches Leben. [...] So gewiss sichtbare Darstellung mächtiger wirkt, als todter Buchstabe und kalte Erzählung, so gewiss wirkt die Schaubühne tiefer und dauernder als Moral und Gesetze.

Aber hier *unterstützt* sie die weltliche Gerechtigkeit nur – ihr ist noch ein weiteres Feld geöffnet. Tausend Laster, die jene ungestraft duldet, straft sie; tausend Tugenden, wovon jene schweigt, werden von der Bühne empfohlen. Hier begleitet sie die Weisheit und die Religion. Aus dieser reinen Quelle schöpft sie ihre Lehren und Muster und kleidet die strenge Pflicht in ein reizendes, lockendes Gewand. Mit welch herrlichen Empfindungen, Entschlüssen, Leidenschaften schwellt sie unsere Seele, welche göttliche Ideale stellt sie uns zur Nacheiferung aus! [...]

Aber ihr großer Wirkungskreis ist noch lange nicht geendigt. Die Schaubühne ist mehr als jede andere öffentliche Anstalt des Staats eine Schule der praktischen Weisheit, ein Wegweiser durch das bürgerliche Leben, ein unfehlbarer Schlüssel zu den geheimsten Zugängen der menschlichen Seele. [Und] wenn sie die Summe der Laster weder tilgt noch vermindert, hat sie uns nicht mit denselben bekannt gemacht? – Mit diesen Lasterhaften, diesen Thoren müssen wir leben. Wir müssen ihnen ausweichen oder

begegnen; wir müssen sie untergraben oder ihnen unterliegen. Jetzt aber überraschen sie uns nicht mehr. Wir sind auf ihre Anschläge vorbereitet. Die Schaubühne hat uns das Geheimniß verrathen, sie ausfindig und unschädlich zu machen. [...]
Nicht bloß auf Menschen und Menschencharakter, auch auf Schicksale macht uns die Schaubühne aufmerksam und lehrt uns die große Kunst, sie zu ertragen. [...] Aber nicht genug, dass uns die Bühne mit Schicksalen der Menschheit bekannt macht, sie lehrt uns auch gerechter gegen den Unglücklichen sein und nachsichtsvoller über ihn richten. Dann nur, wenn wir die Tiefe seiner Bedrängnisse ausmessen, dürfen wir das Urtheil über ihn aussprechen.
[...] Menschlichkeit und Duldung fangen an, der herrschende Geist unsrer Zeit zu werden; ihre Strahlen sind bis in die Gerichtssäle und noch weiter – in das Herz unsrer Fürsten gedrungen. Wie viel Antheil an diesem göttlichen Werk gehört unsern Bühnen? Sind *sie* es nicht, die den Menschen mit dem Menschen bekannt machten und das geheime Räderwerk aufdeckten, nach welchem er handelt? [...] Die Schaubühne ist der gemeinschaftliche Kanal, in welchen von dem denkenden, bessern Theile des Volks das Licht der Weisheit herunterströmt und von da aus in milderen Strahlen durch den ganzen Staat sich verbreitet. Richtigere Begriffe, geläuterte Grundsätze, reinere Gefühle fließen von hier durch alle Adern des Volks; der Nebel der Barbarei, des finstern Aberglaubens verschwindet, die Nacht weicht dem siegenden Licht. (e 1784)

1. a) Arbeite heraus, was eine Schaubühne nach Schillers Ansicht leistet.
b) Stelle dein Ergebnis in einer Mind-Map dar.

2. Diskutiert darüber, ob ihr Schillers Ansichten teilt.

3. a) Prüfe, welche dieser Leistungen du in den Dramen *Maria Stuart* und welche ihr in *Ulrike Maria Stuart* verwirklicht siehst.
b) Vergleicht eure Ergebnisse.

4. a) Vergleiche Theater- und Kinobesuche.
b) Verfasse einen Paralleltext zu Schillers „Die Schaubühne als moralische Anstalt“ mit dem Titel „Das Kino als moralische Anstalt des 21. Jahrhunderts“.

2 Bertolt Brecht (1898–1956): Schriften zum Theater 1 und 2 [Auszüge]

Das epische Theater Brechts, der sich selbst „Stückeschreiber“ nannte, will durch einen neuartigen Dramentypus ganz andere Wirkungen erzielen als das traditionelle („aristotelische“) Theater, das in der Tradition der „Poetik“ (Dichtungslehre) des Philosophen Aristoteles (384–322 v. Chr.) steht. In seinen theoretischen Schriften äußert sich Brecht dazu:

a) Der Weg zum zeitgenössischen Theater

Die neue Dramatik bezeichnet nun in ihren Werken als Theaterstil unserer Zeit das epische Theater. Die Prinzipien des **epischen Theaters** in wenigen Schlagworten zu entwickeln ist nicht möglich. Sie betreffen, im einzelnen noch größtenteils unentwickelt, Darstellung durch den Schauspieler, Bühnentechnik, Dramaturgie, Theatermusik, Filmverwendung und so weiter. Das Wesentliche am epischen Theater ist es vielleicht, daß es nicht so sehr an das Gefühl, sondern mehr an die Ratio des Zuschauers appelliert. Nicht miterleben soll der Zuschauer, sondern sich auseinandersetzen. Dabei wäre es ganz und gar unrichtig, diesem Theater das Gefühl absprechen zu wollen. (e um 1936)

***Bertolt Brecht** wurde 1898 in Augsburg als Sohn eines kaufmännischen Angestellten geboren, der später zum kaufmännischen Direktor einer Papierfabrik aufstieg. Gesellschaftskritische Theaterstücke brachten Brecht frühen Erfolg, u. a. den Kleist-Preis (1922). 1924 zog er von München, wo er studiert und als Schriftsteller gearbeitet hatte, nach Berlin, dem politischen und kulturellen Zentrum Deutschlands. 1928 heiratete er die Schauspielerin Helene Weigel. Die Beschäftigung mit den Werken von Karl Marx (seit 1926) gab ihm eine Basis für die kritische Analyse der Gesellschaft, von der sein weiteres dichterisches Werk geprägt wurde. Nachdem Hitler 1933 an die Macht gekommen war, floh Brecht mit seiner Familie aus Deutschland, zunächst nach Prag, dann, nach Zwischenstationen in Wien und Paris, nach Dänemark. 1939 ging die Flucht weiter über Finnland und die Sowjetunion in die USA. In den Jahren des Exils schrieb Brecht seine großen Stücke, u. a. „Leben des Galilei" (1938/39) und „Mutter Courage und ihre Kinder" (1938/39). 1948 kehrte er nach Deutschland zurück. In Ostberlin gründete er zusammen mit seiner Frau das „Berliner Ensemble", mit dem er seine Stücke einstudierte und – seit 1954 im „Theater am Schiffbauerdamm" – aufführte. Brecht war nicht nur ein bedeutender „Stückeschreiber" (wie er sich selbst bezeichnete), sondern auch ein großer Lyriker. Er starb 1956 in Berlin.*

b) Über eine nichtaristotelische Dramatik

Die Bühne begann zu erzählen. Nicht mehr fehlt mit der vierten Wand zugleich der Erzähler. Nicht nur der Hintergrund nahm Stellung zu den Vorgängen auf der Bühne, indem er auf großen Tafeln gleichzeitig andere Vorgänge an andern Orten in die Erinnerung rief, Aussprüche von Personen durch projizierte Dokumente belegte oder widerlegte, zu abstrakten Gesprächen sinnlich faßbare, konkrete Zahlen lieferte, zu plastischen, aber in ihrem Sinn undeutlichen Vorgängen Zahlen und Sätze zur Verfügung stellte – auch die Schauspieler vollzogen die Verwandlung nicht vollständig, sondern hielten Abstand zu der von ihnen dargestellten Figur, ja forderten deutlich zur Kritik auf. Von keiner Seite wurde es dem Zuschauer weiterhin ermöglicht, durch einfache Einfühlung in dramatische Personen sich kritiklos (und praktisch folgenlos) Erlebnissen hinzugeben. Die Darstellung setzte die Stoffe und Vorgänge einem Entfremdungsprozeß aus. Es war die Entfremdung, welche nötig ist, damit verstanden werden kann. Bei allem „Selbstverständlichen" wird auf das Verstehen einfach verzichtet. Das „Natürliche" mußte das Moment des Auffälligen bekommen. Nur so konnten die Gesetze von Ursache und Wirkung zutage treten. Das Handeln der Menschen mußte zugleich so sein und mußte zugleich anders sein können.
Das waren die Änderungen.

[...] *Der Zuschauer des dramatischen Theaters sagt*: Ja, das habe ich auch schon gefühlt. – So bin ich. – Das ist nur natürlich. – Das wird immer so sein. – Das Leid dieses Menschen erschüttert mich, weil es keinen Ausweg für ihn gibt. – Das ist große Kunst: das ist alles selbstverständlich. – Ich weine mit den Weinenden, ich lache mit den Lachenden.

Der Zuschauer des epischen Theaters sagt: Das hätte ich nicht gedacht. – So darf man es nicht machen. – Das ist höchst auffällig, fast nicht zu glauben. – Das muß aufhören. – Das Leid dieses Menschen erschüttert mich, weil es doch einen Ausweg für ihn gäbe. – Das ist große Kunst: da ist nichts selbstverständlich. – Ich lache über den Weinenden, ich weine über die Lachenden. (e um 1936)

c) Bühnenbilder

d) Kurze Beschreibung einer neuen Technik der Schauspielkunst, die einen Verfremdungseffekt hervorbringt

Im folgenden soll der Versuch gemacht werden, eine Technik der Schauspielkunst zu beschreiben, die auf einigen Theatern angewandt wurde, um darzustellende Vorgänge dem Zuschauer zu verfremden. Der Zweck dieser Technik des **Verfremdungseffekts** war es, dem Zuschauer eine untersuchende, kritische Haltung gegenüber dem darzustellenden Vorgang zu verleihen. Die Mittel waren künstlerische. Voraussetzung für die Anwendung des V-Effekts zu dem angeführten Zweck ist, daß Bühne und Zuschauerraum von allem „Magischen" gesäubert werden und keine „hypnotischen Felder" entstehen. Es unterblieb daher der Versuch, die Atmosphäre eines bestimmten Raumes auf der Bühne (abendliches Zimmer, Straße im Herbst) zu schaffen, sowie der Versuch, durch einen abgestimmten Rhythmus des Sprechens Stimmung zu erzeugen; das Publikum wurde weder durch die Entfesselung von Temperament „angeheizt", noch durch ein Spiel mit angezogenen Muskeln in Bann gezogen"; kurz, es wurde nicht angestrebt, das Publikum in Trance zu versetzen und ihm die Illusion zu geben, es wohne einem natürlichen, uneinstudierten Vorgang bei. Wie man sehen wird, muss die Neigung des Publikums, sich in eine solche Illusion zu werfen, durch bestimmte Kunstmittel neutralisiert werden. Die Voraussetzung für die Hervorbringung des V-Effekts ist, daß der Schauspieler das, was er zu zeigen hat, mit dem deutlichen Gestus des Zeigens versieht. [...]
Der Schauspieler läßt es auf der Bühne nicht zur restlosen Verwandlung in die darzustellende Person kommen. Er ist nicht Lear, Harpagon, Schwejk, er zeigt diese Leute. (e um 1936)

(Aus lizenzrechtlichen Gründen sind die Texte von Bertolt Brecht nicht in reformierter Rechtschreibung abgedruckt.)

1. a) Fasse in einem Satz zusammen, wodurch sich das epische Theater vom traditionellen Theater unterscheidet.

b) Begründe, welches Theaterkonzept dich spontan mehr überzeugt.

2. a) Gib wieder, was Brecht unter Verfremdung versteht, und benenne deren Funktion.

b) Formuliere mithilfe der beiden Bühnenbilder Möglichkeiten zur Verfremdung. Beachte dabei auch die Informationen zum Bühnenbild auf S. 283.

c) Benenne weitere Möglichkeiten, wie der Verfremdungseffekt auf der Bühne umgesetzt werden kann.

3 Aristotelisches und episches Theater im Vergleich

Bertolt Brecht hat in seiner Textfassung zu der Oper *Aufstieg und Fall der Stadt Mahagonny* die dramatische Form der epischen Form des Theaters gegenübergestellt.

Dramatische Form des Theaters	Epische Form des Theaters
handelnd	erzählend
...	...

ermöglicht Gefühle

Spannung auf den Ausgang

Ratio

Der Zuschauer steht gegenüber, studiert.

der Mensch als bekannt vorausgesetzt

3. a) Übernimm die Tabelle und ergänze sie, indem du die Notizzettel einem der beiden Theaterkonzepte zuordnest.

b) Verfasse für ein Schülerlexikon einen Artikel zum Fachbegriff „episches Theater“.

4. a) Weise nach, dass es sich bei *Maria Stuart* um ein geschlossenes Drama im aristotelischen Sinne handelt. Überlege, um welche Dramenform es sich bei *Ulrike Maria Stuart* handelt, und begründe deine Entscheidung.

verwickelt den Zuschauer in eine Bühnenaktion, verbraucht seine Aktivität

Der Zuschauer wird in etwas hineinversetzt.

der veränderliche und verändernde Mensch

erzwingt Entscheidungen

Spannung auf den Gang

4 Inszenierungsvorschläge zu Maria Stuart [Schülerbeispiele]

5. a) Vergleicht die beiden Inszenierungsvorschläge der Schülergruppe. Verwendet dabei Fachbegriffe.

b) Setzt eigene Ideen zur „Episierung“ von *Maria Stuart* um.

Vorschlag
zur Berichtigung einer Klassenarbeit

Bei der Berichtigung einer Klassenarbeit kann man unterschiedlich vorgehen:

I. **Überarbeitung einzelner Passagen**, die inhaltlich schwach, unvollständig oder fehlerhaft sind.

II. **Sprachliche Verbesserung** in den Bereichen Ausdruck (A), Stil (St), Wiederholung (Wdh), Rechtschreibung (R), Zeichensetzung (Z), Grammatik (Gr), Tempus (T), ...

In beiden Fällen ist es wichtig, dass keineswegs der gesamte Aufsatz berichtigt wird, sondern dass gezielt die Teile der eigenen Arbeit überarbeitet werden, in denen besonders typische Fehler des Verfassers auftreten. So entsteht ein Bewusstsein für die eigenen Fehlerschwerpunkte. Dies ist die wichtigste Voraussetzung dafür, dass langfristig eine deutliche Verbesserung der eigenen Schreibleistung erzielt wird. Für die sprachliche Verbesserung der Arbeit bietet sich folgende Vorgehensweise an:

1. **Nummeriere am Rand deiner Arbeit alle Fehlertypen**, die angestrichen sind, nacheinander durch **R**1, **R**2, **R**3 ... **R**6/**Z**1, **Z**2 ... **Z**9/**A**1, **A**2 ... **A**7
2. Ermittle deine beiden **persönlichen Fehlerschwerpunkte**, z. B. **Z** und **A**
3. **Korrigiere** diese beiden Fehlertypen, indem du
   a) Fehlertyp und Nummer am Rand deiner Verbesserung notierst, z. B. **Z1**,
   b) und diesen Fehler dann im ganzen Satz berichtigst.
   c) Unterstreiche die verbesserte Stelle, so dass man schneller die Richtigkeit überprüfen kann.
4. Füge bei **Zeichensetzungsfehlern** die Begründung hinzu, indem du die Regelnummer sowie eine Kurzform der Regel notierst (vgl. Zeichensetzungsregeln auf S. 308 ff.).

Beispiel:

Ich freue mich schon auf die Ferien, weil ich dann mein Referat über Johann Wolfgang Goethe vorbereiten kann.	Z1
➔ *Regel 6: Satzgefüge (hier: Hauptsatz, Kausalsatz)*	
...	Z2

Übersicht über die wichtigsten Regeln zur Rechtschreibung und Zeichensetzung

I. Groß- und Kleinschreibung

I. 1 Großschreibung

	Regel	Beispiele
1	**Sie** und **Ihr** werden als höfliche Anredepronomen in allen Formen großgeschrieben. Im Brief können auch die Anredepronomen **du** und **dein** großgeschrieben werden.	Wir möchten **I**hrem Wunsch entsprechen und **I**hnen mitteilen, dass **S**ie ...
2	Bestimmte Verbindungen aus Adjektiven oder adjektivisch gebrauchten Zahlwörtern und Substantiven werden als Eigenname empfunden und großgeschrieben.	• der **H**eilige **V**ater • ein **R**oter **M**ilan • der **H**eilige **A**bend • der **Z**weite **W**eltkrieg
3	In Reihungen, die als Substantive verwendet werden, werden das erste und das letzte Wort großgeschrieben. Die Schreibung aller anderen Wörter der Reihung entspricht den Regeln.	• das **A**us-dem-Häuschen-**S**ein
4	Herkunfts- und Ortsbezeichnungen auf **-er** werden großgeschrieben.	• **B**ielefelder Alm • **K**ölner Dom • **M**ünchener Oktoberfest
5	Zeitangaben in Form eines Substantivs schreibt man groß. Vor ihnen steht oft ein Begleiter.	• der **D**ienstag • am **M**ittwochabend • eines **M**orgens • am vergangenen **F**reitag • heute **A**bend/gestern **M**orgen/ morgen **M**ittag

---

Die Zusammenstellung ist entnommen aus: Franz Waldherr. Deutsch Wissen 9/10 – Training mittlerer Schulabschluss, hrsg. von Johannes Diekhans, Paderborn (Schöningh) 2006, S. 65 – 75.

6 Alle Wortarten, die zu Substantiven werden, werden großgeschrieben; man erkennt sie in der Regel an einem Begleiter. Fehlt der Begleiter, kann man ihn häufig ergänzen:

a) Verben
- beim **L**aufen, das **S**prechen, zum **S**pielen

b) substantivierte Adjektive (und Partizipien)
- im **F**olgenden
- alles/manches **G**ute
- viel/etwas/nichts/wenig/genug **I**nteressantes

c) substantivierte Numerale (Zahladjektive)
- Er trägt die **Z**ehn auf dem Trikot.
- der **N**ächste/der **L**etzte/jeder **D**ritte

d) substantivierte Pronomen, Adverbien, Präpositionen, Konjunktionen, Interjektionen, ...
- alles **Ü**brige/auch das **G**eringste
- Es gab kein **O**ben und **U**nten mehr.
- Sie erwogen das **F**ür und **W**ider.
- Es war ein erstauntes **O**h zu vernehmen.

e) Farb- und Sprachbezeichnungen nach Präpositionen
- bei **G**rün
- auf **F**ranzösisch

I. 2 Kleinschreibung

7 Die Wörter schuld, pleite, bange, leid und angst schreibt man in Verbindung mit den Verben *sein*, *werden* und *bleiben* klein.
- Er ist **p**leite.
- Sie war es **l**eid.
- Sie sind nicht **s**chuld.

8 Orts- und Herkunftsbezeichnungen auf **-isch** werden kleingeschrieben, wenn sie nicht fester Bestandteil eines Eigennamens sind.
- die **d**änische Ostseeküste
- die **a**siatischen Gewürze

9 Zeitangaben in Form eines Adverbs schreibt man klein: morgens, mittags, abends, nachts, samstags, sonntagabends, heute, gestern
- Sie gingen **a**bends aus.
- Er traf sie immer **s**amstagmittags.

II. Getrennt- und Zusammenschreibung

II. 1 Getrenntschreibung

10 Verbindungen aus zwei Verben werden in der Regel getrennt geschrieben.

Heute Nachmittag werden wir **spazieren gehen**.
Mein kleiner Bruder hat mit zehn Monaten **laufen gelernt**.

11 Verbindungen aus einem Substantiv und einem Verb werden in der Regel getrennt geschrieben.

Er wird in den Ferien **Ski fahren**.
Lass uns noch ein **Eis essen** und dann **Fußball spielen**.

12 Verbindungen aus einem Adjektiv und einem Verb werden getrennt geschrieben, wenn beide Bestandteile ihre ursprüngliche Bedeutung behalten und betont sind.

Bei einem Referat solltest du unbedingt **frei sprechen**.
Im Chor habe ich **laut gesungen**.
Mareike hat mich gestern **richtig genervt**.
Das Auto wurde bei dem Unfall **schwer beschädigt**.

13 Verbindungen aus einem Adverb und einem Verb werden getrennt geschrieben, wenn beide Bestandteile betont sind.

Nach der Operation kann er **wieder sehen**.
Möchtest du **dabei sitzen** oder **dabei stehen**?
Sollen wir **abwärts fahren** oder **laufen**?

II. 2 Zusammenschreiben

Verbindung mit einem Verb

14 Verbindungen aus Verben und Präpositionen (bzw. Adverbien) werden zusammengeschrieben, wenn die Betonung deutlich auf einem Wortbestandteil liegt.

Die Baustelle sollten Sie weiträumig **umfahren**.
Das Auto hat die Mauer **durchbrochen**.
Astrid hat ihre Freundin **hintergangen**.
Dem muss ich deutlich **wiedersprechen**.

15 Eine Verbindung aus einem ursprünglichen Substantiv und einem Verb wird zusammengeschrieben, wenn das Substantiv keine eigenständige Bedeutung mehr hat.

Das kannst du **handhaben**, wie du willst.
Karsten **schlafwandelt** regelmäßig.
Das hat ihm wirklich **leidgetan**.
Können wir während der Klassenfahrt auch **eislaufen**?

16 Verbindungen aus einem Substantiv und einem Verb werden zusammengeschrieben, wenn der gesamte Ausdruck zu einem Substantiv wird (= Substantivierung).	Kannst du noch **Holz holen**? **Das Holzholen** macht mir Spaß. Du **spielst** gerne **Fußball**. **Beim Fußballspielen** vergesse ich alles.
17 Verbindungen aus einem Adjektiv und einem Verb werden zusammengeschrieben, wenn ein Begriff mit einer neuen Bedeutung entsteht. (Die Betonung liegt dabei auf einer Silbe.)	Der Angeklagte wurde **freigesprochen**. Es wird mir **schwerfallen**, das Geld aufzubringen. Das musst du unbedingt **richtigstellen**.
18 Verbindungen aus zwei Verben können zusammengeschrieben werden, wenn eine neue Bedeutung entsteht. Das betrifft vor allem Verbindungen, deren zweiter Bestandteil aus den Verben *bleiben* und *lassen* besteht.	Klaus ist leider im letzten Jahr **sitzengeblieben**. (nicht versetzt) Schon wieder ist so viel Arbeit **liegengeblieben**. (unerledigt) Er hat mich einfach links **liegengelassen**. (unbeachtet gelassen)

Verbindung mit einem Adjektiv

19 Verbindungen aus gleichrangigen Adjektiven werden zusammengeschrieben.	graublau, feuchtwarm, dummdreist, taubstumm, nasskalt

III. s-Laute

20	**ss**	fast immer nach kurzem, betontem Vokal	la**ss**en Pre**ss**e Ku**ss**
21	**s/ss**	Wörter mit der Endung -nis werden im Singular immer mit s geschrieben, im Plural steht ss.	Ergebni**s**/Ergebni**ss**e Zeugni**s**/Zeugni**ss**e Geheimni**s**/Geheimni**ss**e
22	**ß**	fast immer nach langem, betontem Vokal	Grü**ß**e, Stra**ß**e, genie**ß**en, gro**ß**, grü**ß**en

23	das	als **bestimmter Artikel**,	da**s** Auto
		als **Relativpronomen** einen Nebensatz einleitend (kann durch dieses/jenes/welches ersetzt werden),	Das Herrenhaus, da**s** (welches) an einem Fluss liegt, steht zum Verkauf.
		als **Demonstrativpronomen** (kann durch dieses/jenes/welches ersetzt werden)	Da**s** (betont) ist der Mann, der gesucht wird.
24	dass	als **unterordnende Konjunktion** einen Nebensatz einleitend	Ich hoffe, da**ss** Sie kommt.

IV. Zeichensetzung

Das Komma zwischen Wörtern und Wortgruppen

1. Die **Glieder einer Aufzählung** von Wörtern oder Wortgruppen werden durch ein Komma getrennt, wenn sie nicht durch eine nebenordnende Konjunktion wie *und* bzw. *oder* verbunden sind.

   Michael**,** René *und* Ronald sind seine besten Freunde.
   Er**,** sie *und* sein bester Freund standen in der Hotelhalle.

2. Werden die **Glieder einer Aufzählung** durch Konjunktionen verknüpft, die einen Gegensatz ausdrücken, steht ebenfalls ein Komma, z. B. bei: *jedoch, allerdings, vielmehr, aber, sondern, doch*.

   Ich bin nicht unterwegs**,** *sondern* bei Tina.
   Sie lagen in der Sonne am See**,** *aber* leider nur für kurze Zeit.
   Sie stampfte zornig mit dem Fuß auf**,** *doch* schließlich beruhigte sie sich.

3. Kein Komma steht, wenn die **Glieder einer Aufzählung** durch folgende nebenordnende Konjunktionen verbunden sind:
   - *beziehungsweise/bzw.*
   - *sowie* (im Sinne von *und*)
   - *sowohl ... als auch*
   - *weder ... noch*

   Sie mochten *sowohl* die Entspannung in der Sauna *als auch* die Spaziergänge im Wald.
   Ihn störten *weder* das feuchte Gras *noch* die Ameisen.

Das Komma zwischen Hauptsätzen

4. **Vollständige Hauptsätze** können durch ein Komma abgetrennt werden. Steht zwischen den Sätzen ein *und* bzw. *oder*, wird in der Regel kein Komma gesetzt.

   Er betrat das Gebäude**,** dann nahm er nur noch einen flüchtigen Schatten wahr.
   Er betrat das Gebäude *und* dann nahm er nur noch einen flüchtigen Schatten wahr.

Das Komma in Satzgefügen

5 **Haupt- und Nebensatz** werden durch ein Komma voneinander getrennt.	Weil es ein warmer Frühlingsabend war, fuhr sie mit dem Fahrrad. Sie fuhr mit dem Fahrrad, weil es ein warmer Frühlingsabend war. Sie fuhr, weil es ein warmer Frühlingsabend war, mit dem Fahrrad.
6 **Nebensätze unterschiedlichen Grades** werden ebenfalls durch ein Komma voneinander getrennt.	Sie lächelte, als sie das Glas, das bis an den Rand mit roter Flüssigkeit gefüllt war, auf dem Tisch absetzte.
7 **Mehrere Nebensätze** werden durch Komma voneinander getrennt, wenn sie nicht durch eine nebenordnende Konjunktion wie *und* bzw. *oder* verbunden sind.	Er war vom Spiel begeistert, weil es abwechslungsreich war, weil viele Tore geschossen wurden *und* weil beide Mannschaften fair spielten.

Das Komma bei Einschüben und nachgestellten Erläuterungen

8 **Appositionen** (nachgestellte nähere Erläuterungen zu einem Substantiv) stehen im gleichen Kasus wie das Bezugswort und werden durch Kommas getrennt.	Sie traf sich mit Ilona, ihrer besten Freundin, zur Wirbelsäulengymnastik.
9 **Eingeschobene Hauptsätze (Parenthesen)** werden durch Kommas vom übrigen Satz abgetrennt.	Das Frühstücksmesser, es war bis zum Griff mit Nuss-Nougat-Creme beschmiert, lag auf seinem Schreibtisch.
10 **Mehrteilige Zeit-, Orts- und Literaturangaben** werden vom übrigen Satz durch Kommas abgetrennt. Das Komma am Ende dieser Angaben kann entfallen.	Das Treffen fand am Freitag, den 16.9.(,) statt. Sie sind nach Bad Salzuflen, Taubenweg 1(,) gezogen. In der Zeitschrift „Deutsch“, 1. Jahrgang, April 2005, S. 10–15(,) wird über eine wunderbare Begegnung berichtet.
11 Durch Komma abgetrennte **nachträgliche Erläuterungen** werden häufig durch folgende Ausdrücke eingeleitet: – *das heißt/d. h.* – *zum Beispiel/z. B.* – *unter anderem/u. a.* – *und zwar/u. z.* – *nämlich, besonders, insbesondere, und das*	Er liebte den barocken Garten, *insbesondere* den Hügel der Venus im mittleren Teil der Anlage. Dieses Bild habe ich vor Augen, *und das* Tag und Nacht. Es war ein wunderbarer Geruch, *und zwar* nach frischer Erde und Minze.

	12 **Satzglieder**, die besonders hervorgehoben werden sollen, können durch Kommas abgetrennt werden.	Die Lichtung**,** die ist fantastisch.
Das Komma bei Anreden und Ausrufen	**13** Das Komma trennt **Anreden, Ausrufe und Ausdrücke**, mit denen ein Schreiber Stellung bezieht, vom übrigen Satz ab.	Frau Schneider**,** kümmern Sie sich bitte um unseren Stammgast. Oh**,** das werde ich mir merken! Hier willst du einen Tag und eine Nacht verbringen**,** eine gute Idee.
Das Komma bei Infinitivgruppen	**14** Wenn ein **einfacher Infinitiv mit „zu"** vorliegt, kann auf ein Komma verzichtet werden, wenn keine Missverständnisse entstehen.	Er fasste den Entschluss(,) zu fliehen.
	15 Wenn eine **Infinitivgruppe** von einem Substantiv, einem Bezugs- oder Verweiswort (wie *es, dazu, damit*) abhängt, muss sie durch ein Komma vom Rest des Satzes abgetrennt werden.	Die Rüpel dachten nicht *daran*, sich zu entschuldigen. Damit verschenkten sie *die Möglichkeit*, eine geringere Strafe zu erhalten.
	16 Wird eine **Infinitivgruppe** mit *um, ohne, statt, anstatt, außer* oder *als* eingeleitet, dann muss sie mit einem Komma abgetrennt werden.	Sie ging ins Schwimmbad**,** *anstatt* zu lernen.
Ein Komma kann wahlweise gesetzt werden ...	**17** bei **formelhaften Nebensätzen**.	Wir werden(,) wenn möglich(,) noch einmal gemeinsam zu Abend essen.
	18 zur Vermeidung von Missverständnissen und zur **Verbesserung der Lesbarkeit**.	Er traf am Morgen Martina(,) und Karen ging währenddessen zum Schwimmen.

Autoren-register

Sachregister

Methoden-register

Textquellen-verzeichnis

Baier, Tina

- Die meisten Menschen verlassen sich auf ihren Sehsinn – doch die Sicherheit ist trügerisch 139 ff.

http://www.gak-speyer.de /fileadmin/ku...lasse_102/Sinne_-_Sehen_SZ_8.1.04.doc

Ball, Hugo

- Manifest zum 1. Dada-Abend in Zürich 1916 196

Nach: Best, Otto F. (Hrsg.): Theorie des Expressionismus, Stuttgart (Reclam) 1982, S. 236

- Wolken 197
- Karawane 197

In: Conrady, Karl Otto (Hrsg.): Der neue Conrady. Das große deutsche Gedichtbuch. Von den Anfängen bis zur Gegenwart, Düsseldorf, Zürich (Artemis und Winkler) 2000, S. 608

Beauvoir, Simone de

- Das andere Geschlecht 137 f.

aus dem Franz. von Eva Rechel-Mertens u. Fritz Montfort, Hamburg (Rowohlt) 1951

Begemann, Christian

- Die Judenbuche – ein Blick in die Forschung 110

In: Annette von Droste-Hülshoff, Die Judenbuche. Ein Sittengemälde aus dem gebirgichten Westphalen. Mit einem Kommentar von Christian Begemann, Frankfurt a. M. (Suhrkamp) 1999, S. 97 ff.

Bendel, Oliver

- Vom Duzen, Siezen und Euchzen 243 f.

http://www.mediensprache.net/de/essays/5/

Benn, Gottfried

- Die Hafenfrage 23

In: Hönig, Christoph: Die Lebensfahrt auf dem Meer der Welt. Der Topos. Texte und Interpretationen, Würzburg (Königshausen & Neuman) 2000, S. 169

Borchert, Wolfgang

- Der Leuchtturm 23

In: Hönig, Christoph: Die Lebensfahrt auf dem Meer der Welt. Der Topos. Texte und Interpretationen, Würzburg (Königshausen & Neuman) 2000, S. 169 © Rowohlt Verlag, Reinbek bei Hamburg

Bormann, Martin

- Leben gegen Schatten, 39 f.

Paderborn (Bonifatius) 2003

Böttinger, Helmut

- Homo faber – Lernziel nicht erreicht 155

In: Stuttgarter Zeitung vom 21.03.1991

Brecht, Bertolt

- Über die Popularität des Kriminalromans 74 f.

In: Jochen Vogt, Der Kriminalroman. Poetik – Theorie – Geschichte, München (Fink) 1998 (UTB für Wissenschaft: Uni-Taschenbücher, 8147: Große Reihe), S. 33 – 37 © Suhrkamp Verlag, Frankfurt a. M.

- Der Rundfunk als Kommunikationsapparat 204

In: Ders.: Gesammelte Werke, Bd.18, Frankfurt a. M. (Suhrkamp) 1967, S. 127 ff.

- Der Weg zum zeitgenössischen Theater 299
- Über eine nichtaristotelische Dramatik 300
- Kurze Beschreibung einer neuen Technik der Schauspielkunst, die einen Verfremdungseffekt hervorbringt 301

In: Ders.: Gesammelte Werke. 15 Schriften zum Theater 1, Werkausgabe, Frankfurt a. M. (Suhrkamp) 1976, S. 132, 264 f., 341 – 343

Broder, Henryk M.

- Denn sie wissen, was sie tun 236 f.

In: Der Spiegel, Heft 7 vom 11. Februar 2008 (http://www.spiegel.de/spiegel/0,1518,534398,00.html)

Bruyn, Günter de

- „Auch wenn man das eigene Erleben ..." 31

In: Ders.: Das erzählte Ich. Über Wahrheit und Dichtung in der Autobiografie, Frankfurt a. M. (Fischer) 1995

Bürger, Gottfried August

- Der Bauer. An seinen durchlauchtigen Tyrannen 171

In: Karthaus, Ulrich (Hrsg.): Die deutsche Literatur, Sturm und Drang und Empfindsamkeit, Stuttgart (Reclam) 1978

Casati, Rebecca u. a.

- Alles im Wunderland 225 f.

In: Der Spiegel, Heft 8/2007, verf. von Rebecca Casati, Matthias Matussek, Philipp Oehmke, Moritz von Uslar

Casting-Shows im Fernsehen 231

In: www.welt.de vom 4.3.2008, verf. von Wilfried Urbe

Claudius, Matthias

- Kriegslied 182

In: Conrady, Karl Otto (Hrsg.): Der neue Conrady. Das große deutsche Gedichtbuch. Von den Anfängen bis zur Gegenwart, Düsseldorf, Zürich (Artemis und Winkler) 2000, S. 245

Damon, William

- Die Moralentwicklung von Kindern 110 f.

In: Spektrum der Wissenschaft, Digest (4/2006): Psyche Und Verhalten, Heidelberg (Spektrum der Wissenschaft) 1006, S. 48–56

Das Forum von Spiegel-Online 228 f.

In: Spiegel-Online vom 13.2.2007 http://forum.spiegel.de

Die Netiqette bei Spiegel-Online 229

http://forum.spiegel.de

Droste-Hülshoff, Annette von

- Die Judenbuche. 98 ff., 101 ff., 104 f., 105 ff., 108 f., 109, 113

Ein Sittengemälde aus dem gebirgichten Westfalen. Husum/Nordsee (Hamburger Lesehefte Verlag), o. J. (15. Hamburger Leseheft)

Dürrenmatt, Friedrich

- Die Geschichte meiner Stoffe 81

In: Daniel Keel (Hrsg.), Über Friedrich Dürrematt, Zürich (Diogenes) 1980, S. 19 f.

- Der Richter und sein Henker 78 f., 81 ff., 86 ff., 92 f.

Hamburg (Rowohlt) ^{110}1955
© Diogenes Verlag Zürich

Eichendorff, Joseph von

- Der Pilot 22

In: Hönig, Christoph: Die Lebensfahrt auf dem Meer der Welt. Der Topos. Texte und Interpretationen, Würzburg (Königshausen & Neuman) 2000, S. 96

Frank, Niklas

- Der Vater. Eine Abrechnung; 36 f.

München (Goldmann) 2005, S. 25 f.

Frauen im Deutschland der Fünfzigerjahre 136 f.

In: Informationen zur politischen Bildung: Frauen in Deutschland. Auf dem Weg zur Gleichstellung. Bonn (Bundeszentrale für politische Bildung) 1997, Heft 254, S. 16, verf. von Gisela Helwig und Informationen zur politischen Bildung: Deutschland in den Fünfzigerjahren, Bonn (Bundeszentrale für politische Bildung) 1997, Heft 256, S. 6, verf. von Axel Schildt

Frisch, Max

- Homo faber. Ein Bericht, 119 ff., 125 ff., 127 f., 129 f., 134, 153 f.

Frankfurt a. M. (Suhrkamp) 1977, S. 22–27, 105–107, 150–152, 194–197, 175–177, 7, 127, 156–158

- Aussage zum Romantitel 121

In: Rundfunkbeitrag vom Oktober 1957 im Schweizerischen Rundfunk

- Du sollst dir kein Bildnis machen 141 f.

In: Ders.: Tagebuch 1946–1949, Frankfurt a. M. (Suhrkamp) 1974

- Max Frisch über Zufall und Schicksal. Selbstaussagen des Autors 143 f.

In: Müller-Salget, Klaus (Hrsg.): Erläuterungen und Dokumente, Max Frisch: Homo faber, Stuttgart (Reclam) 1987, S. 130–132

Giordano, Ralph

- „... da kommst du nicht heraus" 24

In: Vorwort zu Niklas Frank: Der Vater. Eine Abrechnung, München (Goldmann) 2005, S. 5

Goethe, Johann Wolfgang von

- Meeres Stille 21
- Glückliche Fahrt 21
- Prometheus 161 f.

In: Ders.: Werke. Hamburger Ausgabe, Band 1, Hamburg (Wegner) ^{7}1967

- Menschengefühl 163

In: Ders.: Gedichte. Hrsg. und kommentiert von Erich Trunz, München (C. H. Beck) 1981, S. 134

Goll, Yvan

- Karawane der Sehnsucht 198

In: Bode, Dietrich (Hrsg.): Gedichte des Expressionismus, Stuttgart (Reclam) 2001, S. 158

Grawe, Christian

- Zu „Maria Stuart" 259

In: Ders.: Friedrich Schiller: Maria Stuart. Erläuterungen und Dokumente, Stuttgart (Reclam) 1973, S. 51

Gryphius, Andreas

- An die Welt 22

In: Hönig, Christoph: Die Lebensfahrt auf dem Meer der Welt. Der Topos. Texte und Interpretationen, Würzburg (Königshausen & Neuman) 2000, S. 55

Gumbrecht, Hans Ulrich

- Die Jugend von morgen 241 f.

In: Süddeutsche Zeitung Magazin, Nr. 14 vom 4. April 2008, S. 13 f.

Haxthausen, August von

- Geschichte eines Algierer-Sklaven 96 ff.

In: Annette von Droste-Hülshoff, Die Judenbuche, Suhrkamp Basis Bibliothek 14, Frankfurt a. M. (Suhrkamp) 1999, S. 67 f.

Hein, Jakob

- Mein erstes T-Shirt, 16 ff.

München (Piper) 2003, S. 61–63

Henrichs, Benjamin

- Rezension einer Aufführung in Bremen, 1978 284

In: Die Zeit, Nr. 43, Hamburg (Zeitverlag) vom 20.10.1978

Hensel, Georg

- Maria Stuart 260 f.

In: Spielplan. Schauspielführer von der Antike bis zur Gegenwart, Bd. 1, Berlin (Propyläen) 1966, S. 401 f.

Herder, Johann Gottfried

- „Durch dieses Sprechen ..." 31

In: Ders.: Sämtliche Werke, hrsg. von Bernhard Suphan, Bd. 23, Hildesheim (Olms-Weidmann) 1967, S. 224

Heym, Georg

- Der Krieg 191 f.

In: Vietta, Silvio (Hrsg.): Lyrik des Expressionismus, Tübingen (Max Niemeyer) 1976, S. 120 f.

- Tagebuchaufzeichnungen 192

In: Anz, Thomas: Literatur des Expressionismus, Stuttgart, Weimar (Metzler) 2002, S. 134

Hönig, Christoph

- Das Schiff als Daseinsmetapher 20

In: Ders.: Die Lebensfahrt auf dem Meer der Welt. Der Topos. Texte und Interpretationen, Würzburg (Königshausen & Neuman) 2000, S. 29 f.

Horaz

- Der goldene Mittelweg 22

In: Hönig, Christoph: Die Lebensfahrt auf dem Meer der Welt. Der Topos. Texte und Interpretationen, Würzburg (Königshausen & Neuman) 2000, S. 150

Hummel, Vera

- „Genau das Richtige für mich" 54

In: Ehinger Tagblatt, November 2006

Jelinek, Elfriede

- Sprech-Wut. Ein Vorhaben 285, 291 f.

In: Literaturen, Heft 1/2005 vom 19.01.2005

Jüttner, Andreas

- Monarchinnen-Machtkampf im Museum 282

In: Badische Neueste Nachrichten vom 16.06.2008

- Requiem für eine Raserei 296 f.

In: Badische Neueste Nachrichten vom 08.10.2007

Kafka, Franz

- Der Aufbruch 40
- Die Brücke 40 f.
- Kleine Fabel 41
- Heimkehr 41 f.
- Gibs auf! 50
- Der Fahrgast 51

In: Franz Kafka – Sämtliche Erzählungen. Hrsg. von Paul Raabe, Frankfurt a. M. (Fischer) 1990, S. 321, 284, 320, 320 f., 358, 16

- Brief an den Vater 45 ff.

In: Franz Kafka, Hochzeitsvorbereitungen auf dem Lande und andere Prosa aus dem Nachlass, in: Ders.: Gesammelte Werke, Hrsg. von Max Brod, Frankfurt a. M. (Fischer)1983, S. 119 ff.

Kaiser, Andrea

- Reality-TV – Die Billigen und die Willigen 222 f.

http://www.zeit.de/2003/35/Reality-TV

Karlsruher Theaterfassung 2007 (Ulrike Maria Stuart) 293 ff.

Originalbeitrag
© Badisches Staatstheater und Elfriede Jelinek

Klemm, Wilhelm

- An der Front 187

In: Conrady, Karl Otto (Hrsg.): Der neue Conrady. Das große deutsche Gedichtbuch. Von den Anfängen bis zur Gegenwart, Düsseldorf, Zürich (Artemis und Winkler) 2000, S. 595

Klinger, Friedrich Maximilian

- Die Zwillinge, 163 ff.

Stuttgart (Reclam) 1972, S. 18 ff.

Kuhlmann, Christoph

- Mediennutzung und Einsamkeit 223 f.

http://jetzt.sueddeutsche.de/texte/anzeigen/318268; das Interview wurde geführt von Michael Moorstedt

Lasker-Schüler, Else

- Weltende 169
- Weltflucht 169

In: Dies.: Gesammelte Werke in drei Bänden. Hrsg. von Friedhelm Kemp, Bd. 1: Gedichte 1902–1943. 2. Auflage München (Kösel) 1961

Leserbriefe zum Thema Second Life 227

In: Der Spiegel, Der digitale Maskenball, Heft 9/2007

Lessing, Doris

- „Und dann ..." 31
- „Wir sehen unsere Leben ..." 31

In: Dies.: Unter der Haut, aus dem Engl. von Karen Nölle-Fischer, Hamburg (Hoffmann und Campe) 1994

Lotz, Ernst Wilhelm

- Aufbruch der Jugend 167 f.

In: Ders.: Wolkenüberflaggt, Leipzig (Wolff) 1916, S. 56

Lühn, Sebastian

- Ra(s)tlos, 10 f.

München (Beust) 2001, S. 1–17

Mairowitz, David Zane/Crumb, Robert

- Kafka – kurz und knapp, 45

Frankfurt a. M. (Zweitausendeins) 2006, S. 72 f. u.158

Mann, Klaus

- „Sich erinnern ...“ 31

In: Ders.: Kind dieser Zeit. Autobiografie, Berlin (Transmare) 1932, Erweiterte Neuausgabe, Hamburg (Rowohlt) 2000

- Kind dieser Zeit 32

Autobiografie, Berlin (Transmare) 1932, Erweiterte Neuausgabe, Hamburg (Rowohlt) 2000

Márquez, Gabriel Garcia

- „Nicht was wir gelebt haben ...“ 31

In: Ders.: Leben, um davon zu erzählen, aus dem Span. von Dagmar Ploetz, Köln (Kiepenheuer und Witsch) 2002

MaWozniak

- Rezension zur Inszenierung an der Schaubühne Berlin, 2006 284

http://www.revsomol.de/rezensionen/rez_maria_mai06.htm vom 4 Mai 2006 © by MaWozniak

Mercier, Pascal

- Nachtzug nach Lissabon, 9 f.

München, Wien (Carl Hanser) 2004, S. 71–73

Muckenhaupt, Manfred

- Der rundfunkpolitische Rahmen 211

In: Ders.: Fernsehnachrichten gestern und heute, Tübingen (Narr) 2000, S. 28

Mulot, Sibylle

- Die Fabrikanten. 12 ff.

Roman einer Familie, Zürich (Diogenes) 2005, S. 44–48

Oberndörfer, Dieter

- Von der Einsamkeit des Menschen in der modernen amerikanischen Gesellschaft, 132 f.

Freiburg (Rombach) 1958, S. 115 f.

Pleticha, Heinrich

- Franz Kafka 43 f.

In: dtv junior Literatur-Lexikon. Hrsg. von Heinrich Pleticha, München (Deutscher Taschenbuch Verlag) 1992

Reichertz, Jo

- „... denn sie wissen nicht, was sie tun“. Von James Dean zu Alexander Klaws 234 f.

In: Ders.: Die Macht der Worte und der Medien, Wiesbaden (VS, Verlag für Sozialwissenschaften) 2007 (http://www.uni-due.de/imperia/md/content/kowi/castingshows.pdf)

Reiser, Rio

- König von Deutschland 177

Erschienen auf der LP „Rio I.“ (1986), Text: Rio Reiser: Label: Sony BMG Music Entertainment (Germany) GmbH. Zitiert nach: http://tonsteinescherben.de

Sayers, Dorothy

- Ganz woanders 71 ff., 75 f.

In: Dies.: Feuerwerk und andere Geschichten, übersetzt von Maria Meinert, München (Scherz) 1963, S. 19–33 © S. Fischer Verlag, Frankfurt

Schicksal 142

In: dtv Brockhaus Lexikon. Bd. 16, S. 110. 1982, 1988 F. A. Brockhaus GmbH, Mannheim, und Deutscher Taschenbuch Verlag GmbH & Co. KG, München. Mit Genehmigung erarbeitet nach Unterlagen der Lexikon-Redaktion des Verlages F. A. Brockhaus, Mannheim

Schiller, Friedrich

- Kabale und Liebe, 165 f.

Stuttgart (Reclam) 1988, S. 21 f.

- Maria Stuart, 225 f., 257 f., 264 ff., 268 f., 274 f.

Stuttgart (Reclam) 2001

- Die Schaubühne als moralische Anstalt betrachtet 298 f.

In: Ders.: Werke in drei Bänden, Bd. 1, München (Hanser) ^{3}1961

Schläbitz, Norbert

- Gibs auf! – Unterschiedliche Ansätze einer Interpretation 51

In: EinFach Deutsch – Der Prozess und ausgewählte Parabeln, Paderborn (Schöningh) 2005, S. 110

Schneider, Romy

- Ich, Romy: Tagebuch eines Lebens, 30

München (Langen/Müller), S. 179 f.

Schubart, Christian Friedrich Daniel

- An Ihro Gnaden 175

In: Karthaus, Ulrich (Hrsg.): Gedichte. Aus der „Deutschen Chronik“. Stuttgart (Reclam) 1978, S. 24 f.

- Der Bettelsoldat 184

In: Conrady, Karl Otto (Hrsg.): Der neue Conrady. Das große deutsche Gedichtbuch. Von den Anfängen bis zur Gegenwart, Düsseldorf, Zürich (Artemis und Winkler) 2000, S. 261

Silesius, Angelus

- Die geistliche Schiffart 23

In: Hönig, Christoph: Die Lebensfahrt auf dem Meer der Welt. Der Topos. Texte und Interpretationen, Würzburg (Königshausen & Neuman) 2000, S. 153

Stadler, Ernst

- Aufbruch 168 f.

In: Ders.: Dichtungen. Hrsg. von Karl Schneider, Bd. 1, Hamburg (Ellermann) 1954, S. 128 f.

Starr, Edwin

- War 179

In: CD-Booklet: Bruce Springsteen & the E-Street Band: Live. 1975–1985, S. 23 (Barrett Strong, Norman Whitfield) © 1970 by Jobete Music Co. Inc (ASCAP)

Stramm, August

- Patrouillie 194
- Sturmangriff 195

In: Vietta, Silvio (Hrsg.): Lyrik des Expressionismus, Tübingen (Max Niemeyer) 1976, S. 129

Tagesschau

- Unfall im Atomkraftwerk 208

In: Tagesschau vom 9.7.2008

Ton Steine Scherben

- Keine Macht für niemand 176 f.

Erschienen auf der LP „Keine Macht für Niemand" (1972), Text: Ralph Möbius, Label: David Volksmund Produktion. Zitiert nach: http://tonsteinescherben.de

Tripp, Edward

- Oidipus oder Oidipodes, König von Theben 144 f.

In: Ders.: Reclams Lexikon der antiken Mythologie, übersetzt von Rainer Rauthe, Stuttgart (Reclam) 1991, S. 384–386

Walser, Martin

- „Solange etwas ist, ..." 31

In: Ders.: Ein springender Brunnen, Frankfurt a. M. (Suhrkamp) 2002

Weichert, Katharina

- Eine verhängnisvolle Affäre: Werbung und Medien 247 f.

http://viadrina.euv-ffo.de/~sk/SS99/werbung99/medien.html

Weiler, Bettina

- Erste Annäherung an „Ulrike Maria Stuart" 290 f.

Originalbeitrag der Intendantin des Badischen Staatstheaters Karlsruhe

Weiss, Peter

- Abschied von den Eltern, 25 f.

Frankfurt a. M. (Suhrkamp) 1964

Weizsäcker, Carl Friedrich von

- Umgang mit der Technik 138 f.

Aus: Tuchel, Herbert (Hrsg.): Bedingungen des Friedens. Herausforderung der Technik, Bremen (Carl Schünemann) 1967

Welt-Online

- Zuschauer verstehen „Tagesschau" nicht mehr 207

http://www.welt.de/fernsehen/article1456599/Zuschauer_verstehen_Tageschau_nicht_mehr.html vom 13.12.2007, Verf.: Die Welt

www.tagesschau.de

- Gibt es eine spezielle Tagesschau-Sprache? 207

http:/intern.tagesschau.de/flash/index.php (Stichwort „Fragen")

www.tagesschau.de

- Zwischenfall in französischem Atomkraftwerk 208 f.

http://www.tagesschau.de/ausland/frankreich102.html vom 9.7.2008

www.tagesschau.de

- Die Reihenfolge der Themen in der Tagesschau 211

http:/intern.tagesschau.de/flash/index.php (Stichwort „Fragen")

Zimmermann, Anja

- Internet-PC wird zum zentralen Medium 205

http://www.teltarif.de/arch/2008/kw22/s30134.html

Zufall 142

In: dtv Brockhaus Lexikon. Bd. 20, S. 302. 1982, 1988 F. A. Brockhaus GmbH, Mannheim, und Deutscher Taschenbuch Verlag GmbH & Co. KG, München. Mit Genehmigung erarbeitet nach Unterlagen der Lexikon-Redaktion des Verlages F. A. Brockhaus, Mannheim

Bildquellen-verzeichnis

© action press/Hans-Georg Gaul: S. 158 m.l. – © action press/ZUMA PRESS INC.: S. 178 u.r. – © akg-images: S. 20 (beide), 31 u.l., 32, 46, 96, 158 u.l., 163, 171, 183 o., 186 o., 187, 192 o., 204, 255, 257, 264 – © akg-images/Hilbich: S. 39 o. – akg-images/© Ludwig Meidner-Archiv, Jüdisches Museum der Stadt Frankfurt am Main: S. 190 – © AP Photo/Claude Paris: S. 208 u. – © ARD/ddp: S. 254 (2b) – Arthaus Kinowelt GmbH: S. 151 (alle), 152/153 (alle), 155 (alle) – Badisches Staatstheater Karlsruhe, Jochen Klenk: S. 5 u., 250/251, 268, 281 (alle), 282, 292, 293 (beide), 297 – Aus: Alois Prinz, Lieber wütend als traurig. Die Lebensgeschichte der Ulrike Marie Meinhof, Beltz Verlag 2007: S. 286 l. – Aus: Sebastian Lühn, ra(s)tlos, Beust Verlag, 2001, Umschlagdesign: Markus Härle für GAIA Text, München: S. 10 – bpk, Berlin: S. 40, 99, 158 u.r., 182 – © bpk/Kupferstichkabinett, SMB/Jörg P. Anders: S. 98 – © bpk/SBB/Ruth Schacht: S. 196 – © Biosphoto/Gunther Michel: S. 118 l. – Karikatur: Manfred Bofinger/Original in Besitz des Haus der Geschichte, Zeitgeschichtliches Forum Leipzig: S. 19 o. – © BRIDGEMANART.COM: S. 160 l. – Bundesarchiv Koblenz: S. 149 o. – Museum Frieder Burda, Baden-Baden/© courtesy Gal. EIGEN + ART Leipzig/Berlin and Pace/Wildstein VG Bild-Kunst, Bonn 2008: S. 3 o., 6/7 – © Bürger GmbH: S. 245 o.l. – „Gib's auf" und andere Erzählungen von F. Kafka. Illustriert von Peter Kuper. Hamburg: Carlsen-Verlag 1997: S. 52 r. – CINETEXT Bildarchiv, Frankfurt: S. 150 r. – © Movienet/Cinetext: S. 150 m. – © Cinetext/Richter: S. 150 l. – Coca-Cola: S. 245 o.r. – © Salvador Dali, Fundació Gala-Salvador Dali/VG Bild-Kunst, Bonn 2008: S. 138 l. – J. H. Darchinger/FES: S. 135 – © Arno Declair: S. 5 u., S. 251 – aus: Sibylle Mulot *Die Fabrikanten* Copyright © 2006 Diogenes Verlag AG Zürich: S. 12 – Friedrich Dürrenmatt: Der Richter und sein Henker Copyright © 1998 Diogenes Verlag AG Zürich: S. 78 u. – © dpa, Frankfurt: S. 25, 169, 178 m.u., 253 r. – © dpa-Bildarchiv: S. 22 u., 23 (2 Bilder) – dpa-Fotoreport: S. 31 o.l. – © dpa-Report: S. 247 – Aus: Trees/Whiting u.a., Stunde Null in Deutschland, Gondrom Verlag Bindlach 1989 © 1980 Droste Verlag Düsseldorf: S. 178 m.l. – Heidrun Dürr: S. 8 (a, c, d) – Aus: Ehinger Tagblatt November 2006, Foto: Vera Hummel: S. 3 u., 54/55 – Holzschnitt aus Cicero, „Epistulae ad familiares", Venedig 1547, Vorlage/Scan: Roman Eisele: S. 94 – Sonja Fink, Sulzbach/Taunus: S. 252 – Anke Flesch: S. 14 – Rainer Gaertner DGPh, Köln: S. 22 o. – © Wolfram Gothe: S. 160 r. – © Philip Jones Griffiths/Magnum Photos/Agentur Focus: S. 179 – © Dieter Hanitzsch: S. 253 l. – Hausmann: S. 267 (a) – Foto: HNF Heinz Nixdorf MuseumsForum GmbH: S. 4 m., 116/117 – © INTERFOTO/NG Collection: S. 72 – Foto: Alain Kaiser: S. 283 o. – © Maurice Korbel: S. 283 u. – Linden Inc.: S. 226 – © Ludwig Meidner-Archiv, Jüdisches Museum der Stadt Frankfurt am Main: S. 167 – © Magnum/Focus: S. 178 o.l. – Gestaltung: Simone Manthey: S. 77 – Mediacolor's: S. 118 m.+r., 148 o. – © Thomas Meyer/Ostkreuz: S. 39 u. – Thomas Meyer/action press: S. 215 u. – Leipzig, Museum der bildenden Künste: S. 19 u. – Werbeanzeige: NORMA Lebensmittelfilialbetrieb © für das Foto von M. Monroe: mauritius images/SuperStock: S. 245 u.r. – Isolde Ohlbaum: S. 81 – © picture-alliance/akg-images: S. 70 u.r., 161, 288 – © picture-alliance/dpa: S. 5 o., 31 2.v.u.l., 158 m.r., 205, 254 (1a+b, 2a), 200/201, 222 (alle), 224, 231, 237, 285 – © picture-alliance/dpa/Maurizio Gambarini: S. 178 m.o. – © picture-alliance/Jazz Archiv Hamburg: S. 158 o.l. – © picture-alliance/KPA: S. 119 – © picture-alliance/ZB: S. 17 o., 136, 234, 241 – Foto: Jan Pappelbaum: S. 283 m. – © Picture Press: S. 180 u. – Jakob Hein: Mein erstes T-Shirt © Piper Verlag GmbH, München 2003: S. 17 u. – © Peter Peitsch/peitschphoto.com: S. 31 o.r. – plus 49/VISUM/Marc Steinmetz: S. 223 u. – © Doris Poklekowski: S. 31 u.r., 36 – Andreas Reeg/Visum: S. 34 u. – Friedrich Dürrenmatt: Der Richter und sein Henker, Copyright für das Cover © 1955 by Rowohlt Verlag GmbH, Reinbek bei Hamburg: S. 78 o. – © RTL2 Fernsehen GmbH & Co. KG: S. 213/214 (14 Bilder), 216 – © RTL/ddp: S. 254 (3a+b) – © Saba Laudanna: S. 245 m.l. – Saeger: S. 300 u. (beide) – Schack Galerie, München: S. 104 – Schiller-Nationalmuseum, Marbach: S. 175 – Siemens-Pressebild: S. 223 2.v.o. – mit freundlicher Genehmigung der SONY BMG Music Entertainment (Germany) GmbH: S. 4 u., 156/157 – Der Spiegel: S. 225 – Städelsches Kunstinstitut Frankfurt am Main: S. 106 – Stern/Robert Lebeck: S. 30 – Thea Sternheim: S. 168 – Studio Hamburg Distribution & Marketing GmbH: S. 208 o., 212 (alle), 214 u., 215 o. – Süddeutscher Verlag Bilderdienst: S. 192 u. – © Süddeutsche Zeitung Photo/SV-Bilderdienst: S. 186 m. – Aus: Max Frisch, Tagebuch 1946–49, Suhrkamp 1985: S. 143 – ullstein bild: S. 259, 267 (b) – © ullstein bild-AP: S. 178 u.l. – © ullstein bild-Brill: S. 158 o.r. – © ullstein bild-Cinetext: S. 70 o.r. – © ullstein bild-Granger Collection: S. 70 o.l., 71 – © ullstein bild-KPA: S. 70 u.l. – © ullstein bild-Stark-Otto: S. 286 r. – © ullstein bild-Teutopress: S. 176 – Ullstein-Keystone, Pressedienst: S. 300 o. – AP Photo/Nick Ut: S. 180 o., 181 o. – Nick Ut: S. 181 u. – Rom, Vatikan: S. 144 – Verlagsarchiv Schöningh/Sabine Bentrop: S. 95 (beide), 108 – Verlagsarchiv Schöningh/Groganz/Heckel: S. 121, 148 – Verlagsarchiv Schöningh/Hendrik Hiss: S. 186 u., 191 (beide), 198/199 (alle), 302 (beide) – Verlagsarchiv Schöningh/Kirsten Krebsbach: S. 8 (b), 53 (alle) – Verlagsarchiv Schöningh/Susanne Kuhlendahl: S. 97 – Verlagsarchiv Schöningh/Elfriede Kuntz: S. 42 – Verlagsarchiv Schöningh/Ingun Maertz: S. 56 (beide), 57, 59 (alle), 60 (2 Bilder), 62/63 (alle), 66 (alle), 67 (alle) – Verlagsarchiv Schöningh/Günter Schlottmann: S. 118 u., 223 o.+2.v.u., 245 u.l. – Verlagsarchiv Schöningh/Martin Stober: S. 217, 218/219 (alle), 220/221 (alle) – © VG Bild-Kunst, Bonn 2008: S. 178 o.r., 183 u. – Aus: 131 expressionistische Gedichte. Hrsg. von Peter Rühmkorf, Wagenbachs Taschenbücherei 18. Berlin 1986 © Verlag Klaus Wagenbach, Berlin: S. 194 – Aus „Kafka kurz und knapp" © 1993 by David Zane Mairowitz und Robert Crumb. Für die deutsche Übersetzung © 1995 by www.Zweitausendeins.de, Postfach 610 637, 60381 Frankfurt/Main: S. 45, 52 o.l. – Aus: Friedrich Dürrenmatt „Der Richter und sein Henker", Comic auf der Grundlage des Romans (Zeichnungen von Schülern des Städt. Literaturgymnasiums Bern-Neufeld, Textbearbeitung von Schülern des Städt. Realgymnasiums Bern-Neufeld) © Zytglogge Verlag Bern, 6. Auflage 2003: S. 4 o., 68/69, 79, 82, 83, 87, 90, 93 – weitere: Verlagsarchiv Schöningh

Sollte trotz aller Bemühungen um korrekte Urheberangaben ein Irrtum unterlaufen sein, bitten wir darum, sich mit dem Verlag in Verbindung zu setzen, damit wir eventuell notwendige Korrekturen vornehmen können.

Ausgewählte rhetorische Figuren im Überblick

Rhetorische Figur	Beleg	Erklärung
Die **Akkumulation** (< lat. Anhäufung)	„Was hülf mir Kron und Land und Gold und Ehre?“ (M. Claudius: *Kriegslied*)	Um stärkere Bildhaftigkeit zu erreichen, werden anstelle des Oberbegriffs mehrere Unterbegriffe aufgezählt.
Die **Allegorie** (< gr. allegorein = anders, bildlich reden)	Z. B. die Taube als Allegorie des Friedens; Justitia als Allegorie der Gerechtigkeit	Übertragung von etwas Gedachtem (einer Idee) in ein Bild, oft als Personifikation (z. B. Darstellung der Liebe durch Amor)
Die **Alliteration** (< lat. littera = der Buchstabe)	Kind und Kegel; Land und Leute; rote Rosen	Klangfigur: gleicher Anlaut aufeinanderfolgender Wörter, die dadurch enger miteinander verknüpft werden. Im Bereich der Werbung dient die Alliteration der größeren Einprägsamkeit.
Die **Anapher** (< gr. anaphora = Rückbeziehung, Wiederaufnahme)	„Wer nie sein Brot mit Tränen aß, Wer nie die kummervollen Nächte Auf seinem Bette weinend saß […]“ (J. W. Goethe: *Harfenspieler*)	Wiederholung eines Wortes oder einer Wortgruppe am Anfang mehrerer aufeinanderfolgender Sätze, Satzteile, Textabschnitte oder Verse zur syntaktischen Gliederung und rhetorischen Verstärkung
Die **Antithese** (< gr. antithesis = Gegensatz)	Gut und Böse; Alt und Jung; „Der Wahn ist kurz, die Reu' ist lang.“ (Fr. Schiller: *Die Glocke*)	Entgegenstellung: 1. als Gegenbehauptung zu einer These, 2. als stilistische Gegenüberstellung logisch entgegengesetzter Begriffe oder Aussagen in Einzelworten, Wortgruppen oder Sätzen; oft verstärkt durch die syntaktische Form des Parallelismus oder Chiasmus
Der **Chiasmus** (< lat. = in der Form des griech. Buchstabens chi = X, d. h. in Überkreuzstellung)	„Die Kunst ist lang und kurz ist unser Leben.“ (J. W. Goethe: *Faust 1*, Vers 558 f.) „Eng ist die Welt und das Gehirn ist weit.“ (Fr. Schiller: *Wallenstein*)	Symmetrische Überkreuzstellung (spiegelbildliche Anordnung) von syntaktisch oder bedeutungsmäßig einander entsprechenden Satzgliedern zur Verdeutlichung einer Antithese
Die **Chiffre** (< frz. = Ziffer, Zahl)	„Die schwarze Milch der Frühe“ (P. Celan: *Todesfuge*) „Das blaue Wild“ (G. Trakl)	Ursprünglich ein Geheimzeichen, das durch Kenntnis des „Schlüssels“ entziffert (dechiffriert) werden kann. In der modernen Dichtung sind Symbole oft zu Zeichen (Chiffren) verrätselt: Wörter verlieren dabei ihre selbstverständliche Bedeutung und gewinnen ihren Sinn erst aus dem Textzusammenhang bzw. dem Assoziationsmuster des Dichters.
Die **Ellipse** (< gr./lat. Ellipse = Auslassung, Mangel)	„Je schneller, desto besser.“ „Jung gewohnt, alt getan.“ „Woher so ein Atem?“ (Fr. Schiller: *Fiesco*, III /4)	Auslassung eines Satzteils, der zum Verständnis nicht unbedingt notwendig ist. In der Dichtung wird so oft ein gesteigertes Gefühl ausgedrückt oder eine Pointierung erreicht.
Die **Epipher** (< gr. = Zugabe)	„Doch alle Lust will Ewigkeit will tiefe, tiefe Ewigkeit!“ (Fr. Nietzsche: *Also sprach Z., Das Nachtwandler-Lied*)	Ausdrucksvolle Wiederholung desselben Wortes oder derselben Wortgruppe jeweils am Schluss mehrerer aufeinanderfolgender Sätze oder Satzglieder (= Umkehr der Anapher)
Der **Euphemismus** (< gr. euphemia = Sprechen guter Worte)	„Freund Hein“ für Tod; „das Zeitliche segnen“ für sterben; „Nullwachstum“ für Stagnation	Hüllwort. Beschönigende Umschreibung einer unangenehmen, anstößigen oder unheilbringenden Sache
Der **Hyperbel** (< gr. hyperbole = das Übermaß) in Umgangssprache und Dichtung	1. blitzschnell, Schneckentempo 2. „Ein Schneidergeselle, so dünn, dass die Sterne durchschimmern konnten […]“ (H. Heine: *Harzreise*)	Übertreibung des Ausdrucks in vergrößerndem oder verkleinerndem Sinne
Die **Hypotaxe** (< gr. hypotaxis = Unterordnung)	„Der jüngere Hausherr hatte, als der allgemeine Aufbruch begann, mit der Hand nach der linken Brustseite gegriffen, wo ein Papier knisterte, […]“ (Th. Mann: *Die Buddenbrooks*)	Im Gegensatz zur Parataxe eine kunstvoll geschachtelte Syntax, in der die Gedanken in Hauptsätze und Nebensätze gegliedert sind und so im Idealfall ein komplexes episches Gefüge ergeben
Die **Inversion** (< lat. inversio = Umkehrung)	Vater unser im Himmel; „Sah ein Knab' ein Röslein stehn.“ (J. W. Goethe)	Von der üblichen Wortfolge abweichende Umstellung von Wörtern. Oft mit dem Ziel der Ausdrucksverstärkung, denn die Erststellung eines Wortes im Satz bewirkt besonderen Nachdruck.